本书为教育部人文社会科学研究项目"近代'湘学观'的形成与嬗变研究"（编号11YJA770066）的最终成果
本书获湖南师范大学2014年度出版基金资助和中国史学科出版资助

近代『湘学观』的形成与嬗变研究

张晶萍◎著

知识产权出版社
全国百佳图书出版单位

图书在版编目（CIP）数据

近代"湘学观"的形成与嬗变研究/张晶萍著．

—北京：知识产权出版社，2015.6

ISBN 978-7-5130-3474-6

Ⅰ．①近… Ⅱ．①张… Ⅲ．①学术思想—思想史—研

究—湖南省 Ⅳ．①B2

中国版本图书馆 CIP 数据核字（2015）第 089754 号

内容提要

湘学是近代地域学术文化的重要组成部分，其鲜明的特色与个性为世人所关注。本书探讨近代"湘学观"的形成与嬗变，也即近代以来有关湘学的认识是如何形成的，又是如何变化的，并从各方面分析这种变化产生的原因，以及这种变化对于湘学、湘人身份认同的影响。全书将近代对湘学的反思与总结当作一个学术文化现象，内嵌于近代社会变迁的广阔背景，结合具体的人、事、著述，来展开讨论，揭示地域学术文化发展中的主动建构现象及其作用。本书既可为其他地域文化研究提供一定的参考价值，也可为当前地域学术文化建设提供一些借鉴。

责任编辑：杨晓红　　　　　　　　责任出版：孙婷婷

近代"湘学观"的形成与嬗变研究

张晶萍　著

出版发行：知识产权出版社有限责任公司	网　　址：http：// www. ipph. cn
社　　址：北京市海淀区马甸南村 1 号	邮　　编：100088
责编电话：010-82000860 转 8114	责编邮箱：1152436274@ QQ. com
发行电话：010-82000860 转 8101/8102	发行传真：010-82000893/82005070/82000270
印　　刷：北京中献拓方科技发展有限公司	经　　销：各大网上书店、新华书店及相关专业书店
开　　本：787mm×1092mm　1/16	印　　张：17
版　　次：2015 年 6 月第 1 版	印　　次：2015 年 6 月第 1 次印刷
字　　数：340 千字	定　　价：49.00 元

ISBN 978-7-5130-3474-6

自 序

中国地域辽阔，各地历史地理情况千差万别，由此形成了丰富多彩、个性鲜明的地域文化。在相当长的时间内，地域文化是一种自在性产物。随着地域文化之间交流的增多，借助于他者的眼光，才认识到自身的特殊性。因此，比起地域文化本身来，对地域文化的认识往往具有"滞后性"，同时又带有一定的"建构性"。在研究地域文化时，有必要区分地域文化的本体与对地域文化的认识。本书即是侧重于对湖南地域文化的认识论研究。

湖湘文化是近代地域文化中的重要组成部分，湘学则是湖湘文化的内核。湖南僻在南方，群苗杂处，民情风俗迥异于中原，学术文化自成体系。自清初湖南建省以来，对湖南这一区域的学术文化就有许多议论，而价值判断则因时、因人而异。褒之者谓之别开生面、独具生机，贬之者则以其边鄙无文打入另册。可以说，很少有哪个地域像湖南这样，集合了各种不同的评价。这中间，身份意识与文化认同也起了一定的作用。

以外省人而论，从清初到民国，对湘学的评价就呈现出明显的变化。清初，大兴刘献廷南游湖南，曾发出此地"无半人堪对语"的感慨，一语道出了外省人心目中的湖南文化落后的印象。世异时移，迨至晚清，湘学的正面形象凸显。戊戌维新运动时期，新会梁启超曾言，湖南是"天下之中而人才之渊薮"，可以与日本的萨摩、长门相比拟，堪当强天下保中国的重任。抗日战争时期，无锡钱基博避寇入湘，披阅湘中先辈文献，复与湘中时贤相往还，有感于湘人湘学的独特性，援笔著成《近百年湖南学风》一书，以为湘人湘学靡不具有"独立自由之思想，坚强不磨之志节"，希冀通过述说湘贤之精神志业，立懦廉顽，激励国人赢得抗战的胜利。钱氏并言自己"张皇湖南而不为湖南，为天下；诵说先贤而不为先贤，为今人"，是站在国家、民族的立场上来探讨湘之所以为学，超越了地域的局限。立意不可谓不高，评价不可谓不高！外省人论湘学本身是个复杂的事件，不可一概而论。民国时期，湘籍学者杨树达以其精深的国学研究受到外界的高度评论，而外界的表彰之辞竟然是"不类湘学"。这说明，在一部分外省人眼中，"湘学"形象已固化，是"不足与论经史"的代名词。

至于湖南本省人，对湘学的反思与总结绵延不断，自信与自卑、批判与表彰交织在一起。湖南建省以后，力图通过举办文化工程，塑造湖南与中原同沐圣道、一道同风的文化形象。乾隆年间，湖南修纂了第一部《湖南通志》，通过褒奖先贤构成官样谱系、缕述湖南学术文化成就,力洗湖南"边鄙无文"的旧形象,开启了建构地域文化的先河。此后,类似的活动一再举办;而每举办一项文化工程,都伴随着对湘学的总结与表彰。道光年间,邓显鹤编纂《沅湘耆旧集》,将明代以来的湘人诗文搜讨集中,塑造了湖南作为风雅故土余风未歇的形象,被梁启超誉为"湘学复兴之导师";同治年间,罗汝怀复作《湖南文征》,以事实证明了"大湖以南,作者林立"的盛况。大体说来,自从湘军兴起、湘人在晚清政治格局中占据了举足轻重的位置后,湘人文化自信心大增,颇有系儒家文化命脉于一省的使命感。但主流之下,亦有支流。王先谦在私下里就有"吾乡经学之陋,未免见笑于外人"的担忧,故以提倡经学为己任。湖南在晚清形成"汉学彬彬"的局面,与这种反思意识不无关系。越到清季,对湘学的认识越不是一个单纯的学术文化问题,而是夹杂着政治关怀等因素。湘籍留日学生杨毓麟著《新湖南》,以为湖南应当在脱离满族统治、实行民族建国的运动中发挥领头羊的作用,其理由之一就是湖南具有独立根性、在学术文化上崖岸自立、颇异于他省。这样的事例不胜枚举。

当今地域学术文化的研究正呈方兴未艾之势,然而,人们往往在如何界定地域文化、如何提炼地域文化精神、如何总结地域文化特色等问题上产生分歧,以至于众说纷纭、莫衷一是。以湘学而论,或谓其是哲学流派,或谓是地域流派,或谓应指湘人之学,或谓应指湘地之学。因为指称不同,导致论者不在同一层面对话。又如对湘学特色的概括,也难成共识。若谓湘学以经世致用为特色,则经世致用是中国传统学术的共同特色,非湘学所得专有;若谓湘人最爱国,则广东人亦爱国,浙江人、四川人乃至各省人莫不爱国。其实,这种现象正是地域文化研究的"常态"。回望过去,地域学术文化的发展过程中一直伴随着类似的争议。初一看仅为见仁见智,再一看,则正折射出其地域文化观念的流动性与开放性。

相对于地域学术文化本体研究的硕果累累,目前地域学术文化认识论的发展与演变尚未引起学术界的充分关注,少有专门论著。本书以近代湘学的叙述与认识作为研究对象,它追问的是:有关对湘学的认识是如何形成的、又是如何变化的、何以会出现这种变化。本书将近代对湘学的叙述与认识作为一个社会文化现象,内嵌于近代社会变迁的广阔背景下,结合具体的人、事、著述进行探讨,并尽可能地做出合理的解释。本书为地域学术文化认识论的尝试之作,期待能够抛砖引玉,求教于方家。

是为自序。

目　录

绪 论

一、选题意义

文化史上的地域意识由来已久，宋代有关学、洛学、闽学、湖湘学之分，清代汉学有吴学、皖学之别。故以地望名学是中国学术的一大传统。发展到近代，又出现了"湘学""粤学""蜀学"等以省为单位的地域学术文化称谓。这些称谓不仅意味着不同省份独特的地理人文环境造就了不同的学术流派、学术风尚与学术成就，同时也意味着省界意识在地域学术文化上的渗透，是地域观念的深层体现。近代以来，整理乡邦文献，总结地域文化成就，重塑地域文化形象，成为一股思潮，"湘学"就是这股思潮的产物之一。换言之，近代的各类省学往往是在地域观念的引导之下总结出来的，带有"事后追认"的性质。至于如何总结，赋予"省学"什么样的品格，则因时、因地、因人而不同。诚然，任何对"省学"形象的建构都不是凭空而来的，都是以"省学"客观事实为基础展开的。然而值得注意的是，地域特色的学术文化现象存在是一回事，意识到这种现象又是一回事，两者之间存在着一定的时间差。对地域学术文化的自我意识的出现本身就是地域学术文化发展到一定阶段的产物，它不仅是对过去的总结，更包含着对未来学术理想的导引。当人们怀抱某种希冀去回看地域学术文化现象时，或凸显其优良传统而望发扬光大，或检讨其不足而思改进完善。因此，"省学"形象的变迁，正是时代精神的折射。

湘学是近代地域学术文化的重要组成部分。李学勤先生曾经指出："从晚清以来，中国传统文化发展的中心位置有所转移，当时迁移的重心，我认为，一个是'湘学'，一个是'蜀学'。'湘学'与'蜀学'是在那时新形势下形成的人文学术的两大中心。"[①] 湘学在近代的崛起离不开湘学观的引导。研究近代湘学观的形成与嬗变，具有较高的学术价值与现实意义。

---

① 李学勤：《弘扬国学的标志性事业》，《西南民族大学学报》2005 年第 9 期，第 1 页。

第一，有助于揭示近代地域观念演变过程中的更多面相。地域学术文化观是地域观念的重要组成部分，也是地域观念的深层体现。探讨地域学术文化观念，可以丰富对地域观念的认识。

第二，作为地域学术的"湘学"早在宋代就已产生，而对于"湘学"的自觉意识与主动建构却是近代开始的。从《沅湘耆旧集》到《湖南文征》，从《湘学略》到《近代湘学概论》，湘人不断重塑湘学的面貌，改绘湘学知识谱系。这种"重塑""改绘"正是近代湘学发展的结果与体现。因此，近代"湘学观"的形成与嬗变就成为观察近代湘学演变的最佳视角。

第三，近代"湘学"是在交通渐开、地域文化之间交流加强的背景下形成的。一方面，地域文化之间的交流越来越密切，呈现出融合的趋向；另一方面，正是在地域文化的互动竞争中，地域文化的意识得到强化，特色得到彰显。同时，地域文化竞争又是以国家主流文化认同为桥梁展开的。研究"湘学观"的形成与嬗变，可以从一个侧面观察到地域文化竞争意识与国家认同的互动对于地域学术产生的影响。

第四，与其他地域学术流派相比，近代"湘学"既有与主流思潮相一致的一面，又有着不同的节奏。湖南素有"理学之邦"的称誉，经学考据本不发达。而当清季全国经学在总体上开始走向衰退之时，湖南却逆时而起，成为"汉学彬彬"之地。流风余韵，孕育出民国年间一批享誉全国的文史名家。这一情形构成了近代学术史上一道独特的风景。研究近代"湘学观"的形成与嬗变，有助于揭示近代学术史上这一独特现象的成因。

第五，为当今开发传统文化资源、增强文化软实力提供借鉴和启示。

二、研究现状

目前对近代地域学术文化的研究主要有两种路径：一种是针对近代地域学术文化现象本身，总结其特色、成就，可称之为"本体论"的研究，这类研究成果比较丰富。这类研究往往受到先行概念的制约，而有关概念的界定、特色的总结不免歧义纷呈。比如，什么才叫"湘学"？湘学的特色是什么？哪些人可以纳入湘学知识谱系中？诸如此类的问题，均为学术界争论不休。另一种是针对近代有关地域学术文化的认识，总结有关地域学术文化的叙述是如何形成的，可称之为"认识论"的研究，相对来说，这类研究成果比较少，代表作有程美宝的著作《地域文化与国家认同：晚清以来"广东文化"观的形成》[①] 与王东杰的论文《地方认同与学术自

---

① 程美宝：《地域文化与国家认同：晚清以来"广东文化"观的形成》，三联书店，2006年6月版。

觉：清末民国的"蜀学"论》①。程著别具一格，从历史叙述、种族血统、学术传统、方言写作等方面具体揭示了"地域文化"叙述框架在晚清至民国年间是如何形成的，指出：近代"地域文化"话语的建立过程是近代中国国家观念从"天下"转移到"国家"的过程；读书人在国家意识和地方关怀的二重奏中，不断地调校音调，加入自己的声音，用地域文化来表达他们心目中的国家观念，在国家认同与地方认同之间建立起辩证统一的关系。王文区分蜀学实体与对蜀学的"表述"即蜀学论，指出有关蜀学论受到中国近代学术典范大转移的潮流的影响，同时又是四川地方认同在学术上的体现，既有文化的自信，也夹杂着焦虑感。二者的共同特点是撇开现有蜀学、岭南文化的概念纷争，而尊重历史中人的用法与原意。这些研究成果对于研究其他地域学术文化如湘学无疑具有一定的启发意义。

具体到湖南地域学术文化，目前研究成果集中在试图揭示湘学的特点、勾勒出湘学的面貌上。其中，对古代湖湘学派的研究较为充分，代表性成果有朱汉民的《湖湘学派史论》②。该著作对古代湖湘学派特别是宋代湖湘学派进行了精描细绘，揭示了湘学崇奉理学、经世致用、由"技"通"道"等特色。同时，学术界对近代湘学也进行了初步研究，并取得了一定成果，代表性著作有王继平的《晚清湖南学术思想史稿》《晚清湖南学术与思想》和朱汉民的《清代湘学研究》三部著作③。其中《晚清湖南学术思想史稿》是一部以人物为中心的学术史著作，在大体勾画出晚清湖南学术思想嬗变轨迹的同时，为我们呈现了较为丰富的个案，如嘉道之际学术思想的嬗变则举唐鉴、陶澍、贺长龄、贺熙龄、汤鹏为例，咸同经世实学的发展则举魏源、曾国藩、左宗棠、郭嵩焘、胡林翼、罗泽南、刘蓉、吴敏树为例，晚清湖南经学之式微与终结则举王闿运、王先谦、叶德辉、皮锡瑞等人为例，编排出一幅晚清湘学知识谱系。然而，该著作对晚清湖南学人之间的交往、晚清湖南学术思想的内在演绎、学术与社会的互动、地域学术之间错综复杂的关系则较少涉足，难以呈现近代湘学"整体"的全貌；而且其所勾勒出的"湖南学术思想嬗变轨迹"是以国家主流学术思想为标准，与湖南一地的历史事实存在着一定的出入。比如，揆之以史实，"晚清湖南经学之式微"这样的说法就难以成立。晚清中国经学之式微固然在总体上可以成立，但具体到湖南一省，则情况恰恰相反，湖南经学呈现出前所未有的兴盛。《晚清湖南学术与思想》和《清代湘学研究》均由一组有关清代

① 王东杰：《地方认同与学术自觉：清末民国的"蜀学"论》，《四川大学学报》哲学社会科学版 2010 年第 6 期。

② 朱汉民：《湖湘学派史论》，湖南大学出版社，2004 年 2 月第 1 版。

③ 王继平：《晚清湖南学术思想史稿》，湖南人民出版社，2004 年 12 月第 1 版。
　　王继平：《晚清湖南学术与思想》，湖南师范大学出版社，2006 年 10 月第 1 版。
　　朱汉民：《清代湘学研究》，湖南大学出版社，2005 年 12 月第 1 版。

湖南学术与人物的论文构成，对清代湘中重要人物如曾国藩、左宗棠、胡林翼、唐鉴、汤鹏、陶澍、贺长龄、贺熙龄、罗泽南、吴敏树、刘蓉、王闿运、王先谦、叶德辉、皮锡瑞、郭嵩焘等进行了细致入微的叙述，重点挖掘各人的学术思想特点和造诣。又，朱汉民的《湖湘学术与文化研究》①也有部分文章涉及近代湘学人物或湖湘学术思想，对晚清湘中学术大家如王先谦、皮锡瑞、叶德辉、苏舆等皆有分析。但它同样是由出自众手的一组论文构成，是个案的堆积，缺乏对近代湘学动态变化的总体考察。此外，方克立、陈代湘主编的《湘学史》将"湘学"界定为"极富湖湘地域特色的学术思想"②，对宋代以来至清末民初湖南地区的学术思想发展史进行了较为详细的梳理，涉及周敦颐、胡安国、胡宏、张栻、朱熹、王船山，直到湘军将领、湖南洋务人物、维新人物等的学术思想，试图勾画出宋代以降湘学演变的全貌。这也是目前看到的贯通古代、近代的一部湘学史，但基本上也是采取排行榜式的叙述方法，外加对某一时段宏观背景的介绍。

总体上看，有关近代湘学的研究存在着两个薄弱环节。其一，在"本体论"研究方面，侧重近代湘人个体在具体的学术研究上提出了哪些观点、取得了哪些造诣，较少全面探讨湘学的全貌，可谓个案分析有余、整体反思不足。其二，基本上没有涉及近代湘学认识论。有关近代以来人们是如何界定湘学的、湘学内涵是如何变化的、存在着怎样的努力方向等问题，尚未进入学者们的视野之中。相关研究的缺失，不仅影响了我们对近代湘学的研究深度，而且还限制了研究的视野，对有关地域学术与主流学术、与其他地域学术之间的互动竞争形成认识盲区。

如何在丰富的个案考察和本体描绘的基础上，进一步反思推动近代湘学变化的深层原因、考察近代湘学知识谱系的建构活动、探讨近代湘学观的形成与嬗变，成为推进近代湘学研究的关键。

三、创新与主要观点

本课题无意于重复时贤的研究成果、正面描述近代湘学的形象、揭示湘学的特色，而是探讨近代有关湘学的叙述是如何产生的，又是如何变化的，并从各个方面探究这种变化的原因，以及这种变化对于湘学、对于湘人身份认同的影响，也即，近代以来湘省内外的人们是如何反思、总结湘学，并建构起各自心目中的湘学知识谱系的。

本课题将近代"湘学观"即有关湘学的叙述当作一个学术文化现象，结合具体的人、事、著述来分析它是如何产生的，不仅关注"湘学观"的内涵本身，更关注

---

① 朱汉民：《湖湘学术与文化研究》，湖南大学出版社，2005 年版。
② 方克立、陈代湘：《湘学史》，湖南人民出版社，2008 年版。

其背后的原因；不仅关注各个时期的湘学观，更关注湘学观的动态变化，并力求从各个方面做出合理的解释。

本课题的主要观点如下：

1. 作为地域特定的学术文化现象，湘学可谓源远流长，然而对它的自觉意识与主动建构却以清代湖南建省为契机。述及近代"湘学的复兴"，人们往往追溯到道光年间的邓显鹤，以为邓氏搜讨乡邦文献、表彰乡贤，提倡忠义精神，刺激了近代湘学人才的兴起，誉之为"近代湘学复兴之导师"①。然而，更值得追问的是，近代湘学复兴的逻辑起点究竟何在？近代湘学复兴之导师何以形成？本课题梳理近代湘学发展的长时段历史，认为：近代湘学意识的萌发、湘学的发展与湖南建省这一政治活动有密切的关系。自从康熙年间湖南分设布政使司以来，湘人文化上的独立意识日益高涨，举办了一系列文化工程。通过科举分闱、编修省志等活动，不仅获得了独立举办乡试的权力，而且构建了一套有关湖南历史文化的叙述体系，凸显了湖南文物教化日新月异的气象。这些活动一方面促进了对湖南地域学术文化的认同，另一方面也刺激了对地方文献的进一步关注。随着湖南人才群体的兴起，对湘学的认同感日益强化，他们普遍感到"文献不足征"，并谋求改变这一局面。正是在这一背景下，以搜讨乡邦文献为己任的邓显鹤应运而生。《沅湘耆旧集》的编纂既是邓显鹤个人性情、个人努力的结果，也寄托了众多湘人的希望，并得到了众多湘人的襄助，在一定程度上可视为"集体项目"。它向世人集中展示元明以来湖南在诗歌领域的成就，凸显湖南风骚故土流风未歇的形象。至咸同之际，罗汝怀又在《沅湘耆旧集》的基础上，汇集湖南在文章方面的成就，编纂《湖南文征》，进一步显示大湖以南作者林立的风采，改变了湖南群苗杂处、边僻无文的形象。这些文化建构活动既是湘学意识的体现，又为近代湘学复兴奠定了基础。

2. 从湘学意识的萌芽，到湘学概念的流行，湘学的内涵与特色在不断充实与完善，也在不断地调整变化。

如果从清代前期湖南人争取本省历史文化叙述权算起，近代意义上的湘学意识可谓萌发颇早，对湘学内涵与特色探讨的历史也颇为悠久。但湘学名称的出现是在晚清湖南维新运动时期，而流行开来则是在清末时期，至民国时期，"湘学"逐渐成为一个历史名词，也成为人们研究的对象。至于湘学到底是什么，则因时、因人、因地而异。

《湖南通志》通过褒奖先贤构成官样谱系、缕述湖南学术文化现象，力洗湖南"边鄙无文"的旧形象。邓显鹤、罗汝怀等通过搜讨乡邦文献，以事实证明湖南在诗歌、文章等方面成就蔚为大观，从而充实了湖湘文化的内容。特别是邓显鹤，着

---

① 梁启超：《说方志》，《饮冰室合集·文集之四十一》，中华书局，1989 年版，第 97 页。

意打造湖南地域文化中崇尚"忠义"的一面。至曾国藩为《湖南文征》作序,综观古今文体演变,指出湖南文学的特点是擅言情、以理胜、不事考据,初步奠定了湘学重理学的基调。邓显鹤、曾国藩等人都不曾标举"湘学"这个名称,但他们对湖南精神、湖南文学特色的论述对后世的湘学观影响深远。

晚清以来,梳理湖湘文化源流,概括湘学特色,成为一股思潮。从曾国藩、郭嵩焘、王闿运到王先谦、叶德辉、杨度等人,都曾考察湘学,建构起自己心目中的湘学知识谱系。几乎每次重大文化工程的兴办,也都伴随着对湘学发展史的叙述。诸人在表彰前贤、追溯渊源的同时,也在借以表明自己的学术传统与湘学理想。正是在这些文化活动中,作为地域文化认同深层体现的一个概念"湘学"得以形成。

从历史人物对"湘学"这一概念的运用来看,"湘学"可以指湖南一省的学校、教化、学术、文化,甚至泛指湖南一省的学术文化成就,而后逐渐抽象为湖南这一区域范围内的独特学术风格与学术旨趣、学术成就,也即地方特色的学术文化。最早将"湘"与"学"连在一起运用的是湖南学政江标在校经书院内所发行的《湘学新报》,刊载校经书院生徒在新学方面的文章,用以开启民智,体现了民族危机下地域学术文化转新的努力。而对"湘学"一词运用得较多的是新旧之争时的保守人物叶德辉、王先谦和其他绅士等。他们为抵制以康有为、梁启超学说为代表的"岭南学"在三湘大地的传播,以正本清源、维护湘学传统的面貌出现,重申湘学以忠义为传统、崇尚理学、不以考据为能事等特色。此后,"湘学"概念流传开来。诸人运用"湘学"这一概念,或为维系忠义传统以使不坠,或试图展示湘学向新的精神;或抵制其他地域文化的"入侵",或以其他地域文化为参照而找准特色;或立足地方关怀,或心系国家民族命脉。其情形之复杂,充分显示了地域学术文化观念在新旧冲突、古今交汇、中西碰撞之下的多重面相。

至于哪些人物能够代表湘学,湘学具有什么样的品格,具有怎样的意义,答案则可谓多种多样。人们根据现实的需要,凸显湘学的不同特色,赋予湘学不同的品格,从而使"湘学"成为一动态、开放的概念,并成为沟通历史与未来的桥梁。其中清末留学生的湘学观是近代湘学观形成与嬗变过程中的重要环节。留学生们在接触到西方政教文明之后,重新检讨本邦本省的历史文化传统,对湘学做出了新的解读,从而使湘学越出传统学术范围,而与民主、独立、创新等现代精神对接。

如果说晚清的"湘学观"有着较为强调的现实关怀的话,那么,民国时期的"湘学观"相对来说是一种历史的考察与学理的探讨。从章太炎到梁启超,到钱穆,无不对湘学有所议论,而李肖聃、刘茂华、钱基博等人则做系统探讨,发为专书,构建了不同的湘学知识谱系。

3. "湘学观"既是地域文化认同的深层体现,又时时处处隐藏着国家学术的视野。换言之,人们是站在国家的高度来建构湘学的。一方面从国家主流学术演变的层面看待湘学，强调湖外之学与上国之风同镳，努力去除湘学的个性；另一方面，则将湘学上升为国家主流学术，强调湘学就是国家主流学术命脉之所系。这既是近代湘学观嬗变中体现出来的两个特色，也是近代湘学观在不同阶段呈现出来的特色。咸同之际曾国藩等人对湘学"重理学"特色的勾画是在晚清以来汉宋之争的背景下进行的。当考据之风盛极而衰之际，曾国藩等人彰显湘学的理学传统，并以实际行动来塑造着湖南"理学之邦"的形象，颇有由边缘进入中心之意蕴。然而湘人尊宋抑汉在知识层面暴露出的缺陷，"大为儒林姗笑"，促使部分人反思湘学的不足，"湘人不事考据"不再纯然具有正面的价值，而是一种亟待改变的现状。于是，与国家主流学术思潮演变的路径相反，当汉学在全国范围内从总体上衰退之时，郭嵩焘、王先谦、叶德辉等人以振兴经学相号召，并以汉学的标准重绘了湘学知识谱系，表彰在湘学中处于边缘地位的一些考据学者。在诸人的努力下，湖南形象——由"理学之邦"改变为"汉学重镇"。这既是湖湘学术"本体"的变化之一，也是晚清湖湘学人对湖湘学术"认识"的变化之一，即湘学观变化的体现。戊戌维新运动湖南新旧之争时，守旧派正本清源，维护湘学传统的纯洁性，虽为抵制来自岭南文化的"入侵"，却意在维系儒家文化的命脉。在诸人的潜意识中，湘学传统即代表了儒家文化的传统，没有湘学传统的存在，儒家文化不复存在。这里，对湘学特色的总结重新回到了理学的一面，用以抵制康梁等披着考据学外衣的"邪说"的污染。如是说早期湘学观还多少包含着湘人在文化上的不自信的话，那么，戊戌维新运动时期守旧派对湘学的维护则充分反映了湘军兴起后湘人在文化上的自负与担当，是湘人以天下为己任在学术文化领域里的延伸。

然而，随着西学东渐、新旧递嬗，国家主流成为"旧学"代表之时，湘学"僻在边缘"这一历史事实重新被留学生们所提起，并被赋予"具有新机"与"独立根性"等优秀品质，从而从旧学边缘华丽转身为新学前沿。

此外，在湘学观的嬗变过程中，政治关怀与学术自觉的互动也是十分明显的；而湘人论湘学与外省人论湘学之间也存在着微妙的区别与互动关系。具体情况请参见本书稿。

第一章 从楚到湘：湖南建省与湘学意识的萌发

　　湖湘文化源远流长，然而，近代以湖南一省为范围自觉地整理湖湘文化遗产、塑造湖湘文化形象，却以湖南建省为契机。正是行政上的独立，催生了文化上的独立意识。通过科举分闱、编修省志、征文讨献、地方祭祀等文化工程，湖南初步形成了对本省的历史文化叙述体系。在此背景下，近代湘学意识得以萌发。

第一节　明清之际楚文化的自觉意识

　　湖南古属荆楚，有时与湖北分别称为楚南、楚北。又因古属湘州府，地处湘水流域，故简称"湘"。唐广德年间，置"湖南观察使"，始有"湖南"之名。宋代湖南属荆湖南北路统辖，元代湖南属湖广行省。明朝因袭元制，设湖广布政司，辖湖南、湖北。万历二年（1574年），因征讨苗乱之需，设偏沅巡抚。偏沅巡抚半年驻贵州偏桥镇，半年驻湖南沅州，乃治理苗疆的最高长官。清初沿袭明朝的制度，湖南仍属湖广行省管辖。康熙三年（1664年），分置湖南布政使司，移偏沅巡抚驻节长沙，"控制南北，领府九州四，屹然一大都会矣"[①]。至雍正二年（1724年），改偏沅巡抚为湖南巡抚，"提督军务，兼理粮饷"，湖南成为一个独立的行省。但湖南巡抚受湖广总督节制。直到咸丰以后，巡抚职责渐渐提高，几与总督相埒。因此，"就中国本部18省而言，湖南发展成为行省，是晚近的事"。[②]

　　在湖南独立建省之前，湖南地域文化是楚文化的一部分。周楚时期，以江汉平原及洞庭湖区域为中心的楚地文化高度发达，《楚辞》成为中国文学史上一座高峰。但在此后漫长的封建社会里，楚地被视为"风俗夷獠""蛮越杂处"的荒僻之地，文化上落后于他地。宋代周敦颐出，成为理学的开山；旅居湖南的胡宏、胡安国、张栻等人在长沙、衡山一带讲学，开创"湖湘学派"。一时学术之盛，无出于湖南

---

① 陈宏谋：《湖南通志序》，乾隆二十二年刻本，齐鲁书社，1996年影印本。
② 张朋园：《湖南现代化的早期进展》，岳麓书社，2002年12月第1版，第54页。

之右者。这时的"湖湘学派"，所涉地域大体上在洞庭湖、湘江一带，也是一种模糊的称呼。至南宋末年，张栻去世，湖湘学派中未能产生与其他学派相抗衡的重要学术力量，作为一个整体的"湖湘学派"渐渐分崩离析，风光不再。地域学术文化意识一度中断。但流风余韵，渗透于三湘大地，影响着后世士子。下至元明清之时，湖南名家辈出，形成了具有浓郁特色的地方文化。其时对湖南地域文化的叙述是包含在楚文化之内的，尚未形成以湖南为范围整理文化遗产的意识。

明末清初，湖南士子如周圣楷、廖元度等已开始注意搜集整理本土文献。

周圣楷（约1583—1643年），字伯孔，湘潭人，少有隽才，游京师，与竟陵钟惺友善。为文不趋时尚，故屡试不第。40岁后遂绝意科场。周圣楷好谈古论今，结交名流，于湘潭城东筑湖岳堂，辟帆园，与诸人讲学著述于其中。周圣楷留意楚地文献，网罗楚地古今藏书、名人胜事，纂成《楚宝》《楚才奇绝》及《湘水元夷》等书。其书大都毁佚，惟存《楚宝》。① 《楚宝》乃周圣楷穷十年之功而成，是书"载楚地、楚人、楚事，皆有所论断，不苟与昔人同，又不肯为昔人作注脚"。全书共四十五卷，收录楚国人物和名胜，分二十五门，"大致以人物为主，而稍以山水古迹附之。既非传记，又非舆图"②，在地理方志著作中别具一格，故被《四库全书总目》收入史部传记类。

与以往的方志相比，《楚宝》一书旨在成为一部"楚志全书"，囊括楚地、楚人和楚事。何谓楚地？周圣楷追溯历史地理的演变，指出：楚地在春秋战国时"兼有陈、徐、吴、越之地，延袤六千余里，盖举今之大江南北，以暨淮海尽入版图"；秦始皇统一中国后，分天下为三十六郡，将楚国一分为三，而有西楚、东楚与南楚；自明迄今，遂以湖北、湖南为全楚之界。其次，《楚宝》一书侧重表彰楚地先贤人物，其书名"楚宝"即喻楚地人，盖因地灵往往借人杰得以彰显。作者尽收明季以前楚地贤人名，然后按类编，逐一介绍，尽可能地复原历史人物的重大活动，并予以评判。经过周圣楷的搜讨整理，"自皇古以迄前明，上下数千年，全楚人物可与白珩争美者，条举胪列，如叙一家谱。"③

清初，又有湘潭廖元度收集楚地诗歌，撰成《楚风补》，使楚地文化遗产得到进一步的整理。廖元度（1640—1707年），长沙人，号佣客，晚年又号大隐，诸生，通经史，善诗文。廖元度生于明末，长于清初。时局动荡，文献遭毁，廖元度引以为恨，发愤著书。因《诗经》有十五国风而独无楚风，廖元度于是"拟征楚人之什，以补楚国之风"④。经过"十易寒暑"的广稽博览、钩隐搜遗，廖元度共搜

---

① 关于周圣楷的情况，可参见文鸣《楚志全书〈楚宝〉及其作者周圣楷》一文，《图书馆》2010年第5期。
② 《四库全书总目》卷六二，史部一八，"传记类存目四"。
③ 裕泰：《重刻楚宝序》，周圣楷：《楚宝》，岳麓书社，2008年版。
④ 廖元度：《楚风补·征诗小引》，《楚风补校注》，湖北人民出版社，1998年版。

集了上自远古、下迄明末有关楚地的诗歌谣谚共 5000 余首，命其名曰《楚风补》。是书乃汇集楚地古今诗歌的总集，为今人研究楚地文化提供了宝贵的资料，对后世反思楚文化产生了一定的影响。此书在廖元度生前未能刊行，直到他死后四十年，即乾隆十一年（1746 年），吕肃高任长沙太守，为之大力吹嘘，并聚集了谭之纲等人进行校刊，此书始得印行。[1]

《楚宝》和《楚风补》的先后面世，表明明清之际楚人地域文化自觉意识的发展。与以往相比，他们更强调楚文化在全国的地位与价值。周圣楷就强调：先秦诸子书实际上开始于楚人所作的《鬻子》，老子、庄子的著作更是楚文化的瑰宝，因而孔子在删改《诗经》时保留了许多楚地的诗歌。他还认为：文学上，《楚辞》是后代辞赋之祖；军事上，楚地人是舟师和射法的创造者；政治制度上，楚国设立的“令尹”这一职官实际上是后世宰相制的开始。一言以蔽之：楚文化对中国传统文化贡献多多，是中国传统文化的活水源头之一。而廖元度以《楚风补》名楚地诗歌总集，意在弥补《诗经》十五国风而无“楚风”之缺憾，为楚诗歌争得应有的地位。《楚风补》作为以一人之力而完成的楚地自古至明诗歌总集，卷帙浩博，舛漏众多，因而遭到《四库全书总目》的讥刺。但它的“意主夸多”从侧面反映了作者对楚地诗歌成就的表彰意识，所成也堪称楚地诗歌之大观。

以上两书作者均为湖南人，但因其时湖南、湖北尚未分立，他们对地域文化的自觉意识体现为对楚地贤人、楚地诗歌的表彰上。随着湖南、湖北的分治，湘人的文化自觉意识发展为对湖湘文化的整理与表彰上。这首先是通过划分地界来完成的，即将对湖湘文化的叙述从对楚文化的叙述中分立出来。

第二节　湖南建省与文化独立意识的发展

随着清初湖南与湖北的分治，湖南人的文化独立意识逐渐发展。当时的人认为，行省不仅意味着行政上的分治，还必须有一套独立的历史文化叙述体系，才能算是完整意义上的行省。这种文化上的独立意识，激发了他们以湖南为范围来总结历史文化的热情，并通过编修省志的方式，为湖南制作了第一张文化名片。

一　“湖南之建行省，自分闱始”

从行政区划的调整来看，湖南分设布政使司始于清康熙三年（1664 年），而设湖南巡抚始于雍正二年（1724 年），这一年也是湖南、湖北科举分闱的年代。而在后人的言说中，“湖南之建行省，自分闱始也。”[2] 这说明，在湘人的认知中，文化

---

① 李中华：《〈楚风补校注〉：楚文献整理的硕果》，《江汉论坛》2005 年第 5 期。
② 郭嵩焘：《五贤祠碑记》，《郭嵩焘诗文集》，岳麓书社，1984 年版，第 523 页。

教育政策的独立是湖南成为一个独立行省的关键。

清初湖南文化落后是毋庸讳言的事实。清初河北大兴刘献廷小居湖南，曾发出"无半人堪对语"的感叹①，从侧面说明了外界对湖南的观感。晚清湘人郭嵩焘承认：湖南历汉唐千百年来，虽然"魁人杰士挺生其间""文章节义，尤称极盛"，却"风气久而未开"；自元代合荆湖南北及粤西为湖广行省以来，集诸路士子试于行省，近五百年的时间里，都视湖南为边郡之地，"言文学者弗及也"。湖南虽然文章节义极盛，却被视为风气未开之地。郭嵩焘还推论，造成这种反差的原因就在于"科名仕宦之未显，其气固郁而不扬"。②

衡之以事实，郭嵩焘所言不为无理。清初两湖合闱乡试，而乡试地点则设在武昌。凡乡试大比，湖南士子需涉洞庭湖、远赴武昌，"客场"作战；而湖南中额者不及四分之一，或仅逾十分之三。③科举中额之多寡固然不能说明地域文化本身的高下，但在人才多由科举出的时代，此种情形至少在相当大程度上妨碍了湖南人才的发展，也影响了湖湘文化的声誉。

自湖南设布政使司以来，本省士人即感家乡已是文风鼎盛，不愿意继续依附于湖北，要求自建贡院，独立举办乡试。自巡抚武进赵申乔首请湖南北分卷，继有巡抚宜兴潘宗洛奏请分闱，此后历任巡抚莫不循例入奏，吁请分闱，一则强调本省文风已开，再则宣称洞庭湖风大，交通不便，"部议愈坚，请之愈勤"④，如是反复请求几十年，终于在康熙六十年（1721年）获准自建贡院。雍正二年（1724年），清廷单独拨给湖南科举名额，定举人名额49名，副榜9名。从此湖南不必与湖北在同一科举总额下争夺名额了。独立举办乡试不仅是一个省的行政权力的体现，也为湖南风气大开、人才奋起奠定了基础。是以在后世的言说中，它成为湖湘文化发展史上的关键性事件，誉之为湖南建省的标志。而推动湖南科举分闱的地方官潘宗洛、赵申乔、李发甲等人也得到湘人的纪念，建祠以报，吟诵不断。晚清长沙陈岱霖有《过李中丞祠》诗云："万古沅湘树芷兰，栽培谁识使君难。两闱不许分南北，三疏终能抗赵潘。水涨洞庭秋浩浩，星悬衡岳夜漫漫。长沙城畔祠堂在，树影萧版落照寒。"⑤正是纪念李发甲等人的功绩，"乃纪实而怀其德也"。

二　"有省必有志，有志乃成省"

对于一个独立的行省而言，仅仅有举办乡试的权力还不够，还需要争取对湖南

---

① 刘献廷：《广阳杂记》，中华书局，1957年版，第67页。
② 郭嵩焘：《五贤祠碑记》，《郭嵩焘诗文集》，岳麓书社，1984年版，第523页。
③ 参见张朋园：《湖南现代化的早期进展》，岳麓书社，2002年版，第75页。
④ 郭嵩焘：《五贤祠碑记》，《郭嵩焘诗文集》，岳麓书社，1984年版，第523页。
⑤ 参见湖南省图书馆整理出版，《湘雅摭残》，岳麓书社，1988年6月第1版，第23页。

历史、地理、文化传统的阐释权。是故湖南建省后的又一举措，是编修独立的《湖南通志》。

此前，湖南、湖北合为一省，只有《湖广通志》，而无《湖南通志》。湖南建省后，康熙二十三年（1684年）和雍正十一年（1733年）两次纂修省志，仍仿前朝惯例，合湖北、湖南于一志，曰（康熙）《湖广通志》、（雍正）《湖广通志》。又将修志的机构设于武昌，"大湖以南，远隔千余里，文移往返，动经时月"，导致所修《湖广通志》"北详而南略"①，对湖南的山川人物多有遗漏。比如，屈原之忠说，朱张之芳踪，元公道脉之流传，西山政教之遗泽，乃至地方官吏之善政良法，这些有关湖南历史文化的重要内容都未能在《湖广通志》中得到体现。这使湖南地方官员与本土文人学士极为不满。

在他们看来，方志是地方官了解舆情最重要的依据。官斯土者，览志"可以得经理之道，拊循之方，驾驭之术，修省之宜"②。而详北略南的《湖广通志》显然满足不了人们的需求。更为重要的是，湖南与湖北既然分治，理应有一部独立的省志。诸人认为，自从康熙帝设湖南布政使司以来，湖南"官制府库之备，一如他省，骎骎乎都会之雄，与湖北之鄂渚埒"③，而省志依附于湖北，不能自成一书，"非体也"。而且，"天下郡邑，莫不有志。湖南虽弹丸之邑，皆有专志，省独可无专志乎"④！既然郡邑都有志，省就更应该有志。有专志，才能证明湖南已成为独立的一省。

正是在这样的理念驱动下，湖南官绅亟亟以专修省志为念。乾隆二十一年（1756年），在巡抚陈宏谋的主持下，湖南开始修有史以来的第一部省志。陈宏谋"遍饬府州厅县，各纪其方舆之所有，且绘图以献"⑤；湖南布政使杨廷璋等"酌筹资斧，多方区画，人檄府州，考其图经，征其故实。裒罗典籍，延礼儒绅"⑥。各级官员共襄盛举，最后完成了一部"分门三十有七，成书一百七十四卷"的《湖南通志》。乾隆二十二年（1757年），陈宏谋调往他任，继任者蒋炳继踵而起，将《湖南通志》正式刻板刊行。湖南前后几任地方官均为之作序，序言作者阵容之庞大充分反映了他们对首部《湖南通志》的重视，也反映了湘省谋求文化独立的急切心情。

首部《湖南通志》凸显了湖南省的两个文化特色：

其一，湖南文物声名日新月异，不亚于他省。

湖南地处大湖之南，群苗杂处。相对于中原地区而言，自有"南蛮之地"的嫌

---

① 硕色：《湖南通志序》，乾隆二十二年刻本，齐鲁书社，1996年影印本。
② 夔舒：《湖南通志序》，乾隆二十二年刻本。
③ 杨廷璋：《湖南通志序》，乾隆二十二年刻本。
④ 夔舒：《湖南通志序》，乾隆二十二年刻本。
⑤ 陈宏谋：《湖南通志序》，乾隆二十二年刻本。
⑥ 杨廷璋：《湖南通志序》，乾隆二十二年刻本。

疑。而在诸人的论述中，力图证明湖南的教化源远流长，圣朝之下，更是文物声名，日新月盛，不亚于他省。

湖广总督硕色指出："志所以承史，史所以继诗。"如前所述，《诗经》是各地教化的最早记载，楚人向以《诗经》有十五国风而无楚风为憾，是以有廖元度的补楚风之作。硕色则强调，《周南》《召南》之中已经包含了楚风。"夫楚则何尝无风哉！《周南》之有《江汉》，楚风也；《召南》之有《甘棠》，亦楚风也。楚之风固莫备于二《南》矣，而特以系之于圣王之雅化，贤相之嘉猷。故楚不得而专之。"《周南》《召南》，所涉大部分为楚风，只不过二南本是天子教化之中心，楚国不得专属，故不标"楚风"而已。因此，"楚虽介在南服，而文物声名，日新月盛，甘棠之化，弥衍弥广"，楚之南北都在天子教化范围之内。[1]

楚地已是文物教化日新月异，作为楚南的湖南也俨然成为教化之邦。湖南一地，"山川雄丽，人物殷富，山泽禾稼之利，且及天下"，虽然"地杂苗瑶"，却是"溪岗山箐之间，遍播弦歌之化。向所谓五溪衣服，今皆骎骎渐渍，华风何其盛也。"[2] 湖南"地居天下之中，在今日沃衍富饶，且非边省比"，其"典礼制度之修明而条贯，文章功业之彪炳而建树"。圣朝之下，"荒服无不格之苗，僻野有弦歌之化"，湖南亦不例外。特别是自从清朝设湖南布政使司、移偏沅巡抚驻节长沙以来，"为湖南省百年来涵濡圣化，声名文物，日盛月新""俗登礼让，户乐弦歌。溪蛮洞瑶，抒诚心格，非复前代之比"。通过专修省志，"远稽博访"，可将这些文化成就记载下来，信今而传后，既表彰本省的教化，更彰显清朝至治盛象。

其二，湖南具有独特的人文教化，非他省可以代替。

省志一方面力证湖南文物教化不亚于他省，另一方面又试图界定湖南文化的个性，强调湖南与他省之不同。湖南山川秀丽，"举其山，衡岳九嶷，岭峤之所宗也。举其水，潇湘洞庭，百川之所汇也"，皆为湖南省所独有。"夫衡岳之高且峻，洞庭之浩且淼，湘水之深且长，相似者有几？"教育设施、物产土宜也各具特色，"以学校言，则岳麓、石鼓，所以教民者，取法于古。以农田言，则隄堰陂塘，所以养民者，更详于今而。且苗瑶有官设之学，足征声教之远。矿厂有自然之利，广开衣食之源。营制则星罗棋布，边防则烽靖烟销"。至于湖南的历史文化，更是无与伦比的，"考人物而《骚》《雅》竭忠爱之忱，《太极》启图书之秘。观典礼之明备，表节孝于幽微。朱张之讲学，可以尊闻而行知。真魏之政教，可以设诚而致行。韩柳欧李之文章，可以守先而待后。"[3] 这些湖湘文化史上的独特而宝贵的财富，只有

---

① 硕色：《湖南通志序》，乾隆二十二年刻本；齐鲁书社，1996 年影印本。
② 陈宏谋：《湖南通志序》，乾隆二十二年刻本。
③ 同上。

在独立省志中，才能得到充分体现。

尽管在后世眼里，这部以“湖广通志”为蓝本而成的省志存在着许多疏漏，但它却开启了独立解读湖南省山川地理、历史文化的历程。《湖南通志》卷帙浩博，内容丰富，“举凡九府四州之山川城郭，户口田赋，选举艺文，土俗物产，靡不纲举目张”①“足以绘盛治之规模，而写太平之景象”②。时人认为，“官斯土则有怀经济因革损益厘然可守也；生斯地则仰止前贤鼓舞效法勃然兴起也”③。有了它，地方官治理湖南有所凭借；有了它，湖南的文物教化得以流传；有了它，圣朝气象得以彰显。可以说，通过编修省志，湖南为自己制作了一张文化名片。

正如论者所言：“中国历代编修方志的传统，使得每一个地区都有可能通过地方志的编修，以历史记录和叙述的方式，来表达地方文化意识。自清代以后，地方志大多是在本地地方官员的主持下，荟集本地最有影响的文人，集体编撰。因而，地方志的内容及其表达方式，反映了地方领袖主导的文化观念以及由此建立的历史解释，是当地各种政治和社会势力较量和对话的结果。”④《湖南通志》正是湖南地方官员与文人学士表达地方文化意识的体现，也是形成湖南认同的必不可少的步骤。通过专修省志，湖南逐渐形成了一套有关本省历史地理的叙述体系，从而使行政上的独立转化为文化上的独立。

三　完善体例，补充内容

乾隆版《湖南通志》打破了以往湖南历史文化“失语”的局面，初步塑造出湖南“有文化”的形象。而在以后的几次重修省志活动中，这个形象不断充实完善。

嘉庆二十一年（1816年），湖南布政使翁元圻再度开局重修湖南通志。如果说第一次湖南修省志主要由地方官主持、外省人纂修（陈宏谋委托董理其事的两人范咸、欧阳竹泩均为外省人）、本省参与的士绅级别不高（多半为生童、生员）的话，那么，嘉庆时期重修省志不仅得到了湖南本土文人学士的支持，而且引起了湘籍官员的高度关注。

主修嘉庆版《湖南通志》者为宁乡黄本骥、黄本骐兄弟。黄本骐号花耘，宁乡人。少孤，母刘氏督教甚严，与弟本骥刻意砥行，同以学行著名湖湘间，尤工诗。清嘉庆十三年（1808年）中举人，授城步训导。著有《三十六湾草庐稿》传世。黄本骥（1781—1856年），字仲良，号虎痴，本骐弟。1818年受邀参与《湖南通

① 杨廷璋：《湖南通志序》。
② 硕色：《湖南通志序》。
③ 陈宏谋：《湖南通志序》，乾隆二十二年刻本。
④ 程美宝：《地域文化与国家认同：晚清以来“广东文化”观的形成》，生活·读书·新知三联书店，2006年版，第261页。

志》的重修，1821 年中举。第二年，受时任陕西布政使的唐仲冕之邀前往西安，遍游陕、晋名胜。道光十七年（1837 年），被选为黔阳县教谕。嘉庆间重修湖南省志，黄氏兄弟并入局中，通志体例，多出黄氏兄弟之手。

嘉庆版《湖南通志》的修撰也得到了湘籍大臣陶澍的关注与支持。陶澍（1779—1839 年），字云汀，湖南安化人，嘉庆七年进士，选庶吉士，授编修，先后任山西按察使、安徽布政使、安徽巡抚、两江总督等。在嘉道之际，陶澍以倡导"有实学，斯有实行，斯有实用"而著称，是经世思潮的代表人物与大政改革的实际主持者。其时由于吏治腐败，河工、漕运、盐政等大政均出现严重危机，江南地区社会问题更为集中，河、盐、漕三大政到了山穷水尽、疲敝已极的地步。陶澍毅然以一身为江淮保障，将包世臣、林则徐、贺长龄、陈銮、俞德渊、王凤生等经世学者和官吏团结在一起，共同进行改革，先后实施了漕粮海运、票盐法、疏浚水利，极大地改善了江南的大政。他不仅得到了道光皇帝"实心任事，不避嫌疑""干国良臣"等嘉誉，且受到后世史学家的高度评价。近代学者孟森曾说："嘉道以后，留心时政之士夫，以湖南为最，政治学说亦倡导于湖南。所谓首倡《经世文编》之贺长龄，亦善化人，而澍以学问为实行，尤为当时湖南政治家之巨擘。"[1]张佩纶将陶澍看成是开嘉道之际经世人才群体先河的人，说："道光来人才，当以陶文毅为第一，其源约分三派：讲求史实，考订掌故，得之者在上则贺耦耕（长龄），在下则魏默深（源）诸子，而曾文正（国藩）集其成；综核名实，坚卓不同，得之者林文忠（则徐）、蒋砺堂（攸恬）相国，而琦善（静庵）窃其绪以自矜；以天下为己任，包罗万象，则胡（林翼）、曾（国藩）、左（宗棠）直凑单微。而陶实黄河之昆仑，大江之岷也。"[2]

陶澍对方志极为重视。他认为，志书具有资政功能，为官者要"举一方之利病而兴剔之"，对于"山川、风土、人物、官师、学校、财赋各大端，皆不可不周知其故"。如果方志记载完备，则为官者可以有针对性地采取治理之策。陶澍一生主持并修撰了多部志书，如在安徽巡抚任上，就主持修撰了《安徽省志》；他对嘉庆版《湖南通志》也贡献不少。

其一，参与审订省志体例，为嘉庆版《湖南通志》的修纂确立了一些原则。嘉庆朝湖南通志开局之时，陶澍适值在国史馆任编修。当湖南布政使翁元圻将《通志凡例》寄给他审阅时，陶澍针对乾隆版《湖南通志》的疏漏，提出了许多改进意见。他主张，志书应真实可靠，在表彰本土先贤时，应考证精确，既不可误将外省人滥入其中，也不应将本省重要人物遗漏。比如，两汉时期，楚湘人物本来就不

① 孟森：《明清史讲义》下册，中华书局，1981 年版，第 618 页。
② 张佩纶：《涧于日记》己卯下，光绪刻本。

多，"惟蒋琬公忠体国，人所共知，《蜀志》已明载零陵湘乡人，而《长沙府人物志》内竟无其名。"其疏漏由此可见一斑。又如，《明史》记载有张骥与李祯，二人俱为安化人，但未明省份。那么，二人究竟是湖南安化还是甘肃安化人？尚需通过其他史料来加以考证。《山东通志·名宦总部》中明确记载：骥，湖广安化人。至祯传，则有"祯家洮河"之语，可见李祯为甘肃之安化人。而乾隆版《湖南通志》不收湖广安化人张骥，却收录了甘肃安化人李祯，并擅自将"祯家洮河"一语删去。对此，陶澍提出质疑："志以传信，又何必如此迁就相借以为重耶？"陶澍还指出，编修省志时，很多新增内容都要取材于府县志，而府县志又未必悉善，不皆可凭；且非熟悉掌故者，去取未必尽当。他主张："修志一事，与史不同，史善恶并书，志则录其善者而已。故与其取之宽而或失之滥，毋宁取之严，而其后犹可增。"①

其二，对具体的史料来源、应增人物事迹提出建议，并督促乡人广搜史料、表彰先贤。

陶澍不但对新修省志提出了指导性意见，还致信主持修志事务的黄本骐，对新版通志新增内容提出具体建议。他说：新增内容除了从国史馆中获得之外，大部分还要靠外界访得，因国史馆只为巡抚以上的人立传，巡抚以下之人国史馆并无其史料，须得本省人士去采访搜罗。至于如何采纳，陶澍认为："大约众口俱同，即可秉公载入，亦不必尽以见诸简策者为凭据。盖续纂近事与往事不同。往事必徵诸前人之记载，近事必参诸舆人之采访。据舆论而纂入省志，即他日统志与史稿之凭据也。"② 而省志所载，日后又会成为国史所收的凭据。故在编修省志时，应尽量采集史料、补充内容，以为将来国史修纂提供地方文献。

有意思的是，陶澍在信中还谈到一事，说国史馆正在编纂《儒林文苑列传》，"湖湘自王夫之先生而外，得人者寥寥。弟虽极言之，而亦未能多收，正因无凭据之故。是省志不可不早成送馆，以备采择也。"③ 省志采择广泛与否、精确与否，关系到湖南人在国史中的地位。因此陶澍殷切希望乡人能快速将省志修好。他又建议黄本骐将祖上事迹缕述一二，送往国史馆，以备采择，并认为这是为子孙者所应当做的事。

正因为嘉庆版的湖南通志得到各方面的关注，故比起乾隆版通志草创未备来，可谓是后出转精。其文约事丰，篇幅卷帙只比乾隆版增加了四分之一，而所载事实则增加了几倍，"明以前补传至二百有奇，职官姓名，所补亦夥，且各注出处；人

---

① 陶澍：《复翁凤西方伯书》，《陶澍集》，岳麓书社，1998 年版，第 132 页。
② 陶澍：《复黄花耘孝廉书》，《陶澍集》，岳麓书社，1998 年版，第 134 页。
③ 同上。

物后附以义役、义仆，尤得表微阐幽之意。"[①] "搜采既博，体例亦善，深合史裁，诚通志之正轨也。"[②] 不仅在技术上更为完善，合乎通志之"正轨"，而且通过补充人物事迹，使湖湘文化的形象逐渐丰满。

有省必有志，有志乃成省，省志的修撰过程是对"省"历史文化认同的过程。它一方面通过全省各地文献的搜集整理，构建出一个有关湖南省历史地理的叙述体系，另一方面也促进了对地方文献的进一步关注，促进了对本省历史文化的认同。

第三节　风雅故土，流风未歇——
邓显鹤与近代湘学的复兴

湖南建省不但推动了湖南省志的编修和对湖南省历史文化的梳理与叙述，而且也推动了以湖南省为范围的征文考献活动。倘若湖南真的如诸人所言文物教化日新月异，那么，最好的证明方式莫过于汇集湖南历史上的文化作品，向世人集体展示湖南人的文化成就。因此，挖掘、整理湖南的文化成果，就成为湖湘文化意识发展的题中应有之意。嘉道之际，邓显鹤编纂了湖南有史以来第一部诗歌总集《沅湘耆旧集》，重现了湖南作为"风雅故土"的形象。

一　"诗征之刻，吾湘独阙"

汇集一地文献而成文征，在历史上渊源甚早、由来有之，如晋代有习凿齿的《襄阳耆旧记》，金代有元好问的《中州集》等。清代更有大规模搜集乡邦文献的活动，出现了一批以省为范围的文征，如卢见曾之《江左诗征》、王豫之《江苏诗征》、罗学鹏之《广东文献》等。相对而言，湖南尚处于落后状态，时人感慨："海内诗征之刻殆遍，吾楚《风》《骚》旧乡，独阙焉未备。"[③] 这使湘中耆硕引以为憾，但屡谋而未成。个中原因，据后世推测，主要有四点：

其一，上溯难。湖南虽然是《风》《骚》故土，但在秦汉以后，汉魏以降，"骚坛寂历，代祀绵悠"，出现的诗人屈指可数。"中惟南平阴子坚振响萧梁，顾疑外来，又少并起。自余单章，率乏奇采。"到了唐宋之间，楚风稍振，出了杜甫这样的大诗人。但杜甫乃楚地所产，"类非湖外所得攘"，不专属于湖南。湖南诗人入选《全唐诗》者，不过几家。至北宋年间，湘阴邓氏诸老起，但其诗散见于《永乐大典》，内府所藏，外间反而不及见。南宋年间，湖南宁远出了个乐雷发（字声远），

---

① 胡玉缙：《续四库提要三种·许顼经籍题跋》卷二"史部"，上海书店出版社，2002 年版，第 557 页。
② 叶定侯：《续修湖南通志之我见》，参见《湖南文献汇编》第一辑，湖南文献委员会，1948 年版，第 25 页。
③ 邓显鹤：《沅湘耆旧集叙》，《沅湘耆旧集》，岳麓书社，2007 年版。

因门弟子姚逸登科，上疏请以让雷发，因而出名。但雷发终身不仕，居于雪矶，因以名其诗稿，著有《雪矶丛稿》传世。至于其他各家文献，率多缺佚。明代湘人仅有茶陵李东阳的《怀麓堂集》一集孤行天壤。"至如洞庭渔人、高霞居士、夕堂老人诸先生，当时奉为坛坫，今且不识姓名。石渠、天禄，渺若云霄；玉律金科，委同草莽。"欲要远绍遗闻，光我简册，则发现一难在湖南历史上文化名人不多，二难在文献大多不传，难以搜集到。

其二是旁求难。古代书籍藏重于传，湖南则家乏藏书，人鲜专业。"高门右族，手泽既不轻以示人；蠹简鼠编，下士亦各私其祖、父。"无论上下，都把书籍当成秘笈，轻不示人，致使借钞不易。至于"荒山古寺、委巷农家，村学传抄，老僧粘壁，亦有名章，可资采录"，但须"身历其地"才可知。又因为"沅湘之间多激响"，为人忌讳。因此湖南文献若有若无，若灭若亡，难以旁求。

其三是抉择难。文献中总是鱼龙混杂，泥沙俱下的。作为诗选者，倘若抉择不当，势必遭人诟病。"选楼一开，邮传麇至，堆塞几席，蔽锢聪明。徐凝不少恶诗，僧虔政多累句。"而抉择标准本难一致，"若乃矜言瑰博，则以高简为空疏；矫语性灵，则以纤佻为妙悟。驯至浅人俚语，累幅不休，逸响孤音，古调欲绝。"

其四是品藻难。从来诗家皆有师承宗派，选诗必"考其家世弓冶之详，溯其师友渊源之自"。但运用不当，则会矫枉过正，"至一人被摈，切齿者数世；一目偶乖，指摘者千夫。以风雅之林，成恩怨之府"。因此，品藻是件难事。①

概而言之，湖南没有产生全省性的诗征，一者在于客观条件的缺乏（诗文无多，大多不传），一者在于主观条件的缺乏（选编者不易得其人）。

随着嘉道之际湖南人才群体的兴起，湖南文化现象引起了外界的关注，也催生了湘籍人士对本土学术文化的认同感。征文考献成为湘学发展题中应有之意。

就学术文化影响而言，嘉道之际湖南人才群体可追溯到唐仲冕。唐仲冕（1753—1827年），字云枳，号陶山居士，世称唐陶山，原籍善化（今湖南长沙），后客居肥城县（今肥城市）涧北村。乾隆五十八年（1793年）进士，历官江苏荆溪等县知县，道光间累官陕西布政使、代理巡抚等。任上兴利除弊，多有惠政，吴门沧浪亭五百贤臣像有其石刻像。唐仲冕不仅有政绩，且有较深的学术造诣。如果说清初大兴刘献廷慨叹湖南"无半人堪对语"反映了湖南人才不兴的话，那么，唐仲冕的学术成就及其影响则在较大程度上改变了外界对湘人的认识。唐仲冕同乾嘉学界名流多有交往，于经学有独到见解。其所著《陶山文录十卷》，每篇之尾，都附载钱大昕、王昶、姚鼐、孙星渊、洪亮吉、段玉裁、法式善、秦瀛、伊秉绶、许桂林诸家评语。诸人中有唐氏奉手请教的长辈，有与唐交情较密的同辈，有唐氏门

---

① 以上"四难"，参见邓显鹤《沅湘耆旧集叙》，《沅湘耆旧集》，岳麓书社，2007年版。

人。"仲冕之治经，盖欲自附于贤者识大之科，而不囿于训诂名物之末。顾其致力之端，力宗古注，语必有据，无宋元诸儒架空立论之习，故不为乾嘉经师所屏。"①唐氏力宗古注，语必有据，这是他能得到其他经学家认可的原因；但坚持"贤者识大"，治学路径不同于乾嘉经师，故不以汉学名家。

唐仲冕之子唐鉴是嘉道时期有名的理学家。唐鉴（1778—1861 年），字栗生、泽翁，号镜海，嘉庆十四年（1809 年）进士，朝考改翰林院庶吉士，散馆，授检讨，自此步入仕途，屡升至江宁布政使，"扬历于外盖二十年"，所至革除陋规，以清廉著称。道光二十年（1840 年）四月内召为太常寺卿，曾国藩、倭仁等随其考德问业，复兴理学。时值鸦片战争爆发，唐鉴力主抗英，上疏弹劾琦善、耆英等弄权误国之臣，正直之声震天下。晚年老病奏请开缺回湖湘原籍。撰有《国朝学案小识》，试图总结清代学术。

除唐氏父子外，安化陶澍更是嘉道间首屈一指的关键人物，他既是嘉道之际大政改革的领军人物，也是嘉道年间经世实学的倡导者。其他如贺长龄、贺熙龄兄弟等也为世人瞩目。贺长龄（1785—1848 年），字耦耕，号西涯，晚号耐庵，湖南善化人，嘉庆十三年（1808 年）进士，历官江西南昌知府、山东兖沂曹济道、江苏按察使、布政使，佐巡抚陶澍创行海运。调山东巡抚、调江宁布政使、福建布政使、贵州巡抚、云贵总督，兼署云南巡抚。长龄为官 40 年，勤于职守，有惠政。山东所属多水患，长龄导民开沟洫，兴水利，收获倍增。在贵州，主张查禁私种罂粟和吸食鸦片。整饬吏治，练营伍，储粮备荒，恤孤抚幼，劝课桑棉，教以纺织，创建书院义塾，兴修府志，其中他主修的《遵义府志》被梁启超推为"天下府志第一"②。道光二十八年（1848 年），又组织幕僚编纂《皇朝经世文编》120 卷，对晚清学风影响甚大。另著有《耐庵诗文集》等传世。贺熙龄（1788—1846 年），字蔗农，贺长龄之胞弟。嘉庆十九年（1814 年）进士，选庶吉士，授编修。先后任河南道御史、湖北学政、山东道监察御史等。任内以扶世教、厉风俗为己任。致仕后前后主讲长沙城南书院近十载，著有《寒香馆诗文钞》传世。

此外，益阳汤鹏、邵阳魏源等均以主张经世致用著称于世。时人称："道光朝，士无不知湖南有汤海秋者"，称他"意气蹈厉，勇言事"，在郁郁不得志后，退而著《浮邱子》九十篇四十余万言，于军国利病、吏治要最等皆有剖析。魏源更是与龚自珍齐名的今文经学家、倡导改革的思想家。嘉道年间，汤鹏、魏源与另外两人陈起诗、左宗植被京师士大夫称为"湖南四杰"，"四子均负异质，以诗古文自豪，其学于经史诸子百家外，尤致力于掌故时务经世之学。"③

---

① 张舜徽：《清人文集别录》，中华书局，1963 年第 1 版，第 280 页。
② 梁启超：《说方志》，《饮冰室合集·文集之四十一》，中华书局，1989 年版，第 84 页。
③ 湖南省图书馆整理：《湘雅摭残》，岳麓书社，1988 年版，第 45 页。

湖南人才群体不仅以其学行、政绩蜚声国内、为乡邦增添声誉，而且对湖南省文化也极为重视。他们出仕在外省，却不忘故乡山山水水，希望能读到相关文献，以慰藉思乡之愁。贺熙龄就回忆与陶澍任京官时的感受："忆昔时寓居京邸，与文毅篝灯旅馆，每为予夸资水之胜。文毅既善谈山水，而吾乡之山水又适足动羁居旅客、文人墨士之思，于是溯洄于梅峒黄岭、芳风藻川间，思一往读其地之人之诗，以遇其人于山水之外。"① 这正是湘籍官员对故乡地域文化认同的生动写照。

为湖南文献不足征感到焦虑，几乎是嘉道间湘籍大臣与地方耆彦的共同心理。左宗植就说："吾楚自前明以来，至国朝五百余年，其间贞臣孝子，巨儒上才，往往作为文章，形之篇咏，以寄千秋之志，而成一家之言。"② 但因为"代祀邈悠，缀录盖阙，风流云散，人往言湮"，不被保留。他还指出，楚地诗集虽有廖元度的《楚风补》和陶松门的《楚诗的》，但都失之漏陋；湖南的硕儒通人如衡阳王夫之著书七十余种，他乡尚有人读，本乡却无人知晓；至于其他的"骚宗词伯，断璧零圭"，湮没不彰者无计其数。左宗植认为，楚人楚诗之所以不为外界所知，不为外界称道，"固咎竞陵之短垣，亦缘楚人之被褐。"贺熙龄也有类似的看法，以为前明至今日五百年间，"湖湘之间名流著述，不知凡几"，但"遐溯前徽，风雅之道，暗焉未彰"，其原因就在于"修实者不求闻，又乏表章之人"③。湘中先贤不求闻名于世，而后世又缺乏对前贤的表彰，致使"断璧零圭""金声玉振"散佚不彰。孙鼎臣指出，沅湘之间，贤人达士层出不穷，"金相玉质者家承其美，鸾锵凤翱者人启其秀"，作为后人，"岂可饮流而忘源，扯枝而失本?"④ 强调湖南历史上涌现了不少诗人哲士，创造了丰富的文化遗产，而不为世所知、为世所重，其原因就在于缺乏收集、整理之人。言外之意，湖南不是没文化，而是后世缺乏整理。诸人都感到，后来者理应重拾斯文之余绪，汇编零缣碎锦，使之发扬光大。这个历史使命落在了邓显鹤身上。

二 "搜讨文献，如有大谴随其后"

在近代湘学发展史上，邓显鹤以其对乡邦文献的挖掘整理表彰著称于世，被后世誉为"近代湘学复兴之导师"。这个"导师"的形成，可谓得天时、地利与人和，是近代湖湘文化意识发展的产物。

邓显鹤（1777—1851 年），字子立，号湘皋，晚号南村老人，湖南新化县人。

---

① 贺熙龄：《沅湘耆旧集叙》，《沅湘耆旧集》卷首附录，岳麓书社，2008 年版，第 21 页。
② 左宗植：《湘阴左学博宗植为贺侍御熙龄、陈机部本钦致同乡诸公书》，《沅湘耆旧集》卷首附录，第 16 页。
③ 贺熙龄：《沅湘耆旧集作叙》，《沅湘耆旧集》卷首附录，第 20 页。
④ 孙鼎臣：《善化孙中书鼎臣书》，《沅湘耆旧集》卷首附录，第 14 页。

嘉庆九年（1804 年）乡试中举，后屡试礼部不第，遂厌薄仕进，博究群书，足迹半天下。道光六年（1826 年）大挑二等，官宁乡县训导十三年，引疾归乡后主讲邵阳濂溪书院。邓氏工诗能文，有《南村草堂诗钞》传世，而最主要的成就则是对湖南文献的搜集整理，曾国藩称其"于湖南文献，搜讨尤勤，如饥渴之于食饮；如有大遣随其后，驱迫而为之者""举湖南仁人学子，薄技微长，一一掇拾而光大之"①。正是因为有邓显鹤的辛勤搜讨，才使湖南历史上散佚的文献重见天日、湖南的文化成就得以彰显，加强了湖南人对本土地域文化的认同感。而综观邓显鹤的学术旨趣、交往活动，不难发现，邓显鹤身上承载了众多人的期待，他的学术活动也得到了众多人的襄助。

邓显鹤"自束发授书，即喜闻老先称说古今巨人长德、乡邦文献"②，对地方先贤极感兴趣；年长后，又因工诗能文，以诗获交海内名宿，与湘籍官员唐仲冕父子、陶澍、贺长龄兄弟等来往尤密，深受诸人影响。

邓显鹤同唐氏父子均有厚交，朝夕相处多年，与唐仲冕尤其投缘。《南村草堂诗抄》中与"陶山丈"唱和酬答之作颇多，两人之间的交谊洋溢于字里行间。唐仲冕的诗集、文集出版后，都曾出示给邓显鹤，邓氏诗集中有《邗上遇唐丈陶山观察出示诗集，奉题其后》，又有《邗上重晤唐丈陶山方伯出示全集，赋此奉呈，即次近作留别张古余太守"论"字韵》，其中云："庭诰征诗礼，蛮荒共讨论。（与公子镜海太守订交桂林。）得交名父子，如对古贤尊。衡岱同高峙，资湘无浊源。"③可见二人非惟声气相求，而是文章道义之交。又云："相逢曾此地，展卷喜重论。著述千秋重，扮榆一老尊。楚风堪补缺，汉学早寻源。并世吾犹幸，追随况里门。"④又可见湖湘文献是邓显鹤与唐氏父子共同关心的对象。

唐仲冕在《松堂（邓显鹤祖父号）读书图赞》序中亦云："嘉庆乙亥（1815年）秋，与湘皋同客扬州，晨夕聚首，每相与称述两家先世之美。"这"晨夕聚首"中所论就包含湖南地方文献。

邓显鹤与陶澍是少年知交。道光六年（1826 年），陶澍为《南村草堂诗钞》作序，首句即云："余与湘皋交二十余年矣"。⑤邓显鹤亦曰："我初见公铜官渚，少年同踏省门鼓。"⑥邓显鹤比陶大两岁，陶自嘉庆七年中进士，后来官至两江总督加太子少保，邓显鹤则放弃仕进客游四方。客游时，与陶澍相处时间最长，也是参与

---

① 曾国藩：《邓湘皋先生墓表》，《曾国藩全集（14）·诗文》，岳麓书社，1986 年版，第 270 页。
② 邓显鹤：《沅湘耆旧集叙》，《沅湘耆旧集》卷首附录，第 13 页。
③ 邓显鹤：《南村草堂诗钞》，岳麓书社，2008 年版，第 232 页。
④ 同上。
⑤ 陶澍：《南村草堂诗钞序》，岳麓书社，2008 年版，第 3 页。
⑥ 邓显鹤：《南村草堂诗钞》，第 205 页。

为陶擘画政务的密友。道光五年陶任安徽巡抚倡修《安徽通志》时，便请邓去主修《艺文志》二十卷。陶澍对邓显鹤的学术活动影响极大，不但出资助刊邓显鹤的《南村草堂诗钞》，而且鼓励与资助邓显鹤从事搜讨乡邦文献工作。贺熙龄在论及邓显鹤编撰《资江耆旧集》与《沅湘耆旧集》的动因时，曾指出：

> 湘皋资产也，先是与陶文毅公有《资江耆旧集》之刻。文毅亦资产也。既乃湘皋更推而广之，为《沅湘耆旧集》，富于前数倍。湘皋之志，抑亦文毅与湘皋相往复之志而未就者也。湖湖南之水，入洞庭者虽曰九江，而东则湘水为宗，西则沅水为长，举沅湘而湖南之水尽之，四方之人，知有沅湘，不知有资。今文毅既已辉煌天听，渥邀宸翰，光耀宇内矣。四方之人，因资江以思沅湘，其神往于澧兰沅芷之间者，当不知何如？①

可见《沅湘耆旧集》虽是邓显鹤主编的，而其意发端于与陶澍的讨论中。书成后，陶澍在两江总督任上出赀为其刻印。书未刻完，陶澍去世。去世前半个月，还在与邓显鹤的信中谆谆嘱以此事。

邓显鹤年长于二贺，颇得二贺的敬佩。《南村草堂诗钞》中记载了不少与二贺唱和之作，与贺熙龄唱酬之作尤多。其整理地方文献也得到贺氏兄弟的资助。《沅湘耆旧集》编成后，时任贵州巡抚的贺长龄首先捐赀一百两，其弟贺熙龄及陈本钦又以"书遍抵同乡诸君子"，劝说各人捐赀助雕。诸人均视湖南省第一部诗歌总集的问世为湖湘文化史上的一桩大事。

正是在这样的氛围下，邓显鹤搜讨乡邦文献的学术理想最终得到实现。计其一生，对乡邦文献的贡献主要有：

一是重刻、增辑《楚宝》

尽管历史上楚地曾先后出现过不少志书，如《襄阳耆旧集》《长沙先贤传》，但均散佚不存。因此，时代较近的、被列入《四库全书存目》的《楚宝》一书就显得弥足珍贵。邓显鹤获知其名，遍求其书而不得。直到他任宁乡学官时，在大中丞康绍镛的鼎力帮助下，通过桐城李海帆自永州带来湘潭周系英侍郎家藏《楚宝》刻本，才得以一睹为快。

在邓显鹤看来，《楚宝》是楚中掌故的集大成者，应当加以流传，故谋求重刊。他利用闲暇之时披阅原书，并参考相关旧籍订正讹误，匡谬拾遗，成《楚宝增辑考异》四十五卷。其考异增辑内容均附于各卷之末。凡缺传者悉加补正，间附按语。重刊《楚宝》得到了湖南巡抚康绍镛、湖广总督裕泰及楚地诸官的经费支持，定稿后，宁乡学署正式开雕，道光九年（1829 年）十一月竣工，从得书到刊印前后不足一年时间。邓显鹤重刊《楚宝》，两百年垂绝之书复行于世，得到了地方官绅的一

---

① 贺熙龄：《沅湘耆旧集叙》，《沅湘耆旧集》卷首附录，第20页。

致揄扬。

不但如此，邓显鹤还对原书进行增辑考订，使《楚宝》一书更加完美、楚地先贤得到更好的表彰。在增订上则采取尊重前人的慎重态度，"湘皋为之增益其漏，而不敢自谓无漏；考订其误，而不敢自谓无误。"故考异增辑只作附文，不对原文作删改，乃"不欲以己意乱前人成书矣！"此外，原书自元以前素材皆取自正史，当时因明史未修，素材多采自谱牒及各家文集，所谓"里巷传闻，不详不实，与正史多有牴牾"，邓显鹤则悉取《明史》本传详加比较，勘误考异，对原书有目录无传者，均为补传，其中尤以名臣所缺为多。被康绍镛誉为"去取详慎，于地理废置沿革，尤多辨晰；所论断皆有依据，足补原书所未及"。①

二是编纂《沅湘耆旧集》二百卷

与廖元度一样，邓显鹤也以《诗经》十五国风独遗漏楚风为遗憾，以为楚地乃诗赋的发源地，"江沱汉广，《南》可兼楚；澧兰沅芷，《骚》且名经。楚之称诗，由来远矣。"②湖南地处洞庭以南、服岭以北，这个地方"旁薄清绝"，是"屈原、贾谊伤心之地也，通人志士仍世相望"，其文字却"湮郁不宣，君子惧焉"③。虽然清初有廖元度的《楚风补》，但识者病其固陋，不足为楚重。因此，邓显鹤毅然以"荟萃湖以南文献为一书"为使命。考虑到搜讨不易，当自近始，于是他就耳目所及，先为掇拾。后来又将搜索范围扩大到资江流域各县。为了获取可用的文献，他"下至荒山古寺，委巷农家，村学博钞。老僧拈壁，亦有名章，可资采录，自非行历其地不知"④。有时"偶得片语，如获异珍，惊喜狂拜，至于泣下。"经过二十多年的努力，纂成一部六十余卷的诗集《资江耆旧集》，收录明清两代三百余家四千余首诗作。

《资江耆旧集》所收只是湖南一部分诗人诗作。邓显鹤又"念全楚之大，非一道所能赅，自湖外诸郡分隶湖南布政，其间巨儒硕彦，通人谊士，断璧零璜，湮霾何限！文采不曜，幽光永沉，此亦阙于采录者之罪也。因发愤推广，展转搜索，复成《沅湘耆旧集》。"⑤《沅湘耆旧集》收录范围扩大到沅江、湘江之间，实际上就是整个湖南，而前编《资江耆旧集》诸名人也按时代编入《沅湘耆旧集》中。全集起自明代洪武、永乐年间，迄于道光年间，"凡得一千六百九十九人，诗一万五千六百八十一首，厘为二百卷，盖湖以南文献，略在是已。"湖以南主要有沅、湘、资、澧四水，"而资水入湘，澧水入沅，湘长于东，沅雄于西，故举沅湘而湖以南

① 康绍镛：《楚宝序》，《楚宝》，道光九年刊本，岳麓书社，2008 年影印版。
② 裕泰：《沅湘耆旧集序》，《沅湘耆旧集》卷首附录，第 1 页。
③ 曾国藩：《邓湘皋先生墓表》，《曾国藩全集 14·诗文》，岳麓书社，1986 年版，第 270 页。
④ 邓显鹤：《沅湘耆旧集叙》。
⑤ 同上。

水尽在是,即湖以南郡县尽在是"。因此,"沅湘"指代"湖南",《沅湘耆旧集》实质为《湖南诗征》的变名。这也是第一部严格意义上的湖南本土诗歌总集。

三是挖掘湖南先贤、表彰久晦之书

在整理乡邦文献的过程中,邓显鹤除了汇集众人"零缣碎锦"之外,又重点发掘了一批名人,整理他们的文集,使他们的声名得到彰显,学术得以流播。他"裒辑欧阳文公《圭斋全集》,与庐陵并列;编辑《周子全书》,与《二程遗书》《朱子全书》同垂天壤。"① 元人欧阳玄,字原功,号圭斋,浏阳人。祖籍江西,系欧阳修的族裔。清康熙年间修浏阳县志时因避康熙皇帝玄烨讳,改"玄"为"元",所以又有欧阳元之称。欧阳玄在延祐复科时(1315 年)中进士第三名,后为官 40 余年,先后六入翰林,两为祭酒,两任主考千生,因其学识渊博,文绩卓著,人誉"一代宗师",与王约并称元代"鸿笔"。此外,欧阳玄以史学成就最为突出,曾在元惠帝时任翰林院直学士,主修《泰定帝实录》《明宗实录》《文宗实录》和《宁宗实录》,合称"四朝实录",受到朝野好评。又任辽、金、宋三史馆总裁,主修三史,并纂《经世大典》等史籍若干种。在诗歌方面也有突出成绩,有《圭斋文集》15 卷遗世,其中被选入《元诗选》《全金元词》者百余首。欧阳玄在当时见重于学界,而其全集后世不传。邓显鹤为其辑刊,使其声名与庐陵欧阳修并齐。周敦颐是理学的开山,传世之作却少之又少。邓显鹤"录其微言,副以传谱之属",编成《周子遗书》若干卷,使"与《二程遗书》《朱子全书》同垂天壤"②。又修《宝庆府志》,"先民、遗民、从臣、迁客及胜朝耆旧诸传,尤多可歌可泣,为史传所遗之人。"③

在邓显鹤表彰的众多先贤中,无疑以王夫之影响最大。"衡阳王夫之,明季遗老,《国史儒林传》列於册首,而邦人罕能举其姓名",邓显鹤"乃旁求遗书,得五十余种,为校刻者百八十卷。"④ 邓显鹤"表彰王先生久晦之书,与顾黄诸老并列",从而拉开了近代船山学兴起的序幕,也使空泛的湘学有了一个具体的形象代言人(详见第二章)。

三　"风骚故土,余风未歇"

经过邓显鹤的努力,湖南仁人学子的"薄技微长"都得到表彰,从而在整体上改塑了湖南形象。特别是《沅湘耆旧集》的编修,被誉为"实为有功名教,不徒

---

① 姚莹:《南村草堂文钞序》,《南村草堂文钞》,岳麓书社,2008 年版,第 1 页。
② 同上。
③ 同上。
④ 曾国藩:《邓湘皋先生墓表》,《曾国藩全集 14·诗文》,岳麓书社,1986 年版,第 270 页。

无愧诗宗"，其问世能使"楚国先贤，死且不朽；《骚》乡遗泽，久而益光"①。湖南乃风雅故乡，《沅湘耆旧集》作为湖南掌故之书，是"殆鬻熊以后不可少之书"，其意义不仅在于"张大国楚"，而且在于重振风雅②。故湘中官绅没有把它看成是邓显鹤的私家著述，而是视为重振湘学的公共工程，各应所能，共襄盛举。如"商榷校订者"有鄞县沈栗仲道宽、长沙毛青垣国翰、湘阴左仲基宗植等；帮助搜集资料的，则有湘潭罗研生汝槐、张玉夫声玢、武陵杨杏农彝之力居多；参与"督刊校字"则兄子瑶伯昭与有劳，诸人"皆有功于是书者也"③。至于刊刻成书，更是得到了从陶澍、贺长龄到湖南官绅等众人的捐助。可见，《沅湘耆旧集》虽为私家著述，在一定程度上是公共工程，代表的是嘉道年间湖南官绅共同的心愿。

那么，这部著述是如何展示湖南的诗歌成就、呈现湖湘文化形象呢？与以往的楚地文献相比，又有哪些不同？概括来说，《沅湘耆旧集》有以下几个特色：

其一，聚焦湖南，关注近代

《沅湘耆旧集》既继承了《楚宝》《楚风补》等楚地文献的文化自觉意识，又把搜采范围局限于"分隶湖南布政使司"的湖外诸郡，以沅湘指代湖南，是第一部严格意义上的湖南诗征，从而把湖湘文化从广义上的楚文化分离出来了。以往讨论楚文化者，均喜欢远溯其源流，"以茶乡为炎帝之陵，九嶷为虞帝之寝，洞庭为黄帝张乐之野，遂乃远稽《蜡辞》，旁及政典，杂引兵法、丹书、广成道要，以及'解愠''阜财'之歌，《履霜》《水仙》之操，'汉永''江广'之什，《山鬼》《国殇》之篇，无不旁搜远绍，节取断章"。邓显鹤认为，这种做法"意存夸张，适形鄙陋"④，故将搜讨的时间范围断自明朝洪武、永乐间，迄于清朝嘉庆、道光间，关注的是"近现代"。至于元代以前的湖南诸家，则另外置于《前编》。因此，《沅湘耆旧集》表彰的是明代以来湖南一省的诗歌成就，呈现的是"近现代"湖南文化形象。

其二，立足地域，放眼全国

邓显鹤认为："征文考献，当自其乡始。"乡邦文献为一代史宬之依据。故邓显鹤关注的虽是湖南，而每每隐含着全国的视野，注重湖南诗歌在全国的地位。立足地方，放眼全国，可以说是邓显鹤编撰《沅湘耆旧集》的双重视角。

对于湖南本土诗歌，邓显鹤一方面拾遗补缺，勉力维持，另一方面不忘将湖南诗风与全国的主流嬗变结合起来，考察其在全国的位置。

邓显鹤提出："有明之诗凡三变，而风会所趋，每转移于吾楚。"明代中期，以

---

① 《湘阴左学博宗植为贺侍御熙龄、陈机部本钦致同乡诸公书》，《沅湘耆旧集》卷首附录。

② 裕泰：《沅湘耆旧集序》。

③ 邓显鹤：《沅湘耆旧集叙》。

④ 同上。

李东阳为首的茶陵派兴起，提倡“轶宋窥唐”，诗学汉唐，一洗明代前期台阁体卑冗委琐之风，为明代诗坛从台阁体过渡到前后七子的复古运动搭建了桥梁。故邓显鹤有“文正主持文柄，为一代大宗”之言。明代中后期前后七子兴起，试图建立明代诗文正统地位。此种走向似乎与楚人无缘。然而，邓显鹤指出，即使是在嘉靖、隆庆七子（即后七子，成员包括李攀龙、王世贞、谢榛、宗臣、梁有誉、徐中行和吴国伦，以李攀龙、王世贞为代表）气焰方盛时，海内求名之士即有“东走太仓，西走兴国”之语。所谓“东走太仓”，指求见江苏太仓王世贞；所谓“西走兴国”即求见湖北兴国（今湖北省阳新县）吴国伦。吴国伦在后七子中最为长寿，万历时王世贞已没，而吴国伦犹无恙，虽不是后七子之领袖，却因长寿而声名极著、影响至深。至明代晚期，湖北公安袁宗道、宏道、中道三兄弟出，公开反对前后七子的复古运动，主张“独抒性灵，不拘格套”，发前人之所未发，形成了声势浩大的公安派。湖北竞陵（即天门）人钟惺、谭元春等继起，形成竞陵派，继续倡导抒写性灵，反对复古，使明代诗坛风气再为一变。钟惺、谭元春以“性灵”“精神”为标准，编选《诗归》一集，“天下翕然宗之，亦哗然诋之”。影响由此可见一斑。故邓显鹤提出：“论者谓有明一代之诗，以茶陵倡于前，以竞陵殿其后，吾楚诗人至与国运盛衰相终始。”①

　　然而，邓显鹤又注意到，“吾楚”不等于湖南，在楚文化中，湖外诸郡与湖北诸郡风格迥异。“吾楚先正”主导了有明一代诗风三变，声名显赫，而湖南一地似乎与世无闻。“若湖外诸君子，闭户暗修，多务朴学而厌声称，尚气节而恶标榜，故始不附王、李以求名，终亦不附钟、谭以累名。”因此所谓七子、五子、四十子之目，湖外诸老都不曾与闻，也不关心。“深山穷谷，抱奇蕴愤，老死不求知于人，而人遂无从知之者多矣。”湘人“务朴学厌声称”，不求闻达，不事表彰，造成了在全国的声誉黯淡。邓显鹤的这一论断也奠定了近代湘学观的一个基调，即湖南不是没有文化，缺乏的是对文化的总结与表彰。这一观念激发了后人对先贤资源的开发。

其三，考源溯流，把握整体

　　选诗选文，品藻至难，或滥收，或挂漏，或去取失当，或评骘不允，不能做到传信于后人。这与诗选家的做法有关。向来文选家们选诗取材于他人文集，忽略了没有文集传世的“单门逸响”之人；至于所选诸人诗学源流、风格高下，则茫然不知。邓显鹤认为，此类做法不足取，尤不适合湖南。盖因湖南诸公很少有全集传世，选家无法“坐取诸集”。但湖湘故事、乡曲美谈代不乏人。或为风雅发源，或为先正典型，或为名德宿望，湖外之吟事，“彬彬然称极盛”。国不少词臣，郢中犹

---

　　① 邓显鹤：《沅湘耆旧集叙》。

多高调。至鼎革之际，湘中犹多遗民，"无不家函《汫史》，人矢《谷音》"。或倡社于湘中，或主盟于资峡；或发正始之意，或具初唐之格。或具体少陵，或希踪坡、谷，各有性情，自具宗派。而其"名氏半湮于湖外，敦盘未逮夫中原"，《列朝诗选》《明诗综》多未及。湘中诸家，是"各有千载，犹然楚中三户之遗；自成一家，不愧南宋贤群之目"。因此，邓显鹤在编《沅湘耆旧集》时，一方面尽量不遗漏，不以有无全集行世为断；另一方面注意揭示其风格特色，因而在体例上多所创新。"为之拾残补缺，部别区分，或特设一床，或同登上座，或编为合传，或各以类从，综厥全编，骤难更仆，敢云张楚？莫谓无人。"经过他的编排，几百年来，湖南诸公各有师承、源流备矣。

其四，以诗存人，以人存诗

《沅湘耆旧集》旨在"备一方掌故"，而非为后学提供学诗的材料，故集中所载，不拘一格，是征诗而非选诗。邓显鹤以"表章先哲，搜剔遗隐"为原则，自称"不敢侈口妄谈，轻议前人，贻误后辈也"，但自信所收"有粗浅而必无叫嚣，有平直而断无轻薄"。同时，邓显鹤认为，"征文考献，意在表章，论世知人，无嫌详尽。"因此，不厌其烦地从史志、家谱、别记中搜集诸贤史实，撰写传记。

其五，搜讨不易，纤细靡遗

湖南故事、乡邦美谈固然代不乏人，然而，由于湖南前贤少有全集行世，又素少藏书，这就给邓显鹤征诗带来了很多困难。《沅湘耆旧集》所征之诗，"或出自谱牒，或摘自方志，或采自岩洞"。还有的诗藏于"家世写本，坊市俗刻，展转传抄，参互不一。或一题而彼此错见，或一篇而首尾互异"，在这种情况下，他选择其中稍微完善者登之。所收对象既有朝阁名流之作，亦有林泉隐逸之篇。还征诸谣谚，索之鬼神，使民谣、农谚得与文人创作同登大雅之堂。至于海内名贤歌咏中有与楚事比附者，亦为采入。事关清议，义系诗史。

《沅湘耆旧集》以事实证明了明代以来湖南诗歌的蔚为大观，也充分证明了湖南作为风雅故土余风未歇的文化生命力，改变了湖南"边僻无文"的旧形象。更为重要的是，《沅湘耆旧集》不只是简单地呈现事实，还通过解释，揭示湘人湘学某些特征，如"务朴学厌声称""尚气节恶标榜""闭户暗修"、不攀附闻人、风格独特自成一家等。这些论断构成了近代湘学观的思想资源。

除诗歌成就外，邓显鹤也注意表彰忠义之举，并通过祭祀这一活动仪式来唤醒乡人对前贤的记忆与崇拜。他每到一地，"厘定祀典，褒崇节烈"①，又撰《召伯祠从祀诸人录》一卷，《朱子五忠祠传略考证》一卷，《五忠祠续传》一卷，《明季湖

---

① 曾国藩：《邓湘皋先生墓表》，《曾国藩全集·诗文》，岳麓书社，1986年版，第271页。

南殉节诸人传略》二卷，"以劝奖节义，存乡先达遗迹"①。论者以为："湖南当鼎代之际，其毅然冒白刃蹈沟壑者不可胜指。适殊世久远，尺褚寸简，多随水火劫夺以佚，若灭若没，委同草芥。""而邓显鹤搜讨楚故，网罗轶帙，津津纂著不自休，其当然称楚南文献之老，宜哉！"② 邓显鹤再现乡先辈的忠义之举，树立王船山这个风骨与气节之典型，极大地激发了近代湘人以忠义自负的意识。晚清郭嵩焘曾指出："曩者道光之季，新化邓湘皋先生为《沅湘耆旧集》，论述明季遗老义烈事尤详。大儒若船山王氏，亦至是始显。其后粤寇起，太傅曾文正公倡义旅东南，云集景从，震动天下，论者以为邓先生实兆其机于十数年之前。"③ 以为湘军以忠义相号召，并不是偶然碰发，实为湖湘文化郁积而成，尤其得益于邓显鹤的倡节烈、务实行所形成的湘学新风气④。又说："道光之季，新化邓湘皋先生表章吾楚先贤节烈，闻者感奋以兴。树堂首以节义务立名京师。邓先生以文，树堂以行，率先楚人，扬其风。人士翕然宗之。二君之功，不尤烈与！"⑤ 把邓湘皋与冯树堂分别看作倡导节义之风与践履气节的代表。

曾国藩更是从学理上阐发邓显鹤表彰气节对近代湘学风气之影响，指出：

盖千秋者，人与人相续而成焉者也。惟众人甘与土草木者伍，腐而腐耳。自稍有智识，即不能无冀于不朽之名。智尤大者，所冀尤远焉。人能宏道，无如命何？或碌碌而有声，或瑰材而蒙诟；或佳恶同、时同、位同，而显晦迥别；或覃思孤诣而终无古人省录。彼各有幸与不幸，于来者何与？先生乃举湖南仁人学子，薄技微长，一一掇拾而光大之，将非长逝者之所托命耶？何其厚也！⑥

换言之，在曾国藩看来，邓显鹤对湖南先哲的表彰激励了后人对千秋不朽的向往之心。

梁启超曾指出："中国之大，一地方有一地方之特点，其受之于遗传及环境者且深且远，而爱乡土之观念，实亦人群团结进展之一要素。利用其恭敬桑梓的心理，示之以乡邦先辈之人格及其学艺，其鼓舞浚成，往往视逖远者为更有力。地方的学风之养成，实学界一坚实之基础也"。⑦ 整理地方文献不光是为了展示过去的成就，更是为了引导后学，以乡先辈的人格及学艺鼓励后学，养成地方学风。从这个意义上说，邓显鹤的功劳不仅是网罗散佚，更是促使后人接续乡贤传统，促成湘学

① 郭嵩焘：《罗研生墓志铭》，《郭嵩焘诗文集》，岳麓书社，1984 年版，第 445 页。
② 刘达式：《湖南先正传赞·刘氏世德录》中册，参见涂玉书《湘学复兴的一代宗师——文献学者邓显鹤》，《湖南档案》1986 年第 5 期。
③ 郭嵩焘：《罗研生七十寿序》，《郭嵩焘诗文集》，岳麓书社，1986 年版，第 265 页。
④ 参见弘征《郭嵩焘眼里的邓湘皋》，《书屋》1996 年第 12 期。
⑤ 郭嵩焘：《冯树堂六十寿序》，《郭嵩焘诗文集》，岳麓书社，1986 年版，第 266 页。
⑥ 曾国藩：《邓湘皋先生墓表》，《曾国藩全集（14）·诗文》，岳麓书社，1986 年版，第 270 页。
⑦ 梁启超：《中国近三百年学术史》，吉林人民出版社，2012 年版，第 309 页。

风气。

正如论者所言："举凡某学（流）派（如儒家、道家、佛家），举凡某区域文化（如蜀学、湘学、徽学），之所以能源远流长，一脉相承者，端在有'学'可以绍述，有'学'可以皈依，有'学'可以践履，有'学'可以发扬；而'学'之绍述与弘扬、皈依与践履，端在有'书'留焉，有'人'存焉。"① 无文无献，则所谓学派、学风无所附着。是故清代提倡地域学派往往借助于诗文之征、耆旧之录，反之重视地方文献者无异于提倡地域学派，影响深远。梁启超指出："彼全谢山之极力提倡浙东学派，李穆堂之极力提倡江右学派，邓湘皋之极力提倡沅湘学派，其直接影响于其乡后辈者何若？间接影响于全国者何若？斯岂非明效大验耶"②。具体到湖南一省，尽管邓显鹤没有明确提出"湘学"这一概念，但他对湖湘文献的挖掘整理、对乡先辈节义风骨的表彰，以及对湖湘学风的一些概括，不但奠定了近代湘学观的一些基本论调，而且也激励了后学效法前贤的志向，于近代湘学影响深远，是故被誉为"湘学复兴之导师"③。

第四节　大湖以南，作者林立——《湖南文征》与湘学形象的塑造

《沅湘耆旧集》开重建湘学之风。但该集只收诗，不及文，遗漏颇多。至同治年间，罗汝怀编纂《湖南文征》，填补了湖南地方文章总集的空缺，从而一诗一文，较完整地展示了湘学的成就，也进一步充实了湘学的内涵。

如果说《沅湘耆旧集》的问世是嘉道年间湘人文化意识的结晶，那么，《湖南文征》则代表了咸同之际湖南文化自信心的高涨，是地域文化认同发展的产物。

一　"忠义之邦，湘省居先"

咸同之际是湘军崛起，湖南人自我认同日益强化的时代，也是湖南文化意识高涨的时期。通过举办公共文化工程，塑造出湖南省"忠义之邦"的地域文化形象。

（一）编纂《褒忠录》

咸同之际，太平天国运动兴起。曾国藩及其他湘军集团将领以理学为指导思想，以忠义相号召，进行"剿乱"。随着湘军在前线声誉日隆，加强对湖南先贤的宣传无疑有助于提高湘人在全国的政治影响力。同治改元（1862 年），湖南巡抚毛

---

① 彭华：《蜀学之形神与风骨综论——以文史哲或经史子集为考察对象》，《湖湘文化与巴蜀文化交流高层论坛》，湖南大学岳麓书院，2012 年 11 月，第 165 页。

② 梁启超：《中国近三百年学术史》，吉林人民出版社，2012 年版，第 309 页。

③ 梁启超：《说方志》，《饮冰室合集·文集之四十一》，中华书局，1989 年版，第 97 页。

鸿宾发起编纂忠义录，以当时返乡隐居的湘军将领郭嵩焘总领其事。郭嵩焘虽认为"此不急之务"，但把它看成是自己的分内事，"此吾事也，不敢辞"①。为此，郭嵩焘遍贻书友人，采访材料，商榷体例。

在致湘军将领刘蓉的信中，郭嵩焘云："仆屏迹深山，疾病无状，中丞（毛鸿宾）编纂忠义录，强起一与其议，此吾事也，不敢辞，而成书体例，言者互异。有必待兄与节相（曾国藩）与季高中丞（左宗棠）之酌定者。俟采访略有端倪，当先撰例言，寄求指驳。自去秋以来，以此故三至省垣。"②

又通过周开锡借钞胡林翼奏稿，其致周开锡书云："仆闭关两载，有终焉之志，以中丞编纂《忠义录》，属与其议，以是时一至省垣，稍涉酬应，非其好也。忠义采访，尚无端倪，欲先汇集各营奏疏以为底本，曾托果臣（丁敏忠）信知阎丹初（敬铭）廉使，借钞宫保（胡林翼）疏稿，至今无信，恳公催取寄钞，期以一月，藏事即奉还。去冬见交宫保尺牍五本，以眼疾未能卒业，其删削盈帙，起宫保九原，定当心肯。世人或有轻议，当存此以待后世之审定。"③

又与阎敬铭书云："寄云（毛鸿宾）中丞编辑《忠义录》，强起一与其议。此不急之务，逸民可以任之。顷谋汇寄各家奏疏，录存副本，以备检察。咏之宫保疏稿，阁下为任开雕之役，仆意欲求赐一副本。尊处写手必不能多，能将原稿寄南，分别缮写，刻期一月可以藏事，计阁下必有垂情俯从也。"④

从中可见郭嵩焘对此事的重视与所付出的心血。

然而，在确定《忠义录》体例时，郭嵩焘与其他主修人员产生了分歧。起初，议事者主张表彰所有"剿乱"有功的所有将领，郭嵩焘则力主以湖南为主，行采止及湖南之人，凡为统帅自成一军者，皆入正传，余皆杂传，兵勇及乡曲殉节者为存名，有事实者，每名下略具一二语，以存其概。吴敏树亦与修辑之事，以郭嵩焘"私其乡人"，不以为然，颇有争执，遂离开长沙，并致书郭嵩焘，谓"固有用此军而非此乡之人者，如塔忠武（塔齐布），虽名称卓然，若不及今著录，将来事迹恐不免讹误；况其事颇少，官不至显，而非楚人所群然称道者乎？"郭嵩焘回复，重申所见，略谓："忠义录成书体例，言者互异，鄙见所及，约有二端：一则表章湖南人物为后代史氏之征也。……中叶多故，以一省之人力物力，经营数千里，枝柱天下，实今日创举，求之史册，闻所未闻。著录是编，存其梗概，用备国史采择，亦使湖南忠义之风，流被天下，传示无穷。此其所见一也。一则著书必求征实。湖南事迹近而易征，博考约取，证以所知，以示征实而不敢旁及也。古今人

① 郭嵩焘：《致刘霞仙》，《郭嵩焘诗文集》，岳麓书社，1984 年版，第 163 页。
② 同上。
③ 郭嵩焘：《致周寿山》，《郭嵩焘诗文集》，岳麓书社，1984 年版，第 153 页。
④ 郭嵩焘：《与阎丹初》，《郭嵩焘诗文集》，岳麓书社，1984 年版，第 163 页。

物，各有是非，至于军旅，专论功过，是非亦在所略，而施之奏牍者，其辞异焉，得之传闻者，其辞又异焉。……至于论人才则颠倒于爱憎，语战功则参差于始末。编辑是录，有惧心焉。而乡里之考校，其事犹详，奏报之稽查，其文犹具，欲别纂湖南名宦功忠录一书，已虑搜罗之无术，是用不敢旁及他省，广述战功。所守砭砭，志卑道隘，以为无当考证，则无取乎铺陈。此其所见二也。"因为所见不合，吴敏树终以辞不赴局。为此，郭嵩焘又同曾国藩商量。翌年（1862 年）曾国藩复信，称世变方滋，乱靡有定，金陵未破，遽尔编纂巨册，殆太早计，可"姑取死事诸人，各作一传，存其崖略，以殉难之先后为之次第，稍备遗忘。待大功果成，然后发凡起例，整齐画一，固非难事。"郭嵩焘深以为然。[①] 襃忠局最终以郭嵩焘的意见为准，确立了修纂体例。

在此过程中，湖南意识得到强化。郭嵩焘强调湖南"以一省之人力物力，经营数千里，枝柱天下，实今日创举，求之史册，闻所未闻。"因此，他认为修纂忠义录就应该聚焦于湖南现象，让湖南的忠义之风流被天下。由此引来了吴敏树"私其乡人"的指责。私其乡人的另一面，正是本土意识的体现。另外，郭嵩焘还强调，从著书求征实的角度看，也应是关注湖南、聚焦湖南。"湖南事近而易征"，能为将来国史馆修史提供确实的事实依据。若涉及湖南"名宦"（即在湘做官而非湘人者）以及他省人物，在技术上不易操作。总之，这次修纂忠义录，无论是主观意愿所想，还是客观条件所限，都使结果变成了对湘军阵亡将士忠义行为的表彰，凸显了湖南"忠义之邦"的形象。

（二）重修省志

省志是一个省的"文化名片"，不仅集中展示本省的风土人情、物产事宜，更是有关地域文化精神的完整叙述。湘军兴起后，湘省在全国的政治地位凸显，具有举足轻重的关系。这种地位的变化理应在省志中得到体现。因此，重修省志成为咸同之际湖南省的又一重大文化工程。同治初年，当对太平天国的战争尚未结束之时，湖南全省就开始普遍重修地方志。据统计，同治一朝的十三年中，湖南就有五十多个州府县厅编纂了新的地方志，一方面标榜中兴，粉饰太平；另一方面借地方志来襃扬忠义。在新修州府县厅地方志的基础上，湖南巡抚刘崑等在同治七年戊辰（1868 年）主持开局修志，请郭嵩焘与曾国荃负责总纂。新版通志迭经历任湖南巡抚王文韶、崇福、李明墀、涂宗瀛、卞宝第、毛鸿宾等主持，最终于光绪十一年乙酉（1885 年）正式刊刻。

与前两次修省志相比，参与同治年间重修省志的湘籍绅士、官员阵营非常强

---

① 关于郭嵩焘就《襃忠录》体例与他人争执的经过及结果，可参考郭廷以《郭嵩焘先生年谱》一书的相关部分，"（台湾）中央研究院近代史研究所"1971 年 12 月版。

大。负责总纂的郭嵩焘、曾国荃都曾出任封疆大吏，郭为在籍侍郎，曾为两江总督，李元度也是贵州按察使。参订者郭昆涛、罗汝怀、何庆润、邓辅纶、吴敏树均有官衔，担任分校的则是生员以上。光绪版《湖南通志》体例严谨，资料丰富，堪称湖南的百科全书。它延续了以往省志的传统，通过对湖南山川物产、民情风俗、历史文化的梳理，建构起一套有关湖南历史地理的叙述体系，又表现出不同的文化意识，塑造出不同的湖南文化形象。

首先，它直面湖南独特的地理位置，承认湖南以往的"蛮荒"形象。湖南巡抚卞宝第指出，湖南"界荆梁之交，东连豫章，西通黔蜀，南翼领粤，北蔽荆襄""湘水贯其中，洞庭阻其外"。这种独特的地理位置使湖南向来号称难治，"元明以前，制专潭岳，后乃扼守偏沅"，而西南边境则"溪蛮侗瑶，负固其间，略事羁縻，有同荒徼"。①

其次，彰显湖南的变化，树立湖南的新形象。从嘉庆年间重修省志，到同治年间三修省志，60年间，湖南由无足轻重的边鄙之省一变而为天下兴亡之所系，可谓发生了"翻天覆地"的变化。这种地位的变化理应在省志中得到体现。卞宝第指出，在圣朝的治理之下，湖南由蛮荒之地一变而为国家干城，"民安其乐，吏修其识""循良踵武，吏治蒸蒸"。特别是自从湘军兴起以后，"士民奋于忠义，锄耰棘矜，所向披靡，耕畎徒隶，蔚为干城""其起布衣而登卿相者，类皆智深勇沈，不避险阻，一旅之师，转战万里，卒为国家殄平巨寇，绥靖边陲。中兴之功，几与方召争烈。"② 因此，光绪版《湖南通志》"既以补前志之缺略，且以著咸同来东南数省戡定事实"，通过编修省志，将这些丰功伟绩载之史册，以表明湖南"贤哲并兴"的盛况，并激励后人"砥砺名行，敦厚风俗，用以踵乡先哲之遗烈，栋家干国"③。

再次，为晚清湖南的崛起做出文化上的解读。光绪版《湖南通志》打造湖南"文化大省"的形象，不但补充了嘉庆以后湖南的变化、增加了湘军的事迹，而且对以往的历史文化重新进行解读。"以言夫学校，则岳麓诹史，石鼓谈经，拥皋比而教先鼓箧。以言夫农田，则青草垸塘，赤沙堤堰，事鸠集而养给春锄。况乎苗徼弓衣绣字，仰车书之化，瑶画笙管吹芦，谐幽篇之音，渐被既深，怀柔斯广。书方书策，以表以图，何莫非守土者澄叙之资、作育之助耶。"④ 正是长期的文化积淀，造就了湖南在咸同间的异军突起，"倡忠义之师，楸旆常之绩，同仇敌忾，湘省居

---

① 卞宝第：《湖南通志序》，《湖南通志》，光绪十一年刊，岳麓书社，2009年版。

② 同上。

③ 裕禄：《湖南通志序》，《湖南通志》，岳麓书社，2009年版。

④ 毛鸿宾：《湖南通志序》，《湖南通志》，岳麓书社，2009年版。

先"①，其形象由边省一变而湿人卫之渊薮。

（三）增修贡院、设立先贤祠堂

咸同之际的湖南文化工程除了编修志书这类征文考献类之外，还通过修复书院、建设祠堂、举行祭祀等活动来表彰先贤、激励后人。

原城南书院旧有名宦与院长祠，但究竟纪念哪些人，已因祠圯不详。郭嵩焘请示湖南巡抚刘崑，重新修复二祠，并厘定所祭祀的对象。其中院长祠祭祀余廷灿以下九人，名宦祠祭祀杨锡绂以下五人。杨为首创城南书院者，左公为移建书院及创建祠庙者；吴荣光则是首以经学训诂校试肄业生者，又有潘宗洛、吕谦恒则是有功于湖南科举分闱而被人遗忘者。通过重修祠堂、设位以祀，存诸人之梗概。所纪念的诸人，皆于湘学有贡献。"夫为院长者，学行各不同，要皆有教泽留遗。为名宦者，治行亦各不同，要皆有功学者。"通过这样的空间建设与仪式的举办，使"后之人入拜祠下，慨慕流连，以知书院之建始自某公，分闱之议始自某公而成于某公，治经始自某公。一政之及人，俎豆馨之不能忘，后起者可以劝矣。亦使知夫书院之缘始与其读书取科名，叠更诸贤经营筹画，积之久而规模始具，所以崇学而兴贤者，若是之艰难也。"②

光绪四年（1878 年），湖南又增修贡院，规模大备，为士子参加科考提供更好的平台。又因捐纳而有科举增额，乡试名额由雍正年间的正、副榜 50 余名增至百余名。在湖南科举人才日益兴盛之际，五位推动湖南科举分闱的名宦被湘人设祠纪念，以存先哲之遗烈，以念科名之盛、人才奋起的艰难过程。这些活动也强化了湘人的文化认同意识。

忠义之邦的形成取决于人才，而人才的养成在于学术。无论是省志，还是其他的文献记载，无不强调忠义之邦源于文化的熏陶，是湘学郁积的结果。然而，湘学又体现在哪里？它必然有所附丽，也必然落实到文献上。从明到清，楚人每引《诗经》有十五国风而无楚风为憾，是以清初有廖元度的《楚风补》；嘉道间有邓显鹤的《沅湘耆旧集》，从而弥补了这一缺憾，为楚地在诗歌领域赢得了一席之地。特别是《沅湘耆旧集》，充分展示了湖南诗歌成就的蔚为大观，改变了湖南边僻无文的形象。但《沅湘耆旧集》所收的只是诗，不及文，说到底还只是湘学的一部分。这与嘉道年间湖南官绅着力打造的文化大省的身份是极不相衬的。时人谓：

考文章家总集有合一朝为一集者，若《唐文粹》《宋文鉴》《元文类》《明文衡》《文海》《文征》《文在》之属是也；亦有合一州一邑为一集者，若宋有《成都文类》《吴都文粹》及会稽、严陵、赤城诸集，元有《宛陵群彦集》，明有《中州

---

① 毛鸿宾：《湖南通志序》，《湖南通志》，光绪十一年刊。
② 郭嵩焘：《城南书院名宦院长二祠碑记》，《郭嵩焘诗文集》，岳麓书社，1984 年版，第 513—514 页。

名贤文表》《新安文献志》《全蜀艺文志》《三台文献录》《吴兴艺文补》及《金华文统》《婺贤文轨》《古虞文录》《郴州文志》《黎川文绪》《岭南文献》《海虞文苑》诸集，国朝有《粤西文载》《金华文略》《柘浦文钞》《垂棘续编》诸集是也。其书并录在四库，藏之名山。而湖以南作者林立，犹未有专书，非阙典欤？①

在此背景下，罗汝怀的《湖南文征》应运而生。

二 重拾先贤之坠绪

罗汝怀（1804—1880 年），初名汝槐，字研生，晚号梅根居士，湘潭人。少时就读长沙城南书院，好音韵训诂之学。道光十七年（1837 年）拔贡。次年去北京，沿途考察山川险要，将所见与前人所记不合者，辑为《北游记里录》四册。在京期间，结识湘籍京官何绍基、汤鹏并与之交往密切。何绍基之父何凌汉尚书还把罗汝怀延至其家，深相引重。

罗汝怀会试极罢，遂绝意进取，南归主讲城南渌江书院两年，以亲老辞。晚先后授芷江、龙山县儒学训导，以当事留纂《湖南通志》，均未赴。有《周易训诂大谊》《禹贡义案》《毛诗古音疏证》《汉书沟洫志补注》《古今水道表》《十三经字原》《六书统考》《绿漪草堂文集》三十四卷、《绿漪草堂诗集》二十卷、《研华馆词》三卷等刊行于世。

罗汝怀精通文字音韵训诂，力敦朴学。时人称：“先生自弱冠即吐弃俗学，探极群籍，期至于古人，其治经一从小学始，以为假借明，然后经训明。其他，如地理沿革、历代法制、氏族、金石、篆隶、先朝掌故，是非疑似之界，穷源竟委，改证明白，皆可据依。”② 又云：“家故多藏书，日枕籍其中，于群经多所辨证，并熟精许氏学，旁及金石文字，考订真伪极精审，尤搜讨楚故，辑诸先正遗文。”③ 郭嵩焘称罗氏考据之精，堪比乾嘉汉学名流胡渭、戴震等，所谓“天下识与不识，得所著书，以为德清胡氏、休宁戴氏之精博，先生视之固无多让。”④ 曾国藩则说他“稽《说文》以究达诂，笺《禹贡》以晰地志，固亦深明考据家之说，而论文但崇体要，不尚繁称博引，取其长而不溺其偏，其犹君子慎于抉术之道与”，是吾乡通经学古之士，是“心中佩仰之人”⑤。

罗汝怀除以个人性情爱好朴学之外，还以其对乡邦文献的关注为湘学发展做出了贡献。咸同之世湘省大兴文化工程，罗汝怀参与其中。他居书局者近廿年，虽元

① 李瀚章：《湖南文征序》，《湖南文征》卷首，岳麓书社，2008 年版。
② 李桢：《罗研生先生家传》，《罗汝怀集》，岳麓书社，2013 年版，第 5 页。
③ 杨彝珍：《候选内阁中书罗君墓表》，《罗汝怀集》，岳麓书社，2013 年版，第 6 页。
④ 郭嵩焘：《罗研生七十寿序》，《郭嵩焘诗文集》，岳麓书社，1984 年版，第 265 页。
⑤ 曾国藩：《湖南文征序》，《曾国藩全集（14）·诗文》，岳麓书社，1986 年版，第 333 页。

日也必躬率至书局诵读书史，所参与编纂者有《湖南褒忠录》若干卷；主修湖南省志《艺文志》。

罗汝怀以为，乡邦文献若"不及时董而理之，将散者益散，佚者益佚，而终至于不可穷诘者，非势所必至哉"①。故以重拾斯文之坠绪为己任。他自云："不佞措意文献有年，常苦册籍无从采辑，近岁文征之役，颇有不传之秘出乎其间，遂谓可为谋野之获。属当道有重修通志之举，檄下州邑征采遗书，于是私为考索，知其于《四库总目》漏载若干，于《经义考》漏载若干。"② 罗汝怀坚信，湖南不是没有文献，而是由于当地不重视搜集、整理，因而错过了被《四库全书总目》收录的机会，错过了进入《经义考》的机会。这不能不说是一种遗憾。他力图在《湖南通志·艺文志》中弥补这一遗憾。他还参加纂辑《湘潭县十修志稿》若干卷，多有得于旧志之外，而于乡土名物文献尤极精出者。

鉴于邓显鹤的《沅湘耆旧集》只收集明以来湖南的"诗"，而不及"文"，为使古文辞与诗歌并行，"一方耆旧之专攻兼攻者得以并传"，罗汝怀在编纂《湖南忠义录》与《湖南通志·艺文志》之余，费时十余载，收录元明至清同治六百余年间湖南"名臣魁儒，人才节士"之文4000余篇，辑成《湖南文征》一书。是书共二百卷，涉及作者800余人，其中元代7人、明代193人、清代589人。罗汝怀为每人各作小传，汇为《湖南文征姓氏传》四卷。所收文章，元明文占五十四卷，国朝（清朝）文占一百三十五卷，另有补编一卷。全部所收文章均按体裁类别分卷排列，分别有疏、策、议、解、说、论、记、序、跋、书、传、碑记、神道碑、墓志铭、祭文、杂文、尺牍、公牍、赋、表、颂、铭赞、释、考、辨、小序、启、行状、诔、祭文等。它"综郡国为一书，籍以考见山川风俗、掌故及学术、政理之源流得失""以无坠鹥熊、倚相、屈子、濂洛之流风遗韵，俾读者想见衡岳之高，洞庭之深，其光焰所发，如金如玉，如珠如珊瑚木难。"因而被称为"与《沅湘诗集》并重天壤间"的传世之作③。

三 "大湖以南，作者林立"

总集作为相对于个人的专集，其作用一在于网罗放佚，二在于荟萃精华，"盖作者不必人皆有集，有集矣不必能尽传。合为一编，斯其传为可久。"④ 然而，究竟如何筛选、如何编排，一方面取决于作者的立意，另一方面也影响到读者的观感。

---

① 罗汝怀：《湖南艺文志叙》，《罗汝怀集》，第190页。
② 同上。
③ 李瀚章：《湖南文征序》，《湖南文征》卷首，岳麓书社，2008年版。
④ 同上。

罗汝怀在编纂《湖南文征》时，有几个突出的特点。

（一）继承了《沅湘耆旧集》聚焦湖南、关注近现代的做法，又有所调整

《湖南文征》继承了《沅湘耆旧集》的做法，在搜讨文献的空间上以"湖南"为范围，并且直接标举"湖南"，使湖南文化从广义的楚文化中分离出来，地域特色更加明显。而在时间范围上，同样不追求"旁搜远绍"，上起元代，下迄清同治年间，也即作者生活的年代，避免了以往上溯年代久远而易流于芜杂的弊病。《沅湘耆旧集》虽然也侧重关注近现代，以所搜之诗起自明洪武年间，但另有《前编》部分汇集明代以前的湖南诗歌。《湖南文征》则不涉及元代以前。这不是因为元代以前湖南没有出现过著名的作者，而是因为诸人文集早已广为流传，无须借助总集再做表彰。如《楚辞》骚赋已"炳焕千古，流被寰区"，唐代欧阳询、李群玉诸家已被《唐文粹》《全唐文》等收录；宋代"濂溪理学大儒，阐道之书，世所传习"。而《湖南文征》的重点在于网罗散佚，因此无须将这些已经流传开来的文章纳入新编。此外，不同于《沅湘耆旧集》以"湘事"为选录对象（海内名贤诗歌词咏中有关涉楚事者，亦将收入），《湖南文征》以"湘人"作为选录对象，不设流寓一项。亦可见罗汝怀之"湘"更侧重于"湘人"。

（二）重在网罗散佚，仍寓选文标准

罗汝怀强调，《湖南文征》重在搜罗散亡，是征文考献，而非"文选"，不敢妄言鉴别。"且名为'文征'，而实不以文论。即议论稍疏、意味稍薄，亦不免过而存之，以征文非选文也。"[①] 因此，收文的标准较为宽泛，"不以文论，即义法稍疏，意味稍薄，亦不免过而存之"。这样，使该书能避开关于选文标准的争论，而尽可能多地保存众多湖南士子的各类文章，达到"以文存人，以人存文"的目的。《湖南文征》所收，从文体上看，"自奏议、论说、序跋、记传、箴铭、词赋，以及词臣拟进之文，外吏公牍之稿，无体不备"。而从文章的篇幅看，也不限于长短。"累牍连篇，文之盛也。单词片语，岂谓非文？其不以文著而以诗见者，则征诸题下之小引，不以文著而以书称者，则征诸帖中之跋尾。纵波澜之未沛，亦掌故之聊存。"而于骈、散之间，又兼取并包，以为"原夫二体并出经传，其后流极不鲜，互出相胜，亦风会转变使然。平心论之，与为堆砌之偶，则不如简质之单。而但为浅俚之单，又不如典丽之偶。若其适用，则各有宜"。

但另一方面，《湖南文征》又并非泛收滥取，而有自己的选文标准，其"大旨以发明经史、敷陈政术、考见风俗、能说山川、可备掌故为主，尚实不尚虚，故空衍议论之文，未遑多及"。如虽然收赋，但"题取故实，文取典重"，而那些"侔色景物角力试场之作，虽具见巧力，被摈弃在外"。又如"寿嘏之辞，谱牒之叙，

---

① 罗汝怀：《湖南文征例言》。

时艺之弁言"，三者皆不免有意揄扬，且多僭名，其文最繁，不胜采录，故《湖南文征》不拟收录；间收一二，也只选择那些"有意义可取、有故实可征""作者与所为作者有可考见"的部分。

（三）广搜博采，汇帙成集

湖南文人学士不求闻达、不事表彰，"作者不必人皆有集""遗文逸藻，往往散蚀于蛛丝蠹窟中"；又或者虽有文集传世而又散佚，仅嘉庆年间艺文志所登录的书目，至同治年间就百不存一。有的文集虽经多次刊刻，而最终"片楮无睹"；有的本省没有流传，而到外省获得；又有的是孤本流传，出则已残。凡此种种，无不给征文活动带来了很多的困难。是以罗汝怀深感"编录非难，搜采为难"。罗汝怀多方搜讨，尤其重视志书，所得一鳞半爪，皆不错过。"惟志书所录，皆山水祠庙廨舍津梁纪事之作，故编中记文最多。"对于以诗而不以文著称者，则征诸诗题下之小引，不以文著而以书称者，则征诸帖中之跋尾。总之，经过罗汝怀的这番搜讨功夫，湖南自元迄清的"遗文逸藻"，得以重见天日，其中不乏"沉没至数百年之久，虽其子孙不及知"者，再显于世。"论者谓有功楚南文献，可继南村老。"①

《湖南文征》于同治八到十年（1869—1871 年）陆续刊行。它的刊行不但再现了"大湖以南作者林立"的盛况，而且引发了对湘学的新一轮解读与建构工作，使湘学形象更加明晰。围绕着《湖南文征》，诸人又对湘学进行了总结与阐发。

（一）"斯文之统，莫先乎楚"

明末周圣楷《楚宝》曾提出："天下文章，莫大于楚矣。"这一论断极大地激发了湖南人对楚文化的认同感与自豪感。然而，在《沅湘耆旧集》与《湖南文征》出现以前，所谓"天下文章莫大于楚"一则空泛而无扎实的材料作支撑，二则不专指湖南。《沅湘耆旧集》证明了湖南作为"风雅故土，余风未歇"的文化生命力，一洗南蛮之形象。而《湖南文征》不但为"天下文章莫大于楚"提供了丰富的论据，而且使湖南在楚文化中的地位得到凸显。李瀚章就将"天下文章莫大于楚"延伸为"天下文章莫大于湘"，在介绍了"大湖以南"的山川地理后，指出："其文章则自鬻熊为文王师，著书为忠敬和严之旨，为子家所自。始倚相能读《三坟》《五典》《八索》《九邱》，史学肇焉；屈左徒作《离骚》，后世尊之为经。濂溪周子作《通书》《太极图说》，上阐苞符，下开洛闽之学，凡皆自我作祖，垂光后来，斯文之统，盖莫先于楚矣。"② 楚地是中国学术文化的发源地，鬻熊为子家的源头所自，倚相是史学的肇端，屈原是文学的初祖，而周敦颐则是理学的开山，故"斯文之统，盖莫先于楚矣"。湖南名虽后出，实则文化源远流长。"近岁军兴，楚之南

---

① 杨彝珍：《候选内阁中书罗君墓表》，《罗汝怀集》，岳麓书社，2013 年版，第 5 页。
② 李瀚章：《湖南文征序》。

尤以忠义战绩名天下，非夫山川雄厚清淑之气所钟毓哉。"① 换言之，晚清湖南之所以能异军突起，都是湖湘文化郁积的结果。

（二）湘学重理学、擅言情、不事考据

《湖南文征》不但从量上证明了"大湖以南，作者林立"的盛况，而且也从质上呈现了湖南学术的特征。曾国藩在为《湖南文征》作序时，就立足全国，梳理文风、文法之演变、学术风尚之递嬗，并由此把握湖南文章的特征与地位。曾国藩本是晚清理学名臣，又是桐城派古文大家，对"文法"颇有心得。在序中，综述历代文体演变之轨迹，指出，自古以来，文章有言情、言理两类，两者是人人心中都有的，就吾所知之情而笔诸书、传诸世，人人皆能，而浅深工拙相去甚远。"自群经而外，百家著述，率有偏胜。以理胜者多阐幽造极之语，而其弊或激宕失中。以情胜者多悱恻感人人之言，而其弊常丰缛而寡实。"历代文体文法之演变，即是言情与言理的交替。东汉至隋，"文人秀士大抵义不孤行，辞多丽语，即议大政考大礼，亦每缀又排比之句，间以婀娜之声。"大体属于以情胜。宋元以后，直至清初康熙年间，"大儒迭起，相与上搜邹鲁，研讨微言。群士慕效，类皆法韩氏之气体，又阐明性道"，大体以理胜文。乾隆以来，"鸿生硕彦，稍厌旧闻，别启途轨，远搜汉儒之学，因有所谓考据之文。一字之音训，一物之制度，辩论动至数千言。曩所称义理之文，淡远简朴者，或屏弃之，又为空疏不足道。"而在这样的演变中，湖南既做出了贡献，又保持了自己的独特风格。曾国藩首先指出湖南地理位置的独特："湖南之为邦，北枕大江，南薄五岭，西接黔蜀，群苗所萃，盖亦山国荒僻之亚。"地理阻隔使湖南的学术文化呈现出相对独立性，但也出现过足以影响全国趋向的领军人物。"周之末，屈原出於其间，《离骚》诸篇，为后世言情韵所祖。逮乎宋世，周子复生于斯，作《太极图说》《通书》，为后世言义理者所祖。两贤者，皆前无师承，创立高文，上与《诗经》《周易》同风，下而百代逸才举莫越其范围。"屈原为言情文之所祖，周敦颐为言义理者所祖，均于后世影响深远。可见，无论以情胜者，还是以理胜者，都源自湘人。屈原、周敦颐的流风余韵，孕育出以言理、言情取胜的湖湘文章。在曾国藩看来，《湖南文征》就是对湖湘学风传统的最好证明。"兹编所录，精於理者盖十之六，善为情者约十之四。而骈体亦颇有甄采，不言法而法未始或紊。"②

如果说湖南在言情、言理等方面都走在前列、引领潮流，那么，有一个事实不能忽视，这就是在清代乾嘉考据学兴起后湖南的边缘化。曾国藩承认，《湖南文征》收录考据之文极少。对此，他从两方面进行了解释，一是湘中没有此等风气，"前

---

① 李瀚章：《湖南文征序》。
② 曾国藩：《湖南文征序》，《曾国藩全集（14）·诗文》，第334页。

哲之倡导不宏，后生之歆慕亦寡"；二是罗汝怀"慎抉择之道"。曾国藩以为，罗汝怀"稽《说文》以究达诂，笺《禹贡》以晰地志"，本身是"深明考据家之说"者，但论文崇体，"不尚繁称博引，取其长而不溺其偏"。言外之意，在理学大臣、古文大家曾国藩看来，考据之文不是为文的正道。

曾国藩以论文体演变的方式，以《湖南文征》为依据，阐明湘学精于理、善为情，唯不事考据等特征，并从地理环境、学风传统等方面给予了解释。相对于泛泛强调"天下文章，莫大于楚""斯文之统，莫先乎楚"来，这一论断更加具体，也使湘学观的内涵更加明确，奠定了近代湘学观的基调。从叶德辉、王先谦等晚清湖湘保守学者，到谭嗣同、唐才常等维新人士，到杨度、杨毓麟、蔡锷等留日学生，从钱穆的《近三百年学术史》到钱基博的《近百年湖南学风》，从李肖聃的《湘学略》到刘茂华的《近代湘学概论》，诸人论及湘学或湖湘学派之特征，无不从此基调延伸挖掘。唯对于这一现象的价值判断，则因各人的标准不同而见仁见智，并形成了不同的努力方向。

以湖南建省为契机，湖南人的文化独立意识开始萌发。通过以湖南为范围总结文化成就，逐渐形成了有关湖南文化的历史叙述体系，并且这种叙述体系在不断调整完善。从乾嘉年间湖南首部通志力证湖南文物教化日新月异，与中原同沐圣教，到嘉道年间邓显鹤汇编《沅湘耆旧集》，以"汇展"的形式呈现明代以来湖南诗歌成就的蔚为大观，到光绪年间罗汝怀《湖南文征》网罗元代以来湖南不传之文，湖南的文献逐步得到整理，久被忽视的湖南文化成果得以重见天日、焕发出新的光彩。通过解读这些文献，人们也逐渐形成了对"湖南"这一特定地域的学术文化的认识与评价，由此构成了早期湘学观。邓显鹤在彰显湖南"风骚故土，余风未歇"的文化生命力的同时，注意到湘人不事表彰、暗然自修、不求闻达、风格独特、自成一家、忠义节气等特征，而《湖南文征》则一方面从量上证明"天下文章，莫大于楚""大湖以南，作者林立"，一方面从质上显示了湘人为文善言理、善抒情、不事考据等特色。诸人虽然没有提出"湘学"这一概念，但对湖南学人、学风、学术成就等的评价成为后世湘学观的基础。

当然，这些都还是概括意义上的湘学全景。湘学的建构离不开知识谱系的编排，更离不开典型人物的树立。正是在挖掘、整理湖湘文化遗产的过程中，一大批先贤得到表彰、为人纪念，最典型的就是王夫之的发现与船山学的兴起了。

第二章　确立典范：王夫之的发现与近代湘学知识谱系的建构

在清代中期以来对湖南文化遗产的挖掘与整理过程中，一大批先贤引起了人们的关注，成为湘学知识谱系中重要人物，而其中最值得关注的，无疑就是明清之际的湖南学者王夫之了。王夫之著述丰富，学术成就极大，但由于他以前明遗老身份隐居避世，著作极少流传，故生前寥落，身后寂寞，不但声名不为中原人士所知，而且两百年间"邦人罕能举其姓名"[①]。在湘省征文考献的活动过程中，王船山引起了人们的关注，其著作得到刊刻、流传，其思想得到解读、宣传，其气节得到表彰与纪念。王夫之的发现使湘学有了一个具体的形象代言人，"船山"成为一种文化符号，运用到有关机构、学校、团体上，由此构成了近代学术文化史上一道独特的风景线。传播船山思想、弘扬船山精神成为近代湘学发展史上的重要内容，而对湘学的解读也往往离不开王船山这个典型。围绕着王船山，人们对湘学进行了种种建构活动。

第一节　嘉道以前王夫之学行的传播

王夫之（1619—1692年），字而农，号姜斋，湖南衡阳人。晚年隐居湖南衡阳石船山，故学者又称其为船山先生。王夫之生活于明末清初之际，一生经历曲折。他于崇祯十五年（1642年）中举，拟赴京会试，因道梗而罢归。1643年，张献忠率军攻占衡州，招请王夫之参加农民军。王夫之用苦肉计逃脱。清朝建立后，王夫之先是在衡阳起兵抗清，后又投奔南明政权，任行人司行人。南明政权失败后，王夫之遁迹湘西瑶洞山林，潜心著书立说，成就极大。但由于王夫之一生"声影不出林莽"[②]，其人其学均不为外界所知。

---

① 曾国藩：《邓湘皋先生墓表》，《曾国藩诗文集》，岳麓书社，1986年版，第270页。
② 邓显鹤：《船山著述目录》，《船山全书》第16册，岳麓书社，1996年版，第410页。

一 王敔对船山学行的传播

第一个传播王夫之学行的是王夫之的儿子王敔。王敔（1656—1731 年），字虎止，号蕉畦，是康熙时期的衡阳县学贡生。王敔绝意仕进，授徒自给，整理刊行船山遗书廿余种，即所谓湘西草堂本；又纂修家谱，撰文多篇，船山事迹赖之以存。晚年主讲石鼓书院，又尝助修邑志。

康熙四十四年（1705 年），也即王夫之死后十四年，王敔首作《大行府君行述》，阐述王夫之生平大节以及学术成就与思想。其时，宜兴潘宗洛提督湖广学政，试士三楚，延俊才入幕，襄校试卷，王敔与焉。潘宗洛因王敔而获知王夫之生平，索观王夫之著述，因钦慕其人而爱重其书，既为王氏族谱作序，又愿为王夫之立传。王敔遂作《大行府君行述》，以为参考。

在这篇《行述》中，王敔叙述了王船山生平学行大谊，大节包括设计拒降张献忠，悲愤甲申之变，为何腾蛟、堵允锡出谋划策，安置李自成降部，奔广西抗清，在南明政权内同骄将宜幸作斗争，抗清失败后遁迹山林等，以及晚年拒绝吴三桂的招降、受到湖南巡抚的尊敬与馈赠等①。同时，王敔还对王船山的学说进行了初步总结。

第一，指出王船山"以发明正学为己事""守正道以屏邪说"，将船山学说定位于重建儒学正统的高度。王敔云："亡考慨明统之坠也，自正、嘉以降，世教早衰，因以发明正学为己事。"发明"正学"除抵制佛、老之说对儒学的侵蚀以外，船山还"参伍于濂、洛、关、闽，以辟象山、阳明之谬，斥钱王罗李之妄""欲尽废古今虚妙之说而返之实。"② 所谓"参伍于濂、洛、关、闽"，即是说王船山有选择地、综合地分析周敦颐、二程、张载、朱熹等两宋道学思想，总结四者中的正学圣道，依此批判陆王心学③，使儒学从陆王心学的"邪说"中回归到程朱理学的"正道"上来。

第二，描绘了王船山笃学情形，指出王船山自入山以来，"启甕牖，秉孤灯，读十三经、廿一史及朱、张遗书，玩索研究，虽饥寒交迫，生死当前而不变。迄于

---

① 据《船山全书》的整理者杨坚介绍，《大行府君行述》有三个版本，文字悬殊极大。第一个版本为金陵本《船山遗书》卷首之《姜斋公行述》，两千二百字；第二个版本为王之春撰《船山年谱》卷首之《行述》，一千六百字；第三个版本为 1917 年船山八世孙德兰在《王氏五修族谱》竣事后于竹花园古箧内觅得老谱敔公所刊原牒、照抄无讹、由船山第十二世孙王鹏于 1982 年复印，由王兴国、陈远宁著文介绍并发表于《中国哲学史》1983 年第 3 期。参见：《船山全书》第 16 册，第 69 页。此处所引为第三个版本。

② 王敔：《大行府君行述》，《船山全书》第 16 册，第 73 页。

③ 关于这点，可参见陈来《儒学正统的重建——王船山思想的特质与定位》一文，《中国文化研究》2004 年冬之卷，第 5 页。

暮年，体羸多病，腕不胜砚，指不胜笔，犹时置楮墨于卧榻之旁，力疾而纂注。"①

第三，总结了王船山在经学、史学等方面的成就。王船山以"六经责我开生面"为使命，重新研究、考证六经，"于《四书》及《易》《诗》《书》《春秋》，各有《稗疏》，悉考订草木鱼虫山川器服，以及制度同异，字句参差，为前贤所疏略者。"② 除考订经籍、文物典制之外，王船山在"敷宣精义，羽翼微言"方面也著述良多，"《四书》则有《读大全说》，《周易》则有《内传》《外传》《大象解》；《诗》则有《广传》；《尚书》则有《引》，《春秋》则有《世论》《家说》；《左氏传》则有《续博议》；《礼记》则谓陈氏之书应科举者也，更为《章句》，其中《大学》《中庸》则仍朱子章句而衍之。"③ 王敔还指出："盖亡考自少喜从人间问四方事，至于江山险要、士马食货，典制沿革，皆极意研究。读史读注疏，于书志年表，考驳同异，人之所忽，必详慎搜阅之，而更以闻见证之，以是参驳古今，共成若干卷。"表明船山治学重实征、重经世的特色。在史学方面，"末年作《读通鉴论》三十卷、《宋论》十五卷，以上下古今兴亡得失之故，制作轻重倚伏之原。"至于其他方面，注《淮南子》，释《吕览》，评《刘复愚集》，评李杜诗，释《近思录》，"皆发从来之所未及，而衷订其旨。"④

此外，王敔还描绘了王夫之的个性，言其"忠义激烈，而接人温恭，恂恂如不欲语"，而"与人言为善，导引譬论，终日不倦""责人至无可容身，而事过时移，坦如也""行与世违，言骇众听，莫不敬而信之"；虽然"饥寒不名一钱"，但"嫁娶伏腊必行家礼""诗歌盈帙，不以形诸怨词""资敏而心甚细，一目十行，一字不遗。"⑤

这篇《行述》有生平活动概述，有行事细节描述，有学术旨趣解释，有学术贡献概括，还有对王夫之个性的介绍，可以说呈现了一个忠义节气、湛深学术、笃学苦行的湘中一老形象。它是后来所有王夫之传说的母本，后世为王夫之立传者无不由此引申发挥。

在文章的最后，王敔又对自己传播王夫之学行的宗旨进行了说明，并提出了期望。其言曰："值光天之宽大，不替逸民；蒙太史之采风，时诹故老。不孝敔伊蔚虚生，采菽不似，于志复不可企，于学茫无所窥，哀述梗概，稍次本末，仰乞大君子仁人于俗论之不噓取者而取之，于逸民之不欲传者而传之，表忠发微，阐之如椽之笔，不异揖九原之灵而询虞夏，起九泉之献而问云鸟，非不孝敔之所敢私恳而轻

---

① 王敔：《大行府君行述》，《船山全书》第16册，岳麓书社，1996年版，第73页。
② 同上。
③ 同上。
④ 同上，第74页。
⑤ 同上，第76页。

干也。"① 清朝建立半个多世纪以后，社会已趋稳定，民族矛盾缓和，是所谓"光天宽大"，一些"逸民"似可以重见天日；而学政关注本邦文献耆旧，采访于人，这是王敔作此文的背景。王敔自称不能企及先父的志向、不能窥探先父的学术，只是"哀述梗概，稍次本末"，期待仁人君子能够打破世俗的眼光，来传播不合时宜的逸民，"表忠发微"。如果说王夫之本人遁世隐逸、不求闻名，那么，至其子王敔则欲表彰其父，希望人们能传不欲传之逸民。

二 潘宗洛对王船山的叙述

在王敔的《大行府君行述》之后，第一个为王船山作传的是潘宗洛。如前所述，清初湖南分设布政使司后，文化独立意识逐渐发展。潘宗洛先后任湖广学政、偏沅巡抚，曾推动湖南科举分闱，"太史采风"、时谘故老，对湘中耆旧尤其是王夫之这样著作等身而又不为外界所知的故老格外尊重，有意表彰。遂作王夫之传，付诸史馆，希望王夫之的事迹能够进入国史当中。

如果说王敔的《大行府君行述》是私家著述，那么潘宗洛的《船山先生传》（以下简称潘《传》）则在一定程度上代表了官方立场。从私家著述到官方书写，有关船山记忆发生了些微妙的变化。潘《传》首先将王船山定位为"故明之遗臣，我朝之逸民也"②，然后围绕此一定位展开叙述。其所述王船山生平大节，大体不出王敔《行述》之范围，但加入了潘宗洛的想象与解释，使王船山的形象有所改变。

如有关王船山参与何腾蛟、堵允锡的抗清活动的叙述。

王敔《行述》叙述乙酉（1645 年）以后王船山参加抗清活动，是结合当时湖南、湖北的局势展开。其时何腾蛟屯湖南、堵允锡屯湖北，又有李自成部的降兵"忠贞营"者蹂躏潜汉，何、堵二人安置无术。王船山深知此情必导致抗清活动的失败，于是"走湘阴，上书于司马华亭章公旷，指画兵食，且谏其调和南北，以防溃变"，但当时章旷不以为然，王船山"塞默而退"。"后堵允锡檄辟两及，亡考卧耒阳不往。其后以民挐贼，肆掠惨毒，人心解体，章公忧愤而卒，何、堵二公前后遭悯。"在《行述》中，王敔述及此事，是用来说明王船山"先事之虑，如左券焉"③；同时，对抗清明将如堵允锡、何腾蛟等抱以同情之心。

潘《传》则在描述王夫之的抗清活动之前，补充了一大段背景，其言曰：

乙酉，我师下南京。当是时，我朝既得两京，天下大势，云集响应。而故明之

① 王敔：《大行府君行述》，《船山全书》第 16 册，第 76 页。
② 潘宗洛：《船山先生传》，《船山全书》第 16 册，第 86 页。
③ 王敔：《大行府君行述》，《船山全书》第 16 册，第 71 页。

藩封庶孽，奔窜于湖湘滇黔粤闽间，往往始称监国，继假位号，以恢复为名。①

以说明明亡清立乃大势所趋，明藩王的抗清活动乃逆时而动。而王船山"少遭丧乱，未见柄用"，于明朝本无君臣之意，"及明之亡也，顾念累朝养士之恩，痛悯宗社覆亡之祸"，虽然明知时势已去，"犹慨然出而图之"。②表明王船山参加抗清活动是出于志节，是知其不可为而为之。这就为王船山的抗清活动定下了一个超越于具体政治的基调，也为自己表彰王船山找到了一个合适的理由，即悲船山之志节。在此前提下，潘《传》叙述王船山的种种抗清活动。以王船山参与何腾蛟、堵允锡抗清活动而论，潘《传》与王敔《行述》大体无异，但在称谓上表明何腾蛟是明藩王的督师、堵允锡是明藩王的制相；对抗清将领以"贼"称之，表明潘《传》作为官方公共历史书写的立场。

又如对王夫之受瞿式耜之荐出任南明政权行人司行人的叙述。

据王敔《行述》，顺治四年丁亥（1647年），清兵占领了湖南。这一年船山之父去世，船山在家守丧。当时大学士瞿式耜留守桂林，特意引荐王船山。船山先是"疏乞终丧"，得到允许；后而叹曰："此非严光、魏野时也。违母远出，以君为命，死生以之尔。"终制，就行人司行人介子之职。③说明在忠与孝之间，王船山最终不得不选择忠君。

潘《传》省去了王船山悲父丧的情形，但同样描写了王夫之两难之下的选择，措辞稍有不同：

叹曰："此非严光高蹈时也。"即起就行人司行人。④

显然，这一表述只是笼统地说现在不是隐逸独善的时候，而抹去了忠君的意味。

又如对王船山在南明政权中与王化澄斗争的叙述。

王敔《行述》详述王船山在南明政权中与王化澄作斗争一事：为救被王化澄诬陷为"五虎"的南明政权中的正派人士金堡、丁时魁、刘湘客、袁彭年、蒙正发等，王船山走诉主持朝政的严起恒曰："诸君弃坟墓、捐妻子，从王于刀剑之下，而党人假不测之威而杀之，则君臣之义绝而三纲斁，虽欲效南宋之亡，明白慷慨，谁与共之？"⑤劝公匍匐为诸君请命。

而在潘《传》中，王船山向严起恒诉求的话被简化为："诸君弃坟墓、捐妻

---

① 潘宗洛：《船山先生传》，《船山全书》第16册，第87页。
② 同上。
③ 王敔：《大行府君行述》，《船山全书》第16册，第71页。
④ 潘宗洛：《船山先生传》，《船山全书》第16册，第87页。
⑤ 王敔：《大行府君行述》，《船山全书》第16册，第72页。（下划线为引者所加。以下同，不另做说明）

子，从王于刀剑之中，<u>而党人杀之，则志士解体</u>，虽欲效南宋之亡，明白慷慨，谁与共之?"① 将"君臣之义绝而三纲斁"改为"志士解体"，从而淡化抗清者与南明藩王的君臣关系。

王船山遁迹山林、从事学术活动的叙述。

在叙述王船山遁迹山林的具体原因时，两者有所不同。王敔《行述》："两载以后，瞿公殉于桂林，严公受害于南宁，亡考<u>念余生无可以酬知己</u>，遂决计于林泉以没齿矣。"② 将王船山决计林泉归结为"念余生无可以酬知己"。

潘《传》："其后瞿式耜殉节于桂林，严起恒受害于南宁。<u>先生知势愈不可为</u>，遂决计林泉矣。"③ 将王船山决计林泉归结为"知势愈不可为"，强调的是王船山对抗清不可为的认识。

抗清活动失败后，王夫之遁迹林泉，潜心学术。潘《传》在介绍王夫之学术时，没有王敔《行述》"慨明统之坠也""发明正学"等解释，只是略举王夫之著作目录，简介其大旨，如谓"以上下古今兴亡得失之故，制作轻重倚伏之原"；但潘《传》特别标举王船山对张载的推崇，"又谓张子之学切实高明，作《正蒙释义》《思问录》内外篇，互相发明，以阐天人性命之旨，别理学真伪之微"。④ 这是王敔《行述》所没有的。

此外，在有关王夫之拒绝为吴三桂写劝进表、王夫之晚年受到大中丞馈赠等的叙述上，潘宗洛的《船山先生传》都与王敔的《行述》有微妙的差别。而潘版《船山先生传》作为备国史馆采择的人物传记，与王敔作为私家著述的《行述》最大的不同，是在文末以"赞曰"的方式对王夫之进行了评价，其言曰：

明之支藩，播迁海澨，先生非不知其无能为也，犹间关跋涉，发说论，攻奸邪。终摈不用，隐而著书，<u>其志有足悲者</u>。以先生之才，际我朝之兴，改而图仕，何患不达? 而乃终老于船山，此所谓<u>前明之遗臣</u>乎! 及三桂之乱，不屑劝进，抑又可谓我朝之贞士也哉!⑤

这个评价与潘宗洛在传首对王夫之"故明之遗臣，我朝之逸民"的定位是相互呼应的，悲王夫之参加南明政权抗清活动是"知其不可为而为之"；为王夫之没能改而图仕惋惜，是所谓"前朝之遗臣"。但是，又站在清朝统治者的立场上，特别表彰王夫之不屑为吴三桂写劝进表，是"我朝之贞士"。与王敔《行述》相比，潘《传》更加关注王夫之对于明朝、对于清朝的意义，也即站在国家的高度、文化信

---

① 潘宗洛：《船山先生传》，《船山全书》第 16 册，第 87 页。
② 王敔：《大行府君行述》，《船山全书》第 16 册，第 73 页。
③ 潘宗洛：《船山先生传》，《船山全书》第 16 册，第 88 页。
④ 同上。
⑤ 同上，第 89 页。

仰的高度来看待王夫之的学行。从这个角度说，潘版《船山先生传》是对王敔《行述》的提升。当然，在这种提升过程中，潘宗洛于王夫之学行也有所筛选增益。

作为地方官，潘宗洛撰写这篇传记"以付国史馆"，是为史官修史提供参考，希望王夫之能够进入国史记载之中。这可以说是将王夫之由湘中一老上升为国家耆旧的第一次努力。但在相当长的一段时间内，这个努力没有奏效。

除潘宗洛为船山先生作传外，其他地方官则以为船山著作作序的方式对王船山进行了评价。如康熙年间湖广学政李周望应王敔之邀请，为王船山的《张子正蒙注》一书作序，称船山"于横渠之学，异世而同源也"，赞其"少负隽才，志行卓荦，于学无所不窥，扃户著书垂四十年"，以为："横渠之书，微船山而旨隐；船山之学，微横渠之书而不彰。两人旷代相感，一作一述，非如马迁所云颜渊之于夫子，附骥而名益彰者耶？"[1] 誉船山"为游、杨、真、魏之流亚也。"[2] 稍后，江苏缪沅督学湖广，视学衡阳，又应王敔之邀为《王船山先生集》作序。缪序从学术流变的角度，揭示船山学说的意义，称姜斋生当明季，忧王阳明欣学末流流弊，"以为姚江之说不息濂、洛、关、闽之道不著；濂、洛、关、闽之道不著，生民之祸将未有已""于是取横渠张子《正蒙》，章疏而句释之，于凡天地之本，阴阳之胜，幽明之端，物之所始，性之所受，学之所终，莫不烂然大明，而姚江之徒之蓁然者，亦恶能傲吾以独知而率兽以食人乎？"[3] 赞王夫之"其事实，其志洁，其忧深；其事实故其论笃，其志洁故其道光，其忧深故其辞危以厉"，以为假如王夫之能及濂、洛、关、闽之门，"其所就岂在游、杨、黄、蔡下哉！"[4]

与此同时，外界对王夫之的学行也有零星的介绍。一是与王敔同在潘宗洛幕中共事的大兴学者储大文六雅，曾在其著作中对船山有所介绍；二是大兴刘献廷在《广阳杂记》中对王夫之父子兄弟皆有介绍，谓王夫之"其学无所不窥，于六经皆有发明。洞庭之南，天地元气，圣贤学脉，仅此一线耳"[5]，评价不可谓不高。但刘献廷于王夫之事迹并不详知。而清初浙东学者全祖望在《鲒埼亭文集·刘继庄传》中也涉及王夫之，其言曰："继庄与万隐君季野同客昆山徐尚书所，季野最心折继庄。继庄于季野尚有不满也，顾其所严事者，曰梁谿顾畇滋、衡山王而农。"[6] 当时全祖望曾遍搜鼎革诸老邓予以表彰，唯恐不及，但于王夫之所知不多，只在这篇《刘继庄传》中提到一下王夫之的名字。

---

① 李周望：《王船山先生正蒙注》，《船山全书》第16册，第398页。
② 同上。
③ 缪沅：《王船山先生集序》，《船山全书》第16册，第400页。
④ 同上。
⑤ 刘献廷：《广阳杂记》，中华书局，1957年版。
⑥ 全祖望：《刘继庄传》，《鲒埼亭集》卷二十八，台湾文海出版社，1998年版。

三 官方历史对船山的记载

潘宗洛撰写第一篇船山传记后，船山学行的传播一度沉寂，特别是雍正年间文字狱频发，清廷思想控制严密，王船山著述成为世人不敢触及的禁忌，船山记忆被压制了。至乾隆年间，随着《四库全书》的修撰和国史馆的修史活动，以及朝廷对前明遗民政策的变化，船山部分著作浮出水面，受到官方的认可；嘉庆年间，王船山正式进入了《国史儒林传》之中。

（一）余廷燦对王船山的叙述

乾隆年间，官修史书得到发展。一方面，乾隆三十年（1765 年）设立了专门的国史馆，负责纂修纪传体国史等；另一方面，国史馆修撰了一批重要的《纪》《志》《传》。乾隆年间，清廷对待前明遗臣采取了"褒""诛"并用的措施。乾隆四十一年（1776 年），敕撰《胜朝殉节诸臣录》，表彰那些抗敌不屈、不仕清廷的忠义之士；同年十二月，根据乾隆的旨意，国史馆创设"贰臣传"等类别，以此羞辱那些投降清廷的前明大臣。这些政策导向为前明遗民浮出水面提供了契机，也为王船山重新受到关注创造了条件。在此背景下，长沙余廷燦再次为王夫之作传。

余廷燦（1729—1798 年），字卿雯，号存吾，湖南长沙人。乾隆二十六年（1761 年）进士，任翰林院检讨，兼充三通馆纂修。后以母老乞归养，遂不复出，主讲长沙城南书院。著有《存吾文稿》《诒谷堂诗集》。

余版《王船山先生传》以潘版《船山先生传》为蓝本，而又有所损益，大体环节依然由拒降张献忠，闻李自成破京悲愤，为何腾蛟、堵允锡调和南北而不被采纳，受瞿式耜之荐出任南明政权行人司行人，与王化澄斗争，兵败后隐居著述等构成，但又有所不同。

首先，在阐发王船山学术成就与思想时，凸显王夫之的《正蒙》学。潘版《船山先生传》虽然提到王夫之对张载的推崇、所作《张子正蒙注》等书"以阐天人性命之旨，别理学真伪之微"为宗旨，但只把它视为王夫之众多学术成就的一项，并无特别的意义。而余版《王船山先生传》指出："其学深博无涯矣，而原本渊源，尤神契《正蒙》一书，于清虚一大之旨，阴阳法象之状，往来原反之故，靡不有以显微抉幽，晰其奥窔。"① 把《正蒙》学作为王夫之学术成就的核心。余版《王船山先生传》还采取类似"学案"的做法，大段摘引王夫之《正蒙注》自序的原文，加以表彰。

其次，在对王船山定位时，余廷燦既延续了潘宗洛的一些论断，又加以细化。他将王船山放在历史上的长河中，与其他著名学者加以比较，强调王船山在性理学

---

① 余廷燦：《王船山先生传》，《船山全书》第 16 册，第 92 页。

史上的地位，从而从学理上解释了王船山成为"前朝之遗臣，我朝之贞士"的深层原因。其赞曰："先生可谓笃信好学、蒙难而能正其志者。方明之亡，先生非不知事不可为。然且穷老尽气，奔窜于荒崖绝郊间，发说论，攻金邪，终摈不用，而始隐伏著书，其志可哀也矣。"同潘宗洛一样，余廷灿也强调王夫之参加抗清是"知其不可为而为之"，并以为"其志可哀"，但重点放在对船山之学的阐释上。他视王夫之为张载那样"广大精深未易窥测"的学人，肯定其在"扶树道教，剖析数千年学术源流分合同异"的造诣。虽然"逃名用晦，遁迹知稀，从游盖寡"，没有得到外界的承认，但比起真德秀、魏了翁等一些仅拾洛闽之糟粕以称理学者来，相距不可道理计。换言之，在余廷灿看来，王夫之是真正的理学家。余廷灿还提出：潘宗洛称先生为"前朝之遗臣，我朝之贞士""是固然也""而其立文苑儒林之极，阐微言绝学之传，则又有待于后之推阐先生者矣。"① 余廷灿认为，王船山理应在文苑传、儒林传中占据重要的位置，并寄希望于后来者对船山学说地位的论定。

（二）《四库全书》对王夫之著作的评价

乾隆年间开设四库全书馆，也为王船山的著作提供了一次接受官方鉴定的机会。

乾隆初年即有征书之诏，但收效甚微。乾隆三十七年（1772 年），清高宗下诏搜访遗书，以示"稽古佑文"之盛意。同年十一月，安徽学政朱筠奏请开馆校书，得到奏准。次年二月成立四库全书馆，编修《四库全书》。清廷一面奖励私人进书，一面严饬地方督抚比户株求，各省奏进书目。湖南巡抚先后奏进书目 46 种，第一批奏进书目中就包括王船山的 6 种著述《周易稗疏》四卷《考异》一卷、《尚书稗疏》四卷、《诗经稗疏》四卷《考异》一卷、《春秋稗疏》二卷、《尚书引义》六卷、《春秋家说》三卷。这 6 种著述均被收入《四库全书总目》，其中前 4 种列入"正编"，后两种列入"存目"。这就意味着王船山的著作得到了"国家级"的文献著录的承认。

在这部国家级的文献目录中，王船山的著作得到了高度评价。如《四库全书总目》卷六"周易稗疏提要"中指出："大旨不信陈抟之学，亦不信京房之术，于先天诸图，纬书杂说，皆排之甚力。而亦不空谈玄妙附合老庄之旨。故言必征实，义必切理，于近时说《易》之家，为最有根据。"

《四库全书总目》卷十二《书经稗疏提要》谓其："驳苏轼《传》及蔡《传》之失，则大抵辞有根据，不同游谈。虽醇疵互见，而可取者较多焉。"

《四库全书总目》卷十六《诗经稗疏提要》中，举出许多实例，说明"是书皆辨正名物训诂，以补《传》《笺》诸说之遗。……皆确有依据，不为臆断。"

《四库全书总目》卷二十九《春秋稗疏提要》也有肯定。

---

① 余廷灿：《王船山先生传》，《船山全书》第 16 册，岳麓书社，1996 年版，第 95 页。

　　与此前诸人概论王船山学术宗旨与特色相比，《四库全书总目》对船山著作的评价与介绍显然更加具体、专业与精准，代表了乾隆年间四库馆臣学者群体的共识和官方鉴定，因此历来受到重视，成为人们评判王船山学术成就的一个重要依据。

　　但清廷征修四库，实质上是寓禁于征，是对古今图籍特别是明遗民文献的一次大清查①。清廷以异族入主中原，文网密布，思想控制之严厉前所未有，从康熙朝到雍正朝，文字狱时有发生；乾隆朝征修四库更是将禁毁图书这一思想控制活动推向了高潮。乾隆下诏征书，初意尚且标举采访遗书之标准，划定应收之范围，尔后规定"有妄诞之句"者不必收存，最后则刻意访求"违碍"之书加以禁毁，特别查禁明末清初之书。是以又有各省呈缴应毁图书书目。湖南省共奏缴六次，含书111 种。其中王船山的《船山自订稿》《五十自订稿》《六十自订稿》《七十自订稿》《夕堂戏墨》《船山鼓棹》《五言近体》《七言近体》八种著作以"语多违碍""又有称引钱谦益处"被列入第五次奏缴书目之中，乾隆四十六年（1781 年）十一月初一日奏准。在此后至嘉道之间的船山学行传播中，这部分著述成为不敢触及的禁忌，船山记忆受到了极大的压抑。

（三）《国史儒林传稿》对王船山的定位

　　"儒林传"是正史列传中的一种"类传"，创自司马迁《史记》，主要叙述有功经学之儒，"为一代儒学人物与学术传承的记载"②。它不同于私家著述与私家评议，代表的是官方对儒生的尊重与表彰。清代重视修史活动，也重视有关一代学术传承的"儒林传"的纂修。早在乾隆三十年（1765 年），乾隆就提出国史中应修儒林传。但由于各种因素，具体的修撰工作一直没有进行。嘉庆亲政后，继承乾隆皇帝的文治政策，除了续修前朝已修的部分史志外，又新修以往拟修而未及举办的史志列传，其中就包括"儒林传""文苑传"等。负责其事者为乾嘉后期有"汉学护法"之誉的著名学者阮元。清朝立国至嘉庆新政，历时百余年，学者千余人。阮元依据清廷的文化政策与思想导向，同时凭借自己的学术眼光与评判标准，从中筛选出百余人，纂成《儒林传稿》四卷，其中正传四十四篇，附传五十余人，确立了一部官方的儒学知识谱系。在这个谱系中，王夫之被置于卷一，排在顾栋高、孙奇逢、李颙、黄宗羲之后，位列第五，本传同时附传湖广学者陈大章、刘梦鹏。这个位置的获得是清廷思想导向与阮元学术眼光综合作用的结果。

　　《国史儒林传稿》在选择人物上，强调"各儒以国初为始，若明人而贰仕于国朝，及行止有可议者，皆不得列入"③。但援引以往官修正史与钦定续通志的做法，

---

① 具体情形可参见郭伯恭《四库全书纂修考》一书，岳麓书社，2010 年 12 月版。
② 戚学民：《阮元〈儒林传稿〉研究》，生活·读书·新知三联书店，2011 年 12 月版，第 24 页。
③ 阮元：《国史儒林传凡例》，《研经室续二集》，中华书局，1993 年版，第 1023 页。

将明遗民的代表人物王夫之、黄宗羲等纳入国史儒林传稿中。对此，《凡例》特别做出解释："今查湖南王夫之，前明举人，在桂王时曾为行人司行人；浙江黄宗羲，前明布衣，鲁王时曾授左金都御史，明亡，入我朝，皆未仕，著书以老。所著之书，皆蒙收入四库，列为国朝之书。《四库全书提要》内多褒其书，以为精核，今列于儒林传中，而据事实书其在明事迹者，据历代史传及钦定续通志例也。"① 有《四库全书》表彰在前，说明诸人的学术成就已得到官方认可；又有历代官修正史吸纳前朝遗民进入本朝国史儒林传的先例，则王夫之、黄宗羲进入清《国史儒林传》就成顺理成章之事。

《国史儒林传稿》作为官方公共历史书写，在为各人立传时，皆取材官修官采诸书，并标注其出处，以示语必有据，不敢杜撰。其凡例称："凡各儒传，语皆采之载籍，接续成文，双注各句之下，以记来历，不敢杜撰一字，且必其学行兼优，方登此传。是以褒许，以见我朝文治之盛。至于著述醇疵互见者，亦直加贬辞。此外私家状述，涉于私誉者，谨遵馆例，一字不录。"② 换言之，能够入儒林传者必须具备两个条件，一是有官方记载可作凭据，二是必须学行兼优。王夫之恰好具备了这两个条件。余廷燦以三通馆纂修（史官之一种）的身份所作的《王船山先生传》具有超越于私家状述、私誉的公共性；而《四库全书总目》更是官修目录学著作，其评价具有很高的权威性。这两者构成了《国史儒林传稿》"王夫之传"的主要依据，全文聚二者之句而成。但在筛选各句的同时，也对王夫之形象有所改铸。

与余廷燦版《王船山先生传》相比，《国史儒林传稿》中的《王夫之传》简略很多，全文不足 500 言。但大体上保留了王夫之生平梗概，提到：王夫之为前明崇祯壬午举人、设计拒降张献忠、受瞿式耜之荐任明桂藩行人司行人、逃吴三桂之乱、巡抚嘉之等，略去了抗清具体事迹。至于对王船山学说的介绍与评价，则全部援引《四库全书总目》之语，主要涉及王夫之的《周易稗疏》《书经稗疏》《诗经稗疏》等，多褒扬之词，如谓"言必征实，义必切理""最有根据""辞有根据，不同游谈""可取者多""持论明通""辨正名物训诂""足解诸家之缪辖"等。均是针对王夫之的经学考证之作而发，无一字涉及性理学说。总之，《国史儒林传稿》中的王夫之主要是一个经学家，与余廷燦所极力打造的性理学家王夫之的形象相距甚远。这固然是因为阮元崇尚汉学的学术标准所致，也是因为王夫之学行传播不广、难以取材之故。

阮元所撰《国史儒林传稿》是为清代《国史儒林传》的初稿。道光年间，国史馆又以此为蓝本，进一步修订而成《国史儒林传》二卷本，是为定稿。《国史儒林传》共收录正传人物 36 人，附传 53 人。王夫之纳入上卷，排在顾炎武、孙奇

---

① 阮元：《国史儒林传凡例》，《研经室续二集》，中华书局，1993 年版，第 1023 页。
② 同上。

逢、黄宗羲、李颙之后，位列正传人物第5。不同于《儒林传稿》以生卒年月为顺序来编排人物、划分卷次，《国史儒林传》按学术属性来分卷，卷上为理学人物，卷下为经学人物。由此可见，《国史儒林传》中的王夫之是以理学家的形象呈现。

与阮元的《儒林传稿》相比，《国史儒林传》中的王夫之更加简略，仅300余字，不但删去了标明出处的双注文字，且删去了王夫之参加抗清活动的内容，仅保留了拒降张献忠、逃吴三桂之乱、得巡抚嘉奖等细节。而对王夫之学术的介绍，则是缩减《儒林传稿》而成。

尽管《国史儒林传》中所塑造的王夫之形象较为单薄，但能够进入《国史儒林传》本身就是一种荣誉，意味着官方对王夫之学行的认可。这也激发了湘人传播船山学说的热忱。随着道光年间第一次大规模地整理刊刻船山全书，船山记忆进入了全面复苏的时期。

第二节 《船山遗书》的整理与王夫之的再发现

一 发现王夫之

尽管王夫之的部分著作已于乾隆年间录入国家目录文献《四库全书总目》、生平梗概已于嘉庆年间进入《国史儒林传稿》，但是在湖南本土，有意识地传播船山学说始于道光年间。其具体契机是邓显鹤等人的征文考献活动。

（一）《楚宝增辑考异》对王夫之的崭新定位

如本书第一章所述，邓显鹤一生以搜讨乡邦掌故为己任，曾重刊周圣楷《楚宝》一书，并为之增辑考异；又费时十余载，收集明代以来湖南诗人诗作，纂成《沅湘耆旧集》200卷。在此过程中，邓显鹤得知王夫之著作丰富，除少量书有刊本之外，还有大量遗书稿本、钞本未刊，故有意表彰王夫之。

在《楚宝增辑考异》中，邓显鹤增加了"王夫之"一篇，将它列在卷第十八"文苑"中。这篇传记综合采纳了潘宗洛《船山先生传》与余廷灿《王船山先生传》，叙述了王夫之生平大事，包括设计拒降张献忠、悲北京之变、上书章旷调和何腾蛟与堵允锡未果、走桂林、以瞿式耜之荐出任南明政权行人司行人、与骄臣悍将王化澄等斗争、隐居林下著书立说、拒绝为吴三桂写劝进表、得到湖南巡抚的嘉奖等环节。邓显鹤还继承了余廷灿的做法，挖掘王夫之的学术贡献，提出："自明统绝祀，夫之著书凡四十年，其学深博无涯矣，而原本渊源，尤神契《正蒙》一书，于清虚一大之旨，阴阳象法之状，往来原反之故，靡不有以显微抉幽，晰其奥窍。"① 这段评论基本上照搬余廷灿《王船山先生传》。不同于余廷灿的是，余直接征引王夫之《正蒙注自序》原文，而邓显鹤则解读王序，以自己的语言转达王夫之

---

① 邓显鹤：《王夫之》，《楚宝》卷十八，道光九年重刊本。

对张载思想的阐发，较为简洁。

《楚宝增辑考异》中的《王夫之》，最大的亮点是邓显鹤以"显鹤按"的形式，表达了对王夫之学术的崭新定位。其言曰：

船山先生于胜国为遗老，于本朝为大儒，其志行之超洁，学问之正大，体用之明备，著述之精卓宏富，当与顾亭林、黄黎洲、李二曲诸老先相颉颃，而世尟知者。其所著诸书采入钦定《四库全书》。案《全书提要》凡当代硕儒纂著多断断辩论，独于先生书推崇无异词。乡曲里师，乃不能举其姓名，盖其书之若存若没、湮塞不行久矣。往桐城李海帆观察宗传分巡衡永时，余尝为言，求其全书不得。近武陵赵学博敦怡语余：先生已刻行之板尚存衡阳学署，多残缺。顷衡阳马硕坡同年运鑫以《春秋世论》《论语稗疏》《张子正蒙》《庄子解》《楚词通释》《俟解》六种见赠，盖其诸父湘门太史倚元所刻行者，而全书亦未得见。安得士夫家有珍藏全部善本，重为审校开雕，嘉惠后学，使湖湘之士共知宗仰，岂非羽翼吾道、表扬前哲一大功乎？

与以往的船山传记相比，这段"显鹤按"提示着对船山认识的新进展。

首先，对王夫之的评价由潘宗洛的"故明之遗臣，我朝之逸民"、余廷燦的"笃信好学，蒙难而能正其意者"，变成"于胜国为遗老，于本朝为大儒"，将王夫之定位为"大儒"。王夫之的贡献超越了对明朝一朝的忠贞，而上升为对儒学道统的坚守。王夫之的可贵也不仅体现在著述上，而是涵盖"志行之超洁，学问之正大，体用之明备，著述之精卓宏富"等方面，可谓是全方位地肯定王夫之。这使王夫之形象大为丰满。

其次，第一次将王夫之与同时代的其他大儒如顾亭林、黄黎洲、李二曲相提并论，肯定王夫之与诸人不相上下。而《四库全书总目》是邓显鹤立论的主要依据。《四库全书总目》作为官方文献，代表的是国家标准；其提要对"当代"硕儒纂著多断断辩论，唯独对王夫之著述推崇无异词，可见其学术成就得到了官方的承认，并且在诸硕儒之上。

最后，第一次表达了湖南人对王夫之的特别重视与传播船山学说的愿望。王夫之著作入《四库全书总目》、受到高度评价，这本应是湖南人的骄傲，湖南的乡曲里师却不能举其姓名，根本不知道家乡曾产生了这样一位大儒。邓显鹤认为，其原因就在于王夫之的著作流传不广、若存若亡之等同于故。有鉴于此，邓显鹤希望能够获得王船山著作的善本，重为开雕，嘉惠后学，使湖湘之士都来崇仰先贤，并借此羽翼吾道、表扬前哲。

此外，《楚宝增辑考异》中的"王夫之"篇末还附有余廷燦《王船山先生传》"赞曰"的一段话，提示着邓传与余传之间的继承关系。

（二）《沅湘耆旧集》中对王夫之的叙述

《楚宝增辑考异》出版于道光九年（1829年）。此后，邓显鹤又四处搜访材料，编纂《沅湘耆旧集》。在《沅湘耆旧集》中，依然将王夫之作为重点关注的对象。邓显鹤从各方搜集王夫之的诗作，合为二卷。由于《沅湘耆旧集》主要是收录明代以来湖南诗人之作，以诗存人，以人存诗，故集中依然作《船山先生王夫之》一篇，介绍王夫之的生平大节。相比之前的《王夫之》传，《沅湘耆旧集》中的小传较为简略，大旨包括前明举人、拒降张献忠、调和何腾蛟与堵允锡、出任南明桂王行人司行人、隐居著述等，并重复《楚宝增辑考异》中有关王夫之"于胜国为遗老，于本朝为大儒"、学问志行等当与顾亭林、黄黎洲相比等论断，介绍王夫之的论著。又因《沅湘耆旧集》所收为诗，故重点评价王夫之的诗学成就，其言曰："先生精研六经，诗其余事。……词旨深复，气韵沉郁，读之如睹夏鼎商彝，如闻哀猿唳鹤，使人穆然神肃，悠然意远。自来经师，鲜有工诗如先生者，盖其酝酿深矣。"① 洵不愧于陶澍所言的"天下士，非一乡之士；人伦师，亦百世之师"。对王夫之充满了推崇之情。

在《沅湘耆旧集》中，邓显鹤再次强调王夫之的学行已得到国家的承认，著作入《四库全书》，事迹入《国史儒林传》，私家著述中有所记载，然而其人其学甚少流传，世间鲜有知者。邓显鹤特意提到全祖望曾遍搜鼎革诸老予以表彰，唯恐不及，却遗漏了王夫之，只在这篇《鲒埼亭文集·刘继庄传》中提到一下王夫之的名字，其原因就在于对王夫之知之甚少。是以同时邓显鹤又再次深怀怅望："安得一大有力者尽搜先生所著书，锓板行世，岂非表扬先哲、嘉惠来学一伟绩哉！"②

（三）刊刻《船山遗书》

无论是在编撰《楚宝增辑考异》之时，还是在修纂《沅湘耆旧集》之时，邓显鹤都深切地感到整理船山遗著的重要性。王夫之书稿旧刊者雕刻不精，且历时久远字迹漫漶，还有大量遗书稿本、钞本未刊，是以邓显鹤"慨然发愤，思购求先生全书，精审锓木，嘉惠来学"。他"强聒于人"，到处鼓动，起初无人响应，最终却心想事成。道光十九年（1839 年）乙亥，邓显鹤寓居长沙，为辑《沅湘耆旧集》而征求王夫之的遗诗。适有王夫之后裔、占籍湘潭名王世全者藏有船山遗著，得知邓显鹤在征求王夫之遗诗后，遂托友人欧阳兆熊携王夫之诗赴长沙拜访邓显鹤，并告知王夫之的一个六世孙名承佺者收藏了王夫之的各种遗书，正谋求刊刻这批遗书。邓显鹤一听，大喜过望。双方经磋商，决定由王世全捐资、邓显鹤主持刊刻船山遗书。第二年，就在《沅湘耆旧集》开雕之时，《船山遗书》也开雕于长沙。邓显鹤深感欣慰："久晦不显之书，一旦炳焉呈露，岂非衡岳湘江之灵有以默牖而阴

---

① 邓显鹤：《船山先生王夫之》，《沅湘耆旧集》卷三十三，岳麓书社，2008 年版，第 687 页。
② 同上。

相之哉！非偶然也。"①

这次整理刊刻船山遗书是湘中文化界的一项重要工程，得到湘中名流的重视与支持。从编校队伍来看，除邓显鹤主持外，还聘请湘中著名学者邹汉勋任校雠之役。邹汉勋（1805—1854年），字叔绩，湖南新化人，出身于著名的经学世家，其父邹文苏精通算学、乐学、《三礼》。汉勋兄弟六人，互为师友，于天文、推步、沿革、六书、九数之属靡不研究，或以经史名世，或以小学见长，或精于舆地、天算之学，均为学术精湛、著述颇富的一方名士，而以汉勋尤著。除邹汉勋外，参加审阅者还有鄞县沈道宽栗仲、道州何绍基子贞、湘潭吴淞半江，编校人员则有湘阴左宗植仲基、善化汤鬻幼尊、湘潭马敬之悔初、湘潭欧阳兆熊晓岑、湘阴左宗棠季高、湘潭罗汝槐研生、湘潭袁芳英潥六，此外还有校字者若干，督刊者则为王船山八世孙德润心广。可以说，这支刊刻船山遗书的队伍，汇集了相当一批湖南耆硕。

道光二十二年（1842年），《船山遗书》告竣，共收书18种、150卷。是为"湘潭王氏守遗经书屋本《船山遗书》"。这次刻书，初欲刻成全集，未果，只刻经部诸作。虽收书不全，发凡起例，始创版式，为后世所遵守。同时邓显鹤列出了一份详尽的《船山著述目录》，是为当时所掌握的船山著述总目，为后世编辑船山全集提供了依据。

二　两种知识谱系中的王夫之

这次刊刻《船山遗书》，打破了王夫之身生沉寂一个半世纪的状况。随着《船山遗书》的流传，船山学行引起了人们的关注，逐渐成为议论的热点，其在学术史上的地位也得到各种解读。

（一）儒学知识谱系中的王夫之——邓显鹤的分析

作为刊刻道光版《船山遗书》的主持者，邓显鹤对王夫之著述进行了全盘摸底工作，在此基础上，又进一步解读王夫之的学说，确立王夫之在儒学史应有的地位。

首先，从纵向层面确定王夫之学术正统的地位。

邓显鹤将王夫之的学术思想放在儒学发展史的背景下分析，阐述其价值。提出：古代儒学博学于六艺，六艺即王教之典籍，研习六艺是明天道、正人伦、致至治的不二法门。但在后世的传衍中，对六艺的理解产生了歧义，是非得失，未有折中。一直到宋代，"真儒出，群经乃有定论"。但到了"近代"，学者因疾陋儒空谈心性，逸于考古，遂至于厌薄程朱，专事考求古人制度名物以为博，甚则刺取先儒删落舛驳谬悠之论以为异。而一二天资高旷之士，又往往误于良知之说，敢为高

---

① 邓显鹤：《船山先生王夫之》，《沅湘耆旧集》卷三十三。

论，狂瞽一世，著书愈多，圣道愈蔀。王夫之忧之，以表彰正学为己任，挽狂澜于既倒。王夫之"生平论学，以汉儒为门户，以宋五子为堂奥，而原本渊源，尤在《正蒙》一书。"王夫之推崇张载之学，以为其上承孔孟之志，下救来兹之失，如皎日丽天，无幽不烛。圣人复起，未之能易；正是因为张子之学不兴，"是以百年而异说兴，又不二百年而邪说炽"。王夫之推本阴阳法象之状，往来原反之故，反复辩论，累千百言。虽然或许会有人疑王夫之"其言太过"，但邓显鹤认为，王夫之"议论精卓，践履笃实，粹然一轨于正"①。所谓"以汉儒为门户，以宋五子为堂奥"，无异于说王夫之乃汉宋兼容的学者，以表明王夫之学术路径乃正轨。

其次，从横向层面揭示恢复王夫之在明清之际儒林中的地位。

在《船山著述目录》中，邓显鹤强调王夫之"其志洁而芳，其言哀以思，百世下犹将闻风兴起，况生同里闬，亲读其书者乎"，凸显王夫之的感召力，并再一次地将王夫之与同时代的其他大儒相提并论，以凸显王夫之的独特价值。其言曰："当是时，海内儒硕，北有容城，西有盩厔，东南则昆山、余姚，而亭林先生为之魁。"这些人虽同为逸民，义不仕清，而志节学问蜚声全国，"肥遁自甘，声名益炳，羔币充庭，干旄在野。虽隐逸之荐，鸿博之征，皆以死拒，而公卿交口，天子动容，其志易白，其书易行。"虽隐而实则声名盛大。船山先生"刻苦似二曲，贞晦过夏峰，多闻博学，志节皎然，不愧顾、黄两君子"，可谓是集诸人节志之大成。然而却隐得更为彻底，以至于湮没不彰。"先生窜身猺峒，绝迹人间，席棘饴荼，声影不出林莽，门人故旧又无一有气力者为之推挽。没后四十年，遗书散佚，其子敔始为之收辑推阐，上之督学宜兴潘先生，因缘得上史馆，立传儒林，而其书仍湮灭不传，后生小子至不能举其名姓，可哀也。"②王夫之学行远过诸人，却没有获得与诸人同样的声誉，其著作若存若没，致使后生小子不能举其姓名。这是何等可悲的事！

再次，揭示王夫之在清代经学史上开先河的地位。他说：

当代经师，后先生而起者，无虑百十家。所言皆有根柢，不尚空谈，盖经学至本朝为极盛矣。然诸家所著，有据为新义，辄为先生所已言者，《四库总目》于《春秋稗疏》曾及之；以余所见，尤非一事，盖未见其书也。近时仪征相国裒辑《国朝经解》，刻于广南，所收甚广，独不及先生，其他更何已。③

王夫之的六种经学著作入选《四库全书总目》，受到"辞必征实，义必切理""语有根据，不尚空谈"等评价。邓显鹤则进一步提出，王夫之经学成就实有为清

---

① 邓显鹤：《南村草堂文钞》，岳麓书社，2008 年版，第 38 页。

② 同上。

③ 同上。

代朴学家导夫先路者。然而由于王夫之的著作流传不广，以至于后世一些经学家把王夫之早就阐发过的经义当作自己首次发明的新义。嘉道之际，阮元编纂《皇清经解》，号称集有清以来经学之大成，所收甚广，却遗漏了王夫之的著作；至于其他著述就更不识王夫之经学著作的面目和价值。可见，王夫之是个在学术史、思想史上失踪了的人！其成果、其为人、其志节都湮没不彰。《船山遗书》的整理刊刻，极大地改变了这一状况，恢复王夫之在历史上应有的地位。

邓显鹤的《船山著述目录》也代表了众多湘人的心声。道光年间，湘人段谞廷曾经搜读王船山的诸经《稗疏》，"知其志在集汉宋之大成，卒能身困而心亨，节艰而学粹"，推船山为湘学史上自周濂溪而后的首屈一指者。听闻王船山著述繁富，段谞廷也曾遍询衡阳人士，多方搜讨，然而，"微特遗著数十种鲜能举其名，即《四库》存目者亦若灭若没。间有丛残，不可卒读"。于是深以船山著作不传为忧，唯恐百年之后，就连这仅有的一鳞片爪也都无可寻访，令后学失其师承。故在接到邹汉勋寄送的邓显鹤所作《船山遗书序》（即《船山著述目录》）后，备感欣喜，将全文录于自己的著作中。[①]

（二）理学知识谱系中的王夫之——唐鉴的分析

在邓显鹤等人强调王夫之学兼汉宋之外，理学名儒唐鉴通过为《船山遗书》作序、通过将王夫之纳入《国朝学案小识》中来，考量王夫之在学术史上的地位，而其考量的标准与视角又与邓显鹤有所不同，更多地侧重于理学志道。

在《王而农先生全集叙》中，唐鉴凸显王夫之"志道"的人格魅力。唐鉴称，王夫之以胜国之孤贞，伏处崖穴，不与中原人士相交往，著书四十年，著作也未流传开来，可是何以其人却为天下人所知所重、会在嘉庆年间被采入《国史儒林传》、同顾炎武同弁卷首？这是因为他"不降不辱"的志洁之节，可与古逸民贞士并垂不朽。王夫之的可贵还在于其超越常人之处。一般情况下，如果人不得于时，怀幽忧隐怨，发抒不平之情时，不免偏激；如果困苦流连，俯仰无赖，所言也会夸大，是所谓"悲悯难于庄论，慷慨易于放言"。而王夫之虽然遭遇非常之艰险，却"不屈于外，不挫于内，探天人之精蕴，契性道之流行，知其所以然，行其所当然，而言其所同然"。[②] 王夫之把生平所遇之艰、所履之险、所守之穷，都视为固然而无足怪者，不怨不尤，可见其道行修养之高。

在叙中，唐鉴也将王夫之与顾炎武相提并论，以为顾王二人虽不相识，而"其志其道则若相同"[③]，一者发明经济之实用，一者发义理之真传，皆不得于时而欲

---

① 参见段谞廷：《儒粹》，《船山全书》第 16 册，第 551 页。
② 唐鉴：《王而农先生全集叙》，《船山遗书》（道光本）卷首；转自《船山全书》第 16 册，第 407 页。
③ 同上。

传之后。唐鉴表示，王夫之著书三百卷，自己所读虽然仅有《易内外传》《张子正蒙注》几种，但在字里行间已感觉到王夫之"性之冲和，理之纯粹"。有其人才有其书，王夫之正是传道之人。

与邓显鹤着重为王夫之"抱屈"、引王夫之不为世知为憾不同，唐鉴着重的是王夫之志道本身，坚信其人其事已为世所重，并不计较世间知道船山者之多寡。

道光二十五年（1845 年），唐鉴以程朱理学的观点总结清代学术史，撰写《国朝学案小识》，构建出一幅以程朱理学为核心的知识谱系。该书共 14 卷，依次为《传道学案》2 卷，《翼道学案》3 卷，《守道学案》及《待访录》6 卷，《经学学案》3 卷，外加卷末《心宗学案》1 卷，实为 15 卷。全书共收录清代前中期约 200 年间凡 256 人，其中传道 4 人，翼道 19 人，守道 44 人，是全书的重点，以见传道之真、翼道之众、守道之坚。在这部理学知识谱系中，王夫之与顾炎武同被列入卷三"翼道"之中。其称王夫之：

先生理究天下，事通今古，探道德性命之原，明得失兴亡之故，流连颠沛而不违其仁，险阻艰难而不失其正。穷居四十余年，身足以励金石，著书三百余卷，言足以名山川。遁迹自甘，立心恒苦；寄怀弥远，见性愈真。奸邪莫之能撄，渠逆莫之能摄，嵌崎莫之能踬，空乏莫之能穷。先生之道可以奋乎百世矣。[1]

唐鉴在论证王夫之的学术宗旨时，援引王夫之的《大学补传衍》以及《中庸衍》，以证明"先生之学宗程朱，于此可见矣"。阮元《国史儒林传稿》曾表彰王夫之排斥宋人易学和通训诂、名物、象数，而唐鉴则将王夫之"通训诂、名物、象数，辨核精祥，而又涉猎释、老、庄、列之中"解释成"知其所以乱道者，抉其伏而抵其瑕"。换言之，在唐鉴看来，王夫之并非尊信圣人之道必由训诂出的汉学话语，而深知这些都是"乱道者"，是为了抉其伏而抵其瑕。总之，"先生之著书也，大抵为人心之衰，世道之递，学术之不明也。汪洋浩瀚，烟雨迷离，以绵渺旷远之词，写沉苑隐幽之志，激而不尽其欲言，婉而不失其所宜语。盖胸中了，蕴蓄深，而擎下之枢机密也。斯为有道君子乎！"[2] 将王夫之打造成自觉维护程朱理学的卫道者。

三　日常记忆中的王夫之

除了较为正式的学理分析之外，王夫之也逐渐成为人们谈论与记忆的话题，渗透到日常生活之中。

湘西草堂本为王夫之晚年著书立说的地方，王夫之去世后，其子王敔在此授徒

---

① 唐鉴：《国朝学案小识》，《船山全书》第 16 册，第 544 页。

② 同上。

课业。此后一百多年间,湘西草堂产权几度变迁。道光甲申年(1824年),王夫之六世孙王承佺主持,将湘西草堂改为船山祠,重立祭祀,湘西草堂成为人们凭吊、记忆王夫之的地方。道光十八年(1838年),两江总督陶澍曾应邓显鹤之邀请,为湘西草堂题额曰"岳衡仰止",又为之跋:

衡阳王而农先生,国朝大儒也。经学而外,著述等身;不惟行谊介特,足立顽懦。新化邓学博来金陵节署,言其后嗣谋梓遗书。喜贤者之后克绍家声,因题额以寄。①

陶澍又为船山湘西草堂故居作楹联云:"天下士,非一乡之士;人伦师,亦百世之师。"强调王船山对"天下""百世"的影响。

人们借湘西草堂表达对王夫之的认识,抒发对王夫之的敬仰之情。

道光乙亥年(1839年),钱塘许乃普为湘西草堂题联云:"恸哭西台,当时航海君臣,知己犹余瞿相国;羁栖南岳,此后名山著述,同心惟许顾亭林。"一副对联道尽了王船山一生的道德文章。

道光壬寅年(1842年),唐鉴节录王夫之自铭语:"自抱孤忠悲越石,群推正学接横渠。"并跋云:"而农先生几筵,不能窥之万一,谨节录先生自铭语以为献。"

道光二十五年(1845年),又有大学士祁寯藻为湘西草堂题柱联,其言曰:"气凌衡岳九千丈,心托离骚廿五篇。"

咸丰八年(1858年),衡阳知县林廷式又有题联,曰:"忠希越石,学绍横渠,在当年立说著书,早定千秋事业;身隐山林,名传史乘,到今日征文考献,允推百世儒宗。"②

晚清著名大臣、学者张之洞则为王夫之撰一联:"自滇池八百里而下,潇湘泛艇,岣嵝寻碑,名迹访姜斋,风月湖山千古;孕衡岳七二峰之灵,挥麈谈兵,植槐卜相,雄才张楚国,文章经济一家。"③

此外,湘人袁漱六所撰船山祠联也广为流传,其联曰:"痛哭西台,当时水殿仓皇,知己犹余瞿相国;楼迟南岳,此后名山著述,比肩唯有顾亭林。"表彰船山气节,天下唯有顾亭林能与之相比拟。

除了围绕着湘西草堂作联语之外,在其他学术活动中,王夫之也一再被人提起。道光年间,京师士大夫发起顾祠修禊活动,通过纪念顾炎武来表达学术文化的新理想,从而成为"道咸以降之学新"的标志性活动。王夫之虽然没有获得同等待遇,但在这类活动中,人们尤其是湘籍人士往往会联想到王夫之,并有意宣传。例

---

① 马宗霍:《船山遗书校记》,转自《船山全书》第16册,第526页。
② 同上。
③ 同上。

如，左宗植在参加北京崇仁寺祭祀顾炎武的活动，在其呈同集诸君子的诗作中，就极力表彰王船山，其诗云："吾乡王先生，忠孝乃天宠。间关寇贼中，埋名落瑶峒。计脱父与兄，艰危见智勇。隆武颓残曦，薇蕨采荒茸。栖居三十年，著书七十种。学派得横渠，故训翼郑孔。微言大义炳，百世菁蔡奉。余论斥天主，砉裂始作俑。圣朝采遗书，凿楹出圭琫。余者三百卷，捃束委尘塕。雕版未能半，望蜀财得陇。先生与船山，著述间伯仲。所嗟生并世，姓字不相诵。九京如可作，道谊金石重。讵待歌沧浪，魂梦劳倾动。"① 除了细述船山生平大节、著述学问之外，特别强调王夫之与顾炎武"著述间伯仲"，为王、顾当年不曾通问而惋惜。左宗植认为，王夫之因著作未能刊行，故世间知之者甚少，并将其与东汉清高之士牛君直、士林领袖郭泰相比拟，以为："船山逃名似牛君直先生，尚友似郭林宗。"②

推动王夫之进入各种历史记忆之中，是湘人所关注的事。咸丰元年（1851年），湘籍理学名臣曾国藩任礼部侍郎，欧阳兆熊请求曾国藩奏请让王夫之入祀文庙。曾国藩回答：让王夫之从祀文庙，此事本是自己也想做的；只是这事应由地方大吏奏请，礼部官员进行审核。同时又提出，这事急不得，近两年都有入祀之人，数量大了，入祀孔庙的含金量就降低了。要等待时机。再者，在《国史儒林传》中，昆山顾炎武排在第一，王船山只是排在第二。言外之意，排第一的尚未入祀，不好奏请排第二的入祀。建议如果他日有人奏请顾炎武从祀，可以趁机顺带着奏请王船山从祀。总之，从祀之事，迟速有定。③ 虽然遭到曾国藩拒绝，但自此拉开了近代湘人推动王船山入祀文庙的系列活动的序幕。

湘人还注意弥补王夫之被相关文献漏载的缺憾。咸丰八年（1858年），郭嵩焘供职于翰林院。这年的七月廿六日，郭嵩焘在朋友的宴席上碰到实录纂修官、江苏六合人徐鼒。徐鼒说起撰《小腆纪年》二十四卷，所记皆胜国遗黎也，想把王船山先生传补入其中，苦于没有材料。郭嵩焘告诉他，说"船山苦节，当时无及者，而吾楚诸贤，足与斯选（指载入《小腆纪年》）者犹不下三数十人"。为此，他特意借给徐鼒《沅湘耆旧集》一部，让其在《小腆纪年》中补入王夫之之事迹。④

《小腆纪年》乃编年体南明史，专记明朝遗民。该书于"清顺治四年（明永历元年）二月壬申朔"条下，记载"丙子，明以举人王夫之为行人司行人"一项内容，对王夫之有简略的介绍，并解释自己为什么要记载王夫之：

行人，微者也。何以书？贤夫之也。同时顾炎武、黄宗羲、傅山、李容诸硕儒

---

① 左宗植：《京师九日同人慈仁寺祭顾先生祠呈同集诸君子四首》，转自《船山全书》第16册，第575页。

② 同上，见本诗间注。

③ 参见曾国藩致欧阳兆熊，《船山全书》第16册，第557页。

④ 参见《郭嵩焘日记》第1册，湖南人民出版社，1981年版，第147页。

为世宗仰，夫之学业相与颉颃，而衡阳地僻，绝人逃世，不得与顾黄诸公通声闻，故知之者绝少，而鸡鸣不已，鹤和在阴，药房荷屋之中，芰衣蓉裳之侣，同心之子，不乏其人，如夏汝弼、唐端笏、刘惟赞、陈五鼎、阳镇、周士仪、章有谟诸人者，虽成就不皆可传，要皆抱殷顽之戚，守汉腊之遗。郑所南、谢皋羽之流，盖其选也。《纪传》之作，其亦弗获已夫！①

说明“行人司行人”本身是个微职，但担任其职的王夫之是个“贤人”，道德文章不在顾、黄、傅、李诸硕儒之下，而声誉远不及诸人，故要在史书上补记，以表彰其志节。

徐鼒另有纪传体南明史《小腆纪传》中，也增进了“王夫之”一项，并附述王介之、唐端笏、刘惟赞、陈五鼎等人。虽皆因袭旧文，于王夫之史实、学问并无更多发明，但总算于湖南之缺小有弥补。

道咸之际，王夫之不仅是人们谈论的对象，也是人们景仰效法的先贤楷模，渗透到人们的日常生活之中。人们钻研船山著作，吸收船山思想，运用船山思想指导生活实践，使船山资源得以活化。郭嵩焘日记中经常有对船山言论的摘录。细绎郭嵩焘援引船山言论的情形，大体上有以下几种情况：

（一）直接摘录，并加以发挥

如，咸丰十一年（1861 年）三月十四日：船山先生云：“气之泓也，其中消也，如老疾者之喘气，本不盛而出反促也。”明以来之所谓气节也，皆气之消也。非知道之君子，谁与辨之。②

又如，咸丰十一年（1861 年）四月十二日：船山云：“末俗有习气，无性气。其见为必然而必为，见为不可而不为，以婞婞然自任者，何一而果其自好自恶者哉？皆习闻习见而据之，气遂为之使者也。习之中于气，如瘅之中人，中于所不及知。而其发也，血气皆为之澒涌。故气质之偏，可致曲也，嗜欲之动，可推以及人也；惟习气移人，为不可复施斤削也。”以此观天下之人才，考求士大夫之议论，其超出习气之外者，能几人哉？③

这些都属于对船山思想的品味、解读本身。

（二）在现实中碰到问题时，援引船山之言作为行事的指导思想，或者评价是非的标准

如咸丰十一年七月二十日：景老述悉衡州之驱逐夷人，及省城会议不准夷人入城，以为士气。吾谓夷人顷所争，利耳，并无致死于我之心。诸公所谓士气，乃以

---

① 徐鼒：《小腆纪年》，转自《船山全书》第 16 册，第 610 页。
② 《郭嵩焘日记》第 1 册，湖南人民出版社，1981 年版，第 443 页。
③ 同上，第 450 页。

速祸而召殃者也。……嚣嚣一哄之气，君子之所甚忧也。船山云："末俗有习气，无性气。其见必为必然而必为，见以为不可而不为，以婷婷然自任者，何一而果其自好自恶者哉？皆习闻习见而据之，气遂为之使者也。习之中于气，如瘴之中人，中于所不及者何。而其发也，血气皆为之澎涌。故气质之偏，可致曲也，嗜欲之动，可推以及人也；惟习气移人，为不可复施斤削也。"伟哉言也！自汉以来，惟宋人道学之禁，由小人狪斜侮君子，然害不及于其身，而道益明，君子无损也。汉人则多尚气节而不明理，而其气之盛，自足以贯金石、感鬼神，而不可磨灭。明人多托以为名，而气节嚣焉，其反也而馁。以至今日，朝廷之上，靡焉气尽，而为士者习闻汉明以来之气节而浮慕之，乃以其随波而靡者谓之士气。言者悻然，闻者茀然，问以事之本末，理之是非得失，茫然莫能知也。①

这是将船山有关"末俗"的见解运用到评判现实生活中，以船山思想帮助理解现实，以现实帮助理解船山思想。

又如，咸丰十一年十二月二十三日：意城信言，内江事宜稿失之激切。据其事，言其理，欲不激切而不得也。王船山云："天下千条万绪之恶，不堪涵泳。故天下之恶，以不闻为幸。闻之而知恶之，亦是误嚼乌喙，未尝不染其毒。"生衰世，处污俗，见见闻闻，大率如此。君子潜身伏处，远昏浊以惬其淡定之心，不为愤世嫉俗，以养其和平之气。故曰：无道则隐。隐者，非以避世全身而已，所以养德也。乱世之是非得失，以身与焉，而与争屈伸之数，非君子之所尚，明矣。②

又如，同治四年（1865年）五月十三日：与澄帅论事不合，至加以舭排攘斥。偏性如此，不宜仕宦允矣。横渠言："士君子处治朝则德日进，处乱朝则德日退。"与诸公处，又安望德之进哉！船山先生曰："君之举臣，士之交友，识暗而力柔者，绝之可也。"以徇私见好为局度，以冥行妄断为力量，急入于迷途而不知返，吾末如之何也矣。③

（三）直接表彰船山，表达师先儒的决心

如同治九年十月廿二日："船山处乱世，几欲离人而立于独，气象又别。师船山之言以立身，体圣贤之心以应物，其庶几乎。"④

类似的例子不胜枚举。可见，王船山之于郭嵩焘，不仅是故纸上的先贤，更是一位生活的导师！

---

① 《郭嵩焘日记》第1册，湖南人民出版社，1981年版，第470页。
② 同上，第553页。
③ 《郭嵩焘日记》第2册，湖南人民出版社，1981年版，第244页。
④ 同上，第625页。

四 重版《船山遗书》与船山学行再解读

道光"湘潭王氏守遗经屋"版《船山遗书》的刊布，使船山的经学著作重见天日，极大地改变了"乡人罕能举其姓名"的局面。湘军集团兴起之后，对船山资源的开发进入一个新的阶段。同治年间重刊《船山遗书》，不但扩大了船山著作的刊刻范围，由经而及子史，而且参与其事者也由湘人扩大到国内知名学者，引发了船山研究的热潮。船山由具体的历史人物上升为一种文化符号。

（一）重刊《船山遗书》

同治年间刊刻《船山遗书》，与湘军将领、理学名臣曾国藩等人有密切的关系。曾国藩也是湘人中较早关注王夫之的人物之一。早在道光年间，湘潭王氏守遗经书屋本《船山遗书》出版之时，曾国藩就托人代购王夫之的《读通鉴论》一书，对船山著述及其学说有所接触。其师友如唐鉴、祁寯藻等人都曾为湘西草堂题过柱联，宣传过船山学说。太平天国兴起后，曾国藩以忠义相号召，以维护儒家伦理纲常相激励，创办湘军，进行剿乱。戎马倥偬之中，注意文化建设。1861 年 9 月，湘军攻克安徽安庆；三个月后，曾国藩奉谕旨"以两江总督协办大学士""节制四省"，在开始部署合围太平天国首都金陵的同时，着手重建文化秩序，其重要内容之一就是重刊《船山遗书》。

这次重刊船山遗书，始倡其议者为欧阳兆熊与赵烈文。

欧阳兆熊（1808—1874 年），字晓晴，或作晓岑、小岑，湖南湘潭人。道光十七年（1837 年）举人，与曾国藩交好。道光年间邓显鹤谋求刊刻《船山遗书》，欧阳兆熊是船山后裔与邓显鹤之间介绍人，并亲自担任了校雠工作。欧阳兆熊也是湘人中最早建议奏请王夫之从祀文庙者。咸丰四年（1854 年），太平军进攻湖南，"湘潭王氏守遗经屋"《船山遗书》版片被毁，《船山遗书》无法续印，船山学说的传播受到限制。至同治元年（1862 年），欧阳兆熊遂有重刊《船山遗书》之议。

欧阳兆熊认为，湖南乡贤之书须湖南人捐刊才好。于是多方募赀，说动同年赵玉班出赀，并数及彭玉麟、李希庵、左宗棠、刘荫渠、刘蓉、唐义渠及带勇诸君之识字者，均可助成此事。但"其书欲求精美，非四千金不能"[1]，光靠这些人出赀还不够。是以他又鼓动曾国藩幕僚赵烈文游说曾氏兄弟充当首倡之人，以曾氏兄弟在湘人中的领袖地位与号召力进行醵资。此举得到了赵烈文的支持。

赵烈文（1833—1889 年），字惠甫，亦字能静，江苏阳湖人。早岁入曾国藩、国荃幕僚，后任河北磁州、易州知州，晚居常熟以终。赵烈文生平于王船山亦多有措意，所著《能静居日记》有关研读船山著作的记录颇多。如咸丰八年（1858 年）

---

① 欧阳兆熊致曾国藩书，转自《船山全书》第 16 册，第 579 页。

十二月初九日记载："在羿甫处读明王夫之而农《读通鉴论》。为书三十卷，沉雄博大，识超千古。"① 咸丰九年（1859 年）八月初二日："《读通鉴论》，明衡阳王夫之而农著，阅卷一。此书议论精深博大，其中切理厌心者，不可胜录。是时至十一月，吾读之二过，未终，为金眉生借去。"尽管这样推崇王夫之《读通鉴论》，赵烈文也偶有批评。如咸丰十年（1860 年）二月十八日日记中就对王夫之论刘向、刘歆提出异议："王夫之《读通鉴论》言向极谏封事，不当言援近宗室，类自为谋，授人以隙。窃以向目睹王氏之强，思树宗室，以为援系，悃悃至诚，为社稷计利害，何暇避嫌，此论褊矣。"② 又如咸丰十年七月廿三日日记中，对王夫之论李广事提出异议："广简易不用部曲，盖以军行绝漠，士卒劳苦，可以休息，使士气常逸；此亦兵家宜有，然所以能如此者，以斥候远、耳目明矣。程不识所行，自是将军常法。此各有所见，所谓运用之妙，存于一心，难以优劣论之。明人王而农以为李攻兵而程守兵，甚非。"③《能静居日记》中还有对王夫之《书经稗疏》《思问录内外篇》等的评论。一方面肯定王氏见识之精卓，另一方面也不忘指出其失误之处。他认为《思问录内外篇》"全书精理甚多，而茸细之谭亦不少"④，怀疑己所见之书非王夫之最后订定，抑或是后人荟萃而成，以为若非如此，王夫之喜其泛滥，岂不背离于自己平素立言之旨？

同治元年（1862 年），赵烈文在得知"湘潭王氏守遗经书屋"本《船山遗书》版片已毁之时，十分赞成重刊《船山遗书》，并向曾氏兄弟提议由曾国藩出面当首议之人。当时，曾国藩以"达官刻书，强作解事，譬如贫儿暴富，初学着靴，举止终觉生涩"为由，似乎不愿意出面充当这个"首倡者"，但不反对刻书本身。⑤ 曾国荃则不但慨允赞助重刊《船山遗书》，而且独力举办无须醵资，甚至为使刻印精美，还拨出多出预算一倍的资金（八千金），嘱欧阳兆熊与赵烈文去经纪其事。这样，原本计划众人筹资的一桩出版盛事变成了曾国荃独资赞助的船山著作传播活动。

对于这次重刊《船山遗书》活动，曾国藩十分重视。考虑到湖南刻书业本不发达，不易找到好的刻手与写手，遂于同治二年（1863 年）在安庆开设书局。为使书局招募到刻写高手，曾国藩还亲自致函友人吴棠，请其从淮城挑选工匠，来安庆开工。又托友人从京师等地抄写船山著作以充底稿，托人到湖南等地"采访遗书"，收获不少。曾氏兄弟对刻本的版式、体例均一一过问。同治三年（1864 年）六月，

---

① 赵烈文：《能静居日记》，转自《船山全书》第 16 册，第 613 页。
② 同上。
③ 同上。
④ 同上，第 615 页。
⑤ 参见曾国藩同治元年七月二十四日《致欧阳兆熊》书，转自《船山全书》第 16 册，第 557 页。

湘军攻下太平天国首都"天京",不久设立官办金陵书局,遂将刊刻《船山遗书》的事务移于金陵。最终于同治四年（1865年）在金陵将全部板片刻竣,故这次所刊《船山遗书》称"金陵节署本"。

因有曾国荃充沛的资金为后盾,这次重刊《船山遗书》汇集了一支超强的编校队伍,"一时江介名宿,分任审阅编校之役"①。与道光年间刊刻《船山遗书》主要由湘籍本土学者绅士参与不同,这次重刊《船山遗书》,不仅写手、刻手多为精工巧匠,更有仪征刘毓崧、吴熙载、南汇张文虎、阳湖赵烈文、周世澄、方骏谟、刘翰清、仁和汤裕、歙县汪宗沂、归安杨岘、常熟杨沂孙等全国知名学者分担校雠之役,其中刘毓崧出力尤多。刘毓崧（1818—1876年）,字伯山,一字松崖,江苏仪征人,道光二十年（1840年）拔贡；精通左氏学,旁及经史诸子百家之学,精于校勘,著有《春秋左氏传大义》《周礼尚书毛诗礼记旧疏考证》等。太平军兴起后,刘毓崧入曾国藩幕,复归金陵书局,专司校书,亲自撰定《王船山丛书凡例》《王船山丛书校勘记自序》等。其《王船山丛书凡例》实为编校记录,尤详于篇章字句疑问之解答与处理,内容包括对邓显鹤《船山著述目录》中注明有目未见者的搜访情况、各书卷数情况、各书存缺卷数情况、各书补遗情况、错简情况、对群经稗疏的校勘纠正情况等。《王船山丛书校勘记自序》则介绍各书的校勘情况。刘毓崧精于校勘,为金陵节署本《船山遗书》的质量提供了保证。

张文虎也出力不少。张文虎（1808—1855年）,字啸山,又字孟彪,号天目山樵,上海市南汇县人,著名校勘学家、小说评点家和地方志专家。撰有《校刊史记集解正义索隐札记》五卷、《舒艺室随笔》六卷、《舒艺室杂著》、《舒艺室余笔》三卷、《舒艺室续笔》一卷等,总为《覆瓿集》。晚年掌教南菁书院。在晚清,张文虎以精校勘著称于世,人称其"溯自惠、江、戴、钱诸家之后集大成者也已"②,是继钱大昕之后的又一名家。咸同之际,张文虎被曾藩招入幕中,始委以安庆内军械所事,继则令其入书局专事校勘。从同治二年（1863年）入金陵书局,至同治十二年离去,张文虎在金陵书局从事校勘长达十年之久,其间除校勘《史记》之外,最主要的工作便是校勘《船山遗书》了。据《张文虎日记》记载,所校部分包括《礼记章句》《读通鉴论》《读四书大全》《历代诗评》《诗经稗疏》《宋论》《噩梦》和《春秋世论》等书。

至于湖南本省人士,则有长沙汤亦中、张福保、曹耀湘、湘潭王荣兰、欧阳兆熊等数人参加,其中欧阳兆熊董理其事,亲自为重刊船山遗书制定了凡例。

与道光版《船山遗书》相比,金陵节署本"船山遗书"无论是质还是量都有

---

① 欧阳兆熊：《重刊船山遗书凡例》,《船山全书》第16册,第421页。
② 张文虎：《州判衔选训导张先生生行状》,《覆瓿集》,同治光绪年刻本。

很大的提升。在刻书范围上，此次重刊，当事者广为搜求，合以旧刻，一共刻书62种，共320卷，比道光版船山遗书增多40多种、170卷。增多的部分除了扩刊子、史、集部等外，更包括邓显鹤《船山著述目录》中注明有目未见者若干种。因此，金陵节署本船山遗书可谓真正意义上的船山全集。从刻书质量上看，道光年间刊《船山遗书》，担任校雠之役的邹汉勋常有增删窜改之举，非复旧本，或托言王船山晚年改本。而这次重刊，诸人或校稿本，或校写本，或校刻本，尽可能订正邹氏擅改之误，恢复船山著作之原貌。刘毓崧在书局中专门担任复校稿本，对已刻各书，均校勘其所引原文、所用故实。因此，金陵节署本以精密著称。

在这次重刊《船山遗书》中，曾国藩不仅有号召之功，而且还是一位特殊的校勘者。样书刷出后，曾国藩在戎马倥偬中，亲自校阅了《礼记章句》四十九卷、《张子正蒙注》九卷、《读通鉴论》三十卷、《宋论》十五卷以及《四书》《易》《诗》《春秋》诸经《稗疏》、《考异》十四卷，订正讹脱百七十余事[1]。《曾国藩日记》同治元年闰八月至十一月就有不少读王而农《读通鉴论》的记载。同治五年（1866年）五月至六月，读《礼记章句》差不多成为曾国藩每日必做的事。曾国藩认为，《礼记章句》是王船山先生说经之最精者，为了替《船山遗书》作序，特意将这部著作细读一遍，同时检查校对者之有无错误。至六月二十日，校读毕："余阅此书，本为校对讹字，以便修板再行刷印。乃复查全书，辩论经义者半，校出错讹者半。盖非校雠家之体例，然其中亦微有可存者。若前数年在安庆、金陵时，则反不能如此之精勤。"[2]　此后，六至九月间，又阅王船山的《四书稗疏》《诗经稗疏》《周易稗疏》《张子正蒙注》《读通鉴论》《宋论》以及《叶韵辨》《王船山文集》。

（二）金陵本《船山遗书》与船山形象的完善

金陵本《船山遗书》不但扩大了船山著作的刊行范围、订正了道光"守遗经书屋"本的错误，而且也引发了对王船山学说的新解读，建构了船山新形象。

对船山学说进行新解读者首推曾国藩。同治五年（1866年）九月十七、十八两日，曾国藩作《船山遗书序》，全面评价王夫之的学术思想。相对于以前邓显鹤偏重王夫之的经学、唐鉴偏重于王夫之的性理学，曾国藩亲自校阅的王夫之著作更多，对王夫之学术思想的把握更为全面。他指出：圣王所以平物我之情，而息天下之争，内之莫外于仁；外之莫急于礼，仁、礼并重是圣教的特色。而在后来的发展过程中，仁、礼之学遭到破坏，微言中绝，人纪紊焉。西汉小戴作《礼记》，存礼学于什一；北宋张载作《正蒙》，发明为仁之方。二者均是传圣人仁、礼之学者。

---

①　参见曾国藩《船山遗书序》，《曾国藩全集·诗文》，岳麓书社，1986年版，第277页。

②　《曾国藩日记》，转自《船山全书》第16册，第568页。

王夫之注《正蒙》，注《礼记》，"幽以究民物之同原，显以纲维万事，弭世乱于未形，其于古者明体达用、盈科后进之旨，往往近之。"肯定王夫之是"明体达用"之人。

曾国藩对王夫之的生平大节也极为推崇，而所见与前贤又有所不同。其一，强调王夫之有感于现实，痛斥朋党之争。"目睹是时朝政刻核无亲，而士大夫又驰骛声气，东林、复社之徒，树党伐仇，颓俗日敝。故其书中黜申韩之术，嫉朋党之风，长言三叹而未有已也。"其二，表彰王夫之的贞洁。"圣清大定，访求隐逸，鸿博之士，次第登进。虽顾亭林、李二曲辈之艰贞，征聘尚不绝于庐。独先生深闭固藏，邈焉无与。"其原因，就在于王夫之平生痛诋党人标榜之风，不欲身隐而文著。"用是其身长遁，其名寂寂，其学亦竟不显于世"。对于这等境地，王夫之处之若然。"荒山敝榻，终岁孳孳，以求所谓育物之仁、经邦之礼，穷探极论，千变而不离其宗，旷百世不见知而无所于悔。"其三，强调王夫之学术创获的价值。"先生殁后，巨儒迭兴。或攻良知捷获之说，或辩《易图》之凿；或详考名物、训诂、音韵，正《诗集传》之疏；或修补《三礼》时享之仪，号为卓绝。先生皆已发之于前，与后贤若合符契。"[①] 这个论断延续了邓显鹤的思路。邓显鹤强调王夫之之后的经师学有根柢不尚空谈，有据为新义者，其实王夫之早已发明。曾国藩则进一步阐发具体有哪些学术创获是王夫之发之于前的。通过这样的补充，王夫之"博文约礼，命世独立之君子"的形象更为丰满。

金陵节署本《船山遗书》刊成后，曾氏兄弟遍赠亲朋好友，扩大了船山著述的传播范围。曾国藩日记中，有不少赠送《船山遗书》的记载。如同治六年七月二十一日："将沅弟所分送各友之船山全书三十部派人分送。"除赠送全书外，曾国藩还指示欧阳兆熊将《船山遗书》中的《礼记章句》《读通鉴论》《宋论》再加上诸经《稗疏》几种，单独刷印几十部，作为单行之本，"以便足餍时贤之心，而洗明季之习"。[②] 赠送的对象既有同乡好友、前辈如何绍基、周寿昌，更有从前在京师时一同讲理学的学者如吴廷栋、方宗诚，此外还有湘军将领、幕僚。诸人均从自己所学所长解读王船山，使船山学说的丰富内涵得到挖掘。

王夫之的史论著作《读通鉴论》《宋论》以议论奇僻而著称。在这些著作中，王夫之往往直书历史人物的名字，只有少数人被称公、称子、称字。这种情形，"如堂上人判堂下人曲直，不稍假借。虽曾文正亦疑其诋毁古人，持论过刻"[③]。对王夫之的这种做法，有人视同"武王非圣"，有人视为借古论今，如欧阳兆熊就认为："先生所处为何时耶？天崩地裂，求死不得，一腔悲愤，歌以当哭，故不免为

---

① 参见曾国藩：《船山遗书序》，《曾国藩全集·诗文》，岳麓书社，1986 年版，第 277 页。

② 《复欧阳兆熊》，《曾国藩全集·书信》，岳麓书社，1994 年版，第 6685 页。

③ 欧阳兆熊：《楛柣谈屑》，《船山全书》第 16 册，第 577 页。

偏激之词，岂能效明道之浑然如太和元气耶？"① 理学家吴廷栋则认为，这些说法都见得浅，真正要读懂王船山的《读通鉴论》，必须从理学的角度进行把握。他说："盖船山先生直是遁世无闷、独立不惧之学，其独往独来之气，真能推倒一时，开拓万古。追踪横渠，而深契程朱心源，又博极群书，不遗细微，每因一事一言而隐探道要。但震于其议论之奇辟，视同武王非圣人之论，粗矣。即谓其身经国变，借古人以抒忠愤而涉于偏，亦犹浅也。非得程朱之心源，固不能得其立论之根柢；非溯程朱之心源，即不能折衷其用意之离合。"② 《读通鉴论》得到了经学、理学、史学等方面的解读。

《船山遗书》中的其他著作也莫不得到各方面的解读，船山学说的博大精深逐渐为世人所认识。

同治年间重刊《船山遗书》，也推动了全国学者对船山的关注与研究。刘毓崧在校勘船山遗书之余，又于同治四年（1865 年）撰成《王船山先生年谱》一书。该谱材料多采自于遗书，"掇其只辞片语，想象得之，虽不免于挂漏，要其生平梗概略备矣。"③ 曾国荃认为，读此《王船山先生年谱》，论世知人，后人可以把握王船山所志所学，体会圣贤豪杰之用心，认识到王船山之博赡与王应麟、马端临、顾炎武等人相比毫不逊色，"固无多让"，并进而上溯荀卿、王通及宋之周程张朱诸子之道。概而言之，《王船山年谱》乃后世汲井之修绠、志贤之津梁。

刘版《王船山先生年谱》主要取材于《船山遗书》，很多第一手资料如《龙源夜话》《瀚涛园集》《买薇稿》等皆不曾找到，所看到的王敔的《大行府君行述》也不是全本，余廷燦的《王船山先生传》未见全篇，甚至邓显鹤的《楚宝增辑考异》"文苑"中的"王夫之传"也未见到，故遗漏较多。是以光绪十八年（1892年），船山后裔王之春又在刘毓崧《王船山先生年谱》的基础上，补充完备，成《船山公年谱》一部。

这样，不但船山著述传播海内，其事迹也广为人知。船山从"声影不出林莽"的湘中一老逐渐成为全国学者关注、热议的对象。而在湖南，船山更是成为一种文化符号，极大地影响了近代湘学的建构活动。

第三节 船山符号与湘学知识谱系的建构

王夫之的发现使玄虚、飘缈的湖湘文化精神有了具体的形象代言人。从咸同之际起，这个形象代言人又逐渐成为地方崇祀的偶像。通过船山崇祀活动，不仅船山

---

① 欧阳兆熊：《楬枏谈屑》，《船山全书》第 16 册，第 578 页。

② 吴廷栋：《与方存之书》，《船山全书》第 16 册，第 580 页。

③ 曾国荃：《王船山先生年谱序》，《曾国荃集》（六），岳麓书社，2008 年版，第 267 页。

符号运用到各个层面而广为人知，船山精神得到传播，而且湖湘文化得到不断的解读与建构。正如户华为所言："树立区域崇祀偶像是增强地域文化优势，加强地方自信与凝聚力的重要手段。从文庙到乡贤祠、名宦祠以及众多的昭忠祠、贞节祠等组成的象征系统，一方面承担着传达、灌输国家意志，树立正统典范，教化民众的功能，同时对于地方权力的巩固抬升、地方自身信仰体系的完善也有重要意义，可以说祭祀对于地方文化建构是不可或缺的。"① 具体到近代湘学的建构活动，不难发现，与其说是偶像崇祀推动着地域文化的建构活动，不如说在偶像崇祀与地域文化建构之间存在着双向互动关系。

一　地方历史书写中的王夫之

如前所述，嘉道以前王夫之学行的传播主要是依赖官方、主要在中央层面，《四库全书》收录船山著作，《国史儒林传》记载船山事迹；而在湖南本土，乡人罕能举其姓名，故地方历史书写对王夫之并没有予以特别的尊重与关注。

乾隆二十八年（1763 年）《衡州府志》卷三四"人物"中，是这样描述王夫之的：

王夫之，字而农，号姜斋，崇正壬午举人，以文章志节重于时，精研六经性理诸书，尤笃志横渠之学。尝言学必能行，行之而始言之。辛之岁，作书以别亲友。临终戒其子攽、敔曰：勿为立私谥，勿用僧道。学政宜兴潘宗洛访其遗迹，为之立传。攽、敔皆积学有文名。②

全文不足 200 字，所谓"以文章志节重于时"是一句高度概括而无实质内容的虚辞。至于"学行"的具体内容，则不着一词。王夫之的形象极为模糊。

嘉庆四年（1799 年）《常宁县志》卷十九"人物志"中也载王夫之。

王夫之，字而农，号姜斋，衡阳人，举明崇祯壬午乡科，以文章志节重于时。甲午，由南岳隐居邑西之西庄源。丙申，生子敔。丁酉，复返南岳，集中咏后山诗所谓"居此三载，行将舍去"者。尝为邑人说《春秋》，今《船山自定稿》有《为晋宁诸子说春秋自笑》六首。③

这则记载，比起乾隆年间的《衡州府志》来，虽然篇幅并没有增加多少，但描述王夫之学行较为详细，而少了些空话。

嘉庆二十五年（1820 年）《衡阳县志》在卷三十七"典籍"中著录了船山著作 30 余种。

---

① 户华为：《船山崇祀与近代湖湘地方文化建构》，《湖南大学学报》2003 年第 6 期。
② 乾隆二十八年《衡州府志》，《船山全书》第 16 册，第 1405 页。
③ 嘉庆四年《常宁县志》，《船山全书》第 16 册，第 1406 页。

总体上看，在《船山遗书》刊刻之前，地方志虽然注意到了王夫之，也不乏溢美之词，但由于修撰者对王夫之的学行并不十分了解，所塑造的王夫之形象很薄弱。相比之下，同治年间地方志中的王夫之形象丰满完美，代表了同治年间地方对王夫之认识的新高度，也折射出晚清湖南地域文化建构的新成就。

同治年间，在全省重修方志之潮中，王船山成为府、县志重点关注的对象。其中由彭玉麟主持、王闿运定稿的《衡阳县志》将王船山列在卷七《人物仕女列传》中。这也是湖南地方历史公共书写中内容最详细、细节最生动的王夫之传。全文洋洋洒洒，长达五千余言。其序言称："船山贞苦，其道光大。千载照耀，百家汪洋。为楚大儒，名久愈章。蒲轮寂寞，兰佩芬芳。述王夫之。"① 将王夫之定位为楚之"大儒"。在正文中，先追述夫之家世由来、先祖王成之事迹、父亲王朝聘之学行，次述王夫之生平大谊、学术宗旨。尤为值得注意的是，王闿运版《王夫之传》注重挖掘王朝聘对夫之的教诲与影响："夫之少通博，意气不可一世。朝聘严约之，乃极览宋儒性命之学，尤喜张载书，顾为文浩养充沛，一往不穷。"② 所述内容包括王夫之乡试中举、设计拒降张献忠、举兵响应南明桂王反清、因瞿式耜之荐出任南明桂王行人司行人、与王化澄作斗争、归隐湖南等，这些细节一应俱全。王闿运还在传记中交代了王夫之与孙可望的关系。孙可望派李定国出衡州，湖南响应，遣招夫之。"夫之志得从明裔以死，又以可望协主，义不可徒辱，乃作《章灵赋》以见志。"③ 将《章灵赋》看作王夫之拒绝孙可望、表达情怀之作，并在正文全文转录王夫之的《章灵赋》。

对于王夫之在明清嬗代之际的出处进退，王闿运在《王夫之列传》多有分析，其言曰：

明之亡也，群不逞轻侠之徒，争假义兵求名位。由湘走粤，螳聚人士，荡无纲纪，无以异于流寇。夫之又新进，授薄官，无君臣之恩，徒以食世禄、习儒术，名义所在，而欲为之死。既一救金堡而悔之，故其言深恨朋党、义兵，罢以召亡，而审去就，甘枯槁以自絜其志，深山行歌，憔悴抑郁，终其身而已矣。④

这是就当时的具体情形而言，表明王夫之所作所为是出于对"名义"的忠诚。对于王夫之生平志节，该传有一个总结，谓：

人臣当破国亡家之际，莫不欲矢忠以报君，仗节以自处。屈原放逐，眷眷于怀王、顷襄昏愚之君，至于怀石沉湘，以得死为登仙。夫之于永明王，非有图议国政之亲；永历之势，无顷襄全楚之强；明社先亡，无沅湘江潭之可游。崎岖五六十

① 王闿运：《衡阳县志序》，《湘绮楼诗文集》，岳麓书社，1996 年版，第 112 页。
② 王闿运：《王夫之列传》，同治《衡阳县志》，《船山全书》第 16 册，第 109 页。
③ 同上。
④ 同上。

年，褒衣峨冠，凿坏而居，闻人声则心悲悼，见访问则神怵惕。语曰："谁为为之？孰令听之？"天之穷民，谓之何哉！①

《王夫之列传》将王夫之与屈原相提并论，以见夫之之志节。屈原流芳百世，而夫之处境更为艰难，是所谓"天之穷民"，哀叹其意溢于言表。

孙可望、李定国失败后，又有吴三桂叛乱。王版《王夫之列传》不仅记载了王夫之拒绝吴三桂招官之事，还转录了王夫之的《被襫赋》，以表明其心迹，凸显其"我朝贞士"的形象。夫之得巡抚嘉奖，辞帛受粟，不与当世相闻。

对于王夫之的学术成就及在历史上的地位，王闿运也在《王夫之列传》中予以总结。这种总结，既继承了此前各家论王夫之学术的基本见解，又不可避免地打上了修撰者王闿运的个人烙印，抑扬皆有。第一，将王夫之放在有明一代词章、性理迭起迭胜、不知六经本原的背景下分析，充分肯定王夫之"天性高朗"、致力经史、无所不通，以张载、朱熹为宗的可贵。然而，究竟王夫之是如何接绪张载之学、如何宗朱的，则语焉不详。第二，突出王夫之的史论，"不随众好恶，要探人之情，若身处其时地，然后推论之"。王夫之史论以奇僻著称，对此前人有很多评价，如曾国藩就以为夫之所论未免太苛。王闿运作为晚清公羊学者与纵横学者，于王夫之史论颇为认同，肯定其"发千古之晦昧，湔文士之舁陋"。第三，王闿运继承了从邓显鹤以来直到曾国藩的一贯见解，认为夫之开清代朴学之先河，指出："自康熙以来，名儒代兴，《易》《诗》《礼》《尔雅》《小学》，皆求古训，斥空言，而夫之先发之。"② 这些都是针对王夫之的全国意义而言。

作为地方历史公共书写，《衡阳县志》中的《王夫之列传》还将王夫之置放在湘学发展史的背景下进行考察，确立王夫之在湘学知识谱系中的地位。王闿运指出："湘中词赋疏放，罕法于古"，而王夫之能"独崇屈、宋、陶、谢"，能"继往学，开来者"，超迈他人。不过，王闿运也指出，王夫之"其足迹不出里巷"，不与中原人士交往，不受外界风气之浸染，"故颇承宋、明师法"。言外之意，王夫之在词赋上的"法古"犹嫌程度不足。这当然是与以追踪六朝自任的王闿运以及同光之际的湖南文士相比较而言。但《王夫之列传》也充分肯定王夫之"诚可谓名世豪杰之士"，述其"流徙所至，辄乞笔札，手写书，书成因授其人。圣清大定，民物莫不得其所，乃归县西石船山，筑土室，至今称之曰'船山先生'。"③ 总之，"船山先生"堪为湘学的典范。

①　王闿运：《王夫之列传》，同治《衡阳县志》，《船山全书》第 16 册，第 111—112 页。

②　同上。

③　同上，第 112 页。

二 地方偶像祭祀中的王夫之

在成为地方历史公共书写的重要对象的同时，王夫之也成为地方祭祀的先贤偶像，并逐渐演化为湘学的符号，推动对湘学知识谱系的改绘活动。

船山祭祀起初仅为家祭。王夫之筑有湘西草堂，以为著书立说之地。王夫之去世后，王敔曾在此授徒课业，"从游者数十人"醵资为敔作寿，敔则以此资重建草堂，"易瓦以葺，支椽以栌，练砖以砌"①，并用从游之士及姻友之续捐资者刊船山遗书数种。此后，船山草堂产权几经变迁，售而复赎，赎而复售。嘉庆年间，船山后裔筹资赎回，重加修葺，公作祠堂，颜其额曰"船山祠"，船山故居成为船山后人祭拜船山之所。但祠堂时为他人强踞。道光年间，船山后裔王承佺等呈请县令，禁止他人强踞，复修祠宇，重立祭祀，永禁山林。塘屋赎还，而山林则由于未备原价，欲售未果。直到咸丰年间，经知县林廷式断决，收回田种四斗，书有捐契，并注载案牍，子孙永不得典卖。从此衡阳船山祠堂得到官方保护。

除由船山故居演变而来的船山祠堂之外，咸同之交，长沙也兴建了船山祠堂，使船山由祖先祭祀的对象上升为地方先贤偶像。推动其事者为郭嵩焘。同治九年（1870 年）庚午，郭嵩焘从广东巡抚任上卸任归乡，移居长沙，掌教城南书院。为了将对船山的崇拜仪式化，郭嵩焘向湖南巡抚刘崐建议，请求在城南书院张栻祠旁建船山祠，理由是宋儒崇祀都是由门弟子在讲学之地或莅仕之地设立祠堂进行祭祀，故可援例进行。得到批准后，遂在妙高峰上（城南书院）张栻祠旁建立船山先生祠，以斋长罗世琨（小园）、董事成果道（静斋）等人具体操作其事。船山祠最终于同治九年（1870 年）十一月落成。郭嵩焘亲自撰写祠联、船山先生安位文、碑记。通过这些文、记，彰显王船山对于湘学、对于道统的意义，同时也重新建构湘学知识谱系。

在《船山祠碑记》中，郭嵩焘指出："自有宋濂溪周子倡明道学，程子、朱子继起修明之，于是圣贤修己治人之大法粲然昭著于天下，学者知所宗仰。然六七百年来，老师大儒，缵承弗绝，终无有卓然能继五子之业者。吾楚幸得周子开其先，而自南宋至今，两庑之祀，相望于学，独吾楚无之。意必有其人焉，而承学之士无能讲明而推大之，使其道沛然施显于世。若吾船山王先生者，岂非其人哉！"② 这段话意味深长！推郭嵩焘之意，以为周子、程子、朱子倡明道学，使圣贤修己治人之法粲然昭著于天下；但在后世的发展中，有两个遗憾，一是虽然老师大儒相沿不绝，却没有一位能够绍续宋五子之业者；二是湖南虽然出了周敦颐这样的理学开

---

① 王敔：《湘西草堂记》，《船山全书》第 16 册，第 523 页。
② 郭嵩焘：《船山祠碑记》，《郭嵩焘诗文集》，岳麓书社，1984 年版，第 512—513 页。

山，然而后世两庑之祀相望于学，却没有一位是湖南人。这两个遗憾理应弥补，而王船山正是这样一位既能绍续宋五子之业，又能从祀两庑的人选，无论对于道学发展史而言，还是对于湘学而言，都意义重大。这就将王夫之置于一般意义上的理学与地域意义上的湘学双重知识谱系中。

何以言之？郭嵩焘指出，王船山在气节上践履理学的诚明："先生生明之季，下逮国朝，抗节不仕。躬涉乱离，易简以知险阻，通德达情，既诚以明。"① 在学问上，一则能继承程朱理学，发明圣人微言大义。"其学一出于刚严，闳深肃括，纪纲秩然。尤心契横渠张子之书，治《易》与《礼》，发明先圣微旨，多诸儒所不逮，于《四子书》研析尤精。盖先生生平穷极佛老之蕴，知其与吾道所以异同，于陆王学术之辨，尤致严焉。其所得于圣贤之精，一皆其践履体验之余，自然而怡于人心。"二则能辨析名物、研求训诂，开清代朴学之先河。"至其辨析名物，研求训诂，于国朝诸儒所谓朴学者，皆若有以导其源，而固先生之绪余也。"同邓显鹤与曾国藩等人一样，郭嵩焘也坚持认为王夫之是开清代朴学之先河者。

郭嵩焘还指出：王船山"其书晚出，天下之士皆知贵之，吾楚或不能举其名。盖其遇视有宋诸儒为尤艰，而心尤隐矣。"设立船山祠，就是为"将使吾楚之士知有先生之学，求其书读之，以推知诸儒得失，而于斯道盛衰之由、国家治乱之故，皆能默契于心。"②

在置奉船山牌主时，郭嵩焘又撰写了《船山先生祠安位告文》，再次充分肯定船山的学行，是"悟关、闽之微言，寻坠绪之渺茫"，克绍宋五子之业。又说船山"校诸子之得失，补群经之散亡。其立身大节，皎然不滓，与河汾、叠山以颉颃。而其斟酌道要，讨论典礼，兼有汉、宋诸儒之长"。船山析理之渊微、论事之广大，只有朱熹可与之相比拟。船山与濂溪，相距七百载，屹立相望，是湖湘学术史上的两座山峰，也是道学史上开创门派与继承发展的两个代表人物。在郭嵩焘看来，以船山的德行学问，本应置身于宋五子之列，从祀两庑，但由于其特殊际遇，不获祀于乡；作为湘中后学，必须弥补这个缺憾。因此，尽管自己薄德，不敢仰希夫之，不配来表彰先贤，却希望"以乡贤之遗业，祐启后进，辟吾楚之榛荒"，故毅然承担起职责，在湖南本土率先建立了船山祠，使后进在崇祀乡贤的同时，继承乡贤的遗泽。③

船山祠建成后，这里成为人们凭吊、纪念船山的地方，也成为人们接受船山精神洗礼的地方。郭嵩焘"率诸生而释奠，荐诚悫于馨香。谂神灵之降兹，俨临上而

---

① 郭嵩焘：《船山祠碑记》，《郭嵩焘诗文集》，岳麓书社，1984 年版，第 512—513 页。

② 同上。

③ 参见郭嵩焘：《船山先生祠安位告文》，《郭嵩焘诗文集》，岳麓书社，1984 年版，第 538 页。

质旁"①，习礼其中，"群怀感激奋发之意"②。庄严肃穆的仪式增进了人们对王夫之的敬畏之情，而祭文的撰写与宣读诠释着船山精神的内涵，彰显船山在湘学史上的地位，强化人们对地域文化的认同感，如谓：

> 惟先生根柢六经，渊源五子。养气希踪于孟氏，正蒙极诣于横渠。于《易》《礼》尤极精求，视陈、项更标新旨。允宜追配七十子，位两庑程、邵之班；岂期历世二百年，缺本籍馨香之报。爰修祠祀，用荐明禋。恭值上丁之期，并隆释奠之礼。伏惟昭格，降鉴精诚。③

祭文同样表达了这样的意思：像王船山这样的硕儒，本应追配七十子，位置两庑，两百年来，却连本籍馨香之报都没有获得。故要设立祭祀之礼，以荐神明。

通过定期的祭祀，反复宣讲王夫之的志节学问与精神，使王夫之成为人们效法的先贤楷模，成为地域文化的代表。

除了在地方上崇祀船山外，郭嵩焘还试图推动船山获祀文庙、跻身官方认可的儒学道统谱系之中。光绪元年（1875年），郭嵩焘被任命为出使英国钦差大臣，光绪二年（1876年），诏命署理礼部左侍郎。光绪二年出国前，郭嵩焘向朝廷递交《请以王夫之从祀文庙疏》。一方面强调王夫之大节懔然，另一方面凸显王夫之学术之正，认为如果让王夫之从祀文庙，"实足以光盛典而式士林"④。在奏请的同时，郭嵩焘还寓书湖南乡人，嘱咐他们同时具呈，别行题奉。遗憾的是，这次奏请没有得到礼部的核准，部臣以前人序《船山书》有"著述太繁纯驳互见之语"为由驳回了郭嵩焘的请求。而湖南地方官绅似乎也不配合。据郭嵩焘事后回忆：当时礼部曾要湖南地方官查明王夫之学行、提交王夫之著作，结果，湖南地方官竟无人响应，有的人甚至说王夫之不配从祀两庑，其事遂寝。

尽管奏请王夫之从祀文庙的活动遭到失败，郭嵩焘并没有气馁。光绪四年（1879年），郭嵩焘回国后，在湖南本土加强了对王船山的宣传活动，成立了禁烟公社，开办了思贤讲舍，定期祭拜船山，通过这些活动来表达对船山的"景行之慕"。

思贤讲舍的设立缘于曾国藩祠的建设。同治十一年（1872年），曾国藩去世，淮南北盐局以曾国藩生前规复淮纲，湘人受惠者尤多，故集资建祠于长沙小吴门正街。次年，清廷上谕在长沙建曾国藩祠。光绪元年（1875年）祠落成。1879年，郭嵩焘出使海外归来后，除设立禁烟公社、会期祭王船山之外，又谋求"一洗三书院之陋习"，讲求征实致用之学问，于是倡议借曾祠西隅辟为讲舍，额曰"思贤讲

---

① 郭嵩焘：《船山先生祠安位告文》，《郭嵩焘诗文集》，岳麓书社，1984年版，第538页。
② 郭嵩焘：《请以王夫之从祀文庙疏》，《郭嵩焘奏稿》，岳麓书社，1983年版，第352页。
③ 郭嵩焘：《船山祠祭文》，《郭嵩焘诗文集》，岳麓书社，1984年版，第538页。
④ 郭嵩焘：《请以王夫之从祀文庙疏》，《郭嵩焘奏稿》，岳麓书社，1983年版，第352页。

舍",聚徒讲学,申景行之慕。①几经周折,思贤讲舍终于在光绪七年(1881年)正式设立。

思贤讲舍不是一般的讲学机构,而是以景仰船山、绍绪船山为宗旨的机构,故在空间布置上,无不凸显王夫之的地位。讲舍楹联曰:"笺注训诂,六经于易尤尊,阐羲文周孔之道,汉宋诸儒俱退听。节义词章,终身以道为准,继濂洛关闽而起,元明两代一先生。"②上联强调王夫之学问之大,在汉宋诸儒之上;下联强调王夫之是宋以后接绪濂洛关闽之学的唯一传人。同时,讲舍内专辟一室,祀奉船山木主于其中,悬船山画像,像赞亦系郭嵩焘所撰,云:"濂溪浑然,其道莫窥。幸于先生,望见端崖。约礼明性,达变持危。阐扬文字,是曰先知。二百余年,星日昭垂。私心之契,瞻世之师。"③而在遴选主讲人时,也以能绍绪先贤、引导后学为标准,因此,这个人选颇费踌躇。郭嵩焘"初意思贤讲舍应得王壬秋主讲,以其学问文章,高出一世,又善开发人,使知向学之方。而其讥贬宋学、放溢礼法之外,亦恐足以贻误人心风俗。"④最后由郭嵩焘自己主讲。一年后,又先后有彭朝议、邓辅纶、王闿运、王先谦等相继出任思贤讲舍主讲。

禁烟公社也是一个讲学团体,定期讲学、祭祀湖南先贤。据郭嵩焘光绪七年(1881年)九月初一日记载,禁烟公社会讲,集者十六人。"大概言禁烟公社与思贤讲舍相附丽。初定章程岁凡四集,以屈子、周子及船山先生及曾文正公生日,略志景仰先贤之意。今岁开立思贤讲舍,专祀船山先生,即日开馆,及九月朔日祭期,为春秋两次会讲,以后当遂为定例。"⑤据此,则禁烟公社与思贤讲舍是一年举行四次集会,四次集会的时间分别选择屈原、周敦颐、王船山、曾国藩的生日举行,表达对乡贤精神的景行之慕。而进入这个被"景行"行列的,也是湘学史上的四大代表,即屈原、周敦颐、王船山、曾国藩。这些活动以行动诠释了湘学知识谱系。

三 教育机构中的王夫之

王夫之的发现不仅使过去的湘学有了具体的形象代言人,而且使湘学的发展有了前行的方向。在近代湘学知识谱系的建构过程中,除了通过船山崇祀强化王夫之在湘学史的地位之外,还通过创办直接以"船山"命名的书院,融讲学与崇祀于一体,使先贤形象资源得以活化,直接参与到近代湘学的建设中来。

船山书院初创于光绪初年,主其事者为衡阳县令张宪和,地点在衡阳城南的大

---

① 《郭嵩焘日记》,第3卷,湖南人民出版社,1982年版,第919页。
② 《郭嵩焘日记》,第4卷,湖南人民出版社,1983年版,第255页。
③ 郭嵩焘:《船山先生像赞》,《郭嵩焘诗文集》,第544页。
④ 《郭嵩焘日记》,第4卷,湖南人民出版社,1983年版,第256页。
⑤ 同上,第216页。

码头横街。1882 年，衡阳士绅奉湖南学政朱逌然面谕，择师主讲，是为船山书院授徒讲学之开端。朱逌然期书院"讲明夫之之学"，两江督臣曾国荃"复将家藏所刻船山遗书三百二十卷板片捐置书院，又捐助膏奖银两，嘉惠来学"①。然而，当时船山书院只是一般的县学，且院落狭小，在书院中影响不大。因彭玉麟的改建、王闿运掌教而声名渐著，成为清末湖南传统学术的又一重镇。

彭玉麟（1816—1890 年），字雪琴，谥刚直，湖南衡阳人。曾领湘军水师，为湘军著名将领，后任兵部尚书。彭玉麟与王夫之生同里闬，"亲读其书，私淑其人"，以为王夫之言行卓绝，"不愧命世独立之君子"②。在彭玉麟看来，王夫之不仅是一个已经逝去的先贤，而且是一个对现实发挥积极影响的典范。他说："当此海氛不靖，异教庞杂，补救之术，唯在扶植人才，出膺艰臣。而人才之贤否，端赖学校之陶成。"他希望"二三豪杰，景仰乡贤，乘时奋勉，养其正气，储为通才"③。光绪十一年（1885 年），时任钦差办理广东防务兵部尚书的彭玉麟有感于衡阳城南船山书院"偪近城市，湫隘嚣尘，殊不足以安弦诵"，遂"勉竭棉薄"，捐赀 12000两银子，改建书院于湘水中的东洲，既扩充书院规模，又远离城市的喧嚣，便于诸生讲求船山学说。他还奏请朝廷，"饬湖南抚臣、学臣札行湖南衡永道，实力将船山书院一切应办事宜妥速议定举行"；将城南书院旧址改为船山祠宇，"祀夫之栗主其中"，请旨"饬有司春秋致祭，俾士民有所观感而昭激劝之处"。翌年，船山书院改建告成，城南船山书院旧址改为船山祠。

船山书院位于东洲岛的北部，四周树木郁郁葱葱，环境优美，是士子们读书养性的好地方。书院大门上"船山书院"四字为彭玉麟手书，楹联也由彭撰写。其联曰："一瓢草堂遥，愿诸君景仰先贤，对门外岳竣湘清，想见高深气象；三篙桃浪暖，就此地宏开讲舍，看眼前鸢飞鱼跃，无非活泼天机。"书院有纪念堂，置王船山塑像于其中，有讲学堂，为师长讲学之地，有会客堂和藏书馆。除教习的宿舍外，书院有精舍 40 余间。④

改建后的船山书院除了在空间规模上大为改观之外，规格也有了提升，由县学升格为州学。改建后，有关"延聘师儒、甄别生徒、整饬院规、给发膏奖"，皆归衡州分巡道主持其事。至于生源方面，则"集衡、永、郴桂府所属举贡生监肄其中"，大大超越了衡阳一府。入院生徒先由各县考察推荐，再通过考试以定录取。同时，书院突破地域限制，择师聘师。彭玉麟主张，选聘山长不以借才异地为嫌，甚至是外省籍亦无妨，但是必须"学问名望素优"，同时必须由本籍士绅间请巡道

---

① 彭玉麟：《改建船山书院片》，《彭玉麟集》，岳麓书社，2008 年版，第 397 页。
② 同上。
③ 同上。
④ 谭崇恩：《教育史略》，湖南人民出版社，2007 年版，第 126 页。

关聘、巡道再转达学政，才能延聘。山长不能徇私由人滥举，也不得徒挂虚名、白拿报酬。书院"延师奖士"所需经费，由衡永郴桂士绅捐集。①

船山书院先后延聘邓辅纶、王闿运掌教，而以王闿运掌教时间最长。王闿运与彭玉麟早在咸丰年间既已相识，互相之间评价颇高。光绪十三年（1887 年），王闿运应彭玉麟之邀请，来此讲学访友数十天。此后，彭玉麟多次邀请王闿运出任山长，王闿运均未应允。光绪十六年（1890 年），彭玉麟去世。翌年（1891 年）春，王闿运为了报答友人的知遇之恩，携子女至东洲，入主船山书院。自此直至 1915 年船山书院最终改制，王闿运掌教船山书院二十五年。

王闿运出任船山书院山长后，为了达到以船山精神陶铸人才的目标，采取了几项措施：

一是整顿学风，严肃院规。王闿运入院之初，院生松散，不知学，亦不知向学。故王闿运决意严饬整斋、以图整顿。在书院平时的教学中，王闿运常与诸生讲论时政，深以道术将裂为惧，随事诱诲，冀正人心。为维护船山书院良好的学术氛围，对于屡犯学规的院生王闿运毫不留情，毅然驱逐出院："诸生皆以我为无学规，逐一人肃然矣。"② 院风由松散改为严谨。

二是经典解读，陶冶情操。船山书院以传统的经、史、词章为主要课程，尤为重视经学教育。现存的《船山书院课艺初集》八卷，共收录院生论文八十九篇，都是由王闿运亲自阅定的，包括《易》九篇，《诗》十五篇，《周礼》十一篇，《礼经》十六篇，《春秋》二十三篇，《礼记》十二篇，《论语》三篇。③ 在《湘绮楼日记》中，王闿运与诸生讲解经典的记载随处可见。如为诸生讲《大学》、讲《乐记》，使诸生知道心性修养、明体达用，成为君子。

三是定期祭祀，景仰船山。祭祀是中国古代书院的功能之一。古人立学，"必释奠于先圣先师，其余各学亦四时有释奠先师之典"，祭祀先师先贤不仅是为了"尊德尚道"，也是为了"使来学者景仰先贤、钦慕凤徽，以砥砺观摩而成德，而亦使教有所矜式，而不敢苟且于其间"④。通过祭祀，以典范对生徒进行教育，起到劝戒规励、见贤思齐的作用。作为以"船山"命名的书院，祭祀船山是其标志性活动之一。通过定期举行祭祀活动，表达对船山的景仰之情，弘扬船山精神。

王闿运执掌船山书院后，率领诸生祭拜船山是重要的礼仪活动。据《湘绮楼日记》，光绪十八年（1892 年）八月三十日，王闿运至程家，遇笃生，"乃知明日船

① 彭玉麟：《改建船山书院片》，《彭玉麟集》，岳麓书社，2008 年版，第 397 页。
② 王闿运：《湘绮楼日记》，第 3 卷，岳麓书社，1996 年版，第 1863 页。
③ 参见李林亚：《王闿运与晚清书院教育》，光明日报出版社，2007 年 7 月第 1 版，第 123—128 页。
④ 戴钧衡：《祀乡贤》，转自陈谷嘉、邓洪波主编《中国书院史资料》中册，浙江教育出版社，1998 年版，第 1725 页。

山生日，有祭"。第二天，主持祭祀，拟定祭礼，"既非释奠，又非馈食，当用乡饮。乡礼未遑改定，姑依俗三献行之。诸生无衣冠者，大半手足无措；再演，略胜跪拜耳，已至夕矣。"① 似乎刚开始时诸生对祭祀仪式不太熟悉。但自此，定期祭祀船山成了书院的日常活动，院生对此亦渐熟悉。光绪廿二年（1896 年）九月一日，祭船山以乡贤之礼，王闿运感叹："兴此六年，今稍习矣。"② 而王闿运也不断斟酌古今之礼，为船山祭祀确立合适的仪式。1899 年王船山诞辰，王闿运"已初释奠用时制秋祭礼，而小变之未为合礼，当直行乡饮酒礼而先释奠，则庶几成礼。"③ 可见其对仪式之重视。

随着船山书院声誉日隆、生徒增多，船山书院成为晚清湖南重要的学术重镇，船山思想、船山精神改绘了湘学蓝图。

四 学人言说中的王夫之

伴随着《船山遗书》的刊刻与流传，船山学行广为人知，抹去尘埃而重见光彩。通过地方历史书写、地方偶像崇祀、地方学术机构等环节，船山渗透到晚清湖南学术文化的各个方面，成为一种赋予象征性的符号资源。人们解读船山著作、阐发船山学说、弘扬船山精神，以此推动近代湘学的发展。值得注意的是，在晚清诸人的言说中，往往通过与船山建立某种联系来确立他者在湘学史上的地位。在这样的叙述方式中，船山不仅是湘学知识谱系中的重要一员，甚至本身成为衡量他人地位高下的一个参照物。

例如，王闿运就通过将陈怀庭与王夫之的对比来揭示其诗赋在湘学史上的地位。他说："湘州文学，盛于汉清。故自唐至明，诗人万家，湘不得一二。最后乃得衡阳船山：其初博览慎取，具有功力；晚年贪多好奇，遂至失格。及近岁，闿运稍与武冈二邓，探风人之旨，竟七子之业。海内知者，不以复古为病。于是衡山陈怀庭相节推之。"又说："船山不善变，然已为湘洲千年之俊。怀庭善变，而诗名顾不逮，闿运耻焉，数数与书曾左，推怀廷政事，因其文过闿运远甚。"④ 尽管自视甚高的王闿运对王船山诗学本身有褒有贬，但通过与王夫之相比来揭示陈怀庭诗歌成就，表明在王闿运的心目中，王船山是一个参照系。

又如，阎镇珩论郭嵩焘，也是将郭嵩焘与王船山比拟，在两者之间建立起某种联系。阎镇珩先从湘学史说起："吾楚人文章之盛，始于屈原赋骚。其后说易以明圣道，又得春陵周子。至衡阳王氏出，二先生之长几为所掩。"视王夫之为兼有屈

---

① 《湘绮楼日记》，第 3 卷，岳麓书社，1996 年版，第 1814 页。
② 《湘绮楼日记》，第 4 卷，岳麓书社，1996 年版，第 2115 页。
③ 同上，第 2241 页。
④ 王闿运：《陈怀庭诗序》，转自《湘绮楼日记》，第 3 卷，第 1556 页。

原赋骚、周敦颐道学之长的代表人物，"盖其成书数十种，恢诡汪洋，大肆厥辞，宋以后诸子莫逮也"。又强调王夫之在"明祚将终，门户乖异如水火"之时，"度世变不可为，自屏于衡永山谷之间，饥顿流离，贞志不贰"，表彰王船山是"忠孝大节与屈氏争光日月，而论述六经，宪章宋贤，有功于斯道尤大"的湘学典范。①

在确立了王夫之这样一个标杆后，阎镇珩再叙述郭嵩焘，找到两者的相似之处。他说，郭嵩焘自少服膺船山之学，中进士之后，更加讲究经世致用，与曾国藩、罗泽南等人一起以古圣贤志行相切磨。郭氏"首请船山从祀孔庙，格于部议，不果"。使西归来后，"湖湘诸老渐次凋谢，独先生岿然巨儒，于是四方后进，闻先生祖述船山，得其要妙，争就而诹业焉。"阎镇珩还说，郭氏"道高气下，士无贤愚，曲与尽忻欢，扶善遏过，推诚奖诱，闻者往往副所怀以去"，极大地改变了湘中习气。又说，"当乾嘉之间，士好古而不根于道，剿掇章句碎义以哗世取宠，而反诋圣贤心性之学为空疏无据，猖狂恣睢，冒利忘耻，后生和而应者千百喙相属也。先生以为邪说之蔽陷萌始一二人，而飚流浸益，蔓衍莫制，盖尝忧愤太息，反复与学者剖辨，俾知遗外程朱以论学，犹拒垣墙而殖蓬蒿，终身不离乎齷齪之径，虽有才智颖然特出者，亦归于谬惑昏弃而已矣。"② 在阎镇珩眼里，郭嵩焘成为一个捍卫程朱理学、扭转风气的人。

阎镇珩还将郭氏际遇与王夫之际遇相比较，论证二者的类似性。"昔船山生有明季世，忿士大夫违道趋利，祖袭申商余绪，以破坏国家之元气，故其言奋发踔厉，如惊雷之破蛰而出，听者莫不竦然动容。先生值群情波靡之日，慨然揭正学为宗，扶植风教，放距诐淫，其持议虽与船山不同，而矫邪曲以还之中道，其趣一也。先生虽绌于上，必信于下，不遇于今，必传于来世，其理固然，无可惑已。"③ 换言之，郭嵩焘有着如王船山一样的际遇、一样的精神，因而也一样是湘学的重要代表。

无独有偶。易翰鼎也是通过建立郭嵩焘与王船山之间的联系来确立郭嵩焘在湘学史上的地位。其言曰："少时笃爱桑梓，尝好从先生长者访求历代乡先辈学行，而笔记其姓字。略闻濂溪周子以还，有学行卓越、气凌衡岳九千仞者，曰衡阳王船山先生夫之，心向往者久之。"通过从先生长者访求，得知乡先辈中有周子、王夫之。可见，在一般的"先生长者"心目中，周敦颐、王船山是湘学的代表人物，这已成为不证自明的常识。易翰鼎自述，自己稍微年长之后，搜求乡先辈著述阅读，"以觇其学术之浅深高下"。辗转从亲朋家中陆续借观船山遗书，"因仰见船山气质

---

① 参见阎镇珩《郭筠仙先生七十寿序》，转自《船山全书》第16册，第692页。
② 同上，第693页。
③ 同上。

刚毅，勇于造道，精思力践，历劫不磨""其学术由关而洛而闽，粹然一轨于正""其遭时而遁世"，不弋一时之名，"不顾千秋之业"。①

在易翰鼎眼里，郭嵩焘无疑就是王夫之的继承人。他说："湘阴郭养知先生嵩焘，忠诚笃实，刚健沈雄，质性与船山相似，实湘中近今豪杰也。而其学兼汉宋，以汉儒为门户，以宋五子为堂奥，皆深造而自得之，又适与船山同趣。是以一生于船山最为倾心，非徒桑梓之恭而已矣。"郭嵩焘不仅质性与王船山相似，学问旨趣也与王船山相同，故一生推介王船山不遗余力。易翰鼎在表彰王船山的同时，也表彰了郭嵩焘表彰王船山之功。

发现王夫之、表彰王夫之是近代湘学发展过程中的重要内容，它深刻地影响了人们对湘学的叙述模式。嘉道以前，王船山的学行传播主要依赖于官方，而在民间极为隐蔽，后生小子不能举其名。著作入选《四库全书》、事迹入选《国史儒林传》，充分说明了官方对王夫之的肯定，当然也遮蔽了船山的其他成分。随着道光年间第一次大规模地整理、刊刻《船山遗书》，船山记忆进入了全面复苏的时期，其学说得到解读、精神得到表彰、形象得到完善。诗、文的荦荦大观，固然能证明湖南文风兴盛，但不能证明湖南一省的学术成就足以在全国占据一席之地。而明清之际著作等身、气节凛然的王夫之的发现，表明湘人不仅可以在一般意义上模山范水、吟诗作赋，更有直探经典、接续圣人的高远理想与皎洁志向，从而全面提升了湘学的水准。是以无论是在日常记忆中，还是在地方偶像祭祀中，还是地方历史公共书写中，王夫之都受到了高度重视，并转化为湘学的象征符号，成为湘学建构中的核心要素。围绕着王夫之，人们总结湘学历史，确立其他人在湘学史的位置，改绘着湘学知识谱系。通过与王夫之建立某种联系，来确立他者在湘学史上的地位，成为一种叙述的模式。可见，王夫之的发现不仅改变了人们对湘学过去的认知，而且还影响到人们对湘学"现在"的建构。

---

① 参见易翰鼎《书船山遗书后》，《船山全书》第16册，第697页。

第三章　重塑传统：晚清湘人对湘学的反思与批判

晚清以来，追溯湘学源头，梳理湘学脉络，成为一股思潮。从曾国藩、郭嵩焘、王闿运到王先谦、叶德辉、杨度等人，都曾考察湘学，建构起自己心目中的湘学知识谱系。诸人所论，有共同之处，也有迥异之处，从而形成了不同的湘学观。不同的湘学观实际上代表了湘学发展的不同趋向。

湘学的内容与特色究竟是什么？谁才能入选湘学知识谱系？这不仅是一个客观存在的事实问题，也与叙述者的观察视角与评判标准有关。而叙述者的观察视角与评判标准又受到叙述者的阅历和时代思潮的影响。嘉道以后，随着湖南人才群体的兴起，越来越多的湘人走出湖南，参与到全国性事务之中。他们或领略其他地域学术文化的风采，在他者的参照下反观自我，对湖湘文化的特色有了明确的意识；或由地域上升到国家层面，引领时代潮流，并对湘学与国家主流学术之间的差距有所认识。另一方面，湖南现象也引起了外省人的关注，他们对湘学或肯定或批评，或认同或疏离，都在不同程度上影响了近代湘学观的嬗变。个中缘由之复杂，非一二言所能描述。

在本章中，笔者试图结合具体人物的思想，来探讨不同阶段有关湘学特色的认识是如何形成的，又是怎样受到挑战的。

第一节　汉宋之争背景下"理学之邦"形象的塑造

在后世的言说中，往往视湖南为"理学之邦"，强调湘学的理学传统。这种认识究竟是如何形成的？它与道咸之际的国家主流学术思潮演变之间存在着何种关联？这尚需进一步考察。

一　湘学特色的提炼

清代来自外界的与湘学有关的评价主要有两次。一是康熙二十六年（1687年），皇帝御赐"学达性天"匾额给岳麓书院，同时获赐的还有江西白鹿洞书院以及周敦颐、二程、张载、邵雍、朱熹等理学家祠堂。二是乾隆八年（1743 年），皇帝为表彰岳麓书院传播理学的功绩，又御赐"道南正脉"金匾。北宋时期，理学在洛阳传播，后来福建学者杨时到洛阳向程颐、程颢兄弟学习理学。杨时学成南归时，老师目送他说："吾道南矣。"理学南传之后，形成了以朱熹为代表的闽学、张栻为代表的湖湘学。"道南正脉"实际上是皇帝对岳麓书院传播理学的最高评价。在这些赐匾活动中，都将岳麓书院视为理学的阵营。

尽管如此，在湘学意识发展的早期阶段，并没有把"湘学重理学"当作一个特色重点强调，至多以周敦颐为例说明湖南与理学的关系。如乾隆版《湖南通志》就泛泛证明湖南学术文化与众多事件有关。陈宏谋说："考人物而《骚》《雅》竭忠爱之忱，《太极》启图书之秘。观典礼之明备，表节孝于幽微。朱张之讲学，可以尊闻而行知。真魏之政教，可以设诚而致行。韩柳欧李之文章，可以守先而待后。"① 在他所述及的湖南文物教化中，与理学相关的仅有周敦颐与朱张讲学。赫昇额在叙述湖南文物教化时，也列举"理学如濂溪，功业如夏忠靖刘忠宣，书法如二欧"② 等事例，无非极言湖南文化独特，非专有一部通志来阐发不可。

道光年间邓显鹤编撰《沅湘耆旧集》，通过汇集湘人的"薄技微长"，展示湖南在诗歌领域的蔚为大观，以证明湖南文风之盛不亚于他省。在此过程中，邓显鹤注意到湘人"闭户暗修""务朴学而厌声称，尚气节而恶标榜"的特点，并挖掘湖南忠烈之士的事迹，为之"厘定祀典，褒崇节烈"，开后世塑造湖南忠义之邦形象的先河。但尚未将湘学与理学联系在一起。

至同治年间，在湘军崛起、湘人文化自信心空前高涨的背景下，罗汝怀编纂《湖南文征》，网罗湖南元代以来的不传之文，充分再现了"大湖以南，作者林立"的盛况。罗汝怀虽没有概括出"湖南文学"的特色，但他汇集的湘人之文为人们分析湘学特色提供了依据。正是在为《湖南文征》作序之时，理学名臣曾国藩首次系统地阐述了湘学的特色。曾文首先立足全国，梳理文风文法之演变、学术风尚之递嬗，将历来文体分为"言情"和"探理"二类，认为文体演变即是"言情"与"探理"二者递嬗的过程。在此背景下，再将湘学与文体变化结合起来，揭示湘学在全国的地位及其特色。其言曰：

湖南之为邦，北枕大江，南薄五岭，西接黔蜀，群苗所萃，盖亦山国荒僻之亚。然周之末，屈原出於其间，《离骚》诸篇，为后世言情韵所祖。逮乎宋世，周子复生于斯，作《太极图说》《通书》，为后世言义理者所祖。两贤者，皆前无师承，创立高文，上与《诗经》《周易》同风，下而百代逸才举莫越其范围。而况湖

---

① 陈宏谋：《湖南通志序》，乾隆二十二年刻本，齐鲁书社，1996 年影印本。
② 赫昇额：《湖南通志序》，乾隆二十二年刻本，齐鲁书社，1996 年影印本。

湘后进，沾被流风者乎！①

尽管湖南与中原交通不便，属于山国荒僻之亚，然而在文化上并没有自外于中原。相反，湖南既产生了言情韵之祖屈原，又产生了言义理之祖周敦颐。换言之，湖南实为斯文统绪之所出，足见其与中国学术文化关系重大。屈原、周敦颐的流风余韵，孕育出以言理、言情取胜的湖湘学风。《湖南文征》所录"精於理者盖十之六，善为情者约十之四"，正是对湖湘学风传统的最好证明。

曾国藩也指出：清代乾嘉以后，"鸿生硕彦，稍厌旧闻，别启途轨，远搜汉儒之学，因有所谓考据之文。一字之音训，一物之制度，辩论动至数千言"；人们摒弃从前的"义理之文"，以为"空疏不足道"②。而《湖南文征》所收考据之文极少，似乎显示湖南未能与闻其事。对此，曾国藩的解释是："前哲之倡导不宏，后生之歆慕亦寡。"湖湘学风不以考据为能，故前哲不倡导，后生不歆慕。换言之，事不事考据，不是一个能不能的问题，而是愿不愿的问题。

曾国藩的这一判断得到了罗汝怀的支持。后者进一步指出：乾嘉汉学风行海内，而"湖湘尤依先正传述，以义理、经济为精宏，见有言字体音义者，恒戒以逐末遗本。传教生徒，辄屏去汉唐诸儒书，务以程朱为宗。"③ 这似乎是对曾国藩有关湘学不事考据论断的具体注脚。

至此，曾国藩确立了有关湘学特色的基本论调，即：精探理，善为情，不事考据。这个观点不仅得到了湘人的认可，而且影响深远。如戊戌湖南新旧之争时，湘人叶德辉就说："乾嘉以后，吴越经学之盛，几于南北同宗，湘人乃笃守其乡风，怀抱其忠义。经世之作，开风气之先；讲学之儒，奏戡乱之绩。流风广衍，本不以考据为能。"④ 直到民国年间，无论是钱基博撰《近百年湖南学风》，还是钱穆撰《近三百年学术史》，对于湘学特色的阐发无不从此基调延伸挖掘。

对于湘人"不事考据"这一现象本身，曾国藩没有直接做出价值判断。但他指出：罗汝怀"稽《说文》以究达诂，笺《禹贡》以晰地志"，本身是"深明考据家之说"者，但论文崇体，"不尚繁称博引，取其长而不溺其偏"，不收考据之文是"慎抉择之道"。言外之意，考据之文只能算是为文的旁门左道，不是正途。可谓间接地表达了曾国藩对考据之文的看法。

曾国藩对湘学特色的概括其实是置于汉宋之争、义理与考据之争的框架下进行的。这种视角既与他个人的经历有关，又与晚清学术思潮的演变有关。

---

① 曾国藩：《湖南文征序》，《曾国藩全集·诗文》，岳麓书社，1986 年版，第 333 页。
② 曾国藩：《湖南文征序》，《曾国藩全集·诗文》，岳麓书社，1986 年版，第 333 页。
③ 罗汝怀：《绿漪草堂文集》卷首，光绪九年版，第 5 页。
④ 叶德辉：《翼教丛编》，上海书店出版社，2002 年版，第 176 页。

二　湘人湘学与汉宋之争

众所周知，汉宋之争是清代学术史上的重要内容。清初学者有鉴于王学末流空谈误国之弊端，弃虚从实，选择运用汉儒治经的训诂方法来整理考订经籍，辨析古代名物典章制度，其独标汉帜，形成清代汉学；又因其学风朴实，不尚空谈，以博古稽古相尚，故称朴学。至乾嘉年间，汉学之风流衍大江南北，以至家家许郑、人人贾马。《四库全书总目》将两汉以来的经学分为两类，即崇考据的汉学与讲义理的宋学，义理与考据遂分别成了宋学与汉学的代名词。1818 年江藩《国朝汉学师承记》出版，将汉学看成是清代学术的正宗，并以纯宗汉儒作为选编的依据。此举引起了宋学家的反击。方东树作《汉学商兑》，历数汉学家之误，并提出宋学有弊，汉学更有弊。江、方二人将清代学术划分汉、宋，壁垒森严，势如水火。至嘉道之际，由于承平不再、悲风骤至，人们在反思社会动荡的原因时，纷纷集矢于脱离实际的汉学。汉学不仅因为其繁琐考据在学术层面受到批评，而且还被视为道德败坏、社会动乱的根源。参与对汉学批判的，既有魏源等经世派，也有曾国藩等理学派。

魏源是嘉道之际湖湘经世派的代表，曾辅佐陶澍实行大政改革，并帮助贺长龄、贺熙龄兄弟编辑《皇朝经世文编》。从经世致用的角度出发，魏源对清代汉学思潮进行了尖锐的批评。他说："自乾嘉中叶后，海内士大夫兴汉学，而大江南北尤盛。……锢天下聪明智慧，使尽出于无用之一途。"[1] 从经世致用的角度出发，魏源批评汉学（东汉古文经学）无用，表彰西汉诸儒能"以《周易》决疑，以《洪范》占变，以《春秋》断事，以礼乐服制兴教化，以《周官》致太平，以《禹贡》行河，以三百五篇当谏书，以出使专对，谓之以经术为治术"[2]，以为西汉今文经学才是"真汉学"。因此，他要求由东汉古文经进而复西汉今文经，"贯经术、政事、文章于一"[3]，著《诗古微》《书古微》等，成为晚清今文经学健将之一。

曾国藩本人是晚清理学名臣。他和其他湘军集团将领如刘蓉、郭嵩焘、江忠源、李元度等，早年都曾在岳麓书院学习过。岳麓书院创设于南宋时期，曾经是南宋理学的大本营之一，不但历史悠久，而且历任山长皆"以洛闽正学陶铸弟子"，教诲士生"务以程朱为宗"。因此诸人均在岳麓书院接受了理学的洗礼。道光年间，曾国藩任官京师，其时唐鉴以笃信程朱倡为正学，蒙古倭仁、六安吴廷栋、昆明何桂珍、罗平、窦垿皆从问辨，曾国藩亦与焉。唐鉴著《国朝学案小识》十五卷，以程朱理学为正统建构清代学术谱系，黜经学考据于卷末。倭仁则是于理学修身制行

---

① 魏源：《武进李申耆先生传》，《魏源集》，中华书局，1976 年版，第 358—359 页。

② 魏源：《学篇九》，《魏源集》，中华书局，1976 年版，第 24 页。

③ 魏源：《两汉经师今古文家法考叙》，《魏源集》，中华书局，1976 年版，第 152 页。

实践最力者，每日自朝至寝一言一动皆为札记。受两位老师影响，曾国藩曾以朱子之书为日课，并时以痛自刻责自勉。

曾国藩从理学家的立场出发，批判乾嘉之儒以河间献王"实事求是"相标榜、"务为浩博""薄宋贤为空疏"，他反问道："夫所谓事者非物乎？是者非礼乎？实事求是，非即诸子所称即物穷理者乎？名目自高，底毁日月，亦变而蔽者也。"①在曾国藩看来，汉学家"辨物析名，梳文栉字，刺经典一二字，解说或至数千万言。繁称杂引，游衍而不得所归。张己伐物，专抵古人之隙"，标榜为"实事求是"，其实是一种偏离正轨的"破碎之学"。②

除曾国藩之外，左宗棠也对汉学多有微词。他说："自乾嘉中叶以来，声音训诂校雠之习盛，士竞时局，逐声气，以搏击先儒为能，放言无忌。"又说："近世士大夫专尚考证、训诂、书数之学，以窥隙攻难为功，至标立汉学名字号召后进，于书之言身心性命者相戒为空疏迂阔之谈，弃置不一顾。其甚者乃敢躬冒不韪，轻议先儒，及问及四子书义，不能答，尝以利害细故，颓乱而无所守。"故而提出要"箴汉学之膏盲，而一以朱子为归。"③

更有湘人孙鼎臣将"粤寇之乱"归罪于汉学，云："天下之祸，始于士大夫学术之变；杨墨炽而诸侯横，老庄兴而氐戎入，今之言汉学者，战国之杨墨也，晋宋之老庄也。"④

诸人的宋学倾向使得他们在解读湘学传统时更侧重于挖掘其义理的一面。当清代汉学盛极而衰、学术谋求新出路之时，不事考据反而成为一种优势。故曾国藩对湘学特色做出了正面的评价，赞扬罗汝怀不收考据之文是"慎抉择之道"。

三　行动塑造"理学之邦"

曾国藩的湘学观是历史与现实对话的结果。一方面，理学倾向使曾国藩等人注意挖掘湘学传统中的理学成分，而相对忽略了湘学中的其他特色；另一方面，曾国藩等湘军将领对理学的崇奉与践履又以行动塑造着"湘学之邦"的形象，从而影响了后人的湘学观。

当宽泛意义上的湘中人才辈出、贤哲并兴落实到王夫之这个具体历史人物身上时，诸人似乎为湘学具有理学传统找到了有力的证据。理学家唐鉴就认为王夫之治学是由关而洛而闽，力砥殊途，归宿正轨，发明义理之真传。曾国藩也特别注重阐发王夫之的理学思想与气节。在曾国藩看来，圣教是仁、礼并重的，汉儒《礼记》

---

① 曾国藩：《书学案小识后》，《曾国藩全集·诗文》，岳麓书社，1986 年版，第 166 页。
② 曾国藩：《朱慎甫遗书序》，《曾国藩全集·诗文》，岳麓书社，1986 年版，第 222—223 页。
③ 左宗棠：《家书·诗文》，《左文襄公全集》第十三册，岳麓书社，1987 年第 1 版，第 251、278 页。
④ 朱克敬：《儒林琐记》，岳麓书社，1983 年版，第 56 页。

存圣人礼学思想，宋儒张载《正蒙》发明为仁之方，而王夫之注《正蒙》、注《礼记》，"幽以究民物之同原，显以纲维万事"①，真是明体达用之人。礼是理在社会伦理上的体现，故重礼即重理。

郭嵩焘也着意凸显王夫之继承宋五子之业，与周敦颐一起，分别成为理学的开创者与继承者，是理学发展史上的两座山峰。郭嵩焘此举，不无为使王夫之符合入祀文庙而拼命向"阐明圣学，传授道统"的标准靠拢的嫌疑，但私下里，郭嵩焘也很看重王夫之阐发义理的那些著作，特别是《读性理大全》，以至于遭到今文经学家王闿运的嘲笑。后者在同治九年十月十三日的日记中写道："筠仙言：船山书精华在《读性理大全》。吾闻之一惊，惊其一语道破，诚非通王学、熟读全书者不能道此语。然《性理大全》，兔园册也；此与黎先生笺注千家诗同科，观其书名，知其浅陋。而筠仙力推船山，真可怪也。船山生陋时，宜服膺《大全》。筠仙生今世，亲见通人，而犹曰《大全》。《大全》，不重可哀耶？要之，论船山者必于大全推之，然后为知船山。片言据要，吾推筠老。"②

除了对历史的追溯，曾国藩等湘军将领也以实际行动诠释着湘学的理学色彩。湘军集团的领袖与骨干成员如曾国藩、左宗棠、郭嵩焘、罗泽南、刘蓉等都是理学的信徒。曾国藩在治国、治军、用人、外交等方面，无不以理学为指导。罗泽南不仅按照理学家的方式修身、讲学，且有理学方面的著述，如《人极衍义》《姚江学辨》《西铭讲义》等刊行于世。此外如左宗棠、刘蓉等都对理学有过研究，尤其是刘蓉崇奉理学几达迷信程度。这些人都对理学讲习有年，而又有理学家之名。至于湘军中一般文职人员，既无理学家之名，亦无卓然可称之行，但都取理学之"忠孝"二字付诸实践，同一般儒生无异。当然，也还有一些人接受理学关于忠、孝、仁、义的说教，但拒绝按照理学家要求修身养性，既有惊世骇俗之壮举，亦间有丑陋邪僻之行者。仅从他们的言行来看，不但很难同理学联系起来，且为一般儒生所不齿。典型人物是胡林翼和江忠源。③尽管对理学的习染程度有所不同，但总体上看，湘军将领都信仰理学的义理。以理学思想武装起来的湘军，历经十余年的征战，击败了太平天国，挽救了清王朝的封建统治，塑造了湖南"忠义之邦"的形象，也强化了湘学的理学色彩。

晚清湘军的兴起及其对理学的宗奉，影响了后人对湘学的认知，叶德辉就说："道咸之间，粤逆倡乱，湘军特起，成戡定之功。其间柄兵大臣如胡文忠、曾文正、

---

① 曾国藩：《船山遗书序》，《曾国藩全集·诗文》，岳麓书社，1986 年版，第 277 页。
② 王闿运：《湘绮楼日记》第一卷，岳麓书社，1996 年版，第 137—138 页。
③ 参见朱东安《清儒汉宋之争与曾国藩集团的思想基础》一文，《明清论丛》第二辑，紫禁城出版社，2001 年版，第 3 页。

左文襄以及罗忠节、王壮武诸公，皆以理学名儒，出膺艰巨。"① 而由晚清向上追溯，又将这种理学特色与南宋湖湘学派的理学风气传统联系起来，从而逆向塑造了湘学的理学传统。

第二节　汉宋调和思潮下对湘学传统的再反思

曾国藩等湘军将领以理学为指导，率领湘军战胜了太平天国军队，造就了湖南"忠义之邦""理学之邦"的形象，也强化了人们对湘学"崇奉理学、不事考据"传统的认知。不少湘人引以为傲，以为正是湘学的这一特色造就了省运大开的局面，因而应发扬光大。然而，随着学术思潮由汉宋之争发展到汉宋调和，也有人对湘学"崇奉理学，不事考据"这一传统做出了不同的价值判断。特别是随着越来越多的人走出湖南、领略了国家主流文化和其他地域文化的特色之后，对湘学传统进行了反思。汉学思潮犹如一股暗流在湘学中流传开来。而在汉学视野下，一批一向为人忽视的湘籍考据学者被挖掘出来了，由此又改绘着湘学知识谱系；一所传播汉学的学术机构——湘水校经堂的意义得到了彰显，其地位甚至可以与岳麓书院比肩。

一　从尊宋抑汉到汉宋兼容

咸同以后，中国学术思潮由汉宋之争渐渐转向汉宋调和。倡此论者为广东学者陈澧和湘籍理学名臣曾国藩。

曾氏早年一宗宋儒，排斥汉学。随着对汉学接触的增多，他逐渐变尊宋抑汉为汉宋兼容，并于道光末年开始爱好高邮王氏父子之说，即清代著名汉学家王念孙、王引之父子的学问，提出："学问之途，自汉至唐，风气略同；自宋至明，风气略同；国朝又自成一种风气。不过顾、阎、戴、江、钱、秦、段、王数人，而风气所扇，群彦云兴。"并嘱咐儿子："尔有志读书，不必别标汉学之名目，而不可不窥数君子之门径。"② 曾国藩的这种态度对湘学风气的转移无疑产生了一定影响。

如前所述，嘉道以来，湘人对汉学多持批评态度。然而，这种批评更多的是站在一种道德的立场上进行谴责，而非基于学理的分析。如孙芝房就将"粤寇之乱"归结为汉学的影响，左宗棠则将内忧外患归罪于礼教之坏，礼教之坏则由于考据学兴起。阎镇珩认为士之奔走津要，荡然无复廉耻，皆由于汉学之"以名相高，以利相诱""力诋近世言汉学者，上及高邮王氏"③。这些言论不免偏颇，暴露了论者本

---

① 叶德辉：《郋园读书志》，戊辰（1928 年）初夏上海澹园版，卷一，《十三经注疏》（又一部）提要。
② 曾国藩：《曾国藩全集·家书一》，岳麓书社，1986 年版，第 476 页。
③ 郭嵩焘：《北岳遗书》序。参见钱基博《湖南近百年学风》，中国人民大学出版社，2004 年第 1 版，第 71 页。

身对汉学的无知，也引起了其他人的不平与讥讪。

对于这些一味地诋毁汉学的做法，曾国藩曾经进行纠偏。例如，他在为孙鼎臣的《刍论》一书作序时，就提出："曩者良知之说诚非无弊，必谓其酿晚明之祸则少过矣。近者汉学之说诚非无弊，必谓其致粤贼之乱则少过矣。"[①] 实际婉转地批评了孙氏的立论。故后来王先谦就说："孙芝房先生以粤寇之乱，归狱汉学，大为士林姗笑。良由于考据一道，未加讲求，致兹巨失，故曾文正起而亟正之。"[②]

曾国藩又择古今圣哲三十二人，命儿子纪泽图其遗像，都为一卷，藏之家塾，以为"后嗣有志读书取足于此，不必广心博骛，而斯文之传，莫大乎是矣"[③]。所择圣哲，清朝部分首列顾亭林，次秦惠田，次姚鼐，次王念孙，其人或为汉学名家，或为遵信宋学的桐城古文学家，显示曾氏汉宋兼容的态度。

郭嵩焘的学术思想同样经历了由专宗宋学到汉宋兼容的转变。《清儒学案·养知学案》称："养知始宗晦庵，后致力于考据训诂，其治经先玩本文，采汉宋诸说以求义之可通，博学慎思，归于至当，初不囿于一家之言，故能温故而知新，明体以达用。"[④] 郭嵩焘治学关注人心风俗，开设禁烟公社，举办思贤讲舍，推崇王船山的义理，都以转移风俗为宗旨。不同于其他湘人蔑视考据，郭嵩焘肯定考据有助于阐发义理。他认为："国朝诸儒创立汉学、宋学之名，援其说以诋程朱，而郑学乃大显。讨论研习之深，精义之发于人心，亦足上掩前贤矣。"[⑤] 又曰："国朝乾、嘉以来，标立汉学、宋学之名，以所得训诂古义寻求义之所归，其言深当经旨，多所发明。"[⑥] 郭嵩焘不仅在原则上赞同汉儒之训诂有助于经义之发明，而且也从事考订工作，涉及经学、子学、史学、地理等方面，著有《礼记质疑》《中庸章句质疑》《大学章句质疑》《毛诗余义》《校订朱子家礼》等，诚为专门名家，是近代湘籍大员中治经治史成果最为丰富的一个，其学术成果也得到国内同行的认可。如广东学者陈澧在用了一个月的时间读郭著《礼记质疑》后说："想见公之读书，一句一字，注目研思，绅绎乎礼文，反复乎注释，必求心之所安而后己；其有不安，则援据群经、稽核六书而为之说。"而晚清学者型官僚潘祖荫则认为："郭伯琛丈所著《礼记质疑》，条举其说，栉疏帚巡，务融会于六艺，贯通于诸子，兼采宋以后诸家之义；平心衡量，无门户骑墙之见，无攻击争胜之心。"[⑦]

以曾国藩、郭嵩焘等人在湘学中的领袖地位，这种汉宋兼容的态度有一定的导

---

① 曾国藩：《孙芝房侍讲刍论序》，《曾国藩全集·诗文》，岳麓书社，1986 年版，第 257 页。
② 王先谦：《复阎季蓉书》，《葵园四种》，岳麓书社，1986 年版，第 297 页。
③ 曾国藩：《圣哲画像记》，《曾国藩全集·诗文》，第 248 页。
④ 徐世昌：《养知学案》，《清儒学案》，中国书店，1990 年版，卷一百八十二。
⑤ 郭嵩焘：《郭嵩焘诗文集》，岳麓书社，1984 年版，第 22 页。
⑥ 同上，第 27 页。
⑦ 参见陈澧：《礼记质疑序》、潘祖荫《礼记质疑序》，《礼记质疑》，岳麓书社，1992 年版，第 4—5 页。

向作用。此后关于汉宋短长之议论一直成为湘人中长盛不衰的一个话题，调和汉宋渐渐成为湘学中的新思潮。

与此同时，或因走出湖南、与全国的学者交往，或因家学渊源，湖南涌现了一批汉学名家。前者以何绍基为代表，后者则有新化邹氏、湘潭胡氏等经学世家。风气之下，湘人渐有以著述名山事业为重者，如周寿昌。周寿昌，字荇农，号自庵，湖南长沙人。道光二十五年进士，由翰林官至内阁大学士，兼礼部侍郎。中兴湘人多以功名显，先生独回翔词苑，几数十年。以病罢官后，寓居京城，以丹黄自娱，日从事于考据之学。所著《思益堂日札》考经证史，以渊博著称。其学长于乙部，著有《汉书注校补》《后汉书注补正》《三国注证遗》《五代史纂误补续》诸书。

当汉学为越来越多的湘人所接纳之时，湘学"不事考据"不再只有正面的意义，而多少是一种遗憾，反思湖湘汉学之不足渐渐成为湘学内部的一股思潮。

二 "吾乡经学之陋，未免见笑于外人"

在晚清湘籍学人中，郭嵩焘、王闿运、王先谦、叶德辉等硕学通儒都曾对湘学有过不同程度的批评。尽管诸人视角稍有不同，却无不指向湖南经学之陋。

郭嵩焘对湘学在褒扬之中有反思。他曾感慨，湖南这块热土也算是钟灵毓秀之地，"其人磊落而英多，静直而廉深，亦时挺生于其间"，可是"衣冠之盛，文章学问之流传，不逮吴越远甚"。为什么会形成这样的局面？郭嵩焘借用乡先达之口说，那是因为"吴越喜标榜，而楚人尚挤排"[1]。湘人暗然自修、不求闻达固然是美德，可这就极大地妨碍了湖南在全国学术文化界的声誉和地位。

郭嵩焘特别关注全国的各类文献对湘人湘学的收录情况。换言之，在国家级各类知识谱系中，湖南究竟有几人入选？影响力如何？这是衡量湘学在全国地位的一个重要指标。如光绪五年（1879年）七月廿六日，他接到杨彝珍所寄的《国朝古文正的》五卷。这大约是一部文选，选一些名家之作并作评点。郭嵩焘翻阅一过，发现：这部书起顾炎武，终姚谌，湖南人如王船山、陈沧洲、陶云汀、贺耦耕、周半帆、孙芝房等竟然都榜上无名，而书末附生存者二人，即孙琴西与性农各得一卷。[2] 为此深受刺激。

又如光绪七年（1881年）十二月初一日，郭嵩焘从陈丹阶那里看到本府转行院札，上面录粘国史馆奏稿，从而了解到《国史儒林传》《文苑》《循吏》《孝友》等各类列传的收录情况。他特别留意了国史各类列传中收录人物的地理分布，发现《国史儒林传》入选八十七人，湖南只一人即王船山；《文苑》入选七十四人，湖

---

① 郭嵩焘：《罗研生七十寿序》，《郭嵩焘诗文集》，岳麓书社，1986年版，第266页。

② 《郭嵩焘日记》，第3册，湖南人民出版社，1982年版，第918页。

南无一人入选；《循吏传》三十六人，湖南也仅有严乐园、钟云卿二人入选。《国史儒林传》与《文苑》分别代表了官方知识谱系中的有功经学之儒和文才卓异之士。湖南入选者寥寥，充分说明湖南在学术文化上的落后性。不过，郭嵩焘认为，这不是因为湖南缺乏这类人才，而是因为湖南人不务表彰，"其实应入列传者，固不乏人也"①。

职此之故，郭嵩焘特别注重以先贤精神凝聚人心，引导后学，首开晚清奏请王夫之从祀文庙之先河，在长沙设立思贤讲舍，创建船山祠，发起重修五贤祠、名宦祠等。通过这一系列活动来表彰湖南先贤，增进乡人对地域文化的认同感。

但是另一方面，作为一个精通汉学的学者，郭嵩焘清醒地认识到湖湘学术与全国学术主流之间的差距，指出："乾嘉之际，经师辈出，风动天下，而湖以南黯然，无知郑、许《说文》之学者。"②湖湘学术固然以经世致用为旨归，不知郑、许《说文》之学毕竟是一种缺憾。而在《郭嵩焘日记》中，湖南"文事不盛"是他抱怨的主题之一，如光绪六年正月初四："吾邑人文尤苦少，求一二可与言及文事，竟不可得。"③

与郭嵩焘有文章道义之交的王先谦同样不满湘学之陋。

王先谦（1842—1918 年），字益吾，号葵园，辛亥以后号遯翁，湖南长沙人，1865 年进士，翰林院庶吉士。散馆，授编修。多次出任各地方乡试正副考官，历任国史馆总纂、实录馆纂修，翰林院侍讲、国子监祭酒，简放江苏学政。1888 年江苏学政任满，奏请开缺，得到批准。从此优游林下，成为湖南士绅领袖。

王先谦信奉理学义理，恪守儒家伦理道德，而在治学方面则崇尚汉学，多事考据，他一生著述等身，先后编、刊有《续古文辞类纂》《十朝东华录》《皇清经解续编》等大型著作，又汇集"有裨考订"、有益艺文的著作刻入《南菁书院丛书》中，在传播汉学方面厥功甚伟。

王先谦在举办这些文化工程之时，着眼的是整个国家的学术风尚，也即主流趋向。他认为有清一代疏经笺史，旷隆往代，即便是诸子杂家，靡不疏通证明，底于精善，一洗明代空疏浅陋之风。咸同中兴以后，实学之风更加兴盛，人人都知崇历实学，以空腹高谈为耻，这比起乾嘉之际汉宋断断相辩来，已不可相提并论。换言之，在王先谦看来，汉宋之争已成过去式，汉学已经成为不容置疑的学术正轨。汇集有资问学之书公布天下，宏益儒者之见闻，仰赞圣朝之文治，就成为士大夫维持世教者义不容辞的责任。

---

①　《郭嵩焘日记》，第 4 册，湖南人民出版社，1983 年版，第 242 页。
②　郭嵩焘：《罗研生墓志铭》，《郭嵩焘诗文集》，岳麓书社，1984 年版，第 445 页。
③　《郭嵩焘日记》，第 4 册，湖南人民出版社，1983 年版，第 3 页。

从传统观念来看，经学成就是衡量一个地方学术水准的重要指标。湘学若要表明自己在全国学术界的地位，就必须在主流的标准下，提供足够多的经学著作。当王先谦站在国家学术主流的高度来编纂这些经解时，留意湖南有多少著作能够入选这些国家级的文献。这正如郭嵩焘特别关注各类文献对湘人的记录与吸收一样，实质上都是从全国的高度来看待湘学的影响力。

在此过程中，王先谦有心表彰湖南乡邦文献，却痛感湖外文章声气之暌绝。以经学论，湖南入选《皇清经解续编》者没有几家，与江浙吴皖等地悬殊甚大。以文学论，邓湘皋、欧阳磵东同为蜚声资邵间的大诗人，而外省人士只知有邓湘皋，却不知有欧阳磵东，晚清缪荃孙纂《国史儒林文苑传》收录了邓湘皋而遗漏了欧阳磵东，其原因就在于欧阳磵东没有经史纂著、例不得入儒林文苑传。可见，尽管晚清湖南人才辈出，封疆大吏遍布全国，然而一旦落实到经学层面，则湖南依然处于边缘地带。这是王先谦不能不承认的事实。

王先谦的这种反思通过叶德辉的叙述而得到渲染与扩大。

叶德辉（1864—1927年），字焕彬（又作奂份，焕份），一号郋园，湖南长沙人。叶德辉是晚清湖南著名的"权绅""劣绅"，同时还是湖南最大的藏书家、著名的出版家和经史学家，在清末民初的学术界具有一定的影响。

叶德辉原籍江苏吴县。道咸年间，其祖父携家来湘，遂长居湖南，开店经商，因经营有方，成为长沙的富商大户，故叶氏常自称是"半吴半楚之人"。叶德辉生于湖南、长于湖南，曾经就读于岳麓书院，其求学经历与一般湖湘士子并无二致。不过，由于家中藏有较多的江浙乾嘉诸儒先辈之书，叶德辉在举业之外，又较早地接触到了乾嘉汉学著作。后几次入京会试，又正值京师汉学复兴，叶德辉获闻绪论，耳濡目染，形成了"尚汉学而独崇朱子"的治学倾向。

1892年，叶德辉进士及第，分发吏部任主事，不久就告长假回乡。他刚回到长沙，王先谦便忘其年辈，投谒先施。会谈中，王先谦亟问叶德辉平日所读何书、治何学，叶德辉谦让弗敢对。第二天，叶德辉回访王先谦，在王书房中晤谈。关于晤谈的情形，叶德辉在回忆中写道：

坐次，语余曰："吾归田已四年，求一读书人与语不可得。今阁下归，余获一良友矣。"又坚问余于何书用功最深，余不获已，答以少承庭训，本习宋人书，以先祖楹书多江苏先哲遗书，藉诂经课，略知经学门径。留京三四年，居郡馆中，于习大卷白折外，案有马国翰玉函山房丛书，见其中引据讹漏甚多，拟取原书逐卷校补，苦于分心举业，不竟其功。公曰："此著作事也。无怪闹墨书卷之气溢于行间，是故足觇根柢矣。"又询余出处，余答以长假养亲，不再出。公曰："是也。吾在江苏学政任内，成《皇清经解续编》千余卷，因是感触吾湘经学之陋，未免见笑外人。当编辑时，仅得船山诸书及魏默深《书》《诗》古微二种，犹未纯粹，乃以曾文正读书日记析其读经笔记，杂凑一家，而生存人如胡元仪、胡元玉所著书亦录入，盖不得已也。归田后，遂以提倡经学为己任。如阁下年国力强，任择一经为之，必远出前人上。吾观阁下会闱三艺，知必深于经学矣。今日同居一城，吾有书必就商，名山之约定于今日。"①

这个故事经叶德辉笔之于端、宣之于口，在叶氏弟子中间广为流传。王先谦对湘学的反思以"吾湘经学之陋，未免见笑于外人"这样的话语公之于众，对湘中后学刺激尤大。它直接影响了叶德辉的湘学观，即湘学本是崇理学、重忠义、不事考据的。而在以接绪三吴汉学之正轨自命的叶德辉看来，"不事考据"在大多数情况下都不是一件值得夸耀的事。这种认知又影响到叶氏弟子。直到民国年间，湘籍名家杨树达犹以外界所传"三王不识字，吾湘居其二"为耻，发誓要洗刷耻辱，改变外界对湘学的看法。②

如果说王先谦、叶德辉着眼的是对湘学整体的批判，那么，王闿运的反思则主要体现为质疑被湘人奉为典范的王船山之经学水准。

王闿运（1832—1916 年），字壬秋，一字壬父，湖南湘潭县人。因自题所居曰"湘绮楼"，学者称其为"湘绮先生"。王闿运于《尚书》《诗经》《礼》均有研究，于《春秋公羊传》深造自得，是晚清公羊学大师；文学成就尤为突出，被誉为"一代儒宗"。王闿运早年入四川主持尊经书院，以分别古今、兼有谷梁、公羊为其特色，造就经学人才无数。晚年主掌船山书院二十余年，使船山书院由一所不甚起眼的县学变成了颇具影响力的学术重镇。

作为船山书院的山长，王闿运在传播船山志节、弘扬船山精神等方面贡献颇多。然而，在《湘绮楼日记》中，对王夫之颇多批评。

如同治八年（1869 年）正月十七日："船山论史，徒欲好人所恶，恶人所好，自诡特识，而蔽于宋元明来鄙陋之学，以为中庸圣道。适足为时文中巨子，而非著述之才矣。"

同治八年（1869 年）二月初五："检王船山遗书，校其目录，舛误者数处。沅浦请名人校书，而开卷谬误，故知著述非名士之事也。船山学在毛西河伯仲之间，尚不及阎伯诗、顾亭林也，于湖南为得风气之先耳。明学至陋，故至兵起，八股废，而后学人稍出。至康、乾时，经学大盛，人人通博，而其所得者或未能沈至也。"

同治八年二月初八："船山语似精而实粗。"

同治九年（1870 年）四月廿一日："作志传，阅船山《黄书》，其见未卓。"

光绪三年（1877 年）三月四日："翻王夫之《礼记注》，亦有可采者，而大段不可观，乃知著作之难。"

---

① 叶德辉：《郋园六十自叙》，长沙叶氏 1923 年刊，第 4 页。
② 其中的具体情节，可参见拙文《从名山之约到雪耻之盟》，《书屋》2006 年第 3 期。

光绪四年（1878 年）三月二日，王闿运读王夫之的《中庸衍》，甚至发出"竖儒浅陋可闵"之感叹。

光绪三十一年（1905 年）六月三日："看船山讲议，村塾师可怜，君知免矣。王、顾并称，湖南定不及江南也。"

比起以"船山书院山长"这个公共身份所作的各类祭文来，日记更能反映王闿运个人对王夫之的真实想法。而在其他一些文章中，王闿运对王夫之也不乏批评之辞。综观这些言论，批评大多基于"学"而言。

不同于湘人着眼于湖湘论王夫之，王闿运潜意识里是将王夫之与全国范围内的其他学者相比较，特别是将湖南与江南几省相比较，才对王夫之的经学成就不以为然的。王闿运平生足迹遍及大半个中国。早年曾入广东巡抚郭嵩焘幕，与广东学人多有交往；又几次入京应试，受清朝贵族、户部尚书肃顺器重，与京师名流往来甚密，又与两江总督曾国藩、直隶总督李鸿章等交好。在形成自己的治学风格的同时，王闿运也对各地学风、成就多有了解，其眼光越超于一般乡党之上。尽管嘉道以后湘人在阐释王夫之学说时，或强调其接绪宋五子之业，是理学的传人，或强调王夫之开清代经学之先河，或强调王夫之在汉宋纷争之前早已是汉宋兼采，但王夫之的经学水平到底如何，并不是一般非经学中人所能评判的。如果以经学家的标准来看待王夫之，显然至少存在着"草创未备"的缺点。特别是在经学修养颇高、可谓专门名家的王闿运看来，王夫之的经学可挑剔之处实在是多。他甚至以为，王夫之遁迹荒山，借书深山居停，所见之书多半是里塾经本，实在不算多；王夫之所谓"六经责我开生面"未免自负①。此等议论，固然跟王闿运好訾人短长的名士习气有关，更关键的是，评判者本身的标准提高了。王闿运论湘学颇有"发展"的眼光，自信一代更比一代强，自己当仁不让地要在湘学知识谱系中占据一席之地，且有后来居上之势。这与郭嵩焘等人的视角又有所不同。

三　重建湖湘汉学知识谱系

当以考据为特色的汉学为湘人所接纳时，"吾湘经学之陋"就成为诸人努力改变的现状。提倡经学以改变风气，重整湘水校经堂以造新经学人才，刊刻湖南先贤故籍以激励后学，成为晚清湖南学术界的一股新风气。这就使湘学的发展与全国主流学术思潮的走向出现了不同的节奏。在全国汉学从整体上走向衰落的晚清之际，湖湘大地却出现了"汉学大盛，风流湘楚，人人骛通博以为名高，而耻言程朱"的局面②，自此以后，湘中后生"多能明古今之别，知汉宋之分"③，又进而将经学落实到目录版本、文字训诂等功夫上。

---

① 参见王闿运：《题姜斋手稿礼记注跋》，转自《船山全书》第 16 册，第 666 页。
② 钱基博：《近百年湖南学风》，中国人民大学出版社，2004 年版，第 66 页。
③ 李肖聃：《湘学略》，岳麓书社，1985 年版，第 207 页。

以汉学的眼光回望过去，则湘学的历史又呈现出另一幅图景，由此构建了湖湘汉学知识谱系。

（一）挖掘一批被忽视的考据学者

湘学奉理学为正宗、不事考据，这是人们对近代湘学的认知。然而，这不等于说湘学史上就没有人从事考据。郭嵩焘就注意挖掘湘学史上的汉学学者，并在日记中进行记载，予以表彰。

如光绪八年（1882年）七月初三日："邹咨山告言：新化经学始于欧阳埭（字文思，号了翁），渊博为一时之冠，专治汉学，精于《三礼》。次则吴思树，号建轩，为邹叔绩之外祖，著有《通史》一千卷；为朱笥河门人，以书献之笥河，未及发还，而笥河卒，思树亦旋卒，其书遂失传。今惟存《上朱笥河书》，言《通史》体例甚备。又有《黄河论》七篇。次吴国琅，字仲良，为邹咨山姑丈，专精汉学；次邹文苏，字望眉，叔绩之父，治算学、乐律，兼通《三礼》。叔绩算学之精，其家传然也。此四公者，皆无成书行世，故为可惜。"①

又如，光绪十年（1884年）九月廿四日："（胡）子威治《礼》，确守康成，自述少时读郑注多疑义，其父命之曰：'且将郑注反复玩味，先求通知郑义，推究其所征据本末，取信于心，乃可发其所疑。'嗣是于郑注不敢轻议。"②

除新化邹氏、湘潭胡氏这些经学世家外，郭嵩焘还表彰湘潭罗汝怀等朴学家，并为罗汝怀的遭遇而不平。罗汝怀"自少读书，喜形声训诂之学"③，这在当时的湘人中，几乎就是异数。"楚之人以先生所为无所资于今，无过问者。而先生为之益勤，行亦益高。天下识与不识，得所著书，以为德清胡氏、休宁戴氏之精博，先生视之固无多让。"④在郭嵩焘看来，罗汝怀所志所学为湘人争得了荣誉，他说："乾嘉之际，经师辈出，风动天下，而湖以南暗然无知郑、许《说文》之学者。君居石潭万山中，承其遗论，独以治经必先识字，创意潜思，受成于心，不假师资。"⑤而自从罗汝怀的《湖南文征》出，"楚人相尚以朴学，后生晚进，才智辈兴"，罗氏有"开楚南文教之先"之功。⑥

无论新化邹氏、湘潭胡氏，还是湘潭罗氏，其所志所学原本没有受到湘人的重视。而在汉学的视野下，诸人受到了肯定，意义得到了彰显。

---

① 《郭嵩焘日记》第4册，岳麓书社，1983年版，第303页。
② 同上，第508页。
③ 郭嵩焘：《罗研生墓志铭》，《郭嵩焘诗文集》，岳麓书社1984年版，第445页。
④ 郭嵩焘：《罗研生七十寿序》，《郭嵩焘诗文集》，岳麓书社，1984年版，第265页。
⑤ 郭嵩焘：《罗研生墓志铭》，《郭嵩焘诗文集》，岳麓书社1984年版，第445页。
⑥ 郭嵩焘：《罗研生七十寿序》，《郭嵩焘诗文集》，岳麓书社，1984年版，第265页。

（二）重新评价湘水校经堂的意义

知识谱系的建构不仅是学者成员的重新确立，还包括对学术机构的确认。如果说湖湘理学知识谱系是以岳麓书院为学术权威机构，那么，在湖湘汉学知识谱系中，另一所学术机构湘水校经堂则成为关注的焦点。

湘水校经堂本是道光年间湖南巡抚吴荣光为引进汉学而设立的一所学术机构。然而，在湖湘重理学的地域风尚中，其命运却是一波三折。

吴荣光，字荷屋，广东南海人，是阮元之门生。阮元在嘉道之际，大兴改科举、兴实学之风，于抚浙时设立诂经精舍，聘请孙星衍、王昶等人主讲经史之学，成就人才无数；抚粤时又设学海堂，很快培养出了经史人才，改变了广东学术人才匮乏的面貌。阮元的举措在全国显然具有示范意义，效法者颇不乏其人，其中之一就是吴荣光。

1830 年，吴荣光出任湖南巡抚，感到当时湖南士风日下，"太习士风敝，经荒行不修"，遂萌生教育改革的想法。他在岳麓书院和城南书院亲自开课，"于常课外，以四孟月课经解古学"，以引导朴实的学风。1833 年，吴荣光在岳麓书院山长欧阳厚均和城南书院山长贺熙龄的协助下，仿效阮元学海堂模式，在岳麓书院内创办湘水校经堂。湘水校经堂以"奥衍总期探郑许，精微应并守朱张"为宗旨[①]，以经义、治事、词章分科试士，以期改变书院重举业的陋习，形成新的实学风气，造就通经史、识时务的有用之才。这种汉宋兼容的学术导向，对于奉理学为正宗的湖湘学界而言，其意义在于引进了汉学。

然而，湘水校经堂对湘学的意义显然不如学海堂对于岭南学术的意义。道光十六年（1836 年），吴荣光因事落职，此课遂废而堂为虚设。此后近 30 余年间，湘水校经堂存其名而无其实。咸丰年间，在湖南巡抚毛鸿宾的倡导下，湘水校经堂恢复重建。重建后的湘水校经堂在授课内容和形式上一如其旧，仍以经学课士，并且正规化，制定了章程。但持续的时间不长，成效不大。

光绪五年（1879 年），郭嵩焘从国外出使回湘后，倡言重整湘水校经堂。学使朱逌然迁建湘水校经堂于城内天心阁城南书院旧址，正式设山长，下辖经、史、文、艺四学及提调、监院各一人，定额招收本省及商籍生徒 24 名肄业其中。湘水校经堂正式成为一所培养实学人才的教育机构。

在湘水校经堂重建的过程中，有关湘水校经堂的叙事也在形成。郭嵩焘将湘水校经堂的建立放在全国汉学传播的背景下进行考察，认为："嘉道之间，仪征阮文达公立诂经精舍浙江，继又立学海堂广东，奖进人才为盛。自顷十余年，各省直亦稍建书院，以治经为名。下及郡县，亦相率为之。而湖南校经堂课实开偏隅风气之

---

① 吴荣光：《湖南述别四首》，《岳麓书院志》，岳麓书社，2012 年版，第 607 页。

先。意者经学将遂昌明，承学之士有所凭藉以资讨论，庶几一挽末世之颓风邪？"① 充分肯定湘水校经堂"开偏隅风气之先"的意义。② 中间辍讲，经毛鸿宾重建，"自是湘人士稍稍向学矣"。可惜时间不长。郭嵩焘倡言重整湘水校经堂，正是要延续其学术意义。

在郭嵩焘看来，重建后的湘水校经堂代表了书院的正轨。宋以来的书院，都是老师大儒以所学为教，启佑人才风俗，渐摩变革。清代诏天下尽立书院，辅学校之不足，却无人能考求宋贤遗规，胥人士而达之古，书院成为科举应考之机构，舍贴括取科名外无有学问。自从阮文达（元）在浙江建立诂经精舍、在广东建立学海堂，一时人士渐知有朴学。直省大吏稍稍仿效，但仅月一课式，没有优游餍饫、涵濡讲习之益，人才还是无法希乎古。而朱学使重整湘水校经堂，"欲谋进湖南人士远希有宋盛时，不止若阮文达公于浙于粤之为者"③，其意义不仅如阮元在浙、在粤所为，更是对宋代书院古意的恢复。

重整后的校经堂延续了吴荣光所确立的学校传统，奉祀郑玄和朱熹，汇汉宋于一途。该堂学约规定："以经解经，最为得之。至于先儒之后，无论为汉为宋，其合于经者取之，不合于经者去之。"又主张："习经宜专，人各就所习本经，摘出疑义，以待师友会讲时彼此问难，务期折衷至当。"④ 堂内义理、辞章、考据、经济之学并行，以经济之学为重。湘水校经堂为近代湖南培养了一大批人才。其中有以经学闻名的胡元玉、胡元直兄弟，有通时务、军事并著有《通商志》《曾法兵事记》的杜俞，有从事程朱之学、究心时务的袁绪钦等人。

光绪十一年（1885 年），陆宝忠出任湖南学政。下车观风，即以《重建湘水校经堂记》为题课士，引发了一股有关湘水校经堂的叙事热潮。虽为士子习作，亦可见在一般士子心目中是如何认识与评价湘水校经堂的。周声洋立足汉学在全国的发展来推测朱遹然重建湘水校经堂之出发点，以为自清代以来，"绝学遄昌，大师辈出""二百年来承学之士，津涉不迷。而督、抚、学政诸公，又以提倡为己任。用是名山粤秀，大开学海之堂；地近西湖，创置诂经之舍。经训萃豫章之秀，经心挹江汉之清。西蜀尊经，益部之才良毕采；南菁讲艺，吴都之俊异咸升。莫不腾茂书城，钩沉经苑。端门练实，尽当廉孝登科；元日谈经，不让侍中夺席。"⑤ 全国诸多省份都有研经究史之机构，"惟此长沙故郡，湘上名区，昔无经义之斋，今少学生之屋。安仁（欧阳坦斋先生）之营隙地，但揭标题；济南（毛寄云中丞）之立

---

① 郭嵩焘：《重建湘水校经堂记》，《郭嵩焘诗文集》，岳麓书社，1984 年版，第 526—527 页。
② 同上。
③ 郭嵩焘：《送朱肯甫学使还朝序》，《郭嵩焘诗文集》卷十四，第 256—257 页。
④ 左调元：《拟校经书院学约》，《校经书院志略》，岳麓书社，2012 年版，第 161 页。
⑤ 周声洋：《重建湘水校经堂记》，《校经书院志略》，岳麓书社，2012 年版，第 103 页。

员程，只存虚器。"湖南在经学方面已经处于落后地位，是以朱公重建湘水校经堂，急起直追，期待"隽才卓荦，雅术修明"。不仅如此，朱学使的作用还在于"以优柔青领，冶铸缁绅。消门户之忿争，抑城阙之挑达。俾学者敛华而就朴，背伪而归真"。而湘水校经堂又是接续湘学传统。"所愿方闻上士，洪笔雅材，学必探其本原，见毋囿于卑近。践乡先达之迹，追古作者之班。上观倚相坟丘之诵，继揽屈生忠爱之诚，中慕濂溪理学之精，下规船山风节之峻，以及邵阳魏默深先生、新化邹叔绩先生之洽闻，湘乡曾文正公、益阳胡文忠公之伟烈。"而湘学的传统是"毋使论世者分道学、儒林为二，衡品者谓文章、气节难兼。"① 这就将湘水校经堂融入了湘学的谱系之中，并且成为湘学的正宗。

光绪十六年（1890 年），学政张亨嘉到任，又将湘水校经堂院舍迁至湘春门，正式改名为校经书院，生额扩大到 44 名。书院设经义、治事二斋，专课经史大义和当世之务，要求学生考究"古今天下治乱、中国强弱之故"②，"举平日所闻于经者，抒之为方略，成之为事功，一洗二百年穿凿破碎空谈汉宋门户之耻"③，"养成有体有用之才，以备他日吏干军咨之选"④。经学政张亨嘉奏请，校经书院获光绪皇帝御赐"通经致用"匾额一块，从此与获得乾隆皇帝御赐"道南正脉"匾额的岳麓书院分庭抗礼。

湘水校经堂的每一次重建都伴随着对湘水校经堂历史的回顾，以及有关湘水校经堂历史叙事的完善。学政张亨嘉称，他在湖南选拔人才，"校试三载，所得士出湘水校经堂为多"；并说："校经者，……十余年来，所造就人才甚众。臣按试边郡，间有通雅之士，询之则皆尝在校经堂肄业者。"大有湖湘人才皆由校经出之意。

在郭嵩焘之后，王先谦、叶德辉等人都不断强化湘水校经堂在近代湘学史上的地位。王先谦以为，湘水校经堂不但开湖湘经学之风气，而且在造就人才方面也成就斐然，与湘省文人关系重大。他说：道光年间吴荣光创立湘水校经堂，"一时造就人才如周自庵（寿昌）、郭筠仙侍郎（嵩焘）昆弟、孙芝房侍读鼎臣、凌荻舟中翰玉垣，号称极盛。"吴荣光之后，庠序阒寂，士林追叹。光绪年间朱肯甫学使恢复，"续前规，延师课学"，又经张亨嘉发展，改造成校经书院，"外府州县见闻较隘，隽异之士考送入院，得以开广学识，成就宏多"⑤。

郭嵩焘、王先谦着眼于对湘学影响本身来阐发湘水校经堂的意义，至叶德辉则

① 周声洋：《重建湘水校经堂记》，《校经书院志略》，岳麓书社，2012 年版，第 104 页。

② 张亨嘉：《楚南新建校经书院碑记》，《校经书院志略》，岳麓书社，2012 年版，第 4 页。

③ 同上，第 5 页。

④ 张亨嘉：《翰林院编修湖南学政臣张亨嘉跪奏，为湘省设立校经书院吁恳恩赐御书匾额，恭折仰祈圣鉴事》，《校经书院志略》，第 6 页。

⑤ 王先谦：《与但方伯》，《葵园四种》，岳麓书社，1986 年版，第 888 页。

放眼全国，将湘水校经堂的意义进一步提升。他说：自从吴荣光创建湘水校经堂以来，"至今古学号为中兴，得人亦称极盛。百年以来，巍科高第著述名家，与文达抚浙所建之诂经精舍、抚粤所建之学海堂若神山之相望久矣。"① 在叶德辉看来，湘水校经堂的创立岂止是改变了湘中不知古学、学术人才匮乏的局面，简直可以争胜于诂经精舍与学海堂，在全国都造成了一定的影响。在这类叙事中，湘水校经堂取代了岳麓书院，成为近代湘学新的学术权威机构。

（三）以汉学为标准来编排晚清湘学知识谱系

除了追溯历史、表彰湘学史上被人所忽略的考据学者之外，对于晚清湘学名臣、名将本身，王先谦、叶德辉等人也都从汉学的角度进行解读，编排了一幅与众不同的晚清湘学知识谱系。

王先谦本与郭嵩焘私交甚笃。晚年定居长沙，与郭几乎无日不会面、无日不聚谈，在反思湘学之不足、谋求振兴湘学上，尤为志同道合。郭嵩焘力荐王先谦接任思贤主讲席，而王先谦则在思贤讲舍内设立思贤刻书处，通过流刊古籍和时人文集，来振兴学术、维系风俗人心，包括刊布郭嵩焘的《礼记质疑》《大学章句质疑》《中庸质疑》等著作。郭嵩焘逝世后，王先谦领衔呈书李鸿章恳求其奏请朝廷为郭嵩焘赐谥立传，未果。他为郭嵩焘的遭遇而感到不平和痛惜，称"吾于郭筠仙先生尤深慨焉"②，赞郭嵩焘"思以先觉，觉彼后知，利在国家，岂图其私"，不愧为一"魁奇杰特之士"③。而在叶德辉眼里，郭嵩焘、王先谦以其"论事救时为先，治经宗两汉"的特色，又成为湘学知识谱系中的代表人物。

叶德辉承认，湘军的兴起与理学指导分不开。他说："道咸之间，粤逆倡乱，湘军特起，成勘定之功。其间柄兵大臣如胡文忠、曾文正、左文襄以及罗忠节、王壮武诸公，皆以理学名儒，出膺艰巨。"④ 这些理学名臣无疑是湖南作为忠义之邦的形象代言人。不过，叶德辉认为，讲学与论政是两回事，事功与著述分属不同的范畴。若落实到湖湘汉学谱系上，则"三吴汉学入湖湘，求阙斋兼思益堂"，曾国藩与周寿昌才是湖湘汉学的传人，也是应当重点表彰的代表人物。

叶德辉还构建了一幅从曾国藩到郭嵩焘，再到王先谦的湘学知识谱系。对于曾国藩，叶德辉重点阐发他在学术文化上的作用。他说："湖南自军兴以来，士争务于功利。湘乡曾文正督师戡乱，不废弦歌。每克一名城，即补秋闱、创书局、礼名士。至今大江南北，祀之瞽宗，名以精舍。"曾国藩之所以不同于其他湘人，就在于他不以功利为唯一目标，而倡导经学。如前所述，曾国藩在学术上主张汉宋兼

---

① 叶德辉：《重刊辛丑消夏记序》，光绪乙巳夏五郎园刊。
② 王先谦：《兵部左侍郎郭公神道碑》，《葵园四种》，岳麓书社，1986 年版，第 187 页。
③ 王先谦：《养知书屋遗集序》，《葵园四种》，岳麓书社，1986 年版，第 91 页。
④ 叶德辉：《十三经注疏》（又一部）提要，《郎园读书志》卷一，戊辰（1928 年）初夏上海澹园版。

容，在本省人士中，实开"三吴汉学入湖湘"之先河。然而，"其文章教泽，未被于乡里"。郭嵩焘出使海西，归主"思贤、城南讲席。侍郎之学，本永嘉、湖州遗法，课士以事功，范之以程、朱之诚敬。于时湘人薄言外务，侍郎谆谆以告于人。坐是而得众谤，久之不合去。"郭嵩焘有志张大湘学，也不为湘人所容，未能实现抱负。王先谦继两公之后，"治经宗两汉，论事以救时为先。自思贤、城南移席岳麓，士之沐其教者，类多能文章、达时务，以蕲全于世用。"①两公未竟之志，王先谦得以一一实现。王先谦不仅以忠君卫道、羽翼圣教为己任，力矫士风之浇薄；而且疏经注史，成为晚清汉学重镇，由此改变了湖南不知汉学为何物的形象。因此，在叶德辉看来，王先谦无疑是湘学领袖。

经过诸人的努力，晚清湖南"汉学彬彬"不仅是个既成的事实，而且也找到了历史的依据，成湘学的传统之一。

第三节　新旧递嬗背景下湘学形象的改塑

尽管湘学意识早就萌芽，对湘学内涵的探讨也较为充分，但"湘学"这一概念的正式形成，却是在戊戌维新运动前后，是在湖南维新运动新旧之争的背景下产生的。检视"湘学"这一概念的实际运用情况，可看出湘学观形成过程中在文化层面筑省界与去省界的不同努力，以及来自本省与外省、地方与国家诸层面的影响。诸人运用"湘学"这一概念，或为维系忠义传统以使不坠，或试图展示湘学向新的精神；或抵制其他地域文化的"入侵"，或以其他地域文化为参照而找准特色；或立足地方关怀，或心系国家民族命脉。其情形之复杂，充分显示了地域学术文化观念在新旧冲突、古今交汇、中西碰撞之中的多重面相。

一　湘学转新与"湘学"名词的最早运用

近代较早将"湘"与"学"两个字连在一起运用的是《湘学新报》，它的创办是甲午战争中国失败后湖南自强求变意识在学术文化上的体现。

自从湘军镇压太平天国、成就同治中兴以来，湘军将领走向大江南北，或为朝廷重臣，或为封疆大吏，在全国政治生活中占据着举足轻重的地位，由此激发了湘人以天下兴亡为己任的使命感与责任感。又因曾国藩湘军以理学为指导，以镇压异教相号召，湘军的胜利象征着儒家名教的胜利，也激发了湘人纲常名教无往而不胜的自负心理与自大感。对此，出任湖南巡抚的外省人陈宝箴就深有感慨："自咸丰以来，削平寇乱，名臣儒将，多出于湘。其民气之勇，士气之盛，实甲于天

---

① 叶德辉：《王先谦七十寿序》，参见王先谦：《葵园自订年谱》，《葵园四种》，岳麓书社，1986 年版，第 812—813 页。

下。……其义愤激烈之气，鄙夷不屑之心，亦以湘人为最。"① 故甲午战争以前，湖南以排外闻名于世，仇视洋教，耻闻洋务。

1894 年甲午中日战争爆发，参战的湘军未能重震雄威、扭转败势，中国最终与日本签订了丧权辱国的马关条约。这场战争激发了全国人民的民族危机意识，而湘人的反思尤为深刻，甚至产生了一种负罪感，认为"甲午失败，实在是我们湖南人害国家的，赔日本二万万两银子，也是我们湖南人害国家的。"② 此种负罪感又极大地激发了湘人的救世热忱和求变自强意识。湘人认为："吾湘士及今不思自厉，上无以宣圣天子作育之化，中无以答有司宏奖之雅，下无以塞薄海豪杰敬畏想望之心。"③ 一时间，谋求变法自强成为湖南的一股风气。在此背景下，出现了校经书院的改革与《湘学新报》的创办。

校经书院本由湘水校经堂发展而来，以讲求实学为宗旨。早在光绪十六年（1890 年）张亨嘉出任湖南学政之时，即强调学子治学要讲求古今天下治乱、中国强弱之故，养成有体有用之才，以备他日更干军咨之选。1894 年，江标继任湖南学政，继续推进校经书院的改革。

江标（1860—1899 年），字建霞，号师郧，江苏元和人。光绪十五年（1889 年）进士，入词馆，散馆后授翰林院编修。江标青年时期曾受业于朴学大师潘祖荫，好治今文经学，留心经世致用之学，鄙弃八股。1894 年出任湖南学政后，以"变风气，开辟新治为己任"，并"思以体用赅实之学导湘之士"④。他主要进行了两方面的工作。一是改变命题方式，以经学、史学、掌故、舆地、算学、词章六类命题试士，务期能选拔真才实学之士。他尤注重以新学课士，"有能通地球形势及图算物理者，虽制艺不工，得置高等。又许即制义言时事，一决数百年物牵忌讳之藩篱。""非周知四国之士，屏斥弗录；苟周知四国，或能算方言一技矣，文即至不通，亦褒然首举之。"于是，湖南士子求学不再为八股所囿，而务求博览，通达时变。"年余，士习丕变，争自濯磨。"⑤ 另一方面整顿校经书院，推广季课，捐廉给奖，并于书院空地建造藏书楼，广购经籍，并添置天文、舆地、测量等仪器，光、化、矿、电试验各器，"俾诸生于考古之外，兼可知今"⑥。他又在校经书院内设立校经学会，分算学、舆地、方言三门。算学讲求浅近实用之法，舆地授以测量绘图之术，方言则攻习英文。学额每类四十名，各派一名学长管理。经过江标的整顿，

① 《湖南巡抚陈宝箴奏设湖南时务学堂折》，《湘报类纂》，第 621 页。
② 《湘报》，第 94 号，第 854 页。
③ 《湖南时务学堂公启》，《湘报》第 33 号。
④ 江标：《湘学新报发刊词》，《湘学新报》第一册卷首，台北华文书局，1966 年影印本。
⑤ 唐才常：《前四品京堂湖南学政江君传》，《唐才常集》，中华书局，1980 年版，第 195 页。
⑥ 江标：《推广书院章程讲求新学折》，《湘学新报》第四册。

校经书院成为湖南讲求新学之嚆矢。

除整顿校经书院、设立校经学会之外，江标"犹惧乡曲儒士拘植于途而不知返也"，于是取门下诸生粗有所得之卮言，每月分三期进行刊布，以与海内切磋，"颜曰'湘学新报'"。这也是近代史上首份以"湘学"命名的期刊兼报纸。

《湘学新报》于光绪二十三年三月（1897年4月22日）正式发行，江标自兼该刊督办（年底由黄遵宪、徐仁铸继任），以唐才常为主笔，蔡钟浚任总理。先后任该刊撰述的有蔡钟浚、陈为镒、杨毓麟、易鼐等二十余人。从第二十一册起，《湘学新报》改名为《湘学报》。《湘学报》主体内容分为六个固定栏目，曰史学（纵贯古今中外诸史，以知兴衰治乱之由）、曰掌故之学（切述朝野典故，及夫中西制度何以通行，各国人心有无异同，俾学者知所鉴别）、曰舆地之学（分地志、地质、地文三种，兵家言附焉）、曰算学（简明浅近取便初学）、曰商学（专明各国盈虚衰旺之理，及夫内地宜否讲求制造及生利分利之别，以拓利源）、曰交涉之学（陈述一切律例公法条约章程，与夫使臣应付之道若何，间附译学以明交涉之要）。此外，还在卷首刊发朝廷谕旨和有关新学的一切奏章，末附"各处电传要语"，故兼有学报型期刊和新闻纸的双重性质。《湘学报》每旬一册，木版印刷，每期约三十页，将近两万字，售价二百文，以长沙校经书院的名义发行。至光绪二十四年（1898年）八月八日终刊，前后共印行了四十五册。

创办《湘学新报》的出发点在于革新学术、引进新知，以应对时势。正如江标在《湘学新报》的发刊辞中所言，自己奉命视学楚南，"丁时局之多艰，惧皇舆之失纽""思以体用赅贯之学，导湘人士，惧未有当也。"适逢朝廷有整顿书院、广求实学之议，于是在校经书院兴办舆地、方言、算学等学会，犹恐不足以开启民智，创办了这份报刊。这就将《湘学新报》的创办与国家关怀、时局关怀联系在一起。《湘学新报凡例》指出：中国士人"积习太深，实学不讲，虽入塾之士多于恒河沙数，而狃于夏虫井蛙之见，非故为虚骄，即颓焉沮丧"，对于古今中外盛衰消息之原因"愕然无所抉择"。究其原因，"秦以来二千余年愚民之流弊，明太祖益以新义坑儒，遂使高明秀特远出万国之人民，营营无益无用之途而末由自振。"民智未开故民学日窒，要开民智，须倡学术；要自振必须有良师。于是《湘学新报》"群章甫缝掖之儒，讲求中西有用诸学，争自濯磨，以明教养，以图富强，以存遗种，以维宙合"。

《湘学新报》的创办也不无地域文化竞争之用意。《湘学新报例言》指出："中国自通商以来，风会渐开。香港、广东、福建、上海、汉口、天津等处，次第开设报馆。"特别是上海的《时务报》，能周知世局，力破鲰生小儒之成见，其功能是有目共睹的。现在总理各国事务衙门议准各省学堂准译艺学新报，又乡会试三场或议以时务策士，运会所趋，日新月异，"而湘省报馆阙如，非所以开民智育人才也"。是以要弥补这一缺憾。又鉴于各地报馆"言政者多，言学者少；言改政者多，言广学者少"，《湘学报》将自己定位为"讲求实学"的报刊，"不谈朝政，不议官常。盖学术为致治之本，学术明斯人才出。"①

《湘学新报》在学政江标、徐仁铸、盐法长宝道黄遵宪的先后主持下，汇聚了湖南本土的一批青年才俊（参见下表），成为湘学的最新阵地。湖广总督张之洞、湖南巡抚陈宝箴分别札行湖北、湖南两省购阅。陈宝箴称该报"指事类情，洵足开拓心胸，为学者明体达用之助""为湘中承学有得之言，于本省人士启发尤为亲切"，要求各州县"先自捐廉，赴省订购"，分交书院肄业各生及城乡向学士子，一体披阅；并劝绅富自行购买分送，俾乡僻寒畯，皆得通晓当世之务，以为他日建树之资。所费无多，为益甚大。"② 而湖广总督张之洞也说该报"大率皆教人讲求经济时务之法"，"议论闳通，于读书讲艺之方，次第秩然"，通饬各道府直隶州订阅，并应发给书院诸生阅看。

《湘学新报》人才群体简表

名称	主持者
督办	江标，字建霞，元和人，乙丑翰林，前任湖南学政 徐仁铸，字研甫，宛平人，乙丑翰林，现任湖南学政 黄遵宪，字公度，广东嘉应州拔贡生，丙子举人，盐法长宝道，前署湖南按察使司
总理	蔡钟浚，字邵谞，武陵人，保选训导
校理	冯应龙，字榛苓，江苏武进人
史学	唐才常，字黻丞，浏阳人，丁酉拔贡 蔡钟浚 易蕣，字壑无，湘潭人，廪生
时务（原名掌故）	杨毓麟，字笃生，长沙人，丁酉拔贡，举人 李钧蕣，字重甫，沅江人，廪生 胡兆鸾，字律孙，长沙人，廪生

---

① 《湘学新报》，台北华文书局 1966 年影印本第一册，第 5—6、8—9 页。

② 《湖南巡抚陈饬各州县订购湘学新报札》，《湘学新报》，台湾华文书局，1966 年影印本，第一册，第182 页。

名称	主持者
舆地	姚丙奎，字平吾，邵阳人，丁酉拔贡 邹代钧，字沅帆，新化人，候选知县 晏忠悦 徐崇立，字剑石，长沙人，廪生 汤家鹄，字叔昆，善化人，附生 邹金湛 杨兆鳣 左邹麟，清泉举人 周傅槑，字虚白，长沙人，童生
算学	黄伯英 李固生，字吕伯，新化人，丁酉拔贡 陈棠，字苇舟，涂浦人，廪生 廖钧煮，字伯焜，长沙人，附生 刘佐楫，字巨丞，醴陵人，廪生
商学	陈为益，字璞臣，郴州人，丁酉优贡 李钧萧 鄢廷辉，字祐楣，江西丰城人，附生，肄业校经书院商籍
交涉	唐才常 杨概，字叔枚，清泉人，廪生 周传梓，字廉伯，长沙人，附生

（据《湘学报》汇编本卷首题名录编制）

《湘学报》的创刊，不仅传播了新学新知，而且也展示了湖南在讲求新学方面的成就，是新形势下地域学术文化意识的新表现。相对而言，汇编本省学士的课卷，则是较为传统的展现方式，但同样不可或缺。1897 年，江标将任内岁、科两试之作中选录出 1/10，裒集成《沅湘通艺录》8 卷，附录《四书文》2 卷，共 10 卷。全书"四书文"计 44 题，《通艺录》8 卷除词章 2 卷、经学 1 卷外，其余多与新知新学有关。试题如"拟西学通考凡例""学新法须有次第，不可太骤说""论公私""重译说""守旧不如图新论""古今和战之误，皆害于使臣说""论国债""拟自造机器，遏洋货利权说""有铁路始可广言开垦说"，均见倡导新知①。《沅湘通艺

---

① 参见刘茂华《近代湘学概论·序论》，《南强旬刊》第一卷第 2 期，1938 年。

录》成为江标开其新机、宏奖才俊、转移习尚的体现，的确也培养了一批硕彦。

不过，谁才能代表湘学？湘学究竟要往哪个方向发展？随着湖南维新运动的推进、新旧之争的激烈，这个问题越来越尖锐，也刺激着人们重新梳理湘学的源头、湘学的传统以及湘学的未来。

二　新旧之争与"湘学"一词的流行

在湖南维新运动时期，除了兴办《湘学新报》传播新学新知外，还兴建了时务学堂（1897 年 10 月）、创办了《湘学报》（1898 年 3 月）、成立了南学会（1898 年 3 月）等机构与组织，宣传维新变法思想，其中就包括康有为披着今文经学外衣的变法理论。在梁启超出任湖南时务学堂中文总教习后，康有为学说被奉为"两千年未有之绝学"而在三湘大地流传开来。这些情况引起了湖南保守人士的警惕，也使他们重申湘学的忠义传统。

1898 年 7 月，当时务学堂学生札记流传到岳麓书院斋长宾凤阳手上，宾凤阳上书岳麓书院院长王先谦，指责时务学堂败坏了湖南的学风。该信开篇即云："窃我省民风素朴，自去夏以前，固一安静世界也。自黄公度观察来，而有主张民权之说；自徐砚夫学使到，而多为崇奉康学之人；自熊秉三庶常邀请梁启超主讲时务学堂，以康有为之弟子大畅师说，而党与翕张，根基盘固，我省民心顿为一变。"[1]他认为民心变的根源就在于梁启超在时务学堂倡导民权平等，蔑弃人伦，流风所至，上自衡、永，下至岳、常。他建议，为了端正学风起见，应从严整顿，辞退梁启超等，另聘品学兼优者为教习。由此引发了一场有关时务学堂的争论。

另一士子王猷焌在听了南学会演讲后，也认为湘省学风正遭到破坏。他说："我省人心古朴，素号忠义，惟不免深闭固拒，未能开通明达。迩者自陈中丞莅任以来，创设时务学堂，开办南学会，原欲以开通民智，使士民不狃于故常，不安于固陋，法良意美，夫复何言。乃熊希龄、谭嗣同诸人，悖乱其间，遇事朦蔽，耸抚宪聘康有为之弟子梁启超来湘主讲，专以民权、平等、无父无君之说，为立教宗旨，论其罪状，何殊叛逆。于是承其风者，若樊锥、若易鼐、若唐才常等，肆行无惮，显悖伦常，丧心病狂，莫此为甚。此诚学术之关键，风俗之隐忧也。湘省何辜，被其荼毒？……今学会所言者，除中丞讲义教人尽忠知耻外，其余讲义，何一非若辈逞其邪说，放厥淫词。……学会诸人大都为康氏伪学所惑，故信口狂吠，不顾名义，而为康氏之徒如梁启超者，则又阐扬师说，秽我湘风。"[2]他请求王先谦出面"婉商抚宪，另聘名儒主讲时务学堂，并斥逐党附伪学者，以端学术而正

---

① 《宾凤阳等上王益吾院长书》，《翼教丛编》，上海书店出版社，2002 年版，第 144—145 页。
② 《王猷焌上王院长书》，《翼教丛编》，上海书店出版社，2002 年版，第 155—156 页。

人心"。

这些言论,都代表了湘中守旧士子对其他地域文化扰乱本省学风的担忧与不满,他们还强化了湘学的特色。

在抵制康梁学说的过程中,叶德辉以湘学代言人自居,维护湘学的纯洁性。他摇唇鼓舌,贻书友朋,揭露康梁"邪说"的危险性,并明确地提出了"湘学"概念。他说:

湘学肇于鬻熊,成于三闾,宋则濂溪为道学之宗,明则船山抱高蹈之节。迨乎乾嘉以后,吴越经学之盛,几于南北同宗,而湘人乃笃守其乡风,怀抱其忠义。经世之作,开风气之先;讲学之儒,奏戡乱之绩。流风广衍,本不以考据为能。①

这里,叶德辉将湘学的源头上溯到了被封为楚祖的鬻熊,并将宋之周敦颐、明之王夫之以及近代曾国藩、左宗棠等人作为重点表彰的对象,特别是近代理学名臣,是湘人崇祀效法的对象。在叶德辉看来,湘学自有其优良传统,所重在于经世、在于对理学的崇奉;而湘中无知之徒,竟然依附康门表彰异学,对湘学来说,是丢弃了自己的优良传统;对于儒学来说,则是一种援墨入儒,自毁长城。他认为,正是因为湘中弟子不知向学、湘人不懂考据,故容易被康有为借考据形式所表达的"异端邪说"所迷惑。叶德辉表示:"鄙人一日在湘,一日必拒之,赴汤蹈火,有所不顾。"②他认为,自觉地抵制异端邪说、维护湖湘忠义之邦的形象,是他作为一个湖南学者应有的自觉,"否则月旦乡评,交相讥刺,不目为耶氏之奴隶,或目为康党之门人,则鄙人将见外于乡人而终身不能言学矣。"③

为了维护湘学的传统,1898 年 7 月 10 日(光绪二十四年五月十二日),以王先谦领衔的 10 位湘绅共同呈书湘抚陈宝箴,要求撤换时务学堂中文总教习。他们认为,"湘省风气淳朴,人怀忠义",只不过"见闻稍陋,学愧兼通",开设时务学堂本是为了开通民智,属当务之急,"乃中学教习广东举人梁启超,承其师康有为之学,倡为平等、平权之说,转相授受",这就偏离了中丞设立学堂的本意,也扰乱了湘学的传统。他们认为,若任其发展下去,湘中子弟将"不复知忠孝节义为何事"。④ 这不仅是湘人之不幸,更是中国文化之不幸。因此,他们以维护湘学传统为己任,抵制康梁学说在湖南传播,要求整顿时务学堂、摒退主张邪说异学之士。

为了规范湘学的发展,保守一派士绅还订立了《湘省学约》。其言曰:"吾湘人才茂美,由乡先正讲明学术,不骛歧趋。国朝中兴,彬彬极盛,其中如曾文正、左文襄、胡文忠、罗忠节,杰出无伦。考其为学,不外义理、考据、辞章、经济,

① 叶德辉:《叶吏部答友人书》,《翼教丛编》,上海书店出版社,2002 年版,第 176 页。
② 同上,第 176—177 页。
③ 叶德辉:《与俞恪士观察书》,《翼教丛编》,上海书店出版社,2002 年版,第 179 页。
④ 《湘绅公呈》,《翼教丛编》,上海书店出版社,2002 年版,第 149—150 页。

此四者，析之则殊途而异趋，合之则同条而共贯，亦在人观乎其大而已。……乃自新会梁启超来湘，为学堂总教习，大张其师康有为之邪说，蛊惑湘人，无识之徒翕然从之。其始随声附和，意在移时，其后迷惑既深，心肠顿易。……今与吾湘人士约，屏黜异说，无许再行扬播，煽惑人心。"① 并由此确定了湘学发展的七条原则，即正心术、核名实、尊圣教、辟异端、务实学、辨文体、端士习。

至少从学约制订者的本意来看，抵制康梁学说就是为了维护正宗湘学的传统，这场新旧之争在一定程度上是湘人与粤人、湘学与岭南学之争。同时，他们又常常超越地域之争的局限，把它上升到全国的高度、上升到纲常名教命脉之所系的高度，强调"吾湘系全局安危，同志诸君当各以天下自任。谨立学约，期共勉遵"②。

事后，粤人梁鼎芬在与王先谦的信中说："湖南乃忠义之邦，人才最盛。昔吾粤骆文忠公巡抚此地，提倡激厉，贤杰辈出，同卫社稷，如云龙之相从，至今海内以为美谈。岂意地运蓑薄，生此三丑，以害湘人，以坏岭学，凶德参会，无所底止……吾师主持湘学，初恐后生小子闻见不广，则以开风气为先，继以异端逆党议论横生，则以辟邪说为重，可谓肩重作于将坠，扶大厦于甚倾。"③ 这里的"湘学"，指湖南学术。

在这类的言说中，"湘学"都是指相对于岭南学等其他地域的具有独特宗旨、风格、传统的地域学术，是"忠义之邦"的学术根基。不过，值得注意的是，维新派也是通过追溯湘学源流、反思湘学传统来为自己寻找维新的学理依据。

三 域外文明参照下的湘学新形象

尽管在短时期内保守官绅抵制住了康梁"邪说"在湖南的流传，维护了湘学传统的纯洁性，然而，他们并不能垄断对湘学传统的诠释权。清末新政以来，各省向海外派遣留学生，湖南也不例外。在民族危机的关头，接触了西方政教文明的留学生对本国文明多有反思。基于爱国先爱邦、救国先救邦的理念，这种反思集中指向本邦，也促使他们在西方成功经验的参照下，重新解读湘学传统，凸显湘学新形象。

（一）地域意识与民族主义的交织

所谓地域意识，是指对地域角色的认识，大体包含两个层面，一是立足中央与地方的关系强调本地在全国的地位，二是立足地域与地域的关系凸显本地的特色。

---

① 《湘省学约》，《翼教丛编》，上海书店出版社，2002 年版，第 150—151 页。
② 同上，第 151 页。
③ 《梁节庵太史与王祭酒书》，《翼教丛编》，上海书店出版社，2002 年版，第 155 页。

近代湖南的地域意识兼有这两重内涵。晚清以来，湖南先是以保守排外著称于世，继而以积极维新闻名天下。甲午战争中国战败后，湖南在全国率先掀起了维新运动的高潮，其人思自奋、家议维新的气象给出任湖南时务学堂中文总教习的广东人梁启超留下了深刻的印象。他评论道："湖南天下之中而人才之渊薮也。其学者有畏斋、船山之遗风，其任侠尚气与日本萨摩、长门藩士相仿佛，其乡先辈若魏默深、郭筠仙、曾劼刚诸先生，为中土言西学者所自出焉。"① 并认为可以强天下而保中国者非湘莫属。这种看法也为相当一部分湖南人所接受，成为他们的自我认同。随着清末湖南留日学生对西方文明的了解，他们对湖南的角色定位也由日本的萨摩上升到古希腊的斯巴达、德意志的普鲁士等，最终发展为中国兴盛的保障。

1902 年，踏上东瀛的湖南留学生"登三神山，饮长桥水，访三条、大隈之政策，考福泽、井上之学风，凭吊萨摩、长、肥，遍观甲午、庚子战胜我邦诸纪念"②，真切地感受到明治维新之后日本欣欣向荣的景象，同时也为"老大帝国者，竟不能一洗甲午庚子诸纪念之辱"③ 而羞愧，产生了亡国灭种的危机感，进而谋求改变局势。

当时各省留学生均主张谋国先谋邦，爱国先爱邦。如湖北留学生提出："吾辈既为湖北人，则以湖北人谋湖北，亦自有说。"认为以湖北立言，"非敢自相畛域也，实智力之小，尚未足以谋远大也"，"故不得已而援由乡及国之义，暂以湖北一省为初点"④。杨毓麟提出："吾湖南人也，欲谋中国，不得不谋湖南。"⑤ 湖南留学生周家纯也在给家乡父老的信中再三阐明："故乡即吾国土地之一部分也，故乡之人即吾国之人之一部分也。吾欲为吾国筹，不能不先为吾故乡筹之。"⑥故在反思本国政教文明之时，又将反思的焦点指向本省。

在日本的亲身经历使留学生对萨摩等藩在日本明治维新中所起的关键作用有了更深的认识，并借以反观湖南。蔡锷在对比中日两国情形后指出："彼欧美交通，中先于日，外患之迫，中同于日；而日本三藩之所为，则卅年以前之事也。"⑦ 认为正是三十年前日本三藩的作为成就了日本的明治维新，才使三十年后的中日情形判若天壤。萨摩等藩地虽小，成名大；相比之下，湖南虽然地广人众，却未能发挥推动中国变革的作用，其"萨摩之喻"显然名不副实。他们期待"我湖南一变，

---

① 梁启超：《南学会叙》，易鑫鼎编：《梁启超选集》，中国文联出版社，2006 年版，第 63 页。
② 蔡锷：《致湖南士绅书》，《蔡锷集》，湖南人民出版社，1983 年版，第 13、14 页。
③ 《致同乡父老遗子弟航洋游学书》，《游学译编》第六册，"通信"第 2 页，光绪二十九年三月十五日。
④ 《湖北调查部纪事叙例》，《湖北学生界》第 1 期，1903 年 1 月。
⑤ 杨毓麟：《新湖南》，《杨毓麟集》，岳麓书社，2001 年版，第 32 页。
⑥ 周家纯：《致湖南青年劝游学外洋书》，《游学译编》第四册，光绪二十九年正月十五日。
⑦ 蔡锷：《致湖南士绅书》，《蔡锷集》，湖南人民出版社，1983 年版，第 13、14 页。

则我中国随之矣"①，湖南能成为国家变革的主动力，成为真正的萨摩。

更激进的思想是鼓吹湖南成为中国脱离清政府、实行民族建国的领头羊。1902年，广东人欧榘甲在日本横滨出版了《新广东》（又名《广东人之广东》）一书，提倡广东人速谋自立之法，并主张广东人有自立特质。受此启发，湘籍留学生杨毓麟也提出"湖南人之湖南"的概念："湖南者，吾湖南人之湖南也。铁血相见，不难不竦，此吾湖南人对于湖南之公责也，抑亦吾湖南人对于汉种之公责也。"② 湖南人对湖南有责任，对汉种有责任，而且尤为重大。这是因为，在清季民族主义的视野下，曾经让湖南人引以为豪的湘军不再具有正面的价值，而是被指责为"杀同胞而媚胡种"的罪人。杨毓麟提出：湖南应当将功赎罪，争当脱离满族奴役、谋求民族自立的领头羊。他作《新湖南》，就是要"遍告湖南中等社会，以耻旧湖南人之甘于为奴者，以谂旧湖南人之不愿为奴者，以待十八行省之同褫奴服，而还我主人翁之位置者。"③ 要以湖南人的独立性，制造新湖南；以中国人之独立性，制造新中国。

以世界各邦为参照来定位湖南，是清季湖南留日学生地域意识的一大特点。时人言："以湖南比近世之帝国，一日耳曼二十五联邦中之德意志也。以湖南比世界之共和国，一美国十三州中之华盛顿也。"④ 湖南地域意识归根结底是强调湖南在民族主义建国中所应当扮演的角色。放眼世界，"欧洲古国斯巴达，强者充兵弱者杀。雅典文柔不足称，希腊诸邦谁与敌？区区小国普鲁士，倏忽成为德意志。"这些在民族国家中起到核心作用的地域成为湖南留日学生的新偶像。有鉴于此，湖南少年喊出"中国如今是希腊，湖南当为斯巴达。中国若为德意志，湖南当为普鲁士"的口号，直抒"若道中华国果亡，除非湖南人尽死"的豪情⑤。这些言论不仅在留学生中间传颂甚广，而且对后世湖南人的自我认同产生了深远影响。1906年，蒋廷黻从邵阳乡下来到湖南长沙明德小学就读，发现年长的一些学生中间，特别是毛泽东就读的省立师范中，流行着一句口号："中国若是德意志，湖南定为普鲁士。""普鲁士主义的真意何在没人能够真正了然。那句口号的意思只是表示在新中国成立的过程中，湖南人一定要担任重要角色。极端的保守主义转变成极端的激进主义。"⑥ 可见留日学生提倡的口号已变成湖南人的共识。

---

① 蔡锷：《致湖南士绅书》，《蔡锷集》，湖南人民出版社，1983年版，第17、18页。
② 杨毓麟：《新湖南》，《杨毓麟集》，岳麓书社，2001年版，第32页。
③ 同上，第32页。
④ 铁郎：《二十世纪之湖南》，《洞庭波》第一期"论著"。转自中国近代史资料丛刊《辛亥革命（二）》，上海人民出版社，1981年版，第195页。
⑤ 杨度：《湖南少年歌》，《杨度集》，湖南人民出版社，2008年版，第95页。
⑥ 蒋廷黻：《蒋廷黻回忆录》，岳麓书社，2003年版，第32页。

（二）政治关怀与学术自觉的互动

晚清各省留日学生在凸显本省本地对全国的重要性之时，往往立足本省的历史、地理、民情、风俗，极言其物华天宝、人杰地灵，由此形成了一股总结各省地域文化的热潮。湖北留学生强调，"吾楚"影响全局至大，"吾楚为九省总汇之通衢，江汉殷轸，商贾辐辏"①，位置之善，为腹地所罕有。广东留学生强调，广东为天下所注目，因广东"有特质异于各省者数端，而其为中国精华之所注，则古所称沃野千里，天府之国，华实之毛，则九州之上腴，防御之阻，则天地之奥区者也。"② 湖南留学生认为，湖南"系十七省人心之希望"，"以言建国，则有鬻熊、吴芮、马殷之霸业；以言开府，则有陶侃、张浚、瞿式耜、何腾蛟之忠勋；屈原以文章唤起国魂，船山以学说提倡民族；时务则魏源、郭嵩焘、曾纪泽为之先声；种界则曾静、贺金声、陈天华、姚洪业效其死命"③。强调湖南具有光荣历史、开化民俗、大好人物和英伟事业。而在分析评判各地域学术文化的优劣短长时，诸人也往往以日本、欧美的成功经验作为参照，提出了诸多新见解。

第一，湖南政教学术"具有新机"，这是湖南成为推动中国变革的重要力量的保证。

蔡锷在比较中日两国得失成败的情形后指出：日本的成功就在它是一个"具有新机"的国家，吸收了中国、印度、西方政教文化之长，加上自出之精神，遂成为精进不退之祖；而中国是天下之旧国，政教学术都出于自创，地大人众，不可强为。这是中国变法不易而日本变法不难的原因之所在。他还进一步分析："夫人老难与谋新，国老难与图变，而地小则事易举，势大则功难为，此天下之至情也。"世界上如"英、法、俄、德，皆天下之新邦，政教、学术先取于人，而己乃扩张之也"；至于"埃及、印度、犹太、突厥、希腊、罗马之数，非灭即弱，此皆天下之旧国，政教、学术创之于己，自足过甚，自信太深，而久乃浸寻衰败也"。④

以世界各国的情形来比拟中国内部各省，则湖南属于"具有新机"的新邦。"夫湖南僻在中国之南方，政教学术，大抵取索于中原，而非已有矣；则湖南者，亦犹罗马之英、法，可谓能有新机耳。"⑤ 湖南政教、学术不是自创的，不自负自大，更易吸收西方文明。这是湖南大有作为的保证。当然，湖南要真正成为推动中国变革的大萨摩，必须扩充文理想而促进武精神。湖南的武精神已经被湘军所证

---

① 张继熙：《湖北学生界叙论》，张枏、王忍之编《辛亥革命前十年间时论选集》（第1卷），三联书店，1960年版，第435页。
② 欧榘甲：《新广东》，张枏、王忍之编《辛亥革命前十年间时论选集》（第1卷），第271页。
③ 铁郎：《二十世纪之湖南》，《洞庭波》第一期"论著"。转自中国近代史资料丛刊《辛亥革命（二）》，上海人民出版社，1981年版，第195页。
④ 蔡锷：《致湖南士绅书》，《蔡锷集》，湖南人民出版社，1983年版，第16页。
⑤ 同上，第17页。

明，文理想方面尚嫌不够。蔡锷认为，湖南学派夙主保守，近稍开放，"壮烈慷慨，凿险缒幽"，近于泰西古时斯多噶。在他看来，尽管湖南开新群彦进步疾速，对东西政法科学之经纬、名群溥通之谭奥"沈潜探索有日，斐然可观"①，但要扩充湖南文理想，光靠这批人的开新还不够，还要本省同胞全体开新，了解、接受西方文明。正是基于这种认识，湘籍留日学生创办《游学译编》杂志，将他们在日本所接触到的西学西政知识传播到国内省内，"输入文明、增益民智"②，以促进本省同胞的开新。

第二，湖南具有独立根性、独立的学术传统，理应为建设独立的民族国家做出独特的贡献。

当时外国舆论认为汉族卑贱屈辱，善于服从，不足以居政府，而满人高视阔步，具有居上临下的气质，中国应当服从清政府的统治。杨毓麟认为，这是对汉族的侮辱，作为湖南人，要建设新湖南以雪此恶谮。在他看来，全国具有自立特质的硬件条件的省份很多，唯有湖南，具备了自立所需的软件条件即独立根性。

杨毓麟认为，湖南独特的地理位置造就了湖南的独立根性。湖南是山国，交通不便利，北阻洞庭湖，南隔岭峤，与外界交往不密，故"其民朴陋贫瘠，而暗于外事特甚，以排外闻天下"，但同时"奴性亦未甚深固"。③ 当清兵入湖南、克长沙之时，湖南父老子弟厉兵秣马，跟随何腾蛟之后，"思保全疆土，以存中原文献于西南一角弹丸黑子之地"。何腾蛟失败后，湖南人又跟随堵允锡继续抗清；堵允锡既殁，又继之以李定国之役，一直至明祚既斩，死灰不燃；吴三桂盗用反清复明的名义发动叛乱，"犹足以倾我湖南人之观听"。④ 杨毓麟指出，王夫之就是独立根性的标杆，其所著书"自经义、史论以至稗官小说，于种族之戚，家国之痛，呻吟呜咽，举笔不忘，如盲者之思视也，如痿者之思起也，如喑者之思言也，如饮食男女之欲一日不能离于其侧，朝愁暮思，梦寐以之。"⑤ 其种族之戚、家国之痛有过于黄宗羲，其著作不传于王氏家人，不传于故旧亲戚，往往藏于古庙破刹之中，"故种界之悲剧流传于我湖南人之脑蒂者，最为酿深微至。"⑥

杨毓麟还认为，湖南历史上达官贵族较少，也保证了湖南人不受利禄之途的影响、维持独立根性。元明至清初，湖南与湖北合闱，湖南中试者寥寥，"盖洞庭以南，自为风气，而独以其庞民耆献之学说，展转相传。"⑦ 湖南学术上的独立使

---

① 蔡锷：《致湖南士绅书》，《蔡锷集》，湖南人民出版社，1983 年版，第 17 页。
② 《游学译编》第二册，公启。光绪二十八年十一月十五日。
③ 杨毓麟：《新湖南》，《杨毓麟集》，第 32 页。
④ 同上，第 33 页。
⑤ 同上，第 35 页。
⑥ 同上。
⑦ 同上。

湘中士子大多逸出于科举之途外。自湖南、湖北分闱以后，湖南士子科举应试、达于朝廷者渐多，"利禄之途既启，而种性亦少劣焉"。然而犹在微芒之中保持了独立根性，比如，士庶之家，丧葬皆用前朝衣冠，名为"唐巾"，寓含着"生降死不降"的意义。咸同中兴以来，湖南建功立业者众多，犹有人如巴陵吴敏树不乐应诏，去世时仍然以前代冠服入殓。凡此种种，都说明湖南人未尝一日忘记奴戮之耻。

杨毓麟进一步指出，湖南人的独立根性在学术上表现最为明显，湘学不随流俗，空所依傍，崖岸自异；而今应将这种独立根性从学术上扩充到政治上，要在民族建国中发挥其领头羊的作用。

第三，湖南应多派留学生，讲求学问，激发独立根性，以负起求学救国的责任。

在总结湖南地域学术文化之时，留学生们也对湖南学风的不良习气予以针砭，以警醒同胞。湖南留学生或以全体的名义或以个别的名义，先后五六次致信家乡父老，指陈亡国灭种之痛、湖南应负的责任，以及湖南在学术上的落后，敦劝父老多派留学生汲取学问、谋求自立。他们强调，当今泰西之学大多东移于日本，游学日本是培养人才的最佳途径。江苏、浙江、广东诸省"父遣其子，兄勉其弟，航东负笈，络绎不绝，群然以种祸相激切"[1]，而"吾湘学生""几如日出之星、秋后之果，屈指犹不过数十人"[2]，省内同胞一说游学，甚至传出许多笑话。可见湖南未能洞达时机。留学生们指出："人无种性无常识，则无灵魂；无灵魂则愚，愚则奴之不知灭之不知。"[3] 湖南要自存，还是要靠湖南人有独立精神，以学问作独立之基础，承担本省之事，承担救国存种之大业。不然，"举湖南全省而为无学之地，则即他行省皆能兴起，为20世纪之中国构造一伟大之历史，终不能以彼之有学而济我之无学，是现在以无学而不学，将来以不学而永于无学。中国奴亡，西人利用其愚蠢而永受奴祸；中国不奴亡，他省不奴亡，而湖南独奴，是湖南人自奴自愚，以永受奴祸。"直言湖南学界若不图新进，"五十年以内，我湖南灭种在于苏浙粤东之先，可以必矣"；"我湖南以主守旧主义、鄙弃西学，负罪天下，为十八省份奴隶界之代表者"，如果不图谋改变，则将来全国十七省脱奴隶籍时，将不齿与湖南同列等。[4] 凡此种种，则是从反面激励"吾湘"多派人游学海外、激发其独立精神，

---

① 《致同乡父老遣子弟航洋游学书》，《游学译编》第六册，"通信"第4页，光绪二十九年三月十五日。

② 周家纯：《致湖南青年劝游学外洋书》，《游学译编》第四册，光绪二十九年正月十五日。

③ 《劝同乡父老遣子弟航洋游学书》，《游学译编》第六册，"通信"第4页，光绪二十九年三月十五日。

④ 《劝同乡父老遣子弟航洋游学书》，《游学译编》第六册，"通信"第6页，光绪二十九年三月十五日。

负起求学救国之责任。

（三）重新塑造地域学术文化新形象

清末湘籍留日学生在叙述湖南学术文化时，以西方文化作为参照，赋予地域文化以崭新的品格，塑造出地域学术文化的新形象。

首先，他们认为，湘学在中国主流学术中的边缘性具有全新、正面的价值。

如前所述，早期湘学意识处于向中原靠拢的层面，通过论证湖南与中原同沐圣教、一道同风来提升湖南的地位，显示出湖南地域文化意识产生后湘人努力"去边缘化"的倾向。而清季留日学生在新的参照系下，不仅不为这种边缘性自卑，反而视其为湘学优势之所在，赋予其全新的意义与正面的价值。

蔡锷承认，湖南僻在南方，政教学术，大多索取于中原。而参照世界各国的情形及日本成功的经验，这种边缘性正是具有新机的体现。世界各地，老大帝国，政教学术自创于己，自信太过，自负太大，故步自封，久而衰败；而新邦则政教、学术取于他人，并以己力扩张之。人老难以谋新，国老难以谋变。日本的成功正在于它不断吸收其他国家政教、学术。以此类比，处于边缘地位的湘学在吸收西方先进文化方面更有优势。

杨毓麟把湘学的边缘性解释成空所依傍、自由创造，是湖南独立根性的体现。在他看来，周敦颐"师心独往，以一人之意识，经纬成一学说，遂为两宋道学不祧之祖"；王夫之"以其坚贞刻苦之身，进退宋儒，自立宗主"；当阳明之说流播天下之时，"湘学独奋然自异焉"；当大江南北相率为繁琐经说之时，魏源"治今文《尚书》、三家诗，门庭敞然"；王闿运之于公羊学，"类能蹂躏数千载大儒之堂廡，而建立一帜"[1]。湘学的独特性不仅在于它能不随流俗、空所依傍，还在于它往往能得先机，引领风尚。道咸之交，人们都耻谈洋务，而"魏默深首治之"。郭嵩焘远袭船山，近接魏氏，"其谈海外政艺时措之宜，能发人之所未见，冒不韪而勿惜"。至于谭嗣同，就更是"直接船山之精神""无所依傍，浩然独往，不知宇宙之圻埒，何论世法！"这些湘学的代表人物，均有自由创造精神和突出的学术成就，表明湘学"其岸异之处，颇能自振于他省之外"[2]。学术上的自立正是湖南人独立根性的表现，是谋求新湖南，进而谋求新中国的保障。

其次，淡化湘军理学名臣忠义形象，凸显其尚武精神与反叛精神。

晚清以来，湘军将领以行动塑造着湘学崇理学、重忠义的形象，理学名臣也成为湘学知识谱系中的重要代表。而清季留学生则解构"忠义"之说，改塑湘军将领的形象。

---

① 杨毓麟：《新湖南》，《杨毓麟集》，第 36 页。

② 同上。

蔡锷、杨度等把湘军视为湖南"武精神"的典范，以为："湖南素以名誉高天下，武命自湘军，占中原之特色，江、罗、曾、胡、左、彭沾丐繁多。人人固乐从军走海上，以责偿其希冀矣。"① 文想与武命相结合，乃是立于不败之地的法宝。至于"朝来跨马冲坚阵，日暮谈经下讲帷"的罗泽南等湘军将领，在清季留学生倡导尚武教育之时，更是激励后人的榜样。

杨毓麟对湘军与太平军之争的性质提出新的解释。他认为，湘军起而镇压太平天国，其起意并非"杀同胞以媚胡满"，而是痛恶流贼之暴行。他指出："洪杨之举事，虽能震荡天下，实龌龊无远略，其用兵殆同儿戏，而其掳掠焚杀之惨，几几不减于前明闯、献之所为者。"曾国藩举办团练加以镇压，"乡里子弟呼噪而起，盖湖南承前明遗老之风声气习，痛恶流贼之暴乱以致此也"。太平军剽窃天主教之绪余，假称天父、天兄，与湖南士庶平时所接受的学说格格不相入，"故湘、粤之哄，虽谓带宗教之性质可也"。② 换言之，湘军与太平军之争是一场文化战争。杨度也有类的看法，他在《湖南少年歌》中曾有一段话专门解释湘粤之争："洪杨当年聚群少，天父天兄假西号。湖南排外性最强，曾侯以此相呼号。……粤误耶稣湘误孔，此中曲直谁能校"③？同样将湘军与太平军之争解释成宗教文化之争。

杨毓麟还指出，湘军将领中不少人受到满人官员的压制，最终知"满政府决非可与图事"。如胡林翼的志向为官文所扼制，最后知"非大有所革除，不足以庇生民之命，而满政府决非可与图事"，故其建议"欲使曾公节制数省，布置宏大，亦常以非常之业微语曾公，顾曾公不之许"。说明胡林翼并非忠于清政府。左宗棠临终后悔当年为清廷笼络、未能反叛。桂阳陈士杰以功至开府，"生平宗旨实与马殷、边镐略同"，只不过因属湘军后起之秀，嗫不敢发。又如彭玉麟、郭嵩焘等，皆不忠于清。"彭公一生不乐秉节钺任疆寄，郭嵩焘出使归径还乡不复命，皆有所憾者。"如果说当日湘军有所负罪于天下，不是错在镇压太平天国，乃错"在徇书生之小节而忘国民之大耻，此其最可惜者"④。

再次，强调湘学的理想在于开新，以新的标准麟选湘学代表人物。

留学生强调湖南要追求学问，这里所说的学问，不是指传统的经史子集，而是指能够富国强兵、立于世界民族之林的新式学问。周家纯指出："忧国之道不一端，而忧学问为其起点。不知政治者，不得为格兰斯顿；不知外交者，不得毕士麻克；不知航路者，不得为哥伦布；不知枪炮者，不知为克虏伯；不知哲理者，不得为卢梭；不知物理者，不得为牛董；不知汽车学者，不得为瓦特；不知天文者，不得为

---

① 蔡锷：《致湖南士绅书》，《蔡锷集》，第 17 页。
② 同上，第 36—38 页。
③ 杨度：《湖南少年歌》，《杨度集》，第 93 页。
④ 杨毓麟：《新湖南》，《杨毓麟集》，第 38 页。

哥卑尼噶；不知陆军者，不得为惠灵顿；不知海军者，不得为讷耳逊。"① 要救国，就得先吸收新思想新学问。诸人一致认为，湖南要在民族建国中发挥重要作用，就必须致力于扩张新学，"所贵于新学者，不为一身之奴，不为一家之奴，不为一姓之奴，亦不为一学说之奴，不为一党派之奴。新学之真精神，如是如是，新学之真面目，如是如是。"② 新学要服务于民族建国，不仅为湖南公益谋，更为中国谋；不仅为中国谋，更为同洲同种谋。

留学生们还以新学的标准来麟选湘学代表人物，否定湘中硕学通儒王先谦、叶德辉、孔宪教等旧学人物的资格。杨毓麟指出："王氏好利而忘在得之戒，叶氏好名而有行险之材，皆欲挟其经义史事、词章考据之陋学，以矜式来者，而以争名夺利之余力，轶而出于倡优赌博之间，在孔门为无忌惮之小人，在满政府亦为不守法之刁奴劣仆。"他视经义史事、词章考据等传统学术为"陋学"。他推论，若任其发展，这些人的最终结局就是"执箪笥壶浆以迎非族，而呼大英、大美、大法、大德万岁者"③。至于只懂八比试帖的孔宪教等，"思想至猥亵，议论至浅鄙"，也不配与言湖南之事、救国之事。湖南旧学中人，只有王闿运超离尘垢之外，是湖南旧学精神命脉之所寄，但其"见解疏阔，暗于世界之趋势"，适应不了时代的需要。

总体上看，留学生们大多反对本省的新旧之争，对保守的硕学通儒尤为反感，指责"我湖南阻新机而非游学者，昧亡国之惨而甘于奴灭也"④，全面以新学代替旧学。但也有留学生对旧学人物作了新的解读。如杨度一方面赞扬王闿运的纵横术，视其为湘学中的重要内容，一方面则挖掘王闿运的新学价值，指出王闿运在纵横术失败后，"专注《春秋》说民主"⑤，开晚清新学之先河。他认为，廖平、康有为等人正是在继承王闿运学说的基础上推波助澜，在学界拉起民主的旗帜。

留日学生还通过发行《游学译编》等杂志、出版西学书籍，向同胞传播新学新知，促进湘学的文理想，改塑湘学的形象。

经过留日学生重新解读和现实努力，湘学越出传统学术的樊篱，而与民族、民主、独立、创造等时代精神建立起了联系，并由传统的经史子集向现代新式学科转变。梳理晚清以来有关湘学传统的叙述的演变，可以发现，对湘学传统的提炼、概括，不仅受制于湘学本体本身，也受到人们的观察视角、现实需求等因素的影响，因而呈现出一种"横看成岭侧成峰"的特点。这种特色的形成，是地域认同与国家

---

① 周家纯：《致湖南青年劝游学外洋书》，《游学译编》第四册，卷首第6页。
② 杨毓麟：《新湖南》，《杨毓麟集》，第50页。
③ 同上，第48页。
④ 《劝同乡父老遗子弟航洋游学书》，《游学译编》第六册，"通信"第8页，光绪二十九年三月十五日。
⑤ 杨度：《湖南少年歌》，《杨度集》，第95页。

视角、政治关怀与学术自觉交融的结果。

第一，湘学意识的形成与嬗变，是地域认同的深层体现，然而，这种地域认同的背后，都隐藏着国家的视野。换言之，人们是站在国家的高度来建构湘学的。一方面从国家主流学术演变的层面看待湘学，强调湖外之学与上国之风同镳，努力去除湘学的个性；另一方面，则将湘学上升为国家主流学术，强调湘学就是国家主流学术命脉之所系。这既是近代湘学观嬗变中体现出来的两个特色，也是近代湘学观嬗变在不同阶段呈现出来的特色。咸同之际曾国藩等人对湘学"重理学"特色的勾画是在晚清以来汉宋之争的背景下进行的。当考据之风盛极而衰之际，曾国藩等人彰显湘学的理学传统，并以实际行动来塑造着湖南"理学之邦"的形象，颇有由边缘进入中心之意蕴。然而，对湘学特色的价值判断却因人而异、因时而异、因地而异。湘人尊宋抑汉在知识层面暴露出的缺陷，"大为儒林姗笑"，促使部分人反思湘学的不足，"湘人不事考据"不再纯然具有正面的价值，而是一种亟待改变的现状。于是，与国家主流学术思潮演变的路径相反，当汉学在全国范围内从总体上衰退之时，郭嵩焘、王先谦、叶德辉等人以振兴经学相号召，并以汉学的标准重绘了湘学知识谱系，表彰在湘学中处于边缘地位的一些考据学者。在诸人的努力下，湖南形象一由"理学之邦"改变为"汉学重镇"。这既是湖湘学术"本体"的变化之一，也是晚清湖湘学人对湖湘学术"认识"的变化之一，即湘学观变化的体现。戊戌维新运动湖南新旧之争时，守旧派正本清源，维护湘学传统的纯洁性，虽为抵制来自岭南文化的"入侵"，却意在维系儒家文化的命脉。在诸人的潜意识中，湘学传统即代表了儒家文化的传统，没有湘学传统的存在，儒家文化不复存在。这里，对湘学特色的总结重又回到了理学的一面，用以抵制康梁等披着考据学外衣的"邪说"的污染。如果说早期湘学观还多少包含着湘人在文化上的不自信，那么，戊戌维新运动时期守旧派对湘学的维护则充分反映了湘军兴起后湘人在文化上的自负与担当，是湘人以天下为己任在学术文化领域里的延伸。

第二，对湘学传统的不断总结与重塑反映了湘人在学术层面的自觉，而推动这种自觉的是政治关怀。有没有学是一回事，是否意识到这种学又是一回事。前者属本体论层面的问题，后者属认识论层面的问题。从本体论层面看，湖湘之间元明以来的诗文，湖湘曾经出现过的人物比如屈原、周子、船山先生，都是历史上客观存在的。而其作为地域文化的价值被人们所认识到，则主要是近代以后。近代以来，湘人有意识地总结湘学成就，表彰湘学前贤，塑造湘学特色，最终使"湘学"一词盛行开来，则体现了湘人在学术层面的自觉，表明湘人在学术文化上与日俱增的自信。从这个角度上说，湘学不是从来就有的，而是近代以来湘人自觉意识与主动建构的结果。这种建构虽是以事实为依据的，但不能等同于湘学本身。它追溯的是过去，面向的却是未来，折射出人们对于湘学的"理想"。而衡量湘学理想的标准，往往是现实政治的需要，也即，人们根据现实政治的需要去凸显湘学特色、塑造精神。学术明斯人才盛，人才盛才有国家兴，这是当时人们的共识。近代以来，民族危机日甚一日，通过更新学术来应对危机，成为一股思潮。正是在谋变自强的思潮冲击下，校经书院首先创办了《湘学新报》，定期发表校经书院生徒在新学方面的成就，显示了湘学求新的一面。"湘学"一词的正式提出，充分反映了湘人对湖湘学术的自觉。清末新政以后，随着地域观念的强化，爱国先爱邦、救邦以救国成为一股思潮。为了强调本邦对于救国的意义，人们往往诉诸地域学术文化，以作为立论的依据，由此推动了对地域学术文化的总结与反思。杨毓麟强调湖南人的独立根性最强，理应在刷新中国政治的过程中发挥领头羊的作用，进而揭示出湘学"其岸异之处，颇能自振于他省之外"。湖南人的独立根性源自湘学的岸异，湘学史上代表人物均有空所依傍、自由创造之精神。杨度的思想逻辑与此类似。蔡锷强调湖南要以文理想与武精神，促进中国的进化。在他看来，湘军将领代表了湖南的武精神，而屈、周、王、魏等人表明湖南不乏文理想，只是还需要进一步扩充，尤其需要吸纳西方的新学说，才能担负起促进中国进化的使命。凡此种种，均显示出政治关怀下的学术自觉。

此外，在晚清时期的各类言论中，也有涉及"湘学"一词的。不过，外界所言"湘学"到底是指什么，尚需结合具体语境来分析。以媒体而论，清季涉及"湘学"一词的有这些：

《湘学新报例言》，载《万国公报》1897年第101期，第16—18页。这是《万国公报》转载《湘学新报》，"湘学"一词指湖南学校、学术、学风等。

《盛京卿复湘学书》，《集成报》1897年第7期，第11—12页。此处的"湘学"是湖南学政的简称，与本书讨论的问题关系不大。

《京外近事：湘学大兴》，《知新报》，1897年。其言曰："中西学校，言变法者首为讲求。前经各省立有学堂以开其端，而地方官率多奉行故事，目笑存之。此所以人才不振，徒负朝廷苦心。至可惜也。近湖南巡抚陈右铭中丞与江建霞学使用权大力提倡，风气大开。倾拟别创一大学堂讲求中西政治之学，每年常款已集有两万余金，规模可以大开。现已分门聘请名师，并广购仪器图籍，闻下半年即可开办。三十年来各学堂之规模，未有善于此者矣。"可见，此处的"湘学"主要指湖南的学校、教育，兼有文化与学术的意思。

又，《学部新录：湘学大兴》，《利济学堂报》1897年第1期，第1页。此处所言"湘学"同上例，亦指湖南的学校、教育。

在这些使用中，"湘"是界定地域范围的词头，"学"则是指学校、教育等。

《中国纪事：湘学速成》，载《鹭江报》1903年第28期，第13页，指湖南教育界。

《时闻：湘学发达》，载《竞业旬报》1906年第2期，第43页。含义同前，指学校、教育。

直到民国年间，外界所论"湘学"才逐渐转向实质性的、具有湖南特色的学术精神风貌，甚至学派。

第四章　不同视野：民国时期的几种湘学观（上）

　　晚清以来的湘学观是在地方意识与国家视角、政治关怀与学术自觉的多重作用下逐步形成的。清代中期以来的汉宋之争影响了人们观照湘学的视角，在汉宋之争的框架下进行考察，湘学作为"理学之邦"的特色得到凸显。随着学术思潮由汉宋之争向汉宋调和演进，湘学经学考据的不足受到反思，人们一方面挖掘湘学史上的汉学成分，一方面以实际行动提升湘学中的经学水准，使湖南"理学之邦"一变而成"汉学重镇"。清季西潮涌入，新旧递嬗，在域外文明的参照下，湘学再次得到评估，其守旧的一面遭到批评，而其处在边缘、风气自创等特征被赋予积极的意义。正是在一次次的反思过程中，湘学的内涵与特色逐渐丰富和完善起来。不过，清季以前的湘学观大多以闲言碎语的方式散诸报纸、论著、杂志，言之者虽众，却少有系统、严谨、专门的学理阐发。进入民国时期，随着现代学堂的建立与学科的分设，知识界全面完成了新旧递嬗，湘学这一地域学术文化现象成为人们研究的对象，有关湘学史的叙述逐渐完备，出现了李肖聃的《湘学略》、刘茂华的《近代湘学概论》以及钱基博的《近百年湖南学风》等代表性著作。由于各人的思想旨趣不同、立场不同，所构建出来的湘学形象又有不同。大体来说，李肖聃作为思想较为保守的学者，面对民国之后的价值失范、新学"猖狂"，试图恢复湘学传统以导引生徒，抵制梁启超、胡适等新学人物的影响，以"宗朱子"为标准构建出宋代以来的湘学知识谱系。刘茂华作为年辈较晚的学者，其思想既受到李肖聃的影响，复受梁启超的影响，其述湘学以梁启超有关清代学术思潮演变的叙述为线索，挖掘湘学在清代学术思潮演变中的"领导"作用，意在强调百年湘学与中国民族、学术、政治转变关系重大，揭示湘学的重要性。钱基博作为抗战时期流寓湘省的外省学者，敏锐地观察到湘省学风的与众不同，以及这种特征对于激励国人争取抗战胜利的作用，故精选最具湘学特色的代表人物，构建百年湘学的知识谱系。钱基博的《近百年湖南学风》可谓新文化运动领袖陈独秀《欢迎湖南人底精神》一文的学术版。除了这三部系统著作，还有其他一些学者如章太炎、钱穆、梁启超等人都曾对湘学有过一些阐发，其观点于湘人湘学影响深远。所谓"类湘学""不类湘学"是语义丰富的词汇，须结合具体语境进行分析。下面分别探讨这几类湘学观。

第一节 李肖聃生平与思想旨趣

李肖聃（1881—1953 年），原名李犹龙，号西堂，笔名星庐、桐园、亟斋、灵岩等，湖南望城人。早年从乡中耆宿问学，在科举功名之业外，更受到湘学传统的熏陶。李肖聃回忆，他跟随常如玉先生就读，常除教授《文选》以外，又引导他看魏源的《经世文编》及湘淮诸帅奏议，使李肖聃较早地就了解了湘学的经世风气。又如，从族兄李恒泽借阅段氏《说文解字注》、姚氏《古文辞类纂》及王氏《续编》等。从李恒泽手校曾国藩诸文之举，李肖聃得知曾公"不惟以武耀世，而文学复深造如是"[1]，于是精读曾国藩遗集。又跟随李恒泽读张之洞《輶轩语》《书目答问》等。戊戌维新之前，李肖聃又从宁乡钱硕人维骥学习。钱维骥对湘中前辈的议论给李肖聃留下了深刻的印象。钱"常言皮公当代儒宗，学深于经"，"又常示以王湘绮葵园、叶吏部所著书，谓湘学之盛，极于今日"[2]。因钱维骥的推荐，李肖聃向皮锡瑞问学，得其指授。在清末留学大潮中，湘中有志士子纷纷东渡日本，取经异邦，李肖聃也不例外，在日本"习闻列邦政治法律之学"[3]。1911 年归国后初居北京为各报馆撰文，一度担任司法总长梁启超的秘书。1917 年返湘，先在中学任教，后任教于湖南大学等，仍兼中学教员。抗战开始后，北平民国大学南迁湖南，李肖聃一度应聘为中文系主任教授。后因弟子相从问学于家者不辍，乃辞民国大学讲席，荐张舜徽自代。1947 年，湖南省文献委员会成立，李肖聃任《艺文志》的编纂委员。

李肖聃一生历经晚清、民国，见证了清季民初学术思潮从传统到现代的演变，也目睹了民国年间价值失范、人心不古的社会乱象。作为一个接受了传统学术训练和传统儒家思想浸染的学者，李肖聃每每从传统学术资源中寻找应对现实的方案。这种思想的形成，既与李肖聃个性相关，复与民国年间湘中风气有关。从清季开始，湖南一方面涌现了大批思想激进的革命者、新学家，另一方面也出现了一批思想保守的旧学家。民国初年，湖南先后成立了以叶德辉为首的湖南经学会、以王闿运为首的孔教会湖南分会、以刘人熙为首的船山学社，三个学术团体虽然具体诉求不一，但都倾向于以传统伦理道德救助社会。袁世凯复辟帝制时期，湖南首先成立了筹安会湖南分会，叶德辉编撰《经学通诰》，鼓吹读经。从民国初年至 20 世纪

① 李肖聃：《星庐文录·业师七先生传》，《李肖聃集》，岳麓书社，2008 年版，第 187 页。
② 同上，第 188 页。
③ 张舜徽：《湘贤亲炙录》，《张舜徽学术文化随笔》，中国青年出版社，2001 年版，第 355 页。

30 年代，湖南最有影响力的学术团体是船山学社，它以研究船山学说、弘扬船山精神为宗旨，定期开展船山祭祀活动，并发行《船山学报》，在湖南形成了尊重先哲前贤的文化氛围。船山学社吸收了相当一部分学者参加，李肖聃也曾多次参与它的活动。民国时期，也是清季王先谦、叶德辉等人提倡湖南经学的努力开花结果的时期，湖南在传统的文字学、诸子学、考据学等领域都涌现出了闻名全国的学者。这使湖南的学术文化发展再度与全国主流趋向出现了不同的节律。在这种氛围中，湘中学者对传统学术文化依然保留了敬意，并以此为正人心的基础。李肖聃正是其中之一。

一 痛道丧文弊

对于清季以来的学术思潮的变化，李肖聃总体上持否定态度。他尝慨叹："季清以来，学绝道丧，士知重节慨而尊廉耻者鲜矣。"又说："今学者方溺于审音，勇于疑古，搜奇于龟甲，阐幽于杂字，盖明经术崇宋学者，几无其人。而文章亦斥雅言而尊俚语，曾不知戴、段、罗、王之学，无以拯兹横流，而惟湘乡之业，求阙之文，乃能旋兹大寓。"[①] 当传统文化被当作"国故"解剖时，人们对传统的修身养性学说、对传统的典雅之美都失去了敬意。在李肖聃看来，这就是学风败坏的体现。

李肖聃曾亲身感受新学对旧学的攻击。1917 年左右，他由北京返湘为《湖南日报》撰稿。"时异说朋滋，而予多持正论；语体周布，而吾独用文言。"[②] 结果被人攻击为"固据新说，主盟旧学，不达于时"，遂不复撰录。尽管如此，李肖聃并不认可学术风气的趋新现象，并将这种风气归结为新学领袖如梁启超、胡适等人的"不良示范"作用。他曾经致书梁启超，对梁启超的学说提出四疑。

一疑梁启超在程朱、阳明之间的取舍不当。李肖聃指出："宋明理学，群圣心传，士苟实修，皆可入道。朱陆鹅湖之会，重在旧学商量；姚江良知之说，尤尊知行合一。后生肆为左右之祖，止受通方之讥。"他认为，程朱、阳明之间本不应倚轻倚重。而梁启超"草堂受业，不读洛闽之书；江户久居，惟尚阳明之学。近益推戴东原，力诋望溪。诋李文贞为小人，骂唐恁慎为荒陋。凡隶名于朱党，必訾之无完肤。至示紫阳之要籍，惟举白田之年谱，谓即此已足，不必他求"。[③] 在李肖聃看来，梁启超的这类言论是轻率、不负责任的。

二疑梁启超对清代学术的判断失误。他说："先生经学，根柢未深。虽入菊坡之舍，亦登学海之堂，然后承长素之余风，袭季平之绪论，于西京博士所传，及常州庄刘所述，微言奥旨，或未憭然。然在戊戌变法之时，值群言涌乱之会，但取缘饰经术，唐塞老儒，用心至苦，原可不论。大著《清代学术概论》，于今文经学之

---

① 李肖聃：《桐园杂钞·曾文正公学谱》，《李肖聃集》，第 255 页。
② 李肖聃：《星庐笔记·自叙》，《李肖聃集》，第 489 页。
③ 李肖聃：《星庐骈文·与梁任公书》，《李肖聃集》，第 464 页。

传授，以西樵讲论为宗归；若群经大义之传，皆康门师弟之力。不悟读蓉生无邪之札，则南海不足归宗；诵郎园今语之评，湘学未蒙粤化。"① 言外之意，梁启超是否具备判断清代学术的功底很值得怀疑，梁虽曾入菊坡精舍、学海堂这些名校就读，又跟随康长素游学，袭廖平之绪论，实际上对西汉今文经之微言奥旨并不了然。在李肖聃看来，如果说在维新变法时期，梁启超借今文经学的那一套说法来搪塞老儒、以减轻变法的阻力尚可另当别论，那么，事过境迁之后再如此论学，就只能表明梁启超真的不懂今文经学。梁启超是以乃师康有为为中心编排清代今文经学的统系。李肖聃说，若读一读朱一新的书札，就该知道康有为根本不足以代表今文经学的宗师；读一读叶德辉的《輶轩今语评》，就知道湘学没有被粤学所化。

三疑梁启超对文言的攻讦与对新文体的推崇。他说梁启超少年为文"良有秀气"，东游日本之后，"渐染倭风"，"奉苏峰为规程，创江湖之新体"，淆乱了文界。"时俗奉为文豪，宗工斥为恶道"。他对于梁启超"曲阿新彦，诋斥桐城"之举尤为愤慨，"不知姚梅二子，一代名家，考其工力，虽未臻于古人；核其风藻，自无惭于作者"②。梁启超自恃博涉与聪明，讥诋姚梅等人，乃轻薄之举。

四疑梁启超与胡适之流沆瀣一气，倡浮薄之气。胡适等人"但有小人之才，未闻君子之道。崇《水浒》以奖盗，称《会真》以诲淫。衍白话以灭文言，毁贞节而堕坤教。巧言所布，举国若狂。"而梁启超作为胜流所仰的先辈，不但不出来主持正论，觉彼童昏，反而"低首少年，降心僬子。赞杜陵为情圣，排儒家为媚君"。李肖聃指责"粤皖二人，沆瀣一气，迎合浮薄，丧其平生"③。又说梁启超倡导白话文，有伤方雅。

上述四疑，前两者属传统学术范围的见解分歧，后两者则是针对梁启超的"开新"之举。在与友人通信中，李肖聃也多次论及梁启超对文风的破坏。他说："戊戌变后，梁启超亡命东京，先后出《清议》《新民》诸报，讲论政学，时或醲郁破坏，诃诋老先，其取材尽出倭书，其译述不求通雅。始则新进少年，奉为文伯，久而学士大夫，加之速成学者，千百成群，内作京僚，外为上客。"④ 在梁启超的影响下，"目的""手续"，始见于奏疏；"除外""但书"，渐出于诏书。李肖聃认为，这样的情形，"长老见而伤心，倭人闻而窃笑"。李肖聃回忆自己早年在日本游学，听日本博士服部宇之吉还朝演说，说日文势力侵入中华，汉文将灭。而国人"上下不悟，相习相风"，⑤ 令他当年深感羞愧，无言以对。三十年过去了，"率土之民，沾濡倭化，目渐目渍，忘所自来，奉若圣经，秘为鸿宝，一夫矫正，万口交嘲。……国令宣扬，民听所系，耳目所染，尽为倭风。"圣人之教，首重同文。汉

---

① 李肖聃：《星庐骈文·与梁任公书》，《李肖聃集》，第 464 页。
② 同上，第 464 页。
③ 同上，第 464—465 页。
④ 李肖聃：《星庐日录·与王淑德论教文格》，《李肖聃集》，第 379 页。
⑤ 同上。

文既遭破坏，"国威胡振"①。

即便是在梁启超去世之后，李肖聃对梁氏行事、人品多有褒扬，而于论学依然不能苟同。其借"野史氏"之言曰："启超所著文曰《饮冰室集》者，流行江湖间，文士诮其时杂倭气。而所为诗歌词曲，出入苏辛关王，犹有先正之风。博览国史，称述前代政治家八人，管子、王荆公二人传记，出其手。其纂《清代三百年学术史》，就前所著《概论》而修补之，虽其尊汉卑宋，抑朱扬王，为其平生之偏见，亦其渐染于师说者，久而不可猝易。其平生所自树立，亦不愧为象山姚江之徒矣。"② 较之此前《与梁任公书》中的强烈质疑，语气已经缓和了许多，但依然认为其江湖文体"时杂倭气"，尊汉卑宋是为"偏见"。

直到 20 世纪 40 年代李肖聃作《星庐笔记》，依然著文述梁启超前后文风的改变，以为戊戌维新运动前后，至梁去国之初，"是时梁文犹尚雅伤，《去国行》一篇，七古长歌，甚有健气，海内多传诵之。"③ "一战"后梁启超出游欧洲，"是时绩溪胡适教授北京大学，力主以语体代文言，号新文化。群士方望梁归，有以正之。而梁著《欧游心影录》，乃效胡体为俚语，于是士友失望。章士钊宣言于众曰：'梁任公献媚小生，随风而靡。'盖伤其不自爱重，而欲怂闻动众也。"④ 借章士钊之口表达对梁启超效仿胡适作俚语的不满。

李肖聃述民国文风变化，则云："巨人长德，曲学阿世，且忍献媚小生，随风而靡。欧游心影之录，清华讲演之集，所以怂动众者，不惜低首于群儿，遂响于众好。而中国之文气日衰，圣风愈塞矣。"⑤ 也是暗讥梁启超。

在与学生的通信中，李肖聃引梁、胡为诫，直言："绩溪胡君，哗众取宠，新会梁子，献媚后生。遂令俚语流行，文言不作。不悟《水浒》诲盗，《红楼》诲淫，以渔色为风流，以杀人为豪侠。坏法扇乱，必起于兹。"⑥ 要求学生不要受梁、胡等人的不良影响。

二　惜湘学之衰

尽管经历了清季革命排满思潮、民国民主共和时期，李肖聃依然推崇晚清湘军将领，以为能"遏滔天之狂流，为天下之雄国"的豪杰之士⑦，而诸人之成功与他们根植宋学义理分不开。如曾国藩之问道，"始于从唐镜海先生游，因与倭仁、吴廷栋、何桂珍、窦垿诸公讲求义理之学也"；左宗棠之进德，"始于受贺蔗农先生之

---

① 李肖聃：《星庐日录·与王淑德论救文格》，《李肖聃集》，第 380 页。
② 李肖聃：《梁启超别传》，《李肖聃集》，第 161 页。
③ 李肖聃：《星庐笔记》，《李肖聃集》，第 524 页。
④ 同上，第 525 页。
⑤ 李肖聃：《星庐笔记·自叙》，《李肖聃集》，第 489 页。
⑥ 李肖聃：《星庐骈文·示某生》，《李肖聃集》，第 453 页。
⑦ 李肖聃：《桐园杂钞·述长郡诸贤示卒业诸生》，《李肖聃集》，第 299 页。

教，因读陆稼书、陈榕门之书，而尤心敬张杨园之说也"；胡林翼之建业，"始于家居读《礼》，因其父芸阁宫詹所著《弟子箴言》，而究穷于性理之学，故其后事业足传。而及其巡鄂，犹师事姚桂轩而日与讲论也"；罗泽南"秉义讲学，苦战殉军"；刘蓉、郭嵩焘等，"皆承洛闽之绪，而立名业"。①因此，他提出："清代程朱之学，得湘人而益显，曾文正所谓大本内植，伟绩外充者也"。②

湘学不仅以程朱理学修身制行、植其根本，而且为文典雅，文体规范。"湖南文风，自咸同以来，曾文正、郭筠仙、周荇农、吴南屏诸老，声气冥合，骈散俱长，上下粹然，一揆于正。王葵园先生续为《类纂》，尤重梅、曾，示多士以准绳，守前修之义法，意甚善也。学使如陶方琦、朱逌然、张亨嘉、张预辈，按试诸生，虽槽问时务，犹不敢稍轶范围。"③ 这也是湘学传统之一。

晚清以来，湘学风气渐变，传统破坏。这种变化首先体现在名士之风代替了理学之风。李肖聃指出："光绪以来，老辈渐逝，名士代兴。湘绮或敢菲薄宋贤，或乃偏重汉学，甚则殚精簿录。群下承风，专骛博闻，于是环天、石甫，皆号圣童：文起、稚非，仅为才鬼。诸公以祭酒之尊，擅风流之盛。春台歌舞，艳绝一时；秦凤二娇，扬声湘市。于是郭耘桂作栖流之略，吴翊云为哭妓之诗，而某公游戏人间，竟有《双梅景暗丛书》之刻矣。前辈之倡导如斯，后进之趋从何自，吾甚悲诸公之爱奇好僻，而不为世教人心计也。"④ 这里暗指的是王闿运、王先谦、叶德辉等汉学人物及其对湘省学风的影响。王闿运以公羊学著称，王先谦、叶德辉等人以汉学考据著称。诸人对理学都不甚措意，甚至颇多非议。这在李肖聃看来，是以名士习气代替了理学前辈的修身制行，是丢掉了湘学的优良传统，于世道人心大有坏处。

风气变化还表现在文体上。李肖聃提出："自元和江标，选拔异才，废除经课，名倡实学，虽所录信多琦士，而杂流亦出其间。迄宛平徐仁铸继任，首为《辅轩新语》，以教士人，谓考古为无益，谓开始为起点。其时湘报适兴，怪说时作，其文全不守先贤矩镬，时杂鄙俚之词，葵园时与书陈巡抚宝箴，谓观文体之变，知祸乱之将作也。"⑤ 学政江标、徐仁铸、报纸《湘报》都曾被视为湖南维新运动的关键人物与标志性事物，但李肖聃认为，这些事物对文体产生了很坏的影响。

随着湘学风气的变化，湘学传统在沦丧，先辈前贤不再是后学景仰的对象。李肖聃注意到："三十年来，湘中少年，喜谤前辈，功名之士，敢于菲薄曾左；闳览

① 李肖聃：《桐园杂钞·述长郡诸贤示卒业诸生》，《李肖聃集》，第300页。
② 同上。
③ 李肖聃：《星庐日录·与王淑德论教文格》，《李肖聃集》，第379页。
④ 李肖聃：《桐园杂钞·述长郡诸贤示卒业诸生》，《李肖聃集》，第300页。
⑤ 李肖聃：《星庐日录·与王淑德论教文格》，《李肖聃集》，第379页。

之儒，或乃诋呵皮、王。乡里长老，不诏后生以故事，学校师儒，不语生徒以乡志。以至居岳麓者，罔讲紫阳之学；游城南者，或昧南轩之书。诸生入船山之社，不识姜斋为何人；据校经之堂，不溯渊源于南海。不与上考贾生《治安》一策、屈子《离骚》之经，其谁与证《新书》之至言，阐灵均之心影乎？"① 没有对先哲前贤的了解，也就没有对湘学传统的把握；没有对先哲前贤的景仰，也就没有对湘学传统的敬意。湘学传统在此中断。

三 思湘学再兴

李肖聃认为："夫理天下之乱者才，成天下之才者教，教天下之学者师。考之往载，有闽洛大儒之垂教，而宋末大社诸贤以兴；有李（恒斋）罗（慎斋）诸贤之施范，而咸同戡定之英以出。虽群公遭时匪同，所树异轨，而其渐渍圣贤之训，以植事业之本，则若共出一涂，未始有标奇诡以制偏胜者。"② 这种经验不唯在过去有效，即便在乱象纷呈的民国时期，依然有效。因此，李肖聃主张，重拾洛闽之绪，培植立身修行的根本。

20 世纪 30 年代，民族危机日甚一日。李肖聃痛感国难日深，圣学益衰，"吾乡先生之遗绪，今已垂绝。而恶老妄少，犹有沉迷曲学而不知返者"，提出："今欲遏滔天之狂流，延将危之国命，非有命世巨儒，如罗罗山、曾文正之伦，相与修道立教，忘身殉国，以养成士夫之心力，而翰旋百年之运会，殆未能有以善其后也。"③ 只有恢复湘学中的理学传统，修道立教，忘身殉国，才能应对危机。

正因为"念楚才之日衰，思后生之任重"，李肖聃在教学中屡举乡贤学术事迹，劝导后学。他曾作《与李文定论长郡文学》述湘潭人物，《与杨希贤论长郡文学》述王先谦、曹镜初、张百熙、瞿鸿禨等，《与彭召恩论长郡文学》述湘乡诸贤，《与卢吉临论长郡文学》述湘潭诸贤，《与彭春廉论长郡文学》述益阳先贤，《与彭自和论长郡文学》述益阳安化诸贤，《与谭洗施论长郡文学》述长沙诸贤，又有《与杜紫柏论宁乡文学》述宁乡学人文人等，向诸人反复灌输乡贤业迹、学问文章。如《与彭自和论长郡文学》谓："故综湖南而论之，则宋代真儒，莫首乎濂溪，明末遗贤，莫高乎船山……清代儒生，如邵阳魏源默深、新化邹汉勋叔绩、邓显鹤湘皋、巴陵吴敏树南屏、杜贵墀仲丹，平江李元度次青，临湘吴獬凤孙，石门阁镇珩季蓉，……而以学术文业著声于代者也。"具体到长沙一郡，则咸同以来人才辈出，"曾左罗胡，为中兴俊杰，光宣以来，二王皮叶，为海内巨儒，此八贤者，功烈德

---

① 李肖聃：《星庐日录·与彭自和论长郡文学》，《李肖聃集》，第 406 页。
② 李肖聃：《星庐文录·湖南大学校刊序》，《李肖聃集》，第 133 页。
③ 李肖聃：《近数十年湘学叙录》，《大公报二十周年纪念特刊》第 1 页。

望，学业文章，实能焜耀于史篇，非弟增荣于里闾"。至于其他人才尚有很多，如"长沙之丁秩臣兄弟，湘阴之左潜壬叟，湘乡之曾纪鸿栗诚，又能精研数理，实事求是，故《清史·畴人传》，首列其名焉"。[1]

在尊重湘学传统的同时，李肖聃也对湘学之不足多有反思。不过，这种反思与晚清郭嵩焘、王先谦、叶德辉诸人迥异。如本书第三章所述，晚清以来，从郭嵩焘、王先谦到叶德辉，都曾对湘学进行过反思，深以"吾湘经学之陋"为憾，甚至对"大湖以南，黯然无知许、郑《说文》者"耿耿于怀。流风所衍，至民国年间，杨树达、曾运乾等人断断于章太炎所讥刺的"三王不识字"，发誓要通过自己的努力，来雪此恶谑。李肖聃也继承了晚清以来诸人的反思意识，但关注点不在于"经术"，而在于"儒林"与"文苑"。

他曾经指出：岳麓山滨湘江一带，"才杰辈奋"，吏绩则有夏阶平、龚镇湘等，武功则有提督李朝斌、总兵刘树元、方有升、张捷书建其烈，著载入史册，"唯独文学之彦，虽有李寰仙列名湘中五子，张掞垣独入翰林，龚枚长以词赋擅声，罗庶丹用经子立业，而皆厄于时命，未登中寿。名不载于文苑，传不列于儒林。"[2] 尽管湘学以吏绩、武功等蜚声域外，并不能弥补"名不载于文苑，传不列于儒林"的遗憾。是故李肖聃"每稽往事，与长老相对太息"，期待后进之英起而振之。

抗战时期，李肖聃曾经设麓西精舍，以为退居讲学之所。旨趣所在，依然是改进湘学之不足。其代萧豹文所作《创立麓西精舍启》言曰："逊清御世，异人辈出。云津静园，声高于吏绩；春圃质堂，勋标于武烈。或入祠名宦，或图形紫光。独于文彦，郁而未发。"[3] 文彦之"郁而未发"，是李肖聃等人耿耿于怀的缺憾。值得欣慰的是，麓西尚且出了几个通儒，表明天未伤斯文，如博学多闻的钱硕人，精思著文的罗庶丹，娴熟诗律的钱次郁、杨炳照，善长古文的张仲循、龚芙初。诸人皆有撰修，无惭先哲。然而，"闵诸君之将第，伤文业之不昌，望英才之奋兴，知来者之可畏"，故开设麓西精舍，延续斯文，振兴湘学。麓西精舍"礼聘导师。仿诂经之例，附课词章；依南学之规，设为答问。甄其尤雅，刊示乡人。"期待此举能像"伯言衍惜抱之传，而桐城成派，硕士振梅崖之绪，则新城好文"一样，收到传衍斯文、光大湘学的效果。

"名不载于文苑，传不列于儒林"不仅是湖南麓山以西这个地方的遗憾，也是整个湘学的不足。李肖聃指出，曾国藩以文章雄天下，别桐城而自立，然而四大弟子无一为湘人。"而吾乡先达，自刘霞仙蓉、郭筠仙嵩焘、吴南屏敏树，及湘潭王

---

① 李肖聃：《星庐日录·与彭自和论长郡文学》，《李肖聃集》，第405页。
② 李肖聃：《星庐文录·麓西同乡会名录序》，《李肖聃集》，第135页。
③ 李肖聃：《星庐骈文·代萧豹文作创立麓西精舍启》，《李肖聃集》，第455页。

壬秋、长沙王益吾诸先生后，少能以文业自著者。既而得巴陵杜仲丹贵墀，善化李佐周桢，石门阎季蓉镇珩，新化曾伯与廉之文，而大重之。"诸人皆勉思造述，无愧前修。然而，这种发展势头遭遇时代思潮的冲击。"自光绪季世，异学争鸣，诚辞伪体，狂惑一世。诸老辈尽死，后生不闻体要，湖南之文，因以益敝。"① 因此，继前修之业，提升湘学"文"的含量，依然是李肖聃这一辈学人的任务。

相比之下，李肖聃对湘学在经学考据方面的不足不甚措意，更不用说作为经学考据辅助学科的目录版本等专业了。在李肖聃看来，与江浙相比，湖南向少藏书家，亦少精通目录版本者。这就算不得什么缺点。盖因儒者之学，在于"修身泽物，非以博哗众也"。"明清以来，江浙藏书之家，哗哗十数，寻其行业，多同市贾，其藏而能读者少矣，读而能著书者则尤少焉。"可见这并非值得艳慕的长处。"吾楚先辈质实，端士深求乎义理，干俊博稽乎经济，才流震发于词章。故以曾、左之勋业，皮、王之经术，而家不储乎宋鉴，业不讲于簿录，盖其所自任者重，斯所成者大也。"② 因此，他在表彰湘学中目录版本者如郑望之时，着意挖掘的是对方"心之所向，欲集皖吴诸家之长"，而"观其通，又能自修于家，施教于乡，以庶几于古贤修身泽物之义，而非以收拾残丛自命。"③。换言之，目录版本本身不是值得追求的学问。

李肖聃同湘中名家杨树达、曾运乾、杨昌济、柳午亭等人交好，而论学旨趣不同。李肖聃早年虽追随皮锡瑞问学，但于经学没有发奋钻研。后"观魏贺之编，妄意经济之略，劳神掌故之海，致荒根柢之业"。后学文章，又崇奉姚曾，"出入八家，后先十载"。后又转习宋学，"颇张周王之说，笃嗜朱张之书，以为绵圣绪于未绝，存人纪于乱流，悠悠万事，惟此为大。硁硁自守，吾道益孤。"④ 当杨树达、曾运乾等人劝李肖聃从事朴学研究时，遭到李的婉谢。李肖聃自谦平生于经济之学、文章之学、义理之学皆"粗涉厓略"，但于朴学"皆乏素修""南归授徒，惭不识字。亦思致力雅诂，究心许书，然于音韵，茫无理董。"⑤ 看似谦逊，实质以为比起识字训诂之类的专门之学来，"绵圣绪于未绝，存人纪于乱流"更为重要。

如果说晚清湘学思潮经历了由专崇理学到汉宋兼容，那么，在民国时期的李肖聃身上，又折回到专崇理学这条路上。尽管曾经留学日本、接受过西学的洗礼，李肖聃依然推崇中国传统的宋学，认为修身立行是最重要的学问，是保家卫国的根本。李肖聃认为，宋贤耶中，濂溪周子通天道、明圣功，二程涵养用敬、进学致

---

① 李肖聃：《星庐文录·颜息庵〈珍涟山馆文集〉序》，《李肖聃集》，第151页。
② 李肖聃：《桐园杂钞·记郑望之〈移庵书目〉》，《李肖聃集》，第295页。
③ 同上。
④ 李肖聃：《星庐骈文·与人论学书》，《李肖聃集》，第456页。
⑤ 同上。

知；张载明理分之旨、证天人之谊，朱子集理学之大成，成为尼山以后的第一大哲，其学说成为千余年来规范人心的体系，影响及于国外。在李肖聃看来，清代的汉学家们如毛奇龄、戴震、江藩，"敢以单词碎义，轻讥宋贤"；汉学的末流甚至"逆天忤圣"①，对世道人心造成了很坏的影响。晚清孙鼎臣有"粤寇之乱，原于汉学"之论，其偏颇曾遭到曾国藩的批评和王先谦的讥笑。但是，李肖聃以为，孙鼎臣所言也不是完全没有道理的，"导后生侮慢圣贤，使人心日趋浮薄，乾嘉巨师，安得辞其责耶！"②

因此，确切地说，李肖聃所希望恢复的是湘学中的程朱理学传统，以此来拯救世道人心，应对危机。

第二节　总结近代湘学成就与特色

自 1917 年返湘之后，李肖聃对湘学多所措意。无论是在与友朋通信中，还是在指点诸生之时，皆殷殷以接轨先正为念，其学术研究的重点也在绍述乡贤，表彰先哲，并先后撰写了多部著作。1923 年，李肖聃撰《湘学新论》三万余言，得到友人杨树达、罗焌等的激赏。1924 年，长沙《大公报》为纪念创刊十周年，向社会各界征文。李肖聃应《大公报》负责人、新化李景侨之邀请，撰《最近湘学小史》以应之。1934 年，《大公报》创刊 20 周年，李肖聃复应李景侨之邀，再撰《近数十年湘学叙录》。诸论著既有相沿之关系，又有不同的侧重点。

一　揭示湘学特质

据李肖聃自述，他曾经撰《湘学新论》三万余言。这部著作今已散佚，但在《桐园杂钞》书稿中保存了《湘学新志序论》一文，很可能是前述《湘学新论》的序言。这篇序论重点在阐述湘学的特色。

自从邓显鹤编撰《沅湘耆旧集》以来，就开始试图概括湘人湘学的特色。邓显鹤注意到湘人不事表彰、暗然自修、不求闻达、风格独特、自成一家、忠义节气等特征；曾国藩以为湘人善抒情言理，不事考据；杨毓麟认为湘学崖岸自立、风气独创。李肖聃综合了前人的意见，将湘学的特质概括为四点：守节、致用、远利、避名。

（一）守节

所谓守节，是指湘学崇奉理学，信守理学，学者以传道、守道为职志。李肖聃认为，崇奉理学就是学圣人之道，它是养成志气刚而节慨立的特质的学理基础。

---

① 李肖聃：《桐园杂钞·述长郡诸贤示卒业诸生》，《李肖聃集》，第 299 页。
② 同上。

"理学之说，深入人心，学者以圣道由我而传，圣人可学而至，则志气刚而节慨以立。"湘学中的代表人物，无不以守节志道为宗旨。周敦颐和易，程颐谨严，性行不同，而在志道方面，周敦颐与程颐并无二致。王夫之"孤忠亮节，屏绝声华，痛恶标榜之习，自晦等于幼安（管宁），苦心同于所南（郑思肖）"①，并以自己的精神影响了一大批师友，诸人皆成为湖南先贤。清中期以来湘人守节之士，更是不胜枚举。如邓湘皋"表章文献，褒扬忠义"，江忠源"以任侠闻"，罗泽南"以忠节显"，曾国藩"以忠孝文武，总领众流"，"其初起尤以气慨自许，崛强之气，老而不衰"。又如彭玉麟"芒鞋徒步，千里救友"；左宗棠"刚明耐苦，晚年持论，与曾不合，而于曾身后，恤其遗孤，恩义有加"。李肖聃还指出，近人有所谓湘人无乡谊、好自相攻击之说，比如郭嵩焘和左宗棠不和、左宗棠又与曾国藩不睦，"皆由敦尚气节"所造成。"即老师先辈，讲学著书，亦毅然以师道自任"，如罗典主讲岳麓，"训士之严，至今闻之肃然"；后来唐鉴、贺长龄诸公，"其论学尤轨于正"，刘蓉、曾国藩等人都崇理学。但这种风气到光绪年间有所变化。"光绪以来，老辈颇怡情声乐，山长不到书院，后生不礼前辈，群居终日，醉饱嬉游，英少相习，渐成风气。"但湘学尚理学的传统依然存在，光绪之后的老辈尽管在行为上较为放诞，不如前辈谨严，而"不敢昌言排诋朱子，官师相戒，以身与妓席为羞，先民遗教，犹有存者"②。至民国年间，则湘人不仅不再以理学修身制行，且在思想信仰上也不再尊信程朱理学。

（二）致用

所谓致用，是指湘人言学以致用为期盼，所言必求可行，凡行必求效。如王文清为《考古源流》以证今，陈鹏年能治水，陶澍总督两江，整理盐政，江南人世食其利。唐仲冕父子及严如耀、贺长龄等，"皆以救荒治苗著绩"。"咸同用兵，尤重吏治"，胡林翼实施于湖北，左宗棠大修于江南，"湘军所至，皆以垦田种菜自勤"。魏源纂《经世文编》，胡林翼修《读史兵略》，"皆欲致之实用"。曾国藩以书生起家，"用兵至苦，尤不信史书妄说"，故常教诫李元度、吴退庵等人"不可偏好文学，夺治军之日力"，"又不欲刘孟容习为迂谈，视事太易"，曾国藩所率领的刘坤一、陈士杰、李兴锐、魏光焘等人"皆有建树"③。李肖聃强调，湘人"能用长江水师以平江南，用老湘营以定天山"，皆是学以致用的结果。也有一些人不能学以致用，如郭嵩焘长于著述，"而才不任繁剧，则所至龃龉"；严咸"大言自欺，则遂潦倒以死"。王闿运"有文章大名，湘军诸将，奉为上客，终不任以职事也"。

---

① 李肖聃：《桐园杂钞·湘学新志序论》，《李肖聃集》，第307页。

② 同上，第308页。

③ 同上。

此三人，均是空谈的代表，也是湘学经世致用的反面教材。自从甲午战争湘军在牛庄战役中败北之后，"天下群诋湘军不可复用，而湘士亦习游谈，近于浮夸"。此后，每况愈下。自从立宪党兴起后，"而游士愈盛，江湖之间，遂多所谓政客者，而士习乃坏矣。"①

（三）远利

所谓远利，是指湖南人以农业为本，不习商贾，不谋利禄，学者尤其注重安贫乐道。王夫之"为明遗臣，乱后隐居，声影不出林莽"；罗泽南、李续宾、邹汉勋、刘长佑等人"本为寒儒"，曾国藩"亦起山农"；左宗棠"不厌糟糠""其先皆单门寒士，终年坐馆，月俸裁止数金。故曾以不要钱自誓，左言身无半亩，心忧天下"；胡林翼"稍有恒产，致发益阳私家之谷，以佐军食"。其后湘军将领功成名就，位登显赫，富贵之后，"不易家风"。左宗棠所住的房子，是骆秉章、胡林翼所购赠；曾国藩家人居住在乡下，在长沙无邸第。只有曾国荃有租数千石，席宝田家财百万，在湘将中，已称极富。"其穷而在下者，则皆俭以自守。"其他如刘蓉、郭嵩焘"始居曾幕，不支官钱，若赴其私"，吴敏树与曾左至交，"终身未尝妄有干请"。风气所至，人们皆以求利为耻。"故湘军自提镇以下，稍起治产，而督抚将相，未有公然求田问宅者。绅士家居讲学，亦不敢恃官势营私利，故甲午以前，藩库充实，民有盖藏，虽曰官能奉法，亦士习然也。"②

如果说湘学"守节""致用"的传统在后来遭到破坏，那么，"远利"的流风余韵犹存。庚子以后，尽管湘人中有经商致富、居官谋金者，但"犹知重廉耻"。直至民国年间，老辈学者黄昌年、赵启霖家居莳蔬饲豕，杜本崇、郭立山生活贫困，"人所不堪，而皆处之泰然"，不赴贵人之招。李肖聃认为，这都是"义利之辨明，先圣之教泽未斩"③ 的结果。

（四）避名

所谓避名，是指湘人不求闻达，粹然暗修，"其学已成，而不求人知，即湮没无闻而不悔。"④ 王船山谢绝时人，刘蓉以"养晦"命名堂号，左、郭辨名利，均有精论。王先谦以"祭酒"身份家居，"督抚九列，多其后辈。然非有公事，不与同乡京僚通问。吴南屏亦不与要人通书。"邹代钧生平得到不少高官保举之书，在世未曾启封。彭玉麟、左宗棠、刘蓉、郭嵩焘等人治军，"其初亦以不受保举，坚相要约。立功既多，始强受之。"湘籍文人吴凤孙初见晚清名士潘祖荫，被潘赞为"湖南名士"，吴逊谢不敢承。潘在门客面前夸奖吴凤孙，"门客访吴，吴或避不

---

① 李肖聃：《桐园杂钞·湘学新志序论》，《李肖聃集》，第 308 页。
② 同上，第 309 页。
③ 同上。
④ 同上，第 310 页。

见，或见又相对无语，诸客乃稍稍引去。"湘人但求于事有济，不居其名。风气所致，湖南"文士不解以词赋贡谀达官，学者不欲以著书乞序显学"，至于"窃名改作，或自叙功业"，则深戒之。郭筠仙修《湖南褒忠录》，曾文正不以为然；罗汝怀欲修楚军纪事本末，而左宗棠又不肯许。至于与高官显贵结交通邮之人，则被时论所讥。"湘士以鹜名为戒，盖学风然也。"[1] 湘人大多都不求声名，只有王闿运、易顺鼎、曾广钧三人"文学声名，重于天下，天下谈士，依以成声"，但三人成名有其原因，"湘绮以老寿高名，曾、易皆以圣童自负"，三人均"不世之才，非浮而无实者"。"故湖外学人，有声于江湖者至少，大都粹然暗修，不事表禄"，与江浙等风气迥异。

李肖聃所言湘学的四大特点，前人均有所论及，但价值判断稍有差异。以湘人少有江湖名声而言，这是历来论湘学者所承认的事实。至于这一事实究竟意味着什么，则见仁见智。在郭嵩焘眼里，这正是湘学落后的表现，故谋求改变，措施之一就是大力表彰湘人湘学，使其得到外界的认可。李肖聃则视其为湘人"避名"的表现，意含褒奖。

《湘学新志序论》撰成后，受到湘省学界的关注。湘阴周正权为其作注，湘乡王季范认为该文"于乡贤志业，粗有指明，可示始学"[2]，将其刻印散发给郡学诸生学习。

二 汇总晚清民国湘学成果

《湘学新志序论》旨在总括湘学精神，侧重湘人论学行事旨趣与特点，尚未落实到具体的学术领域。《最近湘学小史》则是分门别类以论著提要的方式直接介绍晚清以降湘人学术成果。全文共分三个部分。

（一）概述湘学古今嬗变的轨迹

《最近湘学小史》在文首有一绪论，对湘学古今嬗变进行梳理，指出，湘学的发展前后经历过词章阶段、理学阶段、经济阶段。湘学"远承屈贾之风，人怀忠爱之意，往往假词赋以抒愤，藉歌泣以写情"，形成了重词赋、擅言情的传统，"若群玉之篇章，西涯之乐府，皆词章也"。从宋代周敦颐创立理学开始，经过朱熹、张栻的发展，湘中又形成了重理学的传统。"濂溪传道，朱张继兴，岳麓诸儒，多明性道。王船山之所讨论，李恒斋之所编辑，莫不宗师横渠，祖述紫阳。皆理学也。"而晚清以来，"海国既通，金田构变，乐园默深之学，湘乡益阳之才，既疲精于用兵，亦留心于世务，皆经济也。"清中期至咸同中兴阶段，湘学以讲求经济著称于

---

① 李肖聃：《桐园杂钞·湘学新志序论》，《李肖聃集》，第 310 页。
② 李肖聃：《近数十年湘学叙序》，《大公报二十周年纪念特刊》，1935 年，第 1 页。

名，是为第三个阶段。"中兴既往，英豪云逝。然郭曾振采于海邦，王皮垂声于文林。湘绮葵园，逝未逾纪。流风余韵，犹有存者。"实为湘学发展的第四个阶段，即重文苑儒林。《最近湘学小史》的主要内容是论述晚清以来湘人湘学，"俾学者有考焉"[1]。

（二）著录近期湘人著述，展示湘学成就

《最近湘学小史》的主体部分是分门别类地著录晚清以来湘人著述，展示湘学成就。它分《易》《书》《诗》、三礼、乐、《春秋》《孝经》、四子书、群经总义、小学、史学、地方志、经籍目录、金石、谱录、传记、史注、儒家、兵谋、法家、农家、医学、天算、墨家、道家、名家、纵横、杂、释、小说、屈赋、古文、骈文、诗、词、诗话等36类，详细地列举了晚清以来湘人在相关领域的97"家"108部著作。如"易"类列举皮锡瑞的《易经通论》、叶德辉的《星命真原》、罗焌的《周易郑注》共三家三部著作。由于有的学者同时涉足不同的领域，分别列入不同的"家"数，如皮锡瑞，分别为易类一家、尚书类一家、诗类一家、三礼类一家、春秋类一家；又如王先谦，同时列入尚书类、诗经类、谱录类、史注类、法家类等；叶德辉，同时列入易类、群经总义、小学类、经籍目录类等。故"家"数多于实际的湘籍学者总数。每类在列举家数、著述之后，都有一小段"概述"。如果加上"概述"中所涉及的湘人湘著，则数目更多。

这类概述，常常追溯以往，总括湘人在该类研究领域的特色。如易类，列举皮锡瑞、叶德辉、罗焌的三本著作，又追溯到湘人最初言《易》者周敦颐，以及王夫之的易学成就，下及其他湘人易学著作。"近则长沙彭申甫《周易注解传义辨正》，号为详博。而罗汝怀探西汉经师说之原，嗣丁将军之绝学，为《周易故训大谊》。其书至离而止。"[2] 只是正式列入某类几家的与综述中罗列的某人某著区别何在，是否后者不足以成"家"，尚不得知。

有时则在列举某类某家之后，简单介绍相关背景、评价有关论著。如"小学"类，在列举叶德辉、陈朝爵、杨树达、曾运乾等六家之后，在综述中曰："王船山著《说文广义》，其后邹汉勋、罗汝怀颇亦名家。光宣以来，学者知读许书，则叶氏与有力焉。《六书古微》，为教日本松崎鹤雄而作。罗焌补疏甚精，而音韵则推曾氏。湘潭孙先生文煜亦精小学，编有高等师范讲义。"[3] 此处向前追溯到清初王船山，晚清邹汉勋、罗汝怀等人在小学领域的造诣，表彰叶德辉在提倡文字学方面对湘学的影响，区别罗焌、曾运乾的学术特色，并述及孙文煜的成就。

---

① 李肖聃：《最近湘学小史》，《大公报十周年纪念特刊》，1924年9月1日版，第90页。
② 同上。
③ 同上，第91页。

　　而在"史"类中，列举曾廉《元书》一家后，述及晚清有关元史的修纂以及曾廉的事迹。明修元史，不满人意，故清代有重修之举。魏源首撰《元史新编》，其后洪钧、文廷式陆续增益。在此基础上，柯绍忞撰成《新元史》。柯书成于民国八年，总统徐世昌下令将其列入正史，改二十四史为二十五史，其后日本东京帝国大学授于柯名誉文学博士学位。而湘人曾廉同样撰有《元书》一书却不为人所知。故李肖聃在此补述曾廉之书。"曾廉之《元书》，实于宣统三年行世，书凡百二卷。自序载其戊戌上书，攻击康梁，举世目为旧党。庚子事变，从李秉衡督师。及事定，而被黜。窜伏至黎平，卜宅以居。著书传世，其志有足悲者。柯史出，徐世昌令列为正史，日本亦授以文学博士。而曾书人问而不传。前岁遣其子携至京师。京师学者，始见其书，谓其事核而文简，有出于柯史之上者。"① 这段概述，不但使人们知道曾廉曾有过修《元书》之举，避免《元书》之湮没不彰，而且体会到曾廉之志"有足悲者"。

　　有时李肖聃则在概述中阐发自己对这学问的见解。如经籍目录类，列举叶德辉一家《观古堂书目》一书。综述中对湖南藏书以及目录学的概况做了梳理，其言曰："同光以来，湘潭袁漱六、巴陵方柳桥，藏书称富。后多散亡。近惟叶氏名重东南，所著《藏书十约》《书林清话》，及《观古堂书目》，学者重之。湘乡王佩初，长沙郑望之，皆好收藏，而书目未见。"之后，李肖聃还提出："簿录之书，诚可审别学途。然昧者终身以是为学，则大愚也。闻攸县龙荔仙，亦撰有藏书志。"② 寥寥一句，透露出李肖聃作为湘人对目录版本学的轻视。

　　大体说来，《最近湘学小史》不仅为我们勾画了民国初年湘人湘学的基本轮廓，展示了湘学在传统学术内的基本成就，而且远溯源头，近揭动态，梳理湘学在特定领域内的特色，以及湘学内部风气嬗变的脉络。

（三）补所举之遗漏，概括晚清湘学史上的重要现象

　　在文末，李肖聃还列举了本文主体部分所遗漏的湘人湘著，并总括晚清湘学史的变化，揭示几个与湘学嬗变密切相关的重要现象。一是吴荣光首开湘水校经堂课士，造成了湘中"通才辈起，几与粤之学海、浙之诂经，后先争盛"的局面。二是论曾国藩笃崇宋学、不废汉学的学术宗旨对湘学的影响。"其师友宾僚，自倭仁、唐鉴、吴廷栋、何桂珍笃守理学外，其余者莫友芝、郑珍、戴望、俞樾、朱骏声、苗夔皆汉学名家。故曾之门庭极为广大。圣哲绘像可见一斑。"③ 其三肯定王先谦对于湘学之贡献，指出王先谦刻《续经解》，"录王船山、曾文正及胡元仪元玉之

---

① 李肖聃：《最近湘学小史》，《大公报十周年纪念特刊》，1924 年 9 月 1 日版，第 90—91 页。

② 同上。

③ 同上。

书"，使湘人的经学著作进入了全国性的经解总汇中；《续古文辞类纂》，载湘人曾国藩、吴敏树、周寿昌、孙鼎臣之文；编纂《骈文类纂》，又收录湘人王闿运、蔡枚攻、郭嵩焘、苏舆之文，又为湘人编六家词选。王先谦平生"于湘人所著，苟有寸长，必加甄录"，以至于被叶德辉讥之为"乡曲之见甚重"。但在李肖聃看来，这正是王先谦对湘学的贡献，其"提倡后进之意，殆与邓湘皋表彰先哲之功，异代同符"。"故曾王二人，皆大有功于湘学者也。"曾国藩、王先谦对湘学的贡献，不仅在于个人成就，更在于对湘学的提倡、引领之功。此外，李肖聃还特别提出魏源在湘学史上的地位与贡献，推其为"经世之家"之"功首"。"湘人知有外国，自魏源著《海国图志》始"，其后郭嵩焘著《绥边征实》《使西纪程》，张自牧著《瀛海论》，曾纪泽为《出使日记》，王之春为《柔远记》《使俄草》，"皆其流也。"[1]魏源的贡献还在于提倡经世之学。魏源的《经世文编》，不但孕育了曾国藩、左宗棠等人的事功精神，而且激励了黄兴革命、蔡锷讨袁。魏源的《圣武记》"宣扬清朝之兵威，由是湖南乡农皆知自奋"。而魏源的经学，则开王闿运、皮锡瑞今文经学之先河；"其殚精内典，汇刻佛经，则曹耀湘、吴嘉瑞及谭嗣同辈治佛学者秉焉。至其诗文余事，皆足名家。默深之学，博大精深。虽践履笃实，不及船山，而规模之大，思力之雄，百年以来，殆无其匹。"[2]李肖聃还表示，自己有意编魏源年谱，而未得暇，故先发其意于此。

《最近湘学小史》篇幅不长，但集中展示了晚清以来湘人在各个领域的学术成果，重在其学，使读者对晚清民国湘学有全景式的了解。它也促进了湘人征文考献的活动。编撰《梅礼部集》的梅英杰从湘乡曾广钧处得知梅著作被著录之事后，"偕其友数辈来访"，又以所著《胡文忠公年谱》相示李肖聃，属为勘定。这也反映大家对相关文献进入湘学史的期待。

三　重点表彰湘学人物

在《最近湘学小史》发表十年之后，又逢长沙《大公报》创刊二十周年纪念之年。报社负责人向李肖聃以文责相督，"且屡述湘人廿年来之国学"[3]。言外之意，湘学经过二十年的发展，又在国学方面取得了更多的成果，理应进行总结与表彰，续写《最近湘学小史》。李肖聃自恃未能遍读时贤著作，且著录及于生成者、去取难成定论，故以旧作叙跋十篇应之，是为《近数十年湘学叙录》。不同于《最近湘学小史》分门别类全面展示湘人在各个专业领域内的研究成果与著述，《近数

①　李肖聃：《最近湘学小史》，《大公报十周年纪念特刊》，1924 年 9 月 1 日版，第 90—91 页。

②　同上。

③　李肖聃：《近数十年湘学叙录》，《大公报二十周年纪念特刊》，第 1 页。

十年湘学叙录》以"学案"的形式重点介绍了"近数十年"湘学中的代表人物与著述，包括：①湘绮遗书跋。②葵园遗书跋。③师伏堂丛书叙。师伏堂骈文跋。皮先生年谱叙。④郋园全书总叙。⑤湘阴诸郭著述考。⑥湘潭诸胡著述考。⑦新化诸邹著述考。⑧曾王遗书叙。⑨苏郎中遗集叙。⑩罗庶丹所著书叙。涉及近代湘学中的代表人物王闿运、王先谦、皮锡瑞、叶德辉以及湘阴诸郭、湘潭诸胡、新化诸邹、曾廉王龙文、苏舆、罗焌等。此外，还有⑪湘人近著略目，分经、史、子、集四部介绍其他湘人著述；⑫王九溪遗书跋。虽王文清其人远在清初，不属于"近数十年"之列，但因王文清书不传于人间，也附带表彰。这些内容除⑧⑨⑩⑪外，后来都收入了《湘学略》中。因此这里仅介绍后来没有收入《湘学略》的部分。

《曾王遗书叙》记载湘中"保守派"邵阳曾廉与湘乡王龙文，此文后未收入《湘学略》，但保存在《桐园杂钞》中，后来的点校者加以"记陈伯商曾廉王龙文"的标题。李肖聃曾在《最近湘学小史》中著录"元史"一书时，对曾廉事迹有所介绍，此处则更为详细。其原因，一是鉴于曾廉与柯绍忞同著元史，而际遇乃有天壤之别，作为同乡的李肖聃引以为憾，二是鉴于曾史"事核而文简，有出于柯史之上者"，故特意表彰曾廉及其著述。

湘乡王龙文亦在庚子事变中受到牵连被罢斥，南归后奉亲授徒，并曾经主持益阳箴言书院。"与诸生言，多崇奖节义，提学吴庆坻，礼为师范学堂监督，龙文谢之。国变以后，易名曰'补'，都其平生所作，为《平养堂文集》如干卷。时王阁学先谦，避居凉塘，龙文抱所著以相质，阁学力赞其刻以行世。其后又著《文待》如干卷，考定《庐陵文氏族谱》如干卷。阁学身后，门人刻其所为《后汉书集解》，间采龙文所评，杂于书中。"王龙文的论著，"大抵考论忠孝，扶植人极，于华夷之辨，上下之防，守之至严，持之至坚，故其持论与时贤稍忤。然湘乡自曾文正、刘孟容以来，龙文之文，断然足以自立，惟其论史蹈宋人之习，有过高之弊，故人或非焉。"①

李肖聃如此褒奖王龙文，与他尊宋抑汉的学术立场有关，也与他对民国时期局势混乱的反思有关。他感叹："汉学之弊，或流于贪；宋学之弊，或至于迂。迂固不达于事情，贪尤大妨乎法纪。清季以来，学绝道丧，士知重节慨而尊廉耻者鲜矣。吾乡承贺、唐、罗、左之余，虽气矜自恃，或贻笑于方雅，而士大夫服膺教义，靦然苟同流俗者，盖少闻焉。"② 言外之意，曾廉、王龙文其人其学或许有"迂"之诮，但在重节慨尊廉耻、服膺教义方面，依然不失为保持了湘学的传统。

---

① 李肖聃：《近数十年湘学叙录》，《大公报二十周年纪念特刊》，第14页。
② 同上。

《苏郎中遗集叙》介绍平江苏舆及其著作。苏舆是王先谦的弟子。戊戌湖南新旧之争时，苏舆曾代表叶德辉、王先谦等人收集双方辩学之作，整理为《翼教丛编》。李肖聃认为，苏舆此举是"欲守湖湘之学统，遏粤海之狂流"。事实上，李肖聃在致梁启超的书中，就以《翼教丛编》之作为例，说明湘学未被粤学所化。苏舆"屏事下帷，研精儒业。注孟坚之史，校平仲之书。录南齐之美词，考宋元之版本"之后有《春秋繁露义证》，驳斥击破康有为的今文经学。其"谓《玉杯》《竹林》之属，非广川之元书，'新周''故宋'之谈，亦先师之末义。眭孟胡毋之说，公羊且蒙讥议。董书益难自存。自龚刘阐其玄思，宋戴离其本旨，后生袭谬，大儒蒙讥。君乃据晓楼之注文，依抱经之校本，旁引蓉生之答问，上征承贯之发微，萃集群言，折衷古谊。期于江都之精论，不泊于后师，新学之狂言，永绝于清代。而喷泉四咽，独学难埋。"苏舆经历了辛亥革命，除《春秋繁露义证》外，还有《辛亥溅泪集》若干卷。"较之劬庵殉难之录，补松碧血之编，负痛尤深，伤心独至。"忧时成疾，四十即卒。苏舆去世 8 年后，颜息庵编定其遗著，李肖聃叙于书首。李肖聃认为，"论君名节，则忠孝无亏于古人。考君学业，则文章可传于后世。"[1] 故亦将之纳入《近数十年湘学叙录》之中，以为湘学中不可遗忘的一员。

《罗庶丹所著书叙》即《桐园杂钞》中的《罗庶丹〈诸子学述〉序》一文。罗焌（ —1932 年），字庶丹，湖南望城县人。光绪二十八年壬寅（1902 年）湖南乡试中举。后在广州主持法政学堂编译，居粤八年，博览群书，对粤学诸人皆有所了解，"谓粤人自朱次琦、陈澧后，惟简朝亮粗通旧学，康有为《新学伪经考》武断绝伦，梁鼎芬但能词章耳。"[2] 回到湖南后，罗焌授徒自给。湖南大学成立后，被校长任凯南聘为教授。罗焌与李肖聃"居同里而友善，相知为最深。"[3] 罗焌治经"一遵皮先生所述今学大义"，校注"用高邮王氏成法，条分的破"，尊重乡先辈王船山、李恒斋等，于近儒则肯定孙诒让、刘师培，"谓王、李师法张、朱，学有本原，孙、刘通博，能解众家之纷"，非他所能及。[4] 罗焌去世后，李肖聃述其行事，作墓志铭；又搜其遗稿，并为之作叙，即《罗庶丹所著书叙》。在《桐园杂钞》中则题为《罗庶丹〈诸子学述〉序》一文，其实即同一文。

《罗庶丹所著书叙》一文除列举罗氏所著书外，侧重评价罗焌的《诸子学述》一书在诸子学史上的地位与价值。李肖聃指出，先秦时期百家争鸣，各家"皆思用所独诣，转易一世；其术尤精者，传尤远焉。"自汉迄清，道术一统于经，群士勾尊崇儒教，不敢逾越。"乾嘉之音，魁儒辈兴，旁涉九流"，先秦诸子学再度受到学

---

① 李肖聃：《近数十年湘学叙录》，《大公报二十周年纪念特刊》，第 15 页。

② 李肖聃：《星庐笔记》，《李肖聃集》，第 562 页。

③ 张舜徽：《湘贤亲炙录·罗焌》，《张舜徽学术文化随笔》，中国青年出版社，2001 年版，第 351 页。

④ 李肖聃：《星庐文录·罗庶丹墓志铭》，《李肖聃集》，第 173 页。

者关注，其间如张惠言、洪亮吉、汪中等人，"相与考论《老》《墨》，撢阐古微。""吾乡则自王而农、魏默深、曹镜初、易笏山及二王（湘绮、葵园）郭（郭筠仙及其从子庆藩）叶（郋园）诸先生，或衍释于墨庄，或集解乎荀韩。遗书流传，士知究习。"① 湘中诸子学兴起，但或注释某子，或集解某书，"未有钩沉删要、辨章流略，如刘子骏、高似孙之为者"②，没有从总体上把握诸子学者。而《诸子学述》就是一本从总体上辨章流略、钩沉删要的著作，可谓弥补了湘学在这一方面的缺憾。"庶丹少以词章获举，乡人皆誉为文士。中岁覃思群经，纂述诸编，所造益深。晚尤浸淫于诸子。始治韩列老庄，终释管子内业，及《吕氏春秋》，精以证形神之相生，隐以通综方术，泯末流之纷争。扶弱甄微，敷倡厥旨。凡述十余万言。"

此外，李肖聃还总括罗焌的学术旨趣与人生际遇，指出：罗焌身丁世乱，匪皇底息，恐年之将老而所业难竟；及任教于湖南大学，"乃编讲疏以诏诸生。言必有征，博而不淆。志欲发儒言之精，以通诸子之邮。亦采异家之长，用广吾学之途。于曾子子思学语，尤思理而董之。"可惜天不假年，"溘先朝露，乃仅得此残编以遗世。"③ 李肖聃认为，罗焌之去世，海内知识所同痛悼，不仅是"吾党"之不幸也。故揭示其著书微旨，以告学人。全文情真意切，感人至深。

从体例上看，《近数十年湘学叙录》主要以某某遗书叙或某某著作叙专题介绍的对象均为离世者，不及生存者。为使读者及时地掌握湘学最近研究成果及动态，李肖聃另撰"湘人近著略目"，分经、史、子、集四类予以介绍，所言不及《最近湘学小史》详细。每类之后，同样有一段小结，虽寥寥数语，却能勾画出湘学在经、史、子、集方面的特色。

经学举黄巩、程崇信、陈朝爵、杨树达、罗焌、孙文昱、刘善泽、叶德辉、曾运乾等13人20部著作，涉及《周易》《三礼》《诗经》《左传》《论语》《说文解字》等方面的研究。李肖聃在小结中指出："自清末兴学，校课废经，逮今廿年。其效可睹。吾乡老生，抱残守缺。横流满地，独抱遗编。今士多究许书，所知或逾前辈。黄程所述，多本礼经。杨书规仿于阮元，孙学恪承于许慎。曾书上继顾氏，允为湘学之光。近著《尚书立证》，尚未卒业。"④ 所言黄、程，即黄巩《周易述礼》与程崇信《诗笺注》，杨书指杨树达《论语古义》《老子古义》；孙学指孙文昱《周礼讲义》《经学概论》《小学初诂》等书。民国时期，益阳学者曾运乾与杨树达曾有"雪耻之盟"，力图在文字学领域有所突破，以洗刷"三王不识字，吾湘居其二"的耻辱；后以精通声韵之学闻名于世，既著有《丧服释例》，又著有《声学五

---

① 李肖聃：《近数十年湘学叙录》，《大公报二十周年纪念特刊》，第16页。
② 同上。
③ 同上。
④ 同上，第17页。

书》。在《最近湘学小史》中，李肖聃列曾运乾为湘中小学六大家之一，并云"声韵则推曾氏"。而在此处，复表彰曾氏上继顾炎武，"允为湘学之光"。自清季兴新学以来，经学作为传统学术核心的地位逐渐衰落，至民国建立后，更是成为仅供人们解剖的"僵尸"，一变而为经学史。而湘中老宿"抱残守缺，独抱遗编"，不但延续了经学研究，甚至在文字学等方面超过了前辈。这无疑是民国湘学的特色。

史学部分首列曾廉《元书》，次列朱德裳《后湘军志》，陈鼎忠《通史叙例》，杨度《中国通史》，曹佐熙《乙庵史学丛书》，杨树达《汉书王注补正》《汉代婚丧考》《读汉书札记》以及王竞《两汉经学史》《校勘学》，罗正钧《辛亥殉难录》，陈鼎忠《中国史学史》，蔡人龙《湘绮年谱》等，计作者9人著作13部。论及湘中史学，李肖聃评价道："湖南史家，清推王、魏。船山之《永历实录》，默深之《圣武记》，信作者之才也。湘绮《湘军志》，复绝八代，上追范班。朱君赓续成书，尤详于西北边事。杨度败后，伏处著书。闻其失地一篇，已有十万余言。牵于他事，未卒而逝。杨氏《汉书》之学，上正葵园之误。罗氏殉难之录，足匹补松（吴庆坻）之书。陈君以史自任，无暇卒业。读其《叙例》，已见其绝人之才矣。近武陵余嘉锡为目录学，宜著录。"[1] 对于近人的史学论著，李肖聃充分肯定其价值。

子学部分，举近人杨树达、谭铭记、颜昌峣、罗焌、章士钊、罗润泉、陈毅、戴士颖、王时润、郭焯莹等人著作26部。而在小结部分，李肖聃将湘人治诸子之源头追溯到明代何子元注《孔子家语》、校正《新书》，之后有王夫之释《吕氏春秋》，注《淮南子》，通衍老庄。晚清以来，则有魏源注《六韬》《孙吴》，继之有曹辉湘、王闿运《墨子笺》；郭嵩焘父子有《读管札记》《庄子集释》等；王先谦《庄荀集解》、王先慎《韩子集释》。而曾文正《读书录》于《管子》《淮南子》亦有校记。湘人治诸子，不仅是文字训诂，而是通其大义、运用于身，如曾国藩"自苦等于禹墨，持法邻于申韩，而善处功名之际，则用黄老"，是"近代巨人得诸子之长而无其弊者"；又如王闿运"跌宕人间，得庄子逍遥之旨"，王先谦"自言喜怒哀乐不入于胸次"，都得老、庄之旨。

集学部分，涉及作者、论著较多，计有20余家近30部著作。其言湘人之文集，则曰："楚人文章，近代如曾王至矣。曾公效池韩欧，而辅以汉赋之气体。王翁嗣音魏晋，而承以高雅之音。王黄皆师昌黎，赵袁则近庐陵，其余各家，所得不能相掩。要其致力深者，其传世也远也。孔子言'行有余力，则以学文'。刘挚言

---

① 李肖聃：《近数十年湘学叙录·湘人近著目录》，《大公报二十周年纪念特刊》，第18页。

'自命文人，则无足观'。士之有志于斯业者，盖亦反其本矣。"①

因此，《近数十年湘学叙录》不但重点介绍了晚清以来十余位湘籍学者及其著述，揭示其治学特色、学术贡献、在湘学史上的地位及影响，而且通过"湘人近著略目"为我们展示了湘学在民国年间的总体面貌，凸显了民国湘学抱残守缺、延绵斯文的特色。当然，这也可能同李肖聃"于时贤近著多所未睹"、只留意到传统学术领域有关。

从《湘学新志序论》《最近湘学小史》到《近数十年湘学叙录》，李肖聃既揭示了湘人湘学的特色，又汇集了晚清以来湘学在具体领域的成果，并重点表彰了十余位湘籍学者，可谓全方位地总结了晚清以来湘学的成就，展示了近代湘学的全貌。

第三节　全面构建湘学知识谱系

1946 年，李肖聃重回湖南大学教授文学，湘乡谭戒甫先生"督述湖南学术以诏诸生"②，于是他在前述各种论著的基础上辑旧闻、加新案修订而成《湘学略》一书。这也是李肖聃一生对湘学思考与研究的大总结。

如果说前述各种论著侧重于从横向层面总结近代湘学的成就与特色，那么，《湘学略》则是从纵向层面勾勒宋代以来湘学演变的轨迹，精心挑选湘学史的代表人物与代表成就，构建了一幅完整的湘学知识谱系。

《湘学略》所述湘学，上起宋代周敦颐，下至清季校经书院，以湘学中的代表人物为中心（有时则以地区为中心），将湘学概括为 24 个学略（学案）；此外，又设《诸儒学略》追述宋以前湘籍名人及著述，设《流寓学略》梳理外省流寓到湘省、对湘学有影响的人物。

《湘学略》所述主要人物及时代

学略名称	时代	主要人物	学术取向
濂溪学略	宋	周敦颐	理学的开山
衡麓学略	宋	胡安国及其学家（附湘潭诸胡著述考）	理学
南轩学略	宋	张栻及众门人（城南书院）	理学
紫阳学略	宋	朱熹（附湘人著书叙述朱学者）	理学
岳麓学略	宋	张栻门人（湖南书院讲学情况）	理学

---

① 李肖聃：《近数十年湘学叙录·湘人近著目录》，《大公报二十周年纪念特刊》，第 18 页。

② 同上，第 1 页。

续表

学略名称	时代	主要人物	学术取向
阳明学略	明	蒋信、冀元亨 （以及近代湖南崇信阳明学者）	心学。阳明大本植于邹孟，末流堕入狂禅
船山学略	明清	王夫之	邓显鹤序、曾国藩序、李元度事略
恒斋学略	清	李文炤（附述湖南学风演变）	理学
九溪学略	清	王文清（《王九溪先生遗书跋》）	经学考据（述其事行，诏我乡人）
邵阳学略	清	魏源（曾廉）	今文学、史学、外事、经济、佛学
镜海学略	清	唐鉴	理学
益阳学略	清	胡达源、胡林翼、 汤鹏、曾运乾、陈鼎忠	《弟子箴言》（述此以为群士劝）
二贺学略	清	贺长龄、贺熙龄 （李桢、张惟骏、劳崇光）	经世学
邹邓学略	清	邹汉勋、邓显鹤 （新化诸邹著述考）	文献、考据
曾左学略	清	曾国藩、左宗棠	理学
罗山学略	清	罗泽南，罗山弟子（王鑫， 李续宾，李续宜，蒋益澧， 刘腾鸿，钟近衡，易良干等）	理学
玉池学略	清	郭嵩焘、郭氏兄弟、刘蓉 《湘阴诸郭著述考》	礼学，船山学
岳阳学略	清	吴敏树、杜贵墀、李元度、 苏舆、吴凤孙、欧阳之钧	文学、汉学
湘绮学略	清	王闿运《湘绮遗书跋》	四王定位："儒宗"
葵园学略	清	王先谦《葵园遗书跋》	有功于楚之经学、史学、子学、文学（四十余年，楚学生光，长沙大师并称二王。湘绮通玄，行同庄列。公则守常，克全晚节）嗟余后学，知读公书
鹿门学略	清	皮锡瑞（谭绍裘、罗焌）	经学、文学，今文经学

续表

学略名称	时代	主要人物	学术取向
郋园学略		叶德辉（《郋园全书总叙》）	守吴先正遗法
浏阳学略	清	朱文炳、欧阳中鹄、 刘人熙（元欧阳玄）、谭嗣同	
校经学略	清	吴荣光、张亨嘉、 江标及诸院长、生徒	汉宋之学

在时间分配上，宋代五略，明代一略，清代十八略，重点介绍了王船山以下湘学人物一百多人。从写作体例看，大多是因人设略，专章介绍某个学者或某群学者；也有因地设略，介绍某郡某县学者，如《邵阳学略》《益阳学略》《岳阳学略》《浏阳学略》；此外还有专述某个机构、某所学堂对湘学的影响，如《岳麓学略》《校经学略》等。在诸学略中，又有相当一部分是以某某著作跋、叙的形式出现的，录之旧作，充分肯定了案主的学术贡献、学术影响。由于这类文体写作的特殊语境，不免"死后谀墓"的因素，所言不尽客观，并不能代表作者的真实想法，故有时李肖聃在收入旧作之外，常有增加，进行点评。但无不包含着"诏后学以知尊重前贤"的用意。正如作者序言中所述，乃出于"致维桑之深敬，阐南学之灵光"。总结湘学，表彰前辈，是为了激励后辈，不忘先贤之学问精神。

一　恢复宋代湘学形象

《湘学略》第一至五篇，是对宋代湘学史的介绍，通过对周敦颐、胡宏、张栻、朱熹及其生徒情况的描述，为读者再现了宋代湘学的盛况。

《湘学略》开篇第一略是《濂溪学略》，介绍周敦颐的学说。周敦颐是湘学史上不容错过的标杆，晚清以来言湘学者，从曾国藩、郭嵩焘到叶德辉，无不标举周敦颐作为湘学史上的一座山峰。李肖聃也不例外。《濂溪学略》全文照录朱子的《濂溪先生事实记》以介绍周敦颐的生平大概，并提示有关濂溪的文献还有《江州重建濂溪先生书堂记》《韶州濂溪祠记》。有关周氏的论著，李肖聃节取了《通书》与《太极图说》两文。通过几篇重要文献呈现周敦颐的生平与学术思想。

周敦颐的《太极图说》一文贯通天道与人事，构建了一套宇宙生成模式。在清代考据学兴起后，这个学说受到质疑。不少学者认为太极图来源于宋代华山道士陈抟，指责周敦颐等宋儒以太极图立说是援道入儒，言辞甚竣。对此，李肖聃在《濂溪学略》通过"按语"略加辨析，以为这个问题方东树在《汉学商兑》中已有明辨，"周子之学，则自黄山谷、胡五峰、张南轩、黄勉斋、魏鹤山、黄东发、高景逸诸公，久有定论"，其学说不容置疑。但真德秀、顾栋高等人推崇《太极图说》

为"与伏羲画卦同功、生知之圣"，李肖聃认为是"过誉"。至于《通书》一篇，则"足以羽翼六经而大功于后学"。李肖聃援引曾国藩之言，说明周敦颐之《太极图说》《通书》，"上与《周易》同风，下而百代逸才举莫能越其范围也"。[①]

周敦颐无疑是湘学史上的一颗明珠，其意义主要在于开启了有宋一代理学思辨之风，被后世尊为理学的开山。但在当时，周敦颐对湘人湘学影响并不大。相比之下，胡安国的讲学则直接催生了宋代的湖湘学派。是以《湘学略》第二篇《衡麓学略》即介绍胡安国及其对湘学的影响。胡安国本是福建崇安人，仕于湖南，落职后在衡岳一带讲学修炼，主持碧泉书院。胡安国与杨龟山、游酢、谢良佐相识，其学得力于上蔡为多，常言："学以立志为先，以忠信为本，以致知为穷理之门，以致敬为持养之道。"讲友众多，其中有长沙人谭子立知礼、黎才翁明。李肖聃认为，"湖湘学派之盛，才翁最有功焉。"除讲友之外，还有众多生徒从胡安国游学。胡安国之后，家人胡寅、胡宏、胡宪、胡大时、胡实、胡大原、胡大本，或从文定（胡宏）游，或从南轩（张栻）学，或与考亭（朱熹）辩，皆于湘学有影响。李肖聃对诸人事迹皆加以考辨，并援引清代全祖望《书宋史胡文定传后》之言，证明胡宏、胡寅、胡宁、胡宪"并以大儒树节南宋之初，盖当时伊洛世适，莫有过于文定一门者""四先生殁后，广仲尚能禅其家学，而伯逢、季随兄弟游于朱、张之门，称高弟，可谓盛矣"。

有意思的是，在第二略中，李肖聃还附录了旧作《湘潭诸胡著作考》，也即《近数十年湘学叙录》中的一篇，介绍清代湘潭胡氏兄弟的学术成就。除诸人均姓胡外，看不出湘潭诸胡与南宋诸胡有何联系。将二者编在一略，可谓体例有乖。细究其用意，则在于"宗朱"。

清代湘潭诸胡学术导源于广东番禺学者陈澧。清代胡筠帆任广东南海知县，聘请陈澧当塾师，令诸子胡锡燕、伯蓟从受业。伯蓟有四子，胡元仪，长于考证，诗词其绪余焉；仲胡元常，长于史学；叔胡元直，长于文章；季胡元玉，为王闿运女婿。胡氏一门四兄弟在晚清湘学界声名显赫，是湘中少有的经学世家。王先谦编纂《续皇清经解》时，照例不录生存人作，"独于胡氏兄弟所述不限常例，盖痛湘人经学之陋，欲乡后进闻而兴慕也。"[②] 陈三立曾言："胡氏世治经学，至子靖始阑入新学。"胡子靖即胡元倓，为明德中学的创始人。"兴邦新彦，群集其门，诸子弟亦游学远西，罕治故业，家学稍变矣。"

但李肖聃表彰湘潭诸胡之意，不是要提倡经学，而是意在绍续陈澧"宗朱"的旨趣。陈澧是与朱次琦齐名的岭南学者，也是晚清汉宋调和论的代表人物。李肖聃

---

① 李肖聃：《湘学略》，《李肖聃集》，岳麓书社，2008 年版，第 12 页。

② 同上，第 15—16 页。

以为，朱学"沉潜于义理，宜发乎词章，而归本于经世泽物，故其为县有循声，门人康有为能显其学，以彰于世。"陈学宗昆山顾炎武，走的是训诂考据的路径，作《东塾读书记》，以仰企《日知录》，而晚年父子相依，日钞《朱子语类》，欲泯灭郑、朱之争，通汉、宋之邮，与湘乡曾国藩持论若合符契。"其平生通今博古，精思力践，又诚无愧于古人，故同、光学者群相崇仰。"李肖聃"欲胡氏承东塾之传，崇朱子之学，以教湘中子弟，故以攸县龙绂瑞作《乐诚堂记》，发其端焉。尤愿靖翁衷刻诸胡丛书，示其子姓，俾无忘先绪也。"

故从述南宋诸胡到述清代湘潭诸胡，其间的联系就在于"崇朱子之学"。前者在于述往，后者在于思来，通过更多的寄托于未来，警示后生"无忘先绪"。这与李肖聃一向的尊宋抑汉的思想旨趣相一致，同时也说明李肖聃述宋代湘学的现实关怀。

对于宋代湖湘学派而言，张栻无疑是胡安国之外的又一关键人物，故《湘学略》中第三篇《南轩学略》即介绍张栻。张栻（1133—1180年），字敬夫，号南轩，本为广汉（四川绵竹）人，南宋抗金将领张浚之子。少随父母侨居外地，迁于衡阳。曾受父命，在湘潭碧泉书院问业于胡宏。"五峰以所闻孔门论仁亲切之旨告之，益自奋厉，以古圣贤自期，作《希颜录》以见志。著有《论语孟子说》《太极图说》《经世编年》等。弟子编有《南轩答问》。"① 张栻学成后，先在长沙创立城南书院，后主教岳麓书院。在他的主持下，岳麓书院成为南宋理学基地之一，吸引了八方士子。理学家朱熹也曾经来岳麓书院与南轩会讲切磋。黄宗羲谓朱子生平相与切磋得力者，东莱、象山、南轩数人，而东莱则言其杂，象山则言其禅，惟南轩为所佩服。故李肖聃在篇首赞辞中谓张栻为"考亭畏友"。南轩讲友自吕祖谦、朱熹外，还有赵汝愚、潘畤、吴松年、张杰等，又有门人胡大时、彭龟年、吴猎、游九斋、游九言等。"南轩讲学于岳麓，传道于二江湘蜀，门徒之盛，一时无两。"张栻对湘学的影响不仅在于其讲学在当时受到重视，而且其精神为后世湘人所继承，成为湘学的忠义传统。故李肖聃称"南轩岳麓之教，身后不衰。宋之亡也，岳麓精舍诸生乘城共守，及破，死者无算。"② 谱写了湘学史上的忠义篇章。直至元时，犹有巴陵人方敏中私淑南轩。

作为曾经在湖南大学任教多年的教授，李肖聃对岳麓书院（湖南大学的前身）在湘学史上的地位感受更深，对张栻、朱熹开创的湘学传统情有独钟。民国年间，李肖聃在一次欢迎胡庶华出掌湖南大学的致辞中，就以绍绪宋代岳麓书院朱张讲学精神相期待。其言曰："惟岳麓天下名山也，自宋时长沙守朱洞，大修书院，礼湘

---

① 李肖聃：《湘学略》，《李肖聃集》，第16页。
② 同上，第17页。

阴周式为山长，始启儒风，化此南邦。厥后朱紫阳、张南轩二先生，讲道兹山，群彦云从，《宋史》称潇湘之间，有洙泗之风。今考黄犁洲《宋元学案》，于岳麓诸儒，详述师承，可见当时徒友之盛。自元逮今，绵二千年，流风未衰。因知大儒讲学，正人心而维道统，其功效久著如此。"① 在这里，李肖聃以岳麓书院的设立作为湖南开化的起点，视朱张讲学为湘学史上的一桩盛举，围绕岳麓书院来构建湘学史。这虽是特定语境下的措辞，不免客套与夸饰，但向往大儒讲学正人心而维道统是李肖聃一贯的思想倾向。李肖聃认为，湘学中的忠义之气都是源于宋代岳麓诸儒。"而寻《宋史·忠义传》，详岳麓大社诸子殉国之烈，知吾楚含忠负义之气，咸藏菹郁结于兹，而待时以宣。故百年以来，天下之英贤，集于湖南，湖南之学风，振于岳麓。"② 宋代岳麓诸儒的忠烈义气之养成与张栻的讲学活动密不可分。

但李肖聃也不忽视城南书院在湘学史上的地位与贡献。城南书院为张栻所创立。李肖聃曾在光绪戊戌、乙亥（1898 年、1899 年）两年居城南书院就读。在清季废书院兴学堂的浪潮中，城南书院一变而为中路师范学堂，再变而为第一师范，三变而为第一中学，往日书院遗迹荡然无存。民国二十年秋，李肖聃到第一中学任教，寻当年讲院故迹，已不复存；同学之友，多为英少，罕有能言城南故事者。故李肖聃援引欧阳坦斋《岳麓文钞》例，辑成《城南文钞》，"使学者闻先师遗风而知景慕焉。"其言曰："予读南轩及黄宗羲岳麓及下江诸儒学案，深叹张子生长兵家，为宋世臣，乃能遗外势物之荣，究观道术之要。读其希颜之录，知其潜晞往圣，功无或懈。故与朱子讲学湖湘，使楚之人士，沐其教化。阅今千年，流风犹存，足以厉学士之心，而激儒夫之气。岂非大儒之教，沾被至远，而不可绝哉。"③ 追溯城南书院教泽对于湘学的影响，李肖聃指出："清世城南掌教之师，如贺蔗农侍御、郭筠仙侍郎，皆乡国名贤，而院生若左文襄、曾忠襄、王湘绮辈，多能建文武功业，有声于世。而杂流诐士亦往往出其中。道之不明，德之不修，后生怀奇负志，不获先辈启导，则其横决以祸生民，固其理也。"④ 又说："朱张同时大儒，城南、岳麓两院并称。"而自己辑《城南文钞》，就是要使城南文钞与岳麓文钞相配，"邦之君子，下鉴鄙心，助之搜讨，固所愿也。"⑤ 希望自己的心愿得到乡邦君子的支持，得以实现，再现城南之风采，接绪城南张栻讲学之余绪。

抗战时期，李肖聃避寇于宁乡，曾探访过张栻父子之墓，见"前立南轩祠，有榜署曰'紫阳畏友'"。后来，李肖聃取张栻遗集而读之，发现张栻的学说如"求

---

① 李肖聃：《星庐文录·欢迎胡春藻校长词》，《李肖聃集》，第 124—126 页。
② 同上。
③ 李肖聃：《桐园杂钞·纪新辑城南文钞》，《李肖聃集》，第 262 页。
④ 同上。
⑤ 同上。

仁之说""希颜之录"的确是学者所应当深察的，深以张栻学说不为后人所知、所传为憾。"湖南以朱、张讲学潇湘，有洙泗之风。今岳麓改建大学，特立文科，紫阳之绪不坠，而城南鞠为茂草，南轩之风寂然。同为大儒，显晦各异，宜罗子元鲲发愤而道也。"① 李肖聃以岳麓为朱子之传、城南为张栻之传，这个说法其实并不准确。但的确南轩学说在后来湘学发展中湮没不彰，这是李肖聃引以为憾的，故在《湘学略》中要恢复南轩学说应有的地位。

《湘学略》第四略为《紫阳学略》，介绍朱熹的学说及其对湘学的影响。朱子同湘学渊源甚深。他曾几次监南岳庙，并在 37 岁时始与张栻通书，论未发之中。38 岁时，访张栻于潭州（长沙）。64 岁除知潭州、荆湖南路按抚使，辞不就职，不许。明年到任。"长沙士子，夙知向学，及邻郡数百里间，学子云集。朱子诲诱不倦，坐席至不能容，溢于户外。"② 当时朱熹的身份是荆湖南路按抚使，他"穷日之力，治郡事甚劳，夜则与诸生讲论，随事而答，略无倦色。多训以切己务实，毋厌卑近而慕高远。恳恻至到，闻者感动。"虽然朱熹在岳麓讲学前后不过三月余，集中的"《谕诸生》《谕诸职事》二文亦非为岳麓而发，湖南从朱熹问学者不及从南轩问学者多且著"，但是，"'忠孝廉节'四字刻于讲堂，'赫曦''自卑'两亭立于山麓，湘浦有朱张之渡，潇湘有洙泗之风"③，朱熹对湘学的影响远远超过了张栻。李肖聃认为，这是大儒"过化存神之妙"。

在《紫阳学略》中，李肖聃除了介绍朱熹本人在湘活动、讲学情况，还列出了湘学叙述朱学的学人 39 位著作 40 余部，以示朱学对湘学影响深且远大，崇尚朱学成为湘学的一大传统，而且这一传统理应发扬光大。李肖聃指出："咸同诸公，始多尊崇紫阳，而干略又同新建。曾、罗逝后，老辈多宗汉师。自皮先生为《南学讲义》，言乾嘉汉学皆出宋儒，且多出于朱子，群士始稍解迷惑。迄梁启超衍其师说，著书时诋程朱，谓但读王懋竑《朱子年谱》即可卒业"。这使李肖聃十分不满。"吾恐学者学迷于其说，尽屏朱子之书而不读也"，故作《朱学篇》揭橥朱学宗旨。在《紫阳学略》中，李肖聃附上了自己早年所作《朱学篇》。

在《朱学篇》中，李肖聃把朱子看成"孔子后一人"。"濂溪著《太极图说》《通书》，横渠著《西铭》《正蒙》，二程亦有《遗书》，皆足千古。即象山、阳明，或崇德性，或致良知，皆有孤诣。然王言满街都是圣人，陆言六经皆我注脚，持论过高。求其博大精深，可法可师，实推朱子为最。"朱子一身兼孔门四科之长。

李肖聃还援引湘中耆宿来维护朱学。"先师皮鹿门先生学兼汉宋，《南学讲义》

---

① 李肖聃：《湘学略》，《李肖聃集》，第 19 页。
② 同上，第 20 页。
③ 同上，第 21 页。

指示最详。而叶吏部德辉为《经学通诰》，亦言南宋经学以朱子为大宗，其后王应麟、黄震遂开清顾、惠二家之业。亭林之学，出自朱子。元和惠氏，三世传经，自周惕、士奇、至栋而大盛，皆朱学也。江永为《乡党图考》《深衣考误》《仪礼释例》，其学纯出于宋。其徒戴震既畔本师，而于朱子亦妄肆抨击。"在借叶德辉之言论证"六经通学，郑玄以后惟朱一人"之后，李肖聃提出了对汉学家的批评。"吾观汉学诸家，但借单词碎义，轻笞宋贤，西河、东原，攻朱尤甚。姚姬传曰：博闻强识，以助宋君子之遗忘可也，欲将以跨越宋君子则不可也。曾文正亦言：五子立言，大者多合于洙泗，何可议也。至其训释诸经，小有不当，故当取近世经说以辅翼之，又可摈弃群言以自隘乎？"朱子学不但流传于本国，而且流传到日本。德川幕府时代崇尚朱学，而中国宋元明清四代亦崇朱学。日本学者井上哲次郎谓"朱学宗旨，在完成人格，斥功利而重道德"。李肖聃认为"其言亦可味也"。总之，"自孔子卒后，千六百年而有朱子，实命世之大贤也。"①

李肖聃阐发朱学、强调崇奉朱学是湘学的传统，既有对清代汉宋之争的回应，又是对梁启超崇陆王、抑程朱的回应。

此外，《紫阳学略》还根据王白田的《朱子年谱》，编了朱子著书年月考，附录于后。

《湘学略》第五篇《岳麓学略》介绍张栻后学情况。李肖聃以黄宗羲《宋元学案》为依据，梳理南轩18个门人的基本情况，借以复原张氏之学当时的盛况。张栻以"求仁"为学问宗旨，这一精神被湖随士子所继承。是谓"宜公求仁，楚士知宝"。而18人中，以胡大时与吴猎为第一。胡大时本为胡宏之季子，跟随张南轩问学，又往来与朱子问难，有《湖南答问》。吴畏斋猎是湖南善化人，见张宣公（张栻），常谓圣贤教人莫先求仁。后登进士，率军抗金，又充四川安抚制置使。"其平生所为，有得于宣公求仁之学，而施之于经纶之大。"李肖聃除钩沉南轩后学情况外，还介绍了其他讲学者情况，如真德秀"以安抚使知潭州，用周、程、朱、张之学勉士子。魏了翁华甫以资政学士知潭州，崇重道学"。

《湘学略》第一至五篇，是对宋代湘学史的介绍。宋代以后湖湘学派后传无人、逐渐沉寂，宋代湘籍学者中只有周敦颐因被程朱弟子推尊为理学的开山而得到全国的认可，其他人的事迹、学问则湮没不彰。故以往言湘学史者，只简单地列举屈贾、周子作为代表。李肖聃不但较为详细地介绍了周子的言行、学术，而且还重点介绍了衡岳胡氏家学、城南张氏之学。李肖聃通过史料的梳理，复原了胡宏、张栻之学在当时的盛况，恢复了胡、张之学在湘学史上应有的地位，使人们对宋代湘学的印象由点扩散到面，由对排行榜式的几个知名人物的了解扩大到对湘学群体的认

---

① 李肖聃：《湘学略》，《李肖聃集》，第 23—25 页。

识，由周敦颐扩大到宋代湖湘学派。李肖聃认同张栻的求仁之说、希颜之录，充分肯定张栻大儒之学的地位，并为南轩学说后续无人而惋惜。这是《湘学略》的一大贡献。《湘学略》的另一创获是把朱熹正式列进湘学知识谱系中来，并浓墨重彩地予以介绍。朱熹两次入湘讲学，时间都不长，但有过化存神之妙，成为湘学崇奉的偶像。这就扩大了湘学的内涵。

二　勾勒明季清初湘学轮廓

元明两代是湘学较为寥寂的时期，《湘学略》中分配给这一时期的内容只有《阳明学略》一篇，介绍阳明学在湘中的传播情况，以代替对明代湘学的叙述。明代中后期王阳明心学极盛，风气所至，湖南亦稍受影响。该篇列举了受阳明学影响的几个湘籍学人如蒋信、冀元亨。李肖聃虽崇尚朱子，但不否定阳明学说亦是儒学的组成部分，"盖姚江良知之说，本于孟氏；朱子虚静重礼之教，原自荀卿。惟彼两贤，皆为圣翼。"并在湘贤中找到崇奉阳明学说的痕迹。其言曰："吾湘先贤，多宗朱子，然咸同时，王壮武珍崛起湘乡，实始尊师阳明。曾惠敏纪泽语其外舅刘中丞蓉，亦言宗信姚江之人，多能建立功业，在朱学末流之上。曾文正壮年虽亦附从唐镜海、刘霞仙之议，以纠王氏直指本心之说，而老年与夏弢甫书，则盛称王门弟子之卓有建树者，皆得力于师教。即文正之入而讲学，出而戡乱，亦与阳明略同。惟其专务躬行，不轻立说，为稍异耳。"① 说明湘中先贤对阳明学说并不排斥。但李肖聃也指出，肯定王学不同于认同王学末流，王学大本植于邹鲁，而其末流则堕入狂禅，需要区分对待。总体上看，明代湘学几乎可以忽略不计。

《湘学略》第七至第九篇通过叙述王夫之、李文炤、王文清三位代表人物来建构清初湘学知识谱系，塑造清初湘学形象。

自从嘉道年间《船山遗书》首次刊刻以来，王夫之就成为湘学的代表人物；光绪末年，王夫之获准从祀文庙，正式成为官方认可的明清之际三大儒之一，蜚声全国。民国年间，湖南成立船山学社研究船山学说、弘扬船山精神，王船山已经成为家喻户晓的人物。《湘学略》的第七篇即是《船山学略》。但正因为王船山已为大家耳熟能详，相比之下，李肖聃对王船山的阐发不多，大多承袭旧言。该略首先转载邓显鹤《船山遗书目录序》，又转载曾国藩《王船山遗书序》、李元度《王而农先生事略》，以代替自己对王船山学行的介绍。同时继承了从邓显鹤以来论船山的思路，将王船山与同时代的著名学者相比较，凸显其意义，谓"明季大儒，孙李顾黄，贞晦深沉，孰与夕堂。"意谓就"贞晦深沉"而言，夕堂老人（王船山）最为突出，就算是孙奇逢、李颙、顾炎武、黄宗羲等举世闻名之大儒，也难与其比肩。

---

① 李肖聃：《湘学略·阳明学略》，《李肖聃集》，第 32 页。

在船山本人的学行之外，《船山学略》更涉及晚清以来研究船山的重要人物与代表著述，其言曰："湘阴郭嵩焘喜言其学，主思贤讲舍、城南书院，皆立祠祀之。湘潭罗正钧为《船山师友记》，清泉王之春又编《船山年谱》，浏阳刘人熙亦立社长沙，编行《船山学报》。其先，衡阳彭玉麟奏设船山书院，光绪中从祀孔子庙廷，而善化皮鹿门、浏阳谭嗣同皆好称引其说。"李肖聃认为，尽管王船山遭到他人的议论，如《四库全书》纠其过失，曾国藩在日记中亦间举其失，李元度也说王船山好恶拂人之性，"要其抱越石之孤忠，希横渠之正学，其坚苦之操、贞亮之节，殆为明季五儒之冠。"李肖聃又认为，章太炎讥王船山"不识字"，只是訾其《说文广义》之缪，"所见小矣"。[①]

《湘学略》第八篇介绍清初理学名臣李文炤。李文炤以从小立志从祀文庙而著称。据史料记载，李文炤十岁时适郡城，其父携往文庙，循行殿庑，告以先贤儒配享从祀之故，李氏随应曰："如此，庶不枉一生。"前人常以此例说明传统儒生自幼即浸淫"从祀文庙"的文化价值，以"入祀孔庙"的意向深植士子民心。从祀文庙、进入万世景仰的儒学道统系列乃是儒生们追求的最高荣誉，其意义甚至超过世俗的爵禄。另一方面，也说明李文炤之聪慧，志向早立。这则轶事被李肖聃写进了《恒斋学略》中，并将之与湖湘学风联系起来考察，谓李文炤与同里熊班若、邵陵车补斿、沩山张石攻、邵阳王醒齐诸人勉为濂洛关闽之学，再度开启了湖湘讲诵理学之风；其人"于书无所不读，子史梵书亦必批其根底。性纯孝，躬行实践，笃于人伦，以扶持世教为任。主讲岳麓书院数年，从游者众，悉训以修己治人之学。"[②]卒后入祀乡贤祠，也成为湘学知识谱系中的一员。

在李肖聃看来，李文炤的重要性在于其学"一以朱子为归"，并以此影响生徒。这正是湘学的优良传统。湘学传统的养成与岳麓书院的学风息息相关。"宋世朱洞守长沙，大修岳麓书院，礼湘阴周式为山长，自是掌教其中，见于志乘者代有闻人。至清而先生与宁乡王文清九溪、湘潭罗典慎斋、安仁欧阳坤坦斋、长沙丁伊辅善庆、徐棻云衢，皆以朱子之学提倡后生。"而书院培养出来的学生多为命世英杰，如益阳胡林翼、湘乡曾国藩、新宁刘长佑等。主持书院诸人中，"丁公能以身教，生徒翼翼，无敢逾越礼法。徐公高年重望，人不敢嬉。王先谦掌教二十余年，著书葵园，日不暇给，门士承风，撰述独多。"王先谦掌教岳麓书院后，风气由重修身制行转向重撰述。究其诱因，与道光年间巡抚吴荣光创设湘水校经堂于岳麓书院有关。"盖自南海吴荣光设湘水校经堂于院中，其后移于天心阁、湘春门外，大修书院，学政调高才生肄习其间，群相矜以汉学，成蓉镜、杜贵墀来为都讲。光绪以

---

① 李肖聃：《湘学略·船山学略》，《李肖聃集》，第40页。
② 同上。

来，士风一变。"但岳麓遗风未歇，"然湘潭黄舒昺正轩、长沙严家邬秬香、石门阎镇珩季蓉辈主持正学，院生如宁乡成克襄赞君、湘潭胡元仪子威、长沙杜本崇乔生，笃崇宋儒，岳麓之流风未遂绝，在士大夫之倡导后生、以身作则耳。"①

《湘学略》第九篇《九溪学略》介绍清前期湘籍学者王文清。王文清（1688—1779 年），字廷鉴，号九溪，湖南宁乡人。康熙癸巳（1713 年）恩科湖广乡试举人，雍正甲辰（1724 年）会试钦取进士。曾任职国史馆纂修、三礼馆纂修等。时人记载："明清之际，工诗文者，稍有传人，而专精经术者绝少。康熙时有王先生九溪独治朴学，淹贯群籍，卓然为一代鸿儒。"② 告归后，主岳麓书院十余年，"以群经教授诸子，阐发先儒性道心传，梯航后进，不少吾湘学蔀为之一开，如是大湖南北，莫不知九溪先生之名。"③ 卒后入祀乡贤祠，附祀岳麓屈子祠。尽管王文清在当时声名显赫，但其著作未能刊刻传播，大部分毁于兵火，以至于"遗书不行于士林，后学寡知其名姓"，成为被后世遗忘的人物。20 世纪 30 年代李肖聃曾作《王九溪先生遗书跋》，述其学行，以告乡人，并将此文收入《近数十年湘学叙录》中。而《九溪学略》的主要内容也正是这篇《王九溪先生遗书跋》一文。

在《王九溪先生遗书跋》中，李肖聃提出了一个"湘学四王"的概念。"湖湘学业，光于中世，明清两代，彪炳四王。"四王者，王夫之船山先生、王文清九溪先生、王闿运湘绮先生、王先谦葵园先生。王夫之的著作被邓显鹤、曾国藩等人刻印传播，名声大显于后世；王闿运、王先谦之学术盛行于南方；只有王九溪，遗著成灰，学问、德行都湮没不彰。是以李肖聃"读其遗嘱，有深慨焉"，刻意表彰。其言曰："先生拔起穷乡，独治朴学，由教授而举鸿博，自中书入任纂修，经礼与于校刊，律吕又其专习，于是有《周礼》会要之作，有《仪礼》分节之编。生康熙全盛之朝，治俗士不为之学。故吴廷华服其精博，多采其言；吕南村敬其闳通，遣男受业。事见《皇清经解》，详于《十学薪传》。"④ 李肖聃还注意搜集他人文献中有关王文清的记载，如阮元《皇清经解》中曾有对王文清学行的介绍，王昶《湖海文传》中吕泰的《十学薪传叙》亦涉及王文清。又说，桂林陈宏谋任湖南巡抚时，经过王文清家，试生徒所读书，诸经注疏多能成诵，故立"经学之乡"之碑以表彰之，与东汉郑康成的"通德之里"相提并论。在李肖聃看来，四王各有千秋，"而农之造《宋论》，识冠古今。壬甫之志湘军，文追班、范；益吾阁学，注史尤多。先生集典制大文百四十一卷，著《读古原始》十余万言，而其《考古源

---

① 李肖聃：《湘学略·恒斋学略》，《李肖聃集》，第 43 页。
② 陈宏谋：《经学之乡碑文》，转自杨布生《岳麓书院山长考》，华东师范大学出版社，1986 年版，第 132 页。
③ 同上。
④ 李肖聃：《湘学略·九溪学略》，《李肖聃集》，第 44 页。

流》一书，尤为毕生精力所萃，京师已有录副，而遗稿至今不传。外有《考古原始》《宋理学考》亦不行世。今惟《考古略补》犹行人间。"① 王文清著书广，而大多不传，是为遗憾。"先生手校欧史，殿本载其姓名；留意艺文，南皮列于史目。"而李元度的《国朝先正事略》、罗汝怀的《绿漪文钞》记其行事，都伤简略。为免其著书之勤、学问之广湮没于后世，李肖聃从各种史料线索中钩沉把握九溪先生著述全貌，提供了一份王九溪著述的目录，以使读者了解其学术之大概。

在《九溪学略》中，李肖聃还附带对宁乡的学人、学风、学术成就进行了总结。"宁乡立县以来，学士相望，而以宋之山斋易氏、清之九溪王氏、虎痴黄氏最为博学多闻。山斋《周易》《周礼》总义，著录四库，刻入《湖南丛书》。余曾拜其墓下，访识山楼遗迹，为低回者久之。虎痴名本骥，道光举人，官止教谕，深通金石，有《三长物斋丛书》。九溪曾举鸿博，掌教岳麓，五膺征召，其名最显。"又说："其县人以诗显者，哗哗至数十家，县志艺文之美且多，殆与湘潭相埒。而卓然以守洛闽之绪以诏其徒友者，则成赞钧先生克襄也。"②

李肖聃将王文清与湘学中的其他人物相比，认为王文清在各个方面都开湘学之先河。"盖朗轩坦斋，论学承朱，而先生考礼，笃宗宋儒。贺魏二贤，经世垂编，而先生典制，实开其先。邹究坤舆，左精纪要，而先生释地，致精水道。曾王二郭，士礼最明，由先生开道，后进循程。盖先生始为最苦，而后学继轨收声。是以桐城姚永朴，述先生轶事，独于湖南诸老，称先生为鸿生。盖微特有清一代，宁乡无斯鸿硕，即湖外百年，儒林寡此耆英矣。"③ 评价不可谓不高。

在《九溪学略》中，李肖聃一再感叹其学术事业不传于后世。从本土来看，清代宁乡文士辈兴，隆观易最以诗名，程颂万号精语业，廖松陔著《珠泉》之集，梅英杰有《胡林翼年谱》，钱次郇述《砚㠾说诗》，傅绍岩有《东池诗稿》。诸人皆有名声，而王九溪在二百年前就抗声倡导、厥绩最多，却是妙句不传于人间，诗名远逊于后辈。李肖聃"总角闻其才誉，弱冠见其遗书"，每过其讲学之堂，"尚想著书之业，痛其遗编烧于劫火，后嗣失其家藏。"从全国范围来看，朱次琦自毁遗书，却能成就大名，邵懿辰著述成灰，终为显学。相比之下，王九溪遗编成灰，其人其事其学也湮没于后世，就没有朱、邵之幸运了。学术史上类似的事屡见不鲜，如前述的张栻与朱熹同为大儒，且当时张栻声名不逊于朱熹，但朱熹之学通过岳麓书院相沿下来，又通过湖南大学文科而传承；而城南书院鞠为茂草。对于这些现象，李肖聃无法给予恰当的解释，将其归结为"文章光气，显晦殊时，传否亦有命焉，盖

---

① 李肖聃：《湘学略·九溪学略》，《李肖聃集》，第 45 页。

② 同上。

③ 同上。

难得而具论"。作为后人能做的,就是让这些学术思想史上的失踪者重新进入人们的记忆中,恢复其应有的历史地位。故李肖聃对王文清再三致意,先是在《近数十年湘学叙录》中破例将本不属"最近"范围的王文清纳入其中,又在《湘学略》中置专略介绍;其内容甚至比《船山学略》更为详细丰富。

此外,有意思的是,他人眼中的朴学先驱王文清,被李肖聃解读成宋学家,所谓"观其《学约》《学箴》刻示诸生者,皆本朱子说以立言,知其得力于宋学者深也。"① 又说,王文清的著述"文之精者不存,存者或非其至",所存的《考古略补》数种并非最能代表王九溪学术成就的著作。换言之,王九溪的成就不在于考据精详,而在于对朱子学的践行。

三 再现清中期湘学人物风采

在清中期的湘学中,李肖聃重点表彰了魏源、唐鉴、胡达源、贺长龄、贺熙龄、邹汉勋、邓显鹤等人。

李肖聃对魏源的关注由来已久,以为:"默深之学,博大精深。虽践履笃实,不及船山,而规模之大,思力之雄,百年以来,殆无其匹"。② 一度有意编撰魏源年谱,未暇而及,20世纪20年代撰《最近湘学小史》时略揭魏源在经世之学、今文经学、佛学内典等方面的贡献。在《湘学略·邵阳学略》中,既述魏源生平大略,复述魏源在经、史、子、集等领域的贡献。

魏源在晚清学术史上以追踪西汉经师微言大义、倡导今文经学著称。李肖聃指出:魏源的《诗古微》"发挥齐、鲁、韩三家《诗》之微言大谊,以豁除《毛诗》美、刺、正、变之滞例,而揭周、孔制礼作乐之用心于来世";《书古微》"黜东晋梅赜之伪,以返于马、郑古文,复辨马、郑古文说之臆造,以返于伏生、欧阳及马迁、孔安国问故之学"③,开晚清湖湘今文经学之先河。晚清皮锡瑞为《今文尚书考证》《诗经通论》、王先谦作《尚书孔传参正》《诗三家义集疏》,屹立晚清,成为今文大师,追溯其源,实始自魏源。

魏源不但有功于经学,且有功于史学。其所为《元史新编》既吸收前人之成就,更奠定后来者之基础;所为《圣武记》"发扬清代之武功,详纪军行之大事",后来王闿运之《湘军志》、朱克敬之《湘武记》"皆象其例而为之"④。

《邵阳学略》又论魏源在经世方面的"首功",以为:"海通以来,西力东侵,中朝大官懵于外事,源则据林则徐所译之《四洲志》,又据历代史志及明以来岛志,

---

① 李肖聃:《湘学略·九溪学略》,《李肖聃集》,第44页。
② 李肖聃:《最近湘学小史》,《大公报十周年纪念特刊》,1924年版,第99页。
③ 李肖聃:《湘学略·邵阳学略》,《李肖聃集》,第48页。
④ 同上。

以为《海国图志》六十卷，引明臣之言'欲平海上之倭患，先平人心之积患'，而示国人以夷攻夷、以夷款夷、师夷长技以制夷之道。其时徐继畬之《瀛寰志略》尚始出书，夏燮之《中西纪事》亦未行世，而源生于山乡，神游九域。道光二十七年，重刻扬州，国人承风，争习外事。"魏源开启了近人研习外事之先河。此后郭嵩焘、曾纪泽出使外国，王先谦、黄遵宪撰外国史志，均沿其流。魏源又代贺长龄编《皇朝经世文编》一百二十卷，"首论学术治体，以观其通，分论六部大政，以穷其变。"曾国藩、左宗棠等人的经济之学，"皆取材于是书"。至于南汇张文虎续编、麦孟华新编，皆以是书为初祖。

魏源在近代受到人们关注，同时也因其今文经学的立场受到古文经学家的攻击。如戊戌新旧之争时，湘人叶德辉就说，魏源晚病风魔以死是攻击古文经学之报应；章太炎有《钱塘吊龚、魏二生赋》，谓"乱流而趋古微兮，亦夫子之陷汸"。李肖聃以为，章氏之言尽管存有"今古文之见"，不是公论，但"吊二生"说明龚、魏是不容忽视的人，所谓"固哉枚叔，乃吊二生"。晚清龚魏同以倡导今文经学、批判社会现实而著称，所谓龚魏齐名，同为畸士。而左宗棠谓龚、魏齐名，龚之实用不及魏，此言被李肖聃视为"笃论"[①]。

如果说魏源代表了湘学"开新"的一面，那么，唐鉴则是湘学笃守程朱理学传统的化身。《湘学略》第十一篇为《镜海学略》，介绍清代理学名臣唐鉴。在《镜海学略》中，李肖聃首载曾国藩之《唐确慎公墓志铭》，介绍唐鉴的生平大概；再载曾国藩之《书学案小识后》，对唐鉴的《国朝学案小识》进行评价。李肖聃在"按语"中指出：唐父仲冕先生与孙星衍同年进士，著有《岱览》诸书。"确慎少承家训，亦习于汉学之说，既乃一变至道，笃宗宋儒。"唐鉴的《国朝学案小识》面世后，因其笃守程朱正统、扬宋抑汉、尊朱黜王，而遭到时人如鲁一同的批评，后者曾经指出该书有"四不可"。梁启超亦对《国朝学案小识》多有非议。李肖聃承认，"《学案小识》其书义例不无可訾"，但同时又认为这点小疵乃不足道。他援引曾国藩所言："先生为学，自治其身心，所急或不沾沾于文艺之短长，故士之鹜才技而竞声称者，亦罕过而勤焉。"[②] 曾国藩曾说："未有不严于事长之礼而可以成德者。"而曾国藩自己对唐鉴正是严于事长之礼，才成德的。唐鉴对清代理学家的表彰，对修身立行的倡导，影响了曾国藩。在李肖聃看来，曾国藩于唐鉴虽未执贽受业，但以心师之；故有"能相元侯，偕登大道"的论断。

第十二篇《益阳学略》主要是对胡达源、胡林翼父子的介绍。胡达源（1777—1841 年），字清甫，号云阁，湖南益阳人，嘉庆二十四年（1819 年）进士，官至詹

---

① 李肖聃：《湘学略·邵阳学略》，《李肖聃集》，第 50 页。
② 李肖聃：《湘学略·镜海学略》，《李肖聃集》，第 54 页。

事府少詹事，著有《弟子箴言》《妙香室文集》，曾主讲长沙城南书院。子胡林翼（1812—1861 年），字贶生，号润芝，道光十六年（1836 年）进士，晚清中兴名臣之一，湘军重要将领，官兵部侍郎、湖北巡抚。胡达源晚撰《弟子箴言》十四卷，"自洒扫应对，以暨天地经纶、百家学术，靡不毕具。甄录古人嘉言，衷以己意，辞浅而旨深；要使学者自幼而端所习，随其材之大小董劝渐摩，徐底于成而已。"①胡林翼开府湖北以后，以其父育才之法育人，"与其新，不苟其旧；表其独，不遗其同。上下兢兢，日有课，月有举，世推湖北人才极盛。"复以其教士之法施及父母之邦，在益阳建箴言书院，"萃益阳之士而大淑之"，崇实而黜华，贱通而尚介。曾国藩以为，箴言书院的建立，不仅是一邑之幸事，也是汉宋之学得到绵延之保证，"汉之十三家法，宋之洛闽渊源，于是乎在。"② 在《益阳学略》中，李肖聃转录曾国藩《箴言书院记》，借以彰曝胡氏父子在转移风俗、培育人才上的贡献。

民国时期，湘乡王季范刊刻《弟子箴言》，以示诸生，嘱李肖聃作序。在《益阳学略》中，李肖聃除转录曾国藩的《箴言书院记》外，还收入了这篇序文，阐发胡氏父子的学术渊源及其现实意义。李肖聃将胡达源的学术渊源追溯到岳麓书院就读时"受业山长湘潭罗鸿胪慎斋之门，获闻宋儒者之绪论"，归结为宋学的熏陶。李肖聃表示："余尝读曾文正公《箴言书院记》及左文襄公所造碑铭，于人才因于所习及诸老先讲学经世之效，已熟闻而心服之矣。"胡林翼早年风流豪宕，天下以为俊士。后以江南试士罢官，又遭宫詹之丧，遂载影礼庐，痛刮曩习，慨然有康济斯民之志。于是典郡于黔南，开府于鄂州，荡寇礼贤，殚思矢诚，谋国之忠，进德之勇，为清中兴名臣之冠。及其晚年，犹师事老儒姚君桂轩。这一切，都得惠于《弟子箴言》。回首过去，反观现实，"风会诡变，世乱方亟。方面之长，不闻屈心以优贤，校学之师，或罔正身以率士，上下相蒙，才贤日衰。季范独勤勤举乡贤之训以诏生徒，吾悲其孤行而寡和也。然风教之移，视曹好之所趋，而术学之昌，资贤儒之善道。季范既为郡学之长，恤然有世教之忧，愿益抗心而潜晞，反躬而力求，使诸生无逐声利之好，而事身心之修。异时吾郡英贤辈兴，毕志力以扶世宙，其大本必是之由也。"

《益阳学略》除重点介绍胡林翼父子外，还附带介绍益阳其他先贤，如汤海秋鹏。又说："胡氏父子以理学、经济著闻，箴言院生才贤辈起。"后学中如曾运乾、陈鼎忠均为有造诣的学者。李肖聃还认为：曾运乾是资江近世朴学的第一人（未有能及星笠者）。

《湘学略》第十三篇介绍贺长龄、贺熙龄。如本书前面所述，贺氏兄弟是嘉道

---

① 曾国藩：《箴言书院记》，《曾国藩诗文集》，岳麓书社，1986 年版，第 268 页。
② 同上。

时期著名的经世派人物，但李肖聃的解读与众不同。他认为：贺长龄"平生笃宗理学，以导养身心为主。工为文章，有《耐庵集》。所纂有《孝经集注》《劝学纂言》。又与邵阳魏源同辑《皇朝经世文编》，言经济者宗之。"贺熙龄主持城南书院，培养了不少人才。李肖聃特别指出："吾善化自李恒斋而后，理学真儒世称贺、唐二公。迄清末造，犹有李桢佐周守介之节，张惟隽子熔究洛闽之归，而张文襄之洞、夏震武灵峰论述湘学，咸以二贺为正宗。此乡后进所宜知也。"① 借以说明宋学才是能够经邦济世之学问。

对新化先贤的表彰，集中在第十四篇《邹邓学略》中。其中，邹汉勋以精考据名世，后阵亡于太平天国战事中；邓显鹤以搜讨乡邦文献、表彰先正、复兴湘学著称。《邹邓学略》先引李元度《国朝先正事略》有关邹汉勋的记载，再附旧作《新化诸邹著述考》，再录曾国藩《邓湘皋先生墓表》。

《新化诸邹著述考》本登录在《大公报二十周年纪念特刊》中，是《近数十年湘学叙录》中的一篇。"新化学者，世称邹、邓。邓氏自湘皋及其兄子瑶、子琮外，无著者。而邹氏自望之先生文苏以笃学受知钱学使南园，绝意仕进，建古经堂以教其子"，后代子孙多传其学。李肖聃考证了邹文苏六子邹汉纪、汉潢、汉勋、汉嘉、汉池等人的著作种数，以及第三代、第四代的学术成就。并引邓显鹤《邹文苏墓志铭》表彰邹氏倡导汉学之成就，"君考证典礼，力尊汉学，而于心性之说，确守宋儒"。在李肖聃看来，邹、邓诸人虽然取径汉学，但又崇奉宋儒心性之说，故予以表彰。

四　述说晚清湘学人物

（一）湘军将领形象

湘军将领集团曾经是湘人引以为傲的先贤偶像，也是湘学知识谱系中不可或缺的成员。然而，经过清季排满革命思潮的洗礼，湘军将领的先贤形象已受到破坏，甚至由中兴名臣一变而为历史的罪人。尽管如此，李肖聃还是在《湘学略》中给予了湘军将领一定的位置，除了前述"益阳学略"涉及胡林翼之外，用了三篇的篇幅来介绍湘军将领。

《湘学略》第十五篇《曾左学略》述曾国藩与左宗棠的学行。李肖聃指出：曾国藩"其平生笃崇宋儒，不废汉学，不轻立说，专务躬行，卒能提絜群贤，中兴清业，所就出诸葛亮、陆贽、司马光诸公之上。"他将曾国藩的事功成就归结为学术根柢。此前，李肖聃也注意到清季民初以来对曾国藩的各种非议与质疑。曾国藩曾作《圣哲画像记》，"湘阴郭立山复斋顾讥其以诸贤分隶四科之非，长沙郑沅叔进

---

① 李肖聃：《湘学略·二贺学略》，《李肖聃集》，第 59 页。

又议公所见之陋""至浙人章炳麟太炎、夏震武灵峰皆深诋曾公，词至犷悍。"对于这些讥诋，李肖聃表示不敢附和，以为"章之痛斥湘乡曾公"乖于义理。"洪扬初起，尚有纪律，逮及其后，庶孽互争，鱼烂自亡。曾公与友人书，谓即使周、孔复生，谓此贼不当平，吾不信也。章乃以洪、杨为神圣，谓曾、左为大盗。见于著述，至再至三。"① 而在《曾左学略》中，对这些质疑与责难做出了更多辨析。李肖聃指出：不仅曾国藩的《圣哲画像记》对后世有示范作用，而且曾国藩自身也影响了后人如蔡锷、黄兴。李肖聃指出："吾读蔡公锷手录《曾胡用兵要略》以教诸将，黄兴称公制行之严，吾当奉以为师。两公革命伟人，事业之成，固自因乎时势，而精神之修养，要自有历万变而不渝者。"他认为，曾国藩的精神不但过去有效，现在依然有效。革命伟人成就功业，就受到曾国藩精神的鼓舞。因此，"愿吾湘后世毋惑于世论，以自慢其乡贤也。"② 在该学略中，李肖聃全文照录曾国藩的《圣哲画像记》一文，以示所言不虚。

将曾国藩放在湘学史上，其地位尤为突出。李肖聃以为："上考湘州先民，濂溪扬声于宋代，西涯奋藻于明朝，姜斋著书于衡阳，于门造述于资水，较其所诣，无足比美曾公。"在他看来，曾国藩的造诣远在周敦颐、王船山之上。"章炳麟睥睨一世，独称曾文正之壮美，谓其碑铭足媲班、韩。王先先谦则称其以雄直之气，闳通之识，发为文章，冠绝今古。"③ 曾国藩不但个人造诣高，而且转移风气、影响后世甚为深远。自从曾国藩"斥遵道贬文之说，明词章义理之分，合奇偶于一炉，循阴阳之大顺"，带动了一批友朋辈如郭嵩焘、刘蓉、吴敏树等，"皆卓然以古文名家"；而曾氏门士如武昌张裕钊、桐城吴汝纶、无锡薛福成、遵义黎庶昌等，"皆亲受业，守其师说，友教四方。"正是因为有曾国藩的示范效应，湘人注重古文辞，出现了一批文辞高手。"王龙文之《平养堂集》，良有端绪；罗正钧之《劬庵文录》，亦见规摹。罗所撰《左文襄年谱》《船山师友记》，皆有史法。赵启霖之《瀼园集》、李桢之《畹兰斋集》、王先谦之《虚受堂集》、黄兆枚之《芥沧馆集》，矩矱森然。若王闿运之《湘绮楼集》《湘军志》，则渊乎入大雅之林。六七十年来，湖外文章之学，卓然为天下之魁。"湖南成为天下文章之魁，流风余韵，至于民国未歇。"即至于今，学荒文敝，士有丧斯之痛，然深山穷巷之中，犹有守先士之例，冥然欲追古人而与之齐者。"④ 可见，曾国藩的武功仅彪炳于一时，而其文藻之流芬，惠泽后世久远。

曾左同为湘军领袖，而曾左之矛盾也同样为世人所传闻。该略于左宗棠多述于

---

① 李肖聃：《星庐笔记》，《李肖聃集》，第503页。
② 李肖聃：《湘学略·曾左学略》，《李肖聃集》第67页。
③ 同上，第73页。
④ 同上。

生平大事，于曾左关系多所措意。李肖聃说："余见公在湘幕时予人书札，多诋曾公为伪，盖壮年气盛之词。其后于曾公亦推其实心任事，而议论多不合。"左宗棠"与曾公晚年不和，皆为军国大事，而非出于私争。"又以为，"大贤相交之厚，非乡里后生所能几及也。"曾左皆为大儒之学，超于俗士，故能原本义理，发为事业。至于左宗棠本身，李肖聃赞其"留心民事"，尽心宋学，"尝手抄张扬园语录，写刻程子《四箴》，重刻张清恪伯行《正谊堂全书》及《祭桂丹盟文》，皆纯乎宋学家言。"左宗棠曾附和湘中孙鼎臣（芝房）的太平天国源于汉学论，李肖聃承认，"其论稍邻于激"，但推崇"其心地光明干略伟俊，固近古英霸之才也。"左宗棠平生轻视文士。"其卒也，自国史立传外，其家子弟亦未求人为神道行状之文，以郭公与公有隙，湘绮又非公所敬也。幸得湘潭罗正钧顺循为编年谱，公之志业略见其中。"①

李肖聃将曾左合为一篇介绍，而于罗泽南及其弟子则设专略介绍，以为罗氏精于儒学、善长兵机，影响湘学风气尤大。在《湘学略》第十六篇《罗山学略》中，首载曾国藩《罗忠节公神道碑》，以介绍罗泽南的生平大概。按曾国藩的说法，罗泽南"以诸生提兵破贼，屡建大勋，朝野叹仰，以为名将，而不知其平生志事裕于学者久矣。"换言之，罗泽南的事功渊源于他的学术。的确，在湘军将领中，罗泽南以著述丰富而著称，著有《西铭讲义》《人极衍义》《小学韵语》《姚江学案》《读孟子札记》《周易本义衍言》等。其对理学，非一般意义上的信仰，而是钻研有日，诚可谓理学学者了。"公不忧门庭多故，而忧所学不能拔俗而入圣；不耻生事之艰，而耻无术以济天下。"罗泽南"穷年汲汲，与其徒讲论濂洛关闽之绪，瘏口焦思，大畅厥旨。"正是因为学有本原，才成就了罗泽南后来的功名。曾国藩指出，"公在军四载，论数省安危，皆视为一家骨肉之事，与其所注《西铭》之旨相符。其临阵审固乃发，亦本主静察几之说，而行军好相度山川脉络，又其讲求舆图之效。君子是以知公之功，所蓄积者夙也，非天幸也。"② 曾国藩的这些观点都被李肖聃所吸收。

罗泽南在湘学史上的贡献，不仅在于一人以学修身、以学经世，还在于带动了一批弟子应世。"兵事起，湘中书生多拯大难，立勋名，大率公弟子也。"③ 故李肖聃在《罗山学略》中，还专辑《罗山弟子录》，介绍罗泽南弟子王鑫、李续宾、李续宜、蒋益澧、刘腾鸿、钟近衡、易良干等。李肖聃指出："湖南之盛，始于湘军，湘军之将，多事罗山。大儒平乱之效，湘中讲学之风，皆自罗山而大著。"又说：

① 李肖聃：《湘学略·曾左学略》，《李肖聃集》，第76页。
② 曾国藩：《罗忠节公神道碑》，《曾国藩诗文集》，岳麓书社，1986年版，第307页。
③ 李肖聃：《湘学略·罗山学略》，《李肖聃集》，第79页。

"儒门出将，书生知兵，较其功烈，近古未有也。"①

如果说罗泽南是纯粹的传统理学家，郭嵩焘则是湘军将领中率先走向世界、兼有新知旧见、并因此引发争议的人物。《湘学略》第十七篇《玉池学略》介绍郭嵩焘，肯定"养知卓识，前无古人，远持龙节，声动西邻"。在正文中，首引王先谦《兵部侍郎郭公神道碑》，述其生平大概，中谓："公自幼端悫，有成人之度。稍长，游学岳麓书院，与湘乡曾文正公国藩、刘公蓉相友善，切劘以道义。于书靡不通究，虽蓬户独处，其意渊然以天下为量。尤自厉勤苦，质直好义，必忠必信，矢之终身。盖其得于天性与自力于学者如此。"②

李肖聃在按语中指出：郭氏兄弟皆以干略经济著闻于时。曾国藩对于郭嵩焘的才干微致其疑，以为筠仙著述之才，难任繁剧之任。郭嵩焘倡修《湖南通志》，曾国藩讥其微有炫博之意。郭嵩焘为左文襄所劾，愤怒形于简册，作《自叙》以自明其志，以至于门人袁绪钦亦微讥其隘。李肖聃认同诸人对郭嵩焘的讥诋之词，但他肯定郭嵩焘之学"根柢宋儒，故能极深研几，以穷天下之变"。又说，"其使伦敦时上李鸿章书，于泰西所以致富强之故洞若观火，盖其读书观理，有以知西方文化之大原，而不惑于南宋以来七百年流俗之论，其识高于群公之上，故当时拘学小生群起而攻之。伦敦使旋，不还朝复命，而竟归老湖湘之间，日穷《礼》以自遣，尊祀船山王子以训士。其文章于曾公外特为大家，然特其余事耳。"③ 为郭嵩焘不能实践其经世学说而感叹。

《玉池学略》还附带介绍郭嵩焘之好友刘蓉的学行及郭刘两者之异同。"公与湘乡刘蓉孟容年少齐名，同为曾公至交，而所学稍异。刘公少时专精朱子之书，毅然欲追古圣哲而与之齐，于曾公之锐志功名、郭公之疲精词业，皆谓非儒者所急。以诸生赞骆文忠军幕，数年之间，由四川布政使超授陕西巡抚，吏治兵略有闻于时。"④ 李肖聃特别表彰刘蓉治学之精，修身之严。"为某言者所劾，抗疏自辨，谓臣于钻营无耻之事，非特不敢见之于事，并不敢存之于心；非特不敢存之于心，并不敢形之于梦寐。"刘蓉颇得曾国藩、郭嵩焘之敬重。罢官归里，穷研礼经。然而，其言《礼》之书不传于后，"今仅见其《思辨录质疑》一卷、《养晦堂诗文集》若干卷、《奏议》若干卷，读之使人慨然兴起也。"⑤

《玉池学略》又附李肖聃旧作《湘阴诸郭著述考》。此文曾登录于《近数十年湘学叙录》中，详述郭嵩焘所著书目，并谓"其学冠中兴诸公，而不得借手以济斯

---

① 李肖聃:《湘学略·罗山学略》,《李肖聃集》, 第79页。
② 李肖聃:《湘学略·玉池学略》,《李肖聃集》, 第83页。
③ 同上, 第86页。
④ 同上, 第87页。
⑤ 同上。

民。左文襄宗棠既訾其迂谬，曾文正国藩亦称侍郎著作之才，难胜烦剧之任。竟令其以文儒终老，兹中国之不幸也。"[①] 于郭氏后人生平大略及著述亦有所介绍。

上述第十五略至第十七略所述均为湘军集团人物，各人成就不同，特色有异，但均根植于宋学。而李肖聃所着意凸显的，也是诸人的宋学学养及其对湘学的影响。诸人之中，李肖聃又有所侧重，推崇曾国藩无异辞，肯定左宗棠的忠义气节，表彰罗泽南的精神学问，惋惜郭嵩焘学不能见诸用。

（二）晚清湘籍学人形象

《湘学略》对不以事功著称的晚清湘籍学人群体也予以相当的关注，如第十八篇《岳阳学略》就介绍岳阳学人群体吴敏树、杜贵墀、李元度、苏舆、吴獬等人生平大概及主要学术造诣；于苏舆着墨尤多，转录旧作《苏郎中遗集序》，赞苏舆"忠孝无亏于古人""文章可传于后世"。对晚清湘中硕学通儒二王一皮一叶更是以专略介绍，充分肯定他们对湘学的贡献；但言辞之中不无轩轾之分，反映出李肖聃对湘学内部各种学风的偏好。

《湘绮学略》重点挖掘王闿运在湖南文学史上的贡献与地位，而所附旧作《湘绮遗书跋》则分别从经学、子学、史学、文学四个方面阐发王闿运的成就，将王闿运定位为"儒宗"。其言云："湖南学术，盛于近世。明清两代，乃有四王：船山于《易》尤精，九溪考古最悉，葵园长于史学，湘绮号为儒宗。"论其经学，则谓"禀上哲之姿，述前圣之业，学穷道奥，德应昌期，际运代之屯艰，托玄思于素业。《诗》披神雾，补北海之长笺；《书》定礼堂，著曲台之后记。其于公羊之学，尤阐劭公之微，并研衍其师传，南海袭其绪论，有清季世，巍然大师。虽天官妄肆讥评，而楚学实成宗派。""天官"暗指叶德辉，因叶氏曾担任过吏部主事。李肖聃此语是为王闿运之经学遭叶德辉讥评而开脱。论其道术，则谓"泯物我之大齐，明儒墨之相用，蝉蜕污泥，蓬累而行。德既充符，道宜应帝。"论其史学，则谓其所撰《湘军志》"张我湘人"，其与朱克敬、王定安的《湘军志》乃雅俗之分；所撰《桂阳县志》《衡阳县志》《湘潭县志》等，"皆敛雄才于方纪，纳万变于小篇"；使旧日湘中山水之记、耆旧之书，黯然失色。就是比起魏源的《圣武记》、郭嵩焘的《湘阴县图志》，也超越其上。至于文学成就，更是"湘中称名士无双，海内号胜流第一""卿云而后，仅见斯文，唐宋以来，无此作者。""盖翁以文若之逸才，勤伯业之老学，复治申培之经术，享伏胜之大年，卓然大成，复绝百代。"[②] 当然，这类序跋之作，不免谀辞，与李肖聃在他处所论有所出入。但总体上看，本着对乡贤的敬意，李肖聃向后学绍述湘绮翁的造诣，期待后进能够有所继承。

① 李肖聃：《湘学略·玉池学略》，《李肖聃集》，第87页。
② 李肖聃：《湘学略·湘绮学略》，《李肖聃集》，第94页。

相对于《湘绮学略》，《葵园学略》内容稍微丰富一些，对王先谦的介绍更为详细。该篇由旧作《葵园遗书跋》增补而成。《葵园遗书跋》乃应王氏嗣子之邀所作，曾登载于《近数十年湘学叙录》中。在《葵园遗书跋》中，李肖聃高度评价了王先谦的著述成就与个人操守。该篇首句便是："长沙阁学，季清巨儒，著书满家，门庭广大。"论其尊崇经学"似仪征阮相国"，厘正文章"拟桐城姚郎中"，校注群史"若嘉定钱宫詹"；考证诸子"如高邮王观察"。换言之，王先谦兼有阮元、姚鼐、钱大昕、王念孙诸人之所长，而"考其平生著书，尤有功于楚学。"这里所说的"楚学"实际上即是指湘学。该略着眼点在王先谦，而所言不局限于王先谦一人，往往涉及湘学在经、史、子、集等各个传统专业领域的发展史。

在经学方面，王先谦有提倡之功。清代湘人在经学上的成就无几，想找到类似宋代易祓说《易》、王观国著《学林》、罗氏之述《尚书》、周敦颐之言太极那样的人，也难得其人。王先谦"念经术之不明，望乡人之奋厉"①，在续刊《皇清经解》之时，"留意表章湖湘之学。于魏、邹数公而外，兼录湘潭二胡之书。"李肖聃以为，王先谦"人竟及于生存，例不拘于故事"，这一做法充分说明王先谦对乡人"广相诱掖，深具孤怀""其后先生集疏三家之诗，参正安国之传，无不采同人之说，集众家之长"，对皮锡瑞、苏舆、叶德辉等人的见解都加以采纳。王先谦提倡经学改变了湘学风气，"后生见闻，多能明古今之别，知汉宋之分，实由先生最为老师。"王先谦又主持思贤书局，刊刻典籍，津逮贫生，流风余韵，绵延不绝。"讲舍高才，今为老宿，传其旧业，迥异时流。"弟子中有以礼学名家者，有以六书名业者。

在史学方面，王先谦集湘人《汉书》学之大成。"《汉书》之学，盛自湘人。何东洲于班史为专精，曾太傅列孟坚于圣哲。其后周荇农覃心陈志，郭玉池评校史公。"而王先谦补注班史，垂老方成，博采群言，裁量众说。此后又集解范晔《后汉书》，编撰《五洲志》，合注《两唐书》，拾补《元史》。"求有裨于高深，益足征其识量。此有功于楚之史学也。"②

在诸子学方面，王先谦亦居承上启下之地位。"九流之学，楚士号精。两王有衍庄之书，魏、易（佩绅）传解老之业，曹镜初造《墨子笺解》，易石甫有《淮南新疏》。绸发经生，最精兰陵之书（湘潭胡元仪子威），孟纯文人，亦有释庄之集（湘阴郭庆藩子静），而其先则曾太傅能言其大（太傅尝言诸子皆可师），李布政（元度）能知其深。（次青尝言曾公自苦等于禹墨，持法则用申韩，善处功名之际，则用黄老）"诸人均在王先谦之前。"先生集解《荀子》，多采大胡之言，继释庄

---

① 李肖聃：《湘学略·葵园学略》，《李肖聃集》，第95页。
② 同上。

书，又承小郭之后。"尽管王先谦的《荀子集解》有疏密略详之处，但启发了后进。在王先谦之后，陈贻仲为《墨子正义》，苏舆康校《晏子春秋》，罗庶丹为《吕览诠言》，杨遇夫撰《老子古义》。"溯其原始，启自先生""前哲之醒匿既宏，后进之慕效自广"。流风余韵，更是延续到近时。"近时资滨戴子（益阳戴润珂《诸子概论》，其县人罗润泉有《墨子解义》），涟浦谭君，振玄风于江汉（湘乡谭戒甫著《刑名墨辨》，其师颜昌峣著《管子校义》，颜则葵园门人也），大湖南北，厥道益光。"可见王先谦影响之深远。

在文学方面，王先谦有鉴于贺长龄的《经世文编》不录文人、曾国藩的《经史杂钞》未严义法，编《续古文辞类纂》，"示古辞之准绳""录求阙、桦湖之粹，采南村、庄学之英。孙集苍茛，取其说虎。三十九人之内，湘中著录五家。兹编既出，群士知归。"又编《骈文类纂》，以补王闻修之《法海》、李申耆之《类钞》。王氏所编《骈文类纂》，"寻其条例，小有歧异。然而取裁丰赡，断制精严，而选师伏之序赋，殆将百首。录湘绮之颂赞，亦且廿篇。自余周郭之词（玉池、自庵）、蔡（枚初）、孙（芝房）之制，皆加甄集，大振湘文。"此外如选刊六家诗，"振新声于湖外，传逸响于江潭"；复修先德遗书，刊行《诗义标准》。"是皆本源忠孝，发抒性灵。"

如果说《葵园遗书跋》这类文章不免死后谀墓的嫌疑，那么《葵园学略》中新增的"按语"部分则可代表李肖聃真实的想法。在按语中，李肖聃表示，生平并未见过王先谦，"第喜读其所著书，以为有裨于始学，嘉惠于寒畯，为一时前辈所不及。其晚年节行，群士尤同尊之。"[1] 而在他处又说：王先谦"中岁嬉游，不废日课；老年转徙，日手一编。其所述有益于寒士，其用心无愧于学者，故郭筠仙叹为文宗，王湘绮称为宗工，章炳麟谓其通知法式，皮先生服其精力绝人。虽文章之业，未能别异于桐城，而著作之才，近代群崇为祭酒，此虽怨家仇人，亦所心折，非乡曲私谊所得抑扬也。""吾生平读书，多得葵园之益，于所著刻诸书，无所不读。"[2] 可见对王先谦学术成就的真心推崇。

李肖聃多次指出：王先谦是晚清湘学之领袖，也是有清一代岳麓书院历任山长中学术造诣最深的一位，是闻名全国的硕学通儒。他说，自从阮元在广东设立学海堂、吴荣光在湖南设立校经堂以来，"二邦文物，盛于东南"，异才崛起，功业章闻。流风余绪，晚清未泯。是以有浙江俞曲园"撰杖于诂经"，吴挚甫"友教于莲池"，缪筱珊"摄讲于钟山"，濂亭都讲于江汉，朱一新蓉生"主教于广雅"，梁鼎芬星海"监院于两湖"。在李肖聃看来，这些人无不为"命世巨儒，党徒景附"，

---

① 李肖聃：《湘学略·葵园学略》，《李肖聃集》，第 98 页。

② 李肖聃：《星庐日录·与蒋袁美论王葵园所著书》，《李肖聃集》，第 347—348 页。

影响极大。而"吾楚"学人也毫不逊色，"湘绮先生授经于东洲，玉池老人掌教于城南，杜子仲考艺于校经，鹿门先师会文于南学。而长沙王葵园阁学，典领岳麓二十余年，以湘学之儒宗，主名山之坛席，值新人之朋奋，扬旧业之光华。虽于紫阳、南轩之绪，未能阐扬，实于九溪、朗轩以来，最为祭酒。盖湘阴周式，不闻著书，凝园管见，人多訾见。丁善庆惟谈感应，周玉麒不读《诗经》，历考有清山长之中，学业无出葵园之右。"① 美中不足的是，王先谦效法前任山长徐棻云衢，"身不居院，徒校时艺，不授他书"，是以遭到众人非议，"毕生甫诋其耽逸，陈新翁訾其怠惰"。李肖聃解释说，这是因为王先谦"笃志文艺，日事著书"，而书院诸生"深慕科名，不事朴学"，于是王先谦"亦遂任之不顾耶"。②

总体上看，于王先谦，"虽时贤间有讥评，究无损其不朽之名也。"这不仅因为王先谦在著述方面成就卓著，更因为王先谦保持了"晚节"。王先谦 1910 年因长沙抢米风潮遭到降级处理，而辛亥革命后，犹以忠于清朝为己任，闭门著述，沦为"遗民"。从顺应时势的角度看，此举不免冥顽不化之讥，而从个人操守角度来看，至少是践行了儒家伦理纲常的规范，前后一致。这是李肖聃赞许王先谦的原因之一。民国初年，李肖聃担任司法部部长梁启超的秘书，亲闻梁氏告之曰："吾与葵园不合，以学术今古新旧之异耳，至其平生行谊，固心服之，子为我作书敬问起居。"③ 是以李肖聃代梁启超致书王先谦表达问候之情，云："私幸逊国遗贤，犹有如先生其人者，伏处湘江之滨，日修藏山之业，千载之下，必有诵西山之歌而高夷齐之节；读心史之书，而亮所南之忠者。"④ 这既是传达梁启超之意，也代表了李肖聃本人的意见。1918 年初王先谦去世时，李肖聃曾经撰文纪念，述其学行。不过送登某报时，遭到某主持者拒绝，未能发表。

李肖聃承认王先谦思想保守，"丁戊之间，既与新党龃龉；兴学以来，又以存古学堂事，与后进意忤。故妄少年多訾之"；但同时也指出："然先生自宣统二年为瑞澂诬劾后，闭门谢客，日事纂述，非学者不见。国变后，瞿止庵鸿禨、余倦知尧衢诸老，皆避地上海，先生独之平江，寄居门人苏厚庵家。"后王先谦返长沙凉塘，也是杜门不出，唯事著述。这在一些人看来，是"自重自爱"之举。李肖聃的朋友杨炳照就曾与李议论，"言革命以来，老儒如王闿运、杨守敬、马其昶辈，多出为袁氏参政，而先生独自爱重，终不肯出，日修所业，抵死不休。此其为学之勤，老而弥笃，虽怨家仇人，亦知敬而重之。且葵园自矜晚节，其门人如朱一新蓉生、梁鼎芬节庵、陈毅诒重、郭立山复初、黄兆枚宇迷、黄逢元木父、黄山麓生、苏舆厚

---

① 李肖聃：《星庐日录·示某生》，《李肖聃集》，第 393 页。
② 同上，第 394 页。
③ 李肖聃：《星庐文录·记王葵园遗事》，《李肖聃集》，第 144 页。
④ 李肖聃：《星庐文录·为梁任公作书致王葵园》，《李肖聃集》，第 148 页。

庵辈数十人，虽隐显殊途，贫富异境，而皆坚守所志，各厉清修。"李肖聃由此感慨："以此知葵园平昔取士教人，多厉以节概之大者，非第考据词章而已也。"① 这些议论，可以看作李肖聃评王先谦"不朽"的具体注脚。

如果说李肖聃记王闿运、王先谦等尚属客观叙述，那么，对晚清湖南今文经学家皮锡瑞的叙述则饱含深情。李肖聃早年曾从皮锡瑞问学，得其指授。后读其遗著，曾先后撰《师伏堂丛书叙》《师伏堂骈文跋》与《师伏堂年谱叙》等文，收入《近数十年湘学叙录》中。在《湘学略》中，李肖聃专立《鹿门学略》一篇，收入旧作《师伏堂丛书叙》与《师伏堂骈文跋》两文，意犹未尽，另增对皮锡瑞经学观点的分析评价。既述其生平大概，又揭示其学术成就。李肖聃指出："先生当同治时，年才弱冠，与益阳王德基、长沙阎士良辈以茂才绩学举癸酉科拔贡，湘绮先生赋诗赞异，谓为文学名人。及光绪壬午，先生举顺天乡试，于是年逾三十，始覃思经术。初治《尚书》，考证今文，疏证大传，著书十余万言。既数困春官，遂绝意仕进。主讲江西经训书院，日以朴学训示生徒。暇则杜门造述，从事于《尚书》之学，号为专经大师。旁治《通鉴》及顾、王诸大儒之书，慨然有用世之志。"② 湖南维新运动期间，皮锡瑞出任南学会主讲，多次演说学术。李肖聃称其"会通汉宋，启发迂旧，尤在《南学会讲义》十余篇"③，指出皮锡瑞的"清儒汉学原出宋贤"之说，较章学诚的《文史通义·朱陆篇》的"汉学源于朱学说"更为明确具体。章学诚指出："今人有薄朱氏之学者，即朱氏之数传而后起者，其人亦不知也。"皮锡瑞则谓："古无目录之学，至宋而始有王尧臣《崇文总目》、陈振孙《直斋书录解题》。古无金石之学，至宋而始有赵明诚《金石录》、欧阳修《集古录》诸书。至于疑伪《古文尚书》，始自吴才老、朱子；搜辑汉人旧注，始自王伯厚应麟；尊信《诗序》，始自吕祖谦伯恭；纠正史传，则有吴缜《新唐书纠谬》《五代史记纂误》、吴仁杰《两汉刊误补遗》。而吴棫考论古韵、邢昺为《尔雅》作疏，徐铉校定《说文》，徐锴为作系传，《困学纪闻》《东发日钞》，又日知、潜邱、养新诸记录所本。故逊清一代之学术，无一不渊源于宋儒。"在李肖聃看来，这类议论"贯通古今，弭争泯患，多精到之言"。④ 戊戌政变后，皮锡瑞身罹党禁，授徒城中。他精研经学，"上穷六籍之原，中涉纬侯之奥，多先师之逸典，小儒浅闻者不能究宣者，先生皆为发其覆而究其归"。所著《经学历史》《今文尚书考证》《孝经郑注疏》"同为不刊之书"。⑤

---

①　李肖聃：《星庐文录·记王葵园遗事》，《李肖聃集》，第 143–144 页。

②　李肖聃：《湘学略·鹿门学略》，《李肖聃集》，第 99 页。

③　同上，第 102 页。

④　同上，第 99 页。

⑤　同上。

李肖聃还注意挖掘皮锡瑞经学成就的影响，指出，皮氏所著书，"长沙王葵园先生读而叹服，遗书门人苏舆，谓令人愧汗无地。……葵园有所著述，未尝不借助先生；先生纂述成编，葵园未尝不以官钱刻之。"而且皮氏著作流传海外，"日本博士有专治先生之学者，皆言先生治经之精，或且出二王先生上。"① 然而，皮锡瑞却未能在《清史儒林传》中占据一席之地，这是李肖聃引以为憾之事。

皮锡瑞之学，兼有考据、义理、词章之长。李肖聃在《师伏堂骈文跋》中指出："君生逊清之季年，值湘文之盛日，少登拔萃，旋领乡闱，藉甚声华，焕乎文采。连珠与士衡并美，游记共道元生色。双清制赞，已垂彤史之辉；瀛州序颂，复纪文皇之盛。已可扬声华屋，腾藻云崖。"这是论及皮锡瑞的文才。然而，皮锡瑞并不满足于此。"君乃矢志读书，单精治史，谓道不原于周孔，则旁出多歧；文不征于马班，则义终无本。于是为迁记引书之考，赋两汉咏史之诗，谈古于宙合之堂，讲学于经训之院。"皮锡瑞集经师、文学家于一身，这是他超越于乾嘉经师之处。"昔竹垞第工词章，东原不长文学，在海惟精礼制，西庄独事校刊。乾嘉汉师，文尤芜杂。"而皮锡瑞的论著，不唯使鲁齐家法"藉墨藻以光新"，也使伏贾薪传"永遗声于文薮"。故李肖聃谓皮锡瑞"考其学业，经术挺出于清儒；论其文章，根柢特殊于华士"，是经学家中的文学家、文学家中的经学家。

在《鹿门学略》中，李肖聃还述及皮锡瑞学说在湘中的流传情况，惜及门弟子只传皮氏词章，少能承其经学者，"同县举人谭绍裘贻仲、罗焌庶丹为知先生之学"，并介绍了谭绍裘、罗焌的学术造诣。当然，相对于《近数十年湘学叙录》中的《罗庶丹所著书叙》较为简略，但推罗焌为"差能继先生之后，惟生时未相从受业耳"。②

《湘学略》第二十二篇为《郋园学略》，介绍晚清湘籍学者叶德辉。

叶德辉是晚清民国湘学史上一位独特的学者。叶氏原籍江苏而成长于湖南，在学术上不以继承湘学传统自限，而以接绪三吴汉学为己任，同时也是较早明确提出"湘学"概念、梳理湘学脉络的学者之一，以湘学对抗岭南学。叶德辉由于在政治上保守，与近代各种进步运动为敌，最终于1927年遭到农民运动的镇压。故李肖聃序论中有"伤哉牛缺，歼此鸿儒"之叹，对叶德辉的遭遇表示同情。1935年，叶氏后人汇集叶氏所著、所校、所刊书一百余种，编为《郋园全书》出版发行，湘中学者杨树达、李肖聃、黄兆枚、王啸苏等人或为叙，或为传，或为跋，予以推广介绍。《郋园学略》即由李肖聃旧作《郋园全书总叙》一文增加而成。

对于叶德辉这样一位"劣绅"型学者，后世争议极大。或以其思想保守、行为

---

① 李肖聃：《湘学略·鹿门学略》，《李肖聃集》，第99—100页。
② 同上，第103页。

不端全盘否认；或以其学术成就、文化遗产而充分肯定。谈湘学者大多因人废言，不愿正视叶德辉在湘学史上的贡献。而李肖聃在《湘学略》中给予叶德辉一定的位置，以专略介绍其生平、学术旨趣与学术成就。"先生始治许学，服膺段氏，所述旁采桂馥、王筠诸家，为《说文故训》三十卷。其《读书志证》，发诸书异同，是正鄙生谬说，大类王氏《杂识》。而博综百家，董校集籍，尤蔚焉与孙氏同风。"①所谓《读书志证》，指叶德辉的《郎园读书志》一书。

在《郎园学略》中，李肖聃追溯叶德辉的学术渊源，并将其与二王一皮作比较。"当光绪中叶，县人王侍讲闿运、长沙王阁学先谦，以名德巨儒都讲书院，群士承风，奉手其门。先生治学，守吴正先遗法，与侍讲异趣，于阁学为再传弟子，执礼甚谨，论学亦不苟同。"这与1923年左右出版的署名叶氏弟子的《郎园学行记》中所述情形相同。戊戌维新运动中，叶德辉率先攻击康梁学说，"措辞甚峻"，其言论后被平江苏舆收入《翼教丛编》；又曾经著《觉迷要录》，"用儆群士"。对于叶德辉在当时的声誉，李肖聃实事求是地指出："新进或仇疾先生，而老生宿学远近称仰，用是名动天下。四方士过长沙，必造先生寓庐。日本盐谷温、松崎鹤雄辈浮湘问学，先生为造《六书古微》以诏之。生性亢直，勇言利病，院司施政，咨而后行。故先生以主事乡居三十年，辈齿远后二王，而名声与齐。"李肖聃也承认，叶德辉的学识渊博得到同时人的认可。"先师皮鹿门先生所学与先生别尚，而服其淹博，每有造述，多从商略名例。阁学纂注《汉书》《释名》《世说》诸编，胥藉助先生。盖先生藏书，多湖外旧家所无。"②

叶德辉治学取径不同于湘中耆宿。"其平据持论，尝谓崇圣不可以徒致，必首事于通经；通经不可以陵节，必循途于识字。而诏后学以所从入，必无于簿录，考溯其远流，开示其阃奥。故先生编述虽多，大要以二者为归。至其余力所及，旁通乎星命，杂涉于词曲，其原亦出于《易》与《诗》。"③叶德辉强调文字训诂、目录版本为经学研究的必由之阶。从李肖聃的内心来说，并不认同叶德辉的这一汉学话语。他曾经在《最近湘学小史》中提出："簿录之书，诚可审别学途。然昧者终身以是为学，则大愚也。"言外之意，相对于修身治心的宋学或者钻研原典的经学而言，这些只是"识小"之学。但对于叶德辉在湘学史上的地位，李肖聃还是给予了较高的评价。其言曰："论者谓湘州丽年以来，文儒相望，而甄微广术，孤诣致精，撰集穷乎众流，徒人及于域外，未有若先生者也。"④尽管近代湘学史上文儒相望，叶德辉依然是有独特贡献的一位，其行业之大系于清季治乱及湖南学术，并且对后

① 李肖聃：《湘学略·郎园学略》，《李肖聃集》，第105页。
② 同上。
③ 同上。
④ 同上。

世必有借鉴意义。

或许是《郋园全书总叙》这类"死后谀墓"的文体并不能代表自己的真实想法，故在《郋园学略》中，除移录前文之外，李肖聃又加了一段按语，对叶德辉行事、学术略为评点。"宛平徐仁铸研甫督学湖南，时梁启超主时务学堂，以《公羊》《孟子》教授学生，颇张其师康有为之说，又为徐作《輶轩今语》以示多士。叶会试固出徐门，乃为评语以讥之，时光绪二十四年戊戌岁也。"似乎对叶德辉讥刺房师之举有微辞。强调叶德辉"性好藏书""所著书多，《说文读若考》《六书古微》，专门家或能纠其违失。独所辑《书林清话》称述藏家故实，广采名人燕语，学者谓其必传。《观古堂书目》辨章学术，开示法程，出湘潭袁芝瑛卧雪楼、巴陵方柳桥碧琳琅馆二家著录之上。"① 充分肯定叶德辉在目录版本等方面的造诣，而于其文字学等则似不甚以为然。

除上述人物专篇之外，《湘学略》还有《浏阳学略》和《校经学略》两篇介绍浏阳学者群体与晚清湘学史上一个机构——湘水校经堂。其中，《浏阳学略》所涉及的学者有清朱文炜、欧阳中鹄、刘人熙、元代欧阳玄、谭嗣同等。李肖聃注意到，近代湘学风气的嬗变与湘水校经堂的设立有关，故设《校经学略》专门介绍。此略实际上是以湘水校经堂为线索，阐述近代湘学风气的变化，以及它与全国学风的关系，在写法上与第五略《岳麓学略》近似。

湘水校经堂的出现，是清代官员推广汉学的结果。"清嘉道间，天下趋于汉学，洛闽之绪为世所捐。仪征阮元伯元为两广总督，立学海堂于粤秀山，以经史教士，不课时艺，门生诸生如侯康辈多能著书。"② 由于有阮元的榜样作用，各省皆起而效之。"其后各省学者皆叹时文之敝，思别方讲院，以通经学古为事，如浙江诂经精舍、江西经训书院，其尤著者。"道光年间，阮元的弟子吴荣光出任湘抚，"见诸书院第课诸生以时文，思有以矫变之，乃设湘水校经堂于岳麓，以经义、治事、词章分科试士，拔其尤者，召至节署，赐食赠金"。③吴荣光的这一举措造就了湘中"群彦奋兴于学"的情形。其后，湘水校经堂迁移到南门天心阁。

吴荣光之后，张享嘉对湘水校经堂的改建在湘学史上亦是值得一提的事。光绪初年，侯官张享嘉出任湖南学政，奏请改湘水校经堂为校经书院，建筑于湘春门外。"岁由学使甄别高才，肄业其中。储图籍以肆其观，厚膏水以供其乏，礼延通儒为之都讲。"这一举措使校经书院发展成为湖南人才之渊薮，"六七十年来，湖南人才从出斯堂"。前后出任院长的宝应成蓉镜、巴陵杜贵墀，都是著述等身的学者，

---

① 李肖聃：《湘学略·郋园学略》，《李肖聃集》，第 106 页。
② 李肖聃：《湘学略·校经学略》，《李肖聃集》，第 108 页。
③ 同上。

二人主教最久，生徒亦最多。培养出来的学生"干略则凤凰熊希龄秉三、湘乡杜俞云秋；忠烈则黔阳黄忠浩泽生；笃宗宋学，诋斥戴震，则宁乡成克襄赞君"①；词章则湘乡李希圣亦园、长沙袁绪钦漱瑜。可谓人才济济。

校经学略重点叙述的第三个问题是江标对校经书院的改造。"及元和江标来为学使，设实学会于堂中，以史、算、舆地、交涉、掌故、商务六科课士，编为《湘学新报》，唐才常、杨毓麟、陈维锸、李钧萧辈皆司编纂，旧时汉宋之业渐废。"李肖聃的这个观察无疑是准确的。校经书院改造是湖南维新运动的一个组成部分，也是湘学转新的一个环节。"湘潭胡元仪子威始亦校经学生，著书甚众，义宁陈三立伯严以胡与宁乡成君为校经汉宋二学之冠。""吾县杜本崇乔生坦庵秀才时亦入校经，其后典试福建，守郡四川，及居里时，亦曾主讲事。杜以词章时艺著声，老而究心释典，能外形骸，以理自胜，临没赋诗，有'颇通清静理，不作去来悲'之句，盖掌院之贤者。"

校经书院对于湘学的影响还在于它的示范作用，使湖南的书院逐渐摆脱了仅课"时文"的局面，形成了新风气。如光绪时，沅州知府朱其懿设未沅水校经堂；彭玉麟设船山书院，王湘绮久为院长。刘琨立诂经书院，命题试士。郭筠仙亦于曾文正祠设思贤讲舍。这些书院"皆不课时文"。外县则宁乡玉潭书院亦设经课。"于是吾乡人士皆知读书，不复如陈尧农主讲城南时专讲四书汇参、王雁锋之喜为时文。荷屋始倡之功，于是为大。"②"若校经书院，实湖南汉学之大会也。"③

第四节　李肖聃湘学观的特点及贡献

《湘学略》打破了人们对湘学"偶有几颗文星在历史的苍穹中闪烁"的印象，通过丰富的个案呈现了湘学的整体形象，构建了一幅完整的湘学知识谱系。尤为重要的是，李肖聃通过史料钩沉、史迹考察，重建了湘学史上的一些现象，恢复了一些本已被遗忘的学者在湘学史上的应有地位。如武夷胡氏、绵竹张氏虽均非湘籍，却以他们在湘的讲学活动推动了湘学的发展，催生了湘学史上的第一个高峰，即宋代湖湘学派的兴盛。李肖聃的研究重现了宋代潇湘洙泗之风，让人们认识到在宋代湘学史上，南轩声名之著、生徒之众不在朱熹之下。湖湘学派在宋代以后分崩离析，以至于胡、张等人学行湮没无闻，但其精神内核却影响到后来，积淀成为湘学的传统精神。李肖聃一方面将湘学的忠义传统追溯到宋代大麓生徒，一方面为南轩之学没有流传而惋惜。他充分肯定南轩"求仁之学，希颜之录"值得学者深察，是

---

① 李肖聃：《湘学略·校经学略》，《李肖聃集》，第 109 页。
② 同上。
③ 同上。

"大儒之学"。同时，他郑重地把朱熹纳入湘学知识谱系中来。不仅因为朱子学后来成为官方意识形态，是科举考试的必考内容，更因为朱子来湘讲学对湘中产生的过化存神的影响。又如，清初王文清三入礼馆，撰修礼书，归田后又多年主持岳麓书院，著书广大，门生众多。在其影响下，诸生都能背诵经注疏，一时颇知兴学，其故里也有"经学之乡"之誉。然而，由于王文清的遗编成灰，后学寡知其名姓。而李肖聃述其事、举其学，虽不能恢复全貌，至少可以使后学了解其学术大概。如果说邓显鹤对船山遗著的整理刊印普及了王船山常识，那么，李肖聃的介绍在一定程度上扩大了王文清的影响，使人们认识到清初湘中还曾出现过这么一位学术大家。李肖聃还提出了"湘学四王"的概念，将王文清、王夫之、王闿运、王先谦并列为湘学的代表人物，从而将王文清放在湘学知识谱系上较为重要的位置。

《湘学略》注重对湘学嬗变的把握，勾画了湘学演变的轨迹。24略虽然各自成篇，彼此之间似乎联系不大，但综合来看，则全书大体上按时间来编排，呈现出湘学从宋代胡宏、南轩之学，到朱子之学，到明代阳明之学，到清初考据之学，到嘉道之际的今文经学、晚清理学，到清季"群相矜以汉学"等演变轨迹。而从内容安排来看，宋代胡、张诸人及其家学、生徒是一重点，晚清理学名臣是一重点，清季民初二王一皮一叶是重点。也即，在《湘学略》中，湘学思潮的演变大体上呈现了三个阶段：宋代钻研求仁之说、希颜之录的湖湘学派；晚清以理学为指导思想的湘军将军（曾左罗郭胡）；清季民初以二王一皮一叶为代表、注重经典考证的经学思潮。更为重要的是，在不少"学略"中，李肖聃都注重前后贯通，虽集中叙述略主的内容，但同时或追溯它的源头，或交代它对后世的影响，将它与湘学风气嬗变结合起来考察。如《岳麓学略》在介绍南轩门人的情况之后，又附述岳麓书院其他主讲的情况，以及对湘学的影响；《阳明学略》除介绍明代与阳明学有关的湘人如蒋信、冀元亨之外，又综述阳明学对其他时代湘人的影响，在湘学中寻找阳明学的痕迹；在《恒斋学略》中，介绍岳麓书院学风的演变，指出各个时期掌教岳麓书院的学者"皆以朱子之学提倡后生"，注重身心的修养；至"光绪以来，士风一变"，但岳麓之流风未绝。《校经学略》叙述校经书院的演变历史，实际上是以校经书院为线索，介绍湘学风气的变化。此外，但凡分类介绍"略主"在各个专业领域里的成就的篇章，都会综述该领域的特色及变化，以凸显略主对湘学的贡献。如《邵阳学略》论魏源在经学、史学、经世之学、佛学等领域的贡献，就分别阐述魏源经学对后世的影响，指出皮锡瑞考证《今文尚书》、王先谦考证《尚书孔传》《诗三家义集疏》，魏源实开其先；魏源《元史新编》的源头与趋向、魏源《海国图志》的渊源及影响；魏源佛学研究在湖南佛学史上的地位等。《葵园学略》分别结合楚之经学、史学、子学、集学等领域的演变，介绍王先谦对湘学的贡献。这类写法不胜枚举。这就使读者不仅了解了湘学史上丰富的个案，而且对湘学的前后变化有所把握。

《湘学略》凸显了湘学重"洛闽之绪"的特色，贯穿了"崇朱子"的旨趣。不但浓墨重彩地介绍朱熹讲学及其对湘学的影响，而且把"崇朱子"当成一个评价标准，大多数学者都被放置在崇朱子的框架下考量，但凡崇朱子的学者都受到肯定。同时，李肖聃对其他湘学人物的解释也与众不同。如，湘潭诸胡是清代湘中著名的学者群体，以汉学考据（而非理学或宋学）而著称。但因其学渊源于广东陈澧，李肖聃表彰湘潭诸胡，意在"欲胡氏承东塾之传，崇朱子之学，以教湘中子弟"。因陈澧在晚清以倡导汉宋调和著称，李肖聃认为陈澧"其心尤欲泯郑、朱之争，通汉、宋之邮，与湘乡曾文正国藩，持论若合符契。其平生通今博古，精思力践，又诚无愧古人"，实际上也是崇奉朱学的。又如，以精通三礼著称一时的王文清，被李肖聃解读成一位宋学家。李肖聃看重的不是王文清的那些考据之作，所谓"文之精者不存，存者或非其至"；又说从王文清劝示诸生的那些学约、学箴来看，"皆本朱子说以立言，知其得力于宋学者深也"。换言之，王文清之可道不在于考据成就，而在于践履宋儒的修身治性。李肖聃认同湘学的"崇朱学"传统，而对"光绪以来，士风一变"颇为不满。虽然肯定王先谦提倡湘学的贡献，也肯定王先谦的"晚节"，但对王先谦主持岳麓书院时只顾自己撰述、放松了对院生修身治心方面的要求，颇有微词。这在此前所撰的《湘学新志序论》曾有明确的阐发。所谓"光绪以来，老辈颇怡情声乐，山长不到书院，后生不礼前辈，群居终日，醉饱嬉游，英少相习，渐成风气"[1]，实暗刺王先谦。但晚清时期湘人尚不敢排诋朱子，先民遗教尚有存焉。而至民国年间，在新文化运动影响之下，湘中礼教荡然无存。

但是，另一方面，《湘学略》并没有固执于以心目中的"湘学传统"来筛选湘学中人，它对非正宗湘学的成分同样予以关注，客观地反映了湘学内部的多元化及湘学思潮的嬗变。这与民国年间其他学者如钱基博论湘学的视角颇为不同。后者先界定"湘学标准"，再选择人物，把不符合这个标准的湘人湘学摒弃在外，有削足适履之嫌。《湘学略》中为晚清二王一皮一叶等学者各置专篇，又设专篇述湘水校经堂，公允地评价其对湘学的贡献。诸人从思想信仰上看并没有排诋朱子，但从具体的学术取径上看，显然不同于湘学的理学传统。王闿运对宋儒时多非议，不喜宋学。王先谦"于紫阳、南轩之绪，未能阐扬"[2]，曾经表示："平生愿为读书人，不敢貌袭名士；愿为正人，不敢貌袭道学；愿为建言之人，不敢貌袭直谏。"[3]刻意与道学（理学）拉开距离。叶德辉更是直言：平生"最服膺朱子之学，最畏居理学

①　李肖聃：《湘学新志序论》，《李肖聃集》，第 308 页。
②　李肖聃：《与某人》，《李肖聃集》，第 393 页。
③　王先谦：《复某书》，《葵园四种》，岳麓书社，1986 年版，第 849 页。

之名"①。在叶德辉看来，为人为学，应达到一种境界，即吟风弄月之时，须具有仁民爱物之量，此方是圣门第一等学业、天下第一流人物。倘若都像理学家那样，正襟危坐，道貌岸然，讲学如楚囚相对，岂复有生人之乐哉？故叶氏在言行上，颇有逾闲荡检之处，不仅没有理学家的道貌岸然，甚至连一般读书人的修为也没有。这是李肖聃所不满的。故在多处皆有微词，特别是对叶德辉批评颇多。但是，对于王闿运、王先谦诸人的学术成就却揄扬有加。赞王闿运为"儒宗"，褒奖王先谦提倡湘学的苦心，肯定叶德辉在目录版本方面的超迈前人、文字训诂方面的倡导之功，使后辈皆知读许慎之书。至于对会通汉宋、泯争弭患的皮锡瑞，更是推崇备至。这些内容使读者认识到湘学不仅有理学传统，而且在经学考据方面也蔚为大观。李肖聃一方面对吴荣光设湘水校经堂于岳麓书院中，造成岳麓书院学风变化不满，所谓"盖自南海吴荣光设湘水于院中，其后移于天心阁、湘春门外，大修书院，学政调高才生肄习其间，群相矜以汉学"②；另一方面也充分肯定吴荣光的倡导使"吾乡之士人皆知读书""荷屋倡始之功，于是为大"③，肯定校经书院造成的"群彦奋兴于学"的积极变化。

此外，《湘学略》的写作贯穿了强烈的现实关怀。"念楚才之日衰，思后生之任重"，以继前修之业为使命。这点前面已有述及，不再重复。

---

① 叶德辉：《郋园书札·与罗敬则大令书》，长沙叶氏 1935 年刊。
② 李肖聃：《湘学略·恒斋学略》，《李肖聃集》，第 43 页。
③ 李肖聃：《湘学略·校经学略》，《李肖聃集》，第 109 页。

第五章 不同视野：民国时期的几种湘学观（中）

民国时期，除李肖聃多次撰述有关湘学论著之外，刘茂华的《近代湘学概论》也对湘学进行了系统的阐发。刘著与李著既有相沿袭的关系，又有明显的不同，为我们了解民国时期的湘学观提供了另一种范本。如果说李肖聃述湘学包含着以湘学传统来拯救斯文的用意的话，那么，刘茂华述湘学则是针对外界各种有关近代学术思想史的观点而发，是为了争取湘学在全国主流学术界的地位。

第一节 民国年间著名学者论湘学

从清季到 20 世纪 30 年代，有关学术思想史的论著相继出现。这些论著或总论清代以来全国学术思潮、学术风气之嬗变，或分论各地学术流派之特色、地位。其观点对湘学湘人都产生了一定的影响。

一 梁启超的湘学观及其影响

梁启超的众多著作中，都涉及湘学，但所措意之人物、总体之评价有所不同。

（一）《清代学术概论》中湘学的位置

1920 年，梁启超在《清代学术概论》中曾提出："有清一代学术，可纪者不少，其卓然成一潮流，带有时代运动的色彩者，在前半期为'考证学'，在后半期为'今文学'，而今文学又实从考证学衍生而来。故本篇所记述，以此两潮流为主，其他则附庸耳。"[①]他以"考证学""今文经学"为主线索，来概述清代学术的发展演变，对湘学涉及不多。其论"道咸以后"学术裂、今文经学的兴起时，以康有为为宗师，建构起一个以康有为、梁启超为主的晚清今文经学的知识谱系。同时也指出："然有为盖斯学之集成者，非其创作者也。有为早年，酷好《周礼》，尝贯穴

---

① 梁启超：《清代学术概论·自序》，《梁启超史学论著四种》，岳麓书社，1985 年版，第 18 页。

之著《政学通议》，后见廖平所著书，乃尽弃其旧说。廖平者，王闿运弟子。"梁启超承认康有为的经学观点受到廖平的启发，然而，对于廖平之师王闿运却颇多讥刺。其言曰："闿运以治《公羊》闻于时，然故文人耳，经学所造甚浅。其所著《公羊笺》，尚不逮孔广森。平受其学，著《四益馆经学丛书》数十种，颇知守今文家法，晚年受张之洞贿逼，复著书自驳，其人固不足道，然有为之思想，受其影响，不可诬也。"① 在凸显康梁师徒"扭转乾坤"、引领潮流的作用的同时，不免于湘学有所遮蔽，抹杀王闿运等人在晚清今文经学谱系中应有的位置。在湘人之中，梁启超于王夫之、魏源等人予以肯定，对谭嗣同尤为推崇，誉为晚清思想界的一颗"彗星"，然将谭嗣同纳入今文经学的谱系中。其言曰：

> 嗣同幼好为骈体文，缘是以窥"今文学"。其诗有"汪（中）魏（源）龚（自珍）王（闿运）始是才"之语，可见其向往所自。又好王夫之之学，喜谈名理。自交梁启超后，其学一变，自从杨文会闻佛法，其学又一变。尝自衰其少作诗文刻之，题曰《东海褰冥氏三十以前旧学》，示此后不复事此矣。其所谓"新学"之著作，则有《仁学》，亦题曰《台湾人所著书》。盖中多讥切清廷，假台人抒愤也。书成，自藏其稿，而写一副本畀其友梁启超。启超在日本印布之，始传于世。……《仁学》之作，欲将科学、哲学、宗教冶为一炉，而更使适于人生之用，真可谓极大胆极辽远之一种计划。此计划，吾不敢谓终无成立之望，然以现在全世界学术进步之大势观之，则似为期尚早，况在嗣同当时之中国耶？②

可见，梁启超述谭嗣同并非为了表彰湘学，而是表明梁启超对谭嗣同之影响。

（二）《近代学风之地理的分布》中湘学的位置

《清代学术概论》是总论学术思潮之演变，没有考虑到各地学术的特殊性，遮蔽了一些地域学术文化的影响。1924 年，梁启超又著《近代学风之地理的分布》一文，以行政区划为单位，考察不同地域学风的特征。在序论中，梁启超首先着眼全国，提出若干应研究的问题上十个，其中第四个就是，"何故湖南广东清初学者极少，中叶以后乃大盛"③？

在《近代学风之地理的分布》正文中，湖南被具体列为第十一个考察对象。论近代湖南学风，梁启超首举王夫之："湖南自衡阳王船山夫之以孤介拔俗之姿、沉博多闻之学，注经论史，评骘百家，著作等身，巍然为一代大师。"充分肯定王夫之为一代大师。然而，梁启超认为，就湖南总体而言，学术并不发达，其原因在于地理位置。"虽然，壤地实僻，与东南文物之区不相闻问，门下复无能负荷而光大

---

① 梁启超：《清代学术概论·二十三》，《梁启超史学论著四种》，岳麓书社，1985 年版，第 77 页。

② 同上，第 88 页。

③ 梁启超：《近代学风之地理的分布》，《饮冰室合集·文集之四十一》，中华书局，1989 年版，第 48 页。

之者，是以其学不传。自兹以往，百余年间，湖湘学者无述焉。"湖南虽然出了一个王夫之，但此后百年间，依然是默默无闻。直至嘉庆中，出了一个魏源。"逮嘉庆中，然后邵阳魏默深源崛起。默深之学，方面极多，与龚定庵同为常州派今文经学之骁将，又善治史，著《圣武记》及《新元史》。又好讲时务，著《海国图志》，述域外地理及海防政策。晚乃治佛学，修静业。清季思想界，默深筚路蓝缕之功高也。"① 梁启超推崇魏源，以为其在今文经学、史学、佛学、地理学等方面都有造述，是晚清思想界的源头之一。

在梁启超所构建的湘学知识谱系中，魏源之后，"则善化贺耦耕长龄、安化陶云汀澍，皆经名督抚而好学有述作。新化邓湘皋显鹤搜罗乡邦文献最勤，裒集船山遗著于散佚之余，编校刻布，力事宏奖。新化邹叔绩汉勋精研算学及地理，亦通经学、小学。益阳汤海秋鹏善为文，著一书曰《浮邱子》。长沙周荇农寿昌为诸史补注，而善化唐镜海鉴治程朱学，著《国朝学案小识》，自是湘学彬彬矣。"② 他以贺长龄、陶澍、邓显鹤、邹汉勋、汤鹏、周寿昌、唐鉴为湘学代表人物。嘉道年间湖南人才群体的兴起，造就了"湘学彬彬"的局面。这里的"湘学"仅仅是湖南的学术学风学人等，并没有内涵的特质。

近代湘学发展的第二个阶段，是湘军的兴起。"道咸之间，湘乡罗罗山泽南与其友同县刘霞仙蓉共讲程朱学，以教授于乡曲。而同县王璞山鑫、李迪庵续宾、希庵续宜皆罗山弟子，师弟弦歌诵讲，若将终身焉。及大乱起，罗山提一旅卫桑梓，已而出境讨贼，死绥焉。璞山、迪庵先后殉，霞仙赞军幕，希庵独将，并立功名，自是一雪理学迂腐之诮，而湘学之名随湘军而大振。"③ 湘学之名随湘军大振，其特色是讲程朱理学。

梁启超把曾国藩放在了湘军与湘学的核心位置，指出："先是，巴陵吴南屏敏树为桐城派古文，湘乡曾涤生国藩嗜而学焉。涤生早达，官京师，遍交当时贤士大夫，治义理训诂词章，皆粗有得思，为和合汉宋之学。乱起，涤生治军，建大功，为元臣。虽后半生尽瘁政治，不尽所学，然学风固影响一世矣。"④ 以为曾国藩由古文而义理训诂词章，合汉宋之学。梁启超对曾国藩学术造诣评价不高，所谓"粗有得思"，但肯定曾国藩对一世学风的影响。"同时并名者，益阳胡润之林翼、湘阴左季高宗棠，并才气过人，学问根柢亦不浅。"

在短短的篇幅中，梁启超于郭嵩焘着墨不少。其言曰："湘阴郭筠仙嵩焘少与刘霞仙、曾涤生同学，学风略相类。乱起，参诸军，常密勿运畴。晚乃持节英法，

① 梁启超：《近代学风之地理的分布》，《饮冰室合集·文集之四十一》，中华书局，1989 年版，第 76 页。
② 同上。
③ 同上。
④ 同上。

周知四国之为。国人知欧洲有文化道术法治，盖自筠侧始。其于旧学亦邃，经部史部著作颇多。"① 一是肯定郭嵩焘引进西学之功，二是肯定郭嵩焘在旧学方面的成就。至于与郭同时的李元度，则是"谙熟掌故，善为文"。②

曾、左、胡、郭皆不是纯粹的学人，而是以事功见称。于湘籍学人中，梁启超褒皮锡瑞而贬王闿运，而于王先谦亦有所首肯。"湘潭王壬秋闿运，本文士，治今文经学，有盛名于同光间。然晚节猖披，殆等钱牧斋矣，其著述亦浮薄鲜心得。善化皮鹿门锡瑞晚出，亦治今文经学，博洽翔实，非壬秋敢望也。而长沙王益吾先谦雅善钞纂，淹博而能别择，撰述甚富，咸便学者。"③

如同《清代学术概论》一样，在《近代学风之地理的分布》一文中，梁启超论湘学，也尤为凸显谭嗣同的地位。"浏阳谭复生嗣同与其友同县唐绂尘才常共学，复生少治龚魏之学，好今文家言。又研究船山学，能为深沈之思。晚学于杨仁山，探佛理。所著《仁学》能发奇蕴，与绂尘先后死国难，年并未逾四十，所学未竟十一也。"④ 很为谭嗣同英年早逝惋惜。

（三）《中国近三百年学术史》中论湘学

几年后，梁启超著《中国近三百年学术史》，在概述清代学者整理旧学之成绩时，曾分几个小类进行总结。其中在第七类"方志"中涉及清代学者所撰的"文征"时，梁启超将邓显鹤撰《沅湘耆旧录》与同一时期其他省份的类似著作相提并论，指出它对湘学的意义："盖中国之大，一地方有一地方之特点，其受之于遗传及环境者盖深且远，而爱乡土之观念，实亦人群团结进展之一要素。利用其恭敬桑梓的心理，示之以乡邦先辈之人格及其学艺，其鼓舞浚发，往往视逖远者为更有力。地方的学风之养成，实学界一坚实之基础。彼全谢山之极力提倡浙东学派，李穆堂之极力提倡江右学派，邓显鹤湘皋之极力提倡沅湘学派，其直接影响于其乡后辈者何若，间接影响于全国者若何，斯岂非明效大验耶？诗文之征、耆旧之录，则亦其一工具而已。"⑤ 表明征文考献对于地方学派的意义。虽然不是专门论湘学，但指出邓显鹤提倡沅湘学派，同全祖望提倡浙江学派、李绂提倡江右学派一样，都是利用人们恭敬桑梓的心理，以乡先辈人格及学艺，来鼓励世人，从而激发人们爱乡土的观念。

此外，在《说方志》一文中，梁启超提出："邓湘皋为湘学复兴之导师，于湖南文献搜罗最博，以私力独撰道光宝庆府志，道光武冈州志，最称精审。"⑥ 以邓

---

① 梁启超：《近代学风之地理的分布》，《饮冰室合集·文集之四十一》，中华书局，1989 年版，第 76 页。
② 同上。
③ 同上，第 77 页。
④ 同上。
⑤ 梁启超：《中国近三百年学术史》，中国书店，1985 年版，第 313 页。
⑥ 梁启超：《说方志》，《饮冰室合集·文集之四十一》，中华书局，1989 年版，第 84—99 页。

显鹤为"湘学复兴之导师"，强调其所编修的《宝庆府志》《武冈州志》精审。都是将文献搜索、方志编修与湘学发展联系起来考察。

在梁启超之前，曾国藩的《邓湘皋先生墓表》、姚莹的《南村草堂诗钞文钞序》以及郭嵩焘的《冯树堂六十寿序》都曾表彰邓显鹤在访罗遗佚、表彰文献方面的贡献，指出邓显鹤表彰先贤节烈激发了湘人，用其学振兴湘人。就此而言，梁启超的观点可谓由来有自。不同的是，梁启超把邓显鹤搜访乡邦文献放在全国范围内看待，指出它对于湘学的意义，并直接赋予邓显鹤"湘学复兴之导师"的称谓。

总体上看，梁启超论湘学涉及两个大的方面，一是在总论清代全国学术思潮演变时，通过编制一个以康有为为今文经学宗师的谱系，否定王闿运的经学造诣来间接地张大岭南学术、遮蔽近代湘学；二是在分论各地学术人物与成就时，按照自己的标准麟选湘学人物、诠释湘学成就。梁启超的湘学观在湘人中产生了一定的反响。李肖聃不同意梁启超所构建的清代今文经学谱系，曾致书梁启超公开驳斥其说。而刘茂华则是在基本肯定梁启超对清代学术思潮演变趋势的前提下，恢复湘学的位置，并对梁启超具体所论湘学所参考。

二　章太炎的湘学观及其影响

如果说梁启超通过编制一个以康有为为今文经学宗师的谱系，否定王闿运的经学造诣来间接地张大岭南学术、遮蔽近代湘学，那么，章太炎对湘学的批评就直接多了。虽是闲言碎语，却颇具杀伤力，对湘人湘学以及外界看待湘学都产生了一定的影响。

1910 年，章太炎在日本刊行了他的《国故论衡》一书，分小学、文学、诸子三个领域综论国学及各学者造诣之深浅高下。其于"小学略说"论道：

盖小学者，国故之本，王教之端，上以推校先典，下以宜民便俗，岂专引笔画篆、缴绕文字而已。苟失其原，巧伪斯甚：昔二徐初治许书，方在草创，曾未百岁，而荆舒《字说》横作，自是小学破坏，言无典常。明末有衡阳王夫之，分文析字，略视荆舒为愈。晚有湘潭王闿运，亦言指事、会意，不关字形。此三王者，异世同术，后虽愈前，乃其刻削文字，不求声音，譬喑聋者之视书，其揆一也。[1]

这也是"三王不识字"的最初出处。

章太炎又曾批评王闿运治经不守规范，谓其"高论西汉而谬于实证，侈谈大义而杂以夸言，务为华妙，以悦文人，相其文质，不出辞人说经之域。"[2]

---

① 章太炎：《国故论衡》，上海古籍出版社，2003 年 4 月第 1 版，第 10 页。
② 章太炎：《说林下》，刘梦溪主编：《现代学术经典章太炎卷》，河北教育出版社，1996 年版，第 565 页。

这些看法都影响到外界对湘学的认识。1924 年，支伟成编撰《清代朴学大师列传》，为有清一代各个领域、各个地域的朴学大师分类作传。该书首列清代朴学先导大师若干人，再按地域将朴学大师分为北派经学家、吴派经学家、皖派经学家、常州派今文经学家、湖南派今古文兼采经学家、浙粤派汉宋兼采经学家、南北怀疑派等，又按小学、史学、地理学、金石学、校勘目录学、诸子学、治事学、历算学、博物学等门类为诸朴学大师作传，最后一类为提倡朴学诸显达列传。该书分类标准是否允当，体例是否严谨，此处暂不讨论。且看其对湖南派的评论。

湖南地处僻远，故乾嘉时，朴学之风号大盛于吴、皖，而三湘七泽间寂焉少闻。曾相国、郭侍郎治三礼，时复参以宋儒，家法未纯。止邹叔绩尚称粗识经义。迨湘绮老人出，杂采古今，徒以声音训诂不若惠、戴之精，又不屑依附常州末光，乃独树一帜，而后其派遂衍于蜀，湘学反微。鹿门继起，实承其绪云。①

在"湖南派今古文兼采经学大师"下仅列邹汉勋、王闿运、皮锡瑞三人。

至于其他湘人湘学，则分别纳入其他门类之中。如，列王夫之为先导大师，为其作传。而附言则曰：

清初遗儒，沿明季讲学余习，率徒众遍天下；或其志在光复，亦奔走四方，籍通声气。独船山先生，僻处山泽，肥遁自甘；又值流离颠沛，不能聚藏书、恣广览，而所造乃与顾、黄颉颃；考据义理，均有专到之处。且浸淫于佛老，而不为所囿。思想至矣！识解超矣！人格学问，虽为百世宗可也。②

一方面对王夫之的人格学问表示推崇，另一方面，对湖南竟然出现了王夫之这样的大学问家不免惊讶！一句"乃与顾、黄相颉颃"，透露出意外之情。

其他湘学中人如魏源，入"作史学家"，周寿昌入"考史学家"，汤鹏入"治事学家"，丁取忠入"历算学家"，王先谦入"提倡朴学诸显达"行列。在王先谦列传中，肯定王先谦辑刊《续皇清经解》"所收虽不如文达之精萃，而有清一代汉学家经师经说每赖以传，所遗者或寡矣。"③ 王先谦仿姚姬传编《续古文辞类纂》"亦严谨有义法"。至于对王氏经学，则颇有微词："治经循乾、嘉遗轨，趋重考证；而小学弗深，且释名物不克贯通三代礼制，以此视文达终有'上下床'之别。惟《尚书孔传参正》，辨析详确，较他书为醇。"④

考史方面，《汉书补注》一百卷、《水经注合笺》四十卷"多荟集群言，自为发明者少"，独《荀子集解》二十卷，"用高邮王氏《读书杂志》例，取诸家校本，参稽考订，补正杨注凡数百事，可谓兰陵功臣！"

---

① 支伟成：《清代朴学大师列传》，岳麓书社，1998 年版，第 140 页。
② 同上，第 11 页。
③ 同上，第 346 页。
④ 同上。

支伟成对湘人湘学的这些论断直接受到章太炎的影响。据支伟成介绍，他著此书时，曾就体例、人选等问题向章太炎请教，章太炎提出数条意见，其中就有不少与湘学有关。章太炎认为，魏源"不得附常州学派"，因为魏"说《诗》多三家之外，说《书》不能守欧阳、夏侯，杂糅瞀乱，直是不古不今非汉非宋之学也"；又认为王闿运"亦非常州学派""其说经虽简，而亦兼采古今，且笺《周官》。此但于惠、戴二派外独树一帜，而亦不肯服从常州也。"章太炎还试图解释王闿运不服惠、戴，不步常州后尘的原因，谓："王少年尝至广州，为陈澧所诃，不肯服惠、戴；又与邵懿辰意见不合，故不肯步常州后尘。"又认为：邹汉勋学未成，王闿运不专取《公羊》，亦杂采古今文。

章太炎论湖南经学，几乎将其打入另册。其言曰：

湖南经学，唯有单立湘派而已。考其始，如邹叔绩辈，不过粗闻经义。王从词章入经学，一意笃古，文体规摹毛、郑，发明虽少，然亦杂采古今，无仲舒、翼奉妖妄之见。皮氏先亦从吴皖二派入手，久之，以翁、潘当道，非言"今文"则谋生将绌，故以此投时好，然亦不尽采"今文"也。王益吾说经之书甚少，《荀子集解》优于《汉书补注》，又尝校注《水经》，亦不能列入"诸子学家"，若别入"显贵提倡传"，兼附著述，似为得之。大抵湘中经学亦颇杂沓；然有一事则为诸家同病，盖于江、戴、段、孔古音之学实未得其分毫也。偶一举及，其疵病立见矣。①

章太炎对湘学不懂文字音韵学的批评，被湘人形象地概括为"三王不识字，吾楚居其二"而加以流传。从叶德辉到李肖聃、杨树达、曾运乾等人，无不援引章氏此言。其具体出发点有所不同，或为争当湘学领袖，或为警醒乡党，或为着改塑湘学之形象。但大多视为湘学之耻。

叶德辉强调："崇圣不可以徒致，必首事于通经。通经不可以陵节，必循涂于识字。而诏后学以所从入，必先于簿录考溯其远流，开示其阃奥"②。不但自己一生治学以《说文解字》与《四库全书总目提要》为工具，而且以此教授弟子，提倡经学具体落实到文字训诂与目录版本学。他以为湘学若真要改变经学不兴的局面，必须由此入手；唯其如此，才能做到内行入格，避免为外人所笑。

在提倡经学研究之正轨的同时，叶德辉经常援引章太炎"三王不识字"之说来攻击王闿运，指责其乃六朝文士，不足当经学大师。这类言论又传播于弟子中间。如1924年，符定一在为《郋园北游文存》作序时指出："清季以来，学风衰坏，师儒撰述乃时时见于湖湘之名山，传之其人，王叶之名鼎鼎矣。顾湘绮文优于学，湘军作志，倾倒一时；若解经注子，则向壁虚造。章太炎有言：'三王不识字。'此公

① 参见支伟成《清代朴学大师列传》卷首。
② 李肖聃：《湘学略·郋园学略第二十二》，岳麓书社，1985年版，第217页。

殆其尤也。葵园注书似是汉学一派，然捃摭旧谊，绝少发挥，以视先生之训诂解经，薄宋轶唐，直接汉魏，盖有天渊之别矣。"①

在这里，章太炎的"三王不识字"成为叶氏一派与王闿运分别轩轾的奥援，其意义更多的是高自标榜，与王闿运争夺湘学领袖地位。

而对于其他人而言，由章太炎"三王不识字"之语引发的是对湘学不足的认识，以及改变现状、重塑湘学形象的努力。

民国年间，杨树达钻研文字学，以经史文献与地下出土的金石实物相互印证，释读甲骨文字，成绩斐然，先后出版《积微居金石论丛》《读甲骨文编记》《甲文蠡测》等论著，又将自己的寓所命名为"问奇亭"。这种学问趋向就直接受到章太炎"三王不识字"之讥的刺激，思以自己的努力来改变外界对湘学的认识。他曾对友人李肖聃说：

清世乾嘉以来，人治《说文》，戴、段、王、钱、桂诸家，号为卓绝，然皆慎守许义，无敢或忤。晚有潘祖荫、王懿荣、吴大澂、刘心源，稍知旁采鼎彝，补正古籀，而证乏思粗，未能入理。自孙诒让、罗振玉、王国维出，乃始拾殷墟之龟甲，搜流沙之坠简，疏通证明，以成专门之学。迄至于今，群士承风，士言小学而不知此，则争斥其陋矣。昔荆公《字说》，遗笑通方，船山《说文广义》，亦多创解。湘绮释字，见于喻谦伏书存徽，喜标新义。余杭章炳麟枚叔，至讥三王不识字，而吾楚居其二焉。吾之治此，将以弥前修之失，道南士之先，非欲率天下学士，毕心力其中，而不知进求其他也。故吾有疑不能自明，必将博求通儒而问焉。都讲上庠，抗颜为师，诸生问字，来叩吾门，亦将述所得以相诏也。②

清中期的文字学研究是以许慎《说文解字》为中心的，其代表人物戴震、段玉裁、王念孙、钱大昕、桂馥等人都恪守许慎之说，不敢有所违背。晚清以后，随着钟鼎彝器的大量出土以及殷墟甲骨文的发现，考古学成为新兴的学问，文字学的研究重心也由传统的《说文解字》转移到金甲之文上面。时风所趋，不知金石甲骨即不得预文字学研究之流。作为湘人，杨树达对于"贻笑大方"感触尤深，由"三王不识字"联想到的是"吾楚居其二"，是整个湘学形象的不佳。"弥前修之失，道南士之先"，是杨树达从事文字学研究的基本出发点，也即通过自己的努力，在文字学领域追踪学术前沿，力争有所创获，改变湘学形象。

20 世纪 20 年代，杨树达和湘籍学者、训诂学家曾运乾（字星笠）任教于北京高校时，曾有"雪耻之盟"：

太炎先生尝云："三王不通小学。"谓介甫、船山、湘绮也。三人中湘士居其

---

① 符定一：《邮园北游文存》序，1921 年北京财政部活字印。
② 李肖聃：《问奇亭记》，《李肖聃集》，第 123 页。

二。余昔在北京，曾与星笠谈及此；余谓此时吾二人皆游于外，他日仍当归里教授，培植乡里后进，雪太炎所言之耻。星亦谓然。[1]

对湘学在文字学领域的落后感到遗憾的何止杨树达！李肖聃就曾为精研文字而终于成就不大的龙璋生不逢时而饮恨："假令砚仙（龙璋——注）生承平时，与王、段诸公为友，讲明字例之条，湖南文字之学，不如是之未昌也。"[2]言外之意，犹以湖南文字学不昌为憾。李肖聃承认，湘学在文章性道经世之学方面代有名贤，而从事小学训诂者少；湘学中代表人物在文字学研究方面都有欠缺。

杨树达精研小学引发了外界"不类湘学"的评价。据《积微居回忆录》，杨树达曾多次听到外人将他与湘中前辈的对比。20 世纪 20 年代，他与钱玄同同任教于清华大学，钱曾对杨说："君治学语必有证，不如湖南前辈之所为。而做人则完全湖南风度也。劭西做人脱尽湖南气，而为文喜作大言，全是湖南派头也。"[3] 劭西即黎锦熙，也是湘籍学者。

1932 年 3 月，章太炎北上京师，杨树达与另一湘籍学者余嘉锡随同太炎弟子吴检斋一起，拜访章太炎。之后，章太炎对吴检斋云："湖南前辈于小学多粗粗，遇夫独精审，智殆过其师矣。"[4] 将杨树达与湖南前辈区分开来。1933 年，杨树达将自己三篇有关文字学的论文寄呈章太炎求教，获得首肯。

1935 年 11 月 7 日，杨树达与余嘉锡一起拜访张孟劬、东荪兄弟。张孟劬极力称赞杨树达的文字训诂学，又说："湘中学者自为风气。魏默深不免芜杂，王益吾未能尽除乡气。两君造诣之美，不类湘学。"对此，杨树达在日记中记道："孟劬，浙人。意盖谓余二人为江浙人之学也。余不足论也，季豫目录学之精博，江浙士何尝有之乎？"[5] 所谓"不类湘学"，也是将杨树达与湘学的一贯风格区分开来，一方面是对杨树达的肯定，另一方面依然不脱对湘学的傲慢。对于这类带有地域偏见的誉扬，杨树达未惬于心，以为江浙人士未免太自大了，自己的学问倒也罢了，像余嘉锡这样精通目录版本学，江浙人士哪能做到？

是否"类湘学"，都说明"湘学"在外界的形象已经固化了。从梁启超对王闿运今文经学的批评，到章太炎对三王不识字的讥刺，都在证明湘学在考据学领域的落后，而这类议论渊源有自，本由湘人而发。从曾国藩到郭嵩焘、叶德辉等人，都在特定语境下有过类似的反思，至民国时期钱穆撰《近三百年学术史》，于湘学也有一著名论断："考证之学，盛起于吴、皖，而流衍于全国，独湖、湘之间被其风

---

① 杨树达：《积微居回忆录》，上海古籍出版社，1986 年 11 月第 1 版，第 220 页。
② 李肖聃：《星庐随笔》，岳麓书社，1983 年版，第 43 页。
③ 杨树达：《积微居回忆录》，上海古籍出版社，1986 年 11 月第 1 版，第 150 页。
④ 同上，第 62 页。
⑤ 同上，第 108 页。

最稀。"① 只不过，诸人并不认为这就是一种不足。而在梁启超编织的清代学术谱系中，今文经学、考证学均为国家学术思潮主线索，未能在此领域里有所成就，则意味着湘学不曾预流。至于古文经学家章太炎更是以专业权威的身份指陈得失。梁、章所论虽有一定的历史依据，却不能掩饰其地域偏见。正是在这种背景下，有了刘茂华对近代湘学的总结与叙述。

第二节　揭示近代湘学的重要性：《近代湘学概论》的宗旨

20 世纪 30 年代刊载在《南强旬刊》上的《近代湘学概论》，是湘籍青年学者刘茂华在各家影响之下所作的一部湘学论著，既有恭敬桑梓的情怀，复有全国的视野。与李肖聃重在以乡邦先贤警醒后生不同，刘茂华述湘学更多的是向全国证明湘学的重要性。

一　刘茂华生平

刘茂华（1901—1988 年），湖南平江长寿乡人。早年丧父，家贫辍学。稍长，随亲戚方克刚到长沙妙高峰中学任办事员。1923 年至 1926 年，由妻子廖氏资助，在上海美专学习，受业于刘海粟、潘天寿等教授，书画遒劲古朴，自成一格。1927 年参加了北伐军，任武昌广播电台军代表。随后返长沙市在省立一中、衡粹中学、湖南大学附属高级中学等执教。期间结识李肖聃，并在李肖聃的指导下，进修国学，大有所成。刘茂华于抗战前以同等学历考入南京金陵大学国学研究院，对"文选学"研究精深。在学习的同时，为养家糊口，兼职于江苏省教育厅任科员、督学等职，以半工半读完成学业。抗战爆发后，刘茂华返湘参加抗日救亡运动，任张治中领导的湖南省民众训练处指导员。长沙大火后，曾先后任资兴、邵阳县长。后至沅陵，任省府湘西行署主任秘书。在职期间，关心民众疾苦，试图解决百姓温饱。他深入瑶乡，亲自总结当地种植早稻经验，予以推广；同时潜心研究"人造棉"，获 1945 年经济部"专利证明书"。抗战胜利后，返长沙任湖南省民政厅主任秘书。后随第四方面军王耀武将军至山东，任山东省政府主任秘书（少将衔）。1948 年年底去香港，先后在培正中学、浸会学院、官立文商学院教学。1988 年 3 月 4 日病逝于香港伊丽莎白医院，享年 87 岁。②

刘茂华早年在上海美专学习期间，就关注艺术教育，曾先后发表过《道尔敦制

---

① 钱穆：《中国近三百年学术史》，商务印书馆，1977 年版，第 638 页。
② 关于刘茂华的生平简介，参见刘美炎《岳阳籍原国民党军政人物录》，《岳阳文史》第 10 辑，1999 年。

与艺术科》《艺术消长与民族盛衰》等文章。20 世纪 30 年代在长沙任教，研究国学，致力于对长沙先贤文献的整理与表彰，于 1938 年在《南强旬刊》上发表论著《近代湘学概论》。抗战期间，投笔从戎。去香港，先后有《王夫之学术思想系年》（香港新亚书院院刊《新亚学报》第五卷第 1 期，1960 年 5 月）、《韩愈学谱》（1968 年）等论著。此外还有《旱稻政策——人定胜天》（收入联合国农林组织丛书）、《廉吏传》《中国选学史大纲》等著作传世。

二 《近代湘学概论》的写作体例

刘茂华关注湘学直接受到李肖聃的影响，而如何叙述湘学则受到清季民国时期几大学者的影响，尤其是受到梁启超有关清代学术思想史论述的启发。在某种程度上可以说，《近代湘学概论》就是以梁启超为潜在的对话对象。

《近代湘学概论》刊载于《南强旬刊》第一卷第 2 期、第 3 期、第 5 期、第 6 期、第 12 期、第 13 期、第 14 期，似未登完。因抗战影响，《南强旬刊》停刊，《近代湘学概论》遂不了了之。今天我们所能看到的《近代湘学概论》一共有五个部分，（1）序论，（2）考证学，（3）理学，（4）文学，（5）政治。其中序论部分阐述了刘茂华叙述湘学的宗旨以及《近代湘学概论》的体例。

（一）揭示湘学与中国民族、学术、政治转变的关系，凸显湘学的重要性

《近代湘学概论》针对梁启超有关清代学术思想的叙述，将近代湘学与全国主流学术思潮的演变结合起来进行分析。梁启超以考证学与今文经学作为清代学术的主线索来建构清代学术知识谱系，并将康、梁等人放在了重要的位置，曰："今文学之运动，鄙人实为其一员，不容不叙。"刘茂华在承认这一叙述模式的基础上，进一步指出："欲知考证学何以孕育今文学，不可不知晚明湘中诸子之行径，欲知今文学何以盛于清代，不可不知季清南学会讲学之精神，欲知梁启超何以为今文学运动之一员，更不可不知时务学堂'皮梁当道'之关系，此余论湘学之动机。"在刘茂华看来，清代学术以考证学、今文经学为主线是固然也；而这一切与湘学关系之密切，甚至超过与梁启超的关系。"湖湘之间，考证学今文学既兼备矣，梁氏对于今文学，自谓为运动之一员，不过如前敌之一指挥官而已，而湖南且为今文学活动之大本营，属一劲健之集团军焉。盖由考证学衍生今文学，由今文学衍生大思潮，此思潮维何？即中国学术史，民族史，政治史上一大转变，而辛亥之事起；是乌可以不纪？"① 湖湘之间，不但有考证学，而且有今文经学。梁启超只是今文经学运动的一员，是前敌指挥官，而湖湘是今文经学的大本营，是一集团军。近代湘学的演变，影响了中国民族、政治、学术的转变，由此可见其重要性。

---

① 刘茂华：《近代湘学概论序论》，《南强旬刊》第一卷第 2 期，1938 年，第 20 页。

如前所述，梁启超所论清代学术思潮的演变，遮蔽了湘学的地位与作用，引起了湘人的不满。李肖聃就提出质疑，指出："大著《清代学术概论》，于今文学统之传授，以西樵讲论为宗归；若群经大义之传，皆康门师弟之力。不悟读蓉生无邪之札，则南海不足归宗；诵郎园今语之评，湘学未蒙粤化。"① 在他看来，康有为不能充当今文经学的宗师，而湘学也没有被粤学所同化。言辞中，包含着对以今文经学为清代学术主流的不满。而刘茂华虽然不反对以考证学与今文经学为清代学术思潮的主流，但同样认为梁启超的叙述不符合事实。在他看来，无论是考证学的兴起，还是晚清今文经学的盛行，都与湘学集团军有关，梁启超充其量只是运动的一员而已。刘茂华与李肖聃分别从不同的方面修正梁启超的有关论点，着眼点略有不同，而皆强调湘学在全国学术界的作用。

（二）从总体上描绘了近代湘学的轮廓，总结湘学的特点

在刘茂华的笔下，有清一代湘学兴盛，人文荟萃，各个领域都有名家。"湘州学术，盛于近世，有清一代，显学尤多，考证精于三王；经世阐于二贺；兵旅显于胡彭；政事弘于曾左；而革命伟业，卒大成于黄蔡；故清初朴学，开中叶汉学之先；晚岁今文，起光宣革命之渐，无论其为经学，史学，理学，经政，兵刑，皆萃然成家，为吾民族文化放独特之异彩，懿欤休哉。"② 从考证、经世到政事，湘学在各个领域里都萃然成家，为民族文化放独特之异彩，而三王、二贺、胡彭、曾左、黄蔡正是其中的杰出代表。

近代湘学何以兴盛？这是湖湘文化精神长期积淀的结果。"溯自先秦已降，湘人之忠义志节，已昆耀简册，其民族性灵，爱国情绪，胥为学术所孕育。"③ 从先秦以来，湘中既有本土产的乡贤，也有外来的流宦，如屈原、贾谊、杜甫、范仲淹等，都在湘中留下了他们的足迹。人们诵屈贾之文、子美之诗、希文之记，无不感受到其中涵含的"自强志气，超迈精神"。千百年来，这种志气与精神"充塞乎衡岳洞庭之间，启后人闻风兴感之渐"。到了南宋，更有衡山赵氏父子（都为名将）数寒金人之胆，衡州李忠节公芾，以孤军屡困元帅，兵败举家自焚，城民竟与同殉，其遗迹尤斑斑于轵垣之小西门。明代湘中也是忠义辈出，如"何腾蛟、堵允锡、刘熙祚、章旷诸公，以湖湘一隅，与流寇对抗，支持残局，而蔡忠烈竟死守长沙，卒役同殉"。这些人虽然皆非湘人，但"见危受命，士气磅礴，树湘人志节之基"。明季清初，湖南不仅出现了抗清名将如何腾蛟、堵允锡诸公，而且涌现了一批义不仕清的节慨之士。如王船山昆季，"承休扬烈，益使九嶷衡岳间，高风亮节，

---

① 李肖聃：《与梁任公》，《李肖聃集》，第 464 页。
② 刘茂华：《近代湘学概论序论》，《南强旬刊》第一卷第 2 期，1938 年版，第 20 页。
③ 同上。

凛然彪炳人寰"。又如郭幼隗、周九烟、冯椒公、陶正调、郭天门、夏叔直等人，都"易冠变服，遁迹山林"。这些人"尤足风末俗而振士气"。道咸以来，洪扬事起，适值湖湘之间通经致用风气方盛，诸人抱着"我欲载之空言，不如见诸行事"之夙愿，发舒其律己治人之雄心，故起而应世，以儒生而成就中兴大业。江忠源、曾国藩、左宗棠、胡林翼、罗泽南等先后并起，俊彦云屯，以忠勇诚朴之风，倡实事求是之习，其用兵也，东自海隅，西达葱岭，靡不知有湘军。而辛亥革命时期，又是湘人首领元戎，"而杨笃生、陈星台诸先生，至不惜赴海殉国，则又晚清湘学思潮一大转机""士气之盛，盖自先秦以迄近代，犹未沫也。"①

刘茂华进一步指出：湘人士气"本其学术之所自"，即由湘学所孕育。梁启超论清代学术时曾指出："清学自当以经学为中坚。"又曰："承明学极空疏之后，人心厌倦，相率返于诚实。"又曰："异族入主中夏，有志节者耻立乎朝，故刊落声华，专集精力以治朴学。"也即清代学术是基于对明末王学末流的反思而产生的"反动"，又由于清朝的建立，士大夫耻于与异族合作，故从事朴学研究。在刘茂华看来，梁启超此论无异于专为湘学而发，湘学湘人之嬗变与梁氏所论若合符节。清初姜斋先生王夫之，"感王学之极敝而生反动，欲挽明以返诸宋，独重横渠，尤痛恶标榜之习，孤忠亮节，覃精殚思，故自晦比于幼安（管宁），苦心同于所南（郑思肖），而其学实能发宋元所未发。"刘茂华甚至认为，船山学奠定后来皖南学派的基础，也是晚清三湘道统之开山。流风所披，影响晚清湘人，"皮鹿门奋志著述，唐佛尘殉国武汉，蔡松坡义不帝袁，而江岷樵以任侠闻，罗罗山以忠节显，曾涤生以诚朴领众流，老而弥笃，彭雪琴芒鞋徒步，千里救友，乃至陶云汀任事勇敢，刘坤一力保长江，诸称绝响"。其他如"罗慎斋，唐镜海，贺耦耕，刘孟容等，悉以学行大节自著于世，胥吾民族至可宝贵之迹矣"。② 这些都是对明末学术末流而生反动的表现。

湘学除了以气节艳称于世外，还以注重通经致用号召当时。"陈沧洲政略河工，悉属实用；王九溪考古源流，用以证今；严乐园洋苗边屯，功在怀柔；陶云汀海运票规，利尽东南；唐陶山勤求民瘼，位跻名贤"，皆是通经致用的典范。又如胡林翼施政湖北，左宗棠经略天山，曾国藩戒偏文学，"湘军风气，所至悉以屯垦自勤，军心大振"，也是注重致用的代表人物。而贺长龄、贺熙龄兄弟力倡正学，自榜其庐曰"经世垂文"，所修《经世文编》风行寰宇，人相淬励。影响所及，"士以安贫知命成习尚，以妄干请求为深耻""故曾氏显后，家人子女，纺绩如初，李桢苦贫，遗金不受。"下至黄昌年，赵芷荪，杜本崇，郭立山，罗庶丹辈，或时疏饲豕，

① 刘茂华：《近代湘学概论序论》，《南强旬刊》第一卷第2期，1938年，第20页。
② 同上。

或贫无立锥，或养母備书，或泰然自得，"类皆学有本原，洞明义利，亦湘学之后劲也"。

刘茂华还特别指出：清代中叶以降，湘省官员"多积学爱才之士"，对湘学影响极大，为湘学的发展做出了巨大贡献。诸人之中，如朱逌然、钱澧、张亨嘉、张预、黄遵宪、江标等，"皆一时通人"。刘茂华尤为彰显江标对于湘学的贡献。江标督学湘中时，正值甲午战争中国战败之后，以新学倡导湘中士子，成就人才无数，如善化毕永年、龚福寿、皮嘉祐、张缉光，湘潭易甀，茶陵谭延闿，长沙杨毓麟、梁赓陶、李孟祺、黄山，湘潭王代舆、杨昭楷，汉寿易顺豫，湘阴郭立山，新化邹代藩，浏阳唐才常、王正枢，邵阳樊锥，平江苏舆等，均为近代湘学中的重要人物。江标之后，继任者宛平徐仁铸同样鸿才通识。"然学政职司风教，如江建霞者，确于湖南开其新机，宏奖才俊，转移习尚，硕彦云兴，为湘学守最之壁垒，为光复伏幽隐之生机，兹又可纪者。"①

（三）吸收前辈成果，求教省外学者，确立《近代湘学概论》的体例

湘学内容丰富，涉及人物繁多。如何分门别类地来叙述湘学，是颇费踌躇的事。为此，刘茂华远查前人相关著述，近询省外著名学者，确立发凡起例。此前，李元度《国朝先正事略》以名臣、名儒、经学、文苑、遗逸、循良、孝义为纲，唐鉴《国朝学案小识》以传道、翼道、守道、经学、心宗、待访分类；李肖聃《湘学新志序论》以守节、致用、远利、避名为目，江藩《汉学师承记》于山林则兼志高风，于轩冕则略记学行；梁启超《清代学术概论》不为子目。在刘茂华看来，这些书"体例各殊，或有偏失"，不适合直接用来叙述湘学。1935 年春，刘茂华与丹徒柳诒征论湘学，后者建议将湘学分为四类：曰考证学，包括经学、史学、小学、舆地、诸子、金石等细目，人物始起王船山，终止王葵园；曰理学，始起李文炤，终唐鉴；曰政治学，始起陈鹏年，终止谭延闿；曰文学，始廷燦，终王闿运。各类附近世名贤于篇，至一人之学，不限一途，既不能具谨严之界限，故各类得随时互见。此后，刘茂华又向蕲春黄侃、嘉兴胡小石、吴县吴梅等著名学者征求意见，得到诸人的认可。即"甄其言，于是以论湘学"。换言之，将湘学分为考证学、理学、政治学、文学四个类别，是采纳了柳诒征、黄侃、胡小石、吴梅等人的意见。刘茂华将"近代湘学"的时间范围界定为上起晚明、下迄民国；而所选人物则是"有关国家文化、政治军事之迹"，同时秉承"无一字无来历"的原则，"所叙各家学术，不加臆造，以重先贤，而示寡过"。

《近代湘学概论》以考证学、理学、政治学、文学为类别，精选各个领域内的代表人物，构建了近代湘学知识谱系。具体情况参见下表：

---

① 刘茂华：《近代湘学概论序论》，《南强旬刊》第一卷第 2 期，1938 年，第 20 页。

《近代湘学概论》所收人物

类别	人物
考证学	王船山、王文清、邹汉勋、魏源、郭嵩焘、皮锡瑞、王先谦（7人）
理学	李文炤、贺长龄、贺熙龄、唐鉴（4人）
文学	余廷燦、邓显鹤、王闿运、易顺鼎（4人）
政治	陈鹏年、陈大受、罗典、严如熤、唐仲冕、陶澍、胡林翼、曾国藩（8人）

从各类别所占的比重来看，政治最多，考证其次，理学与文学又其次，从而凸显了湘学在考证学与政治学方面的优势。刘茂华一方面认同梁启超有关清代学术以考证学与今文经学为主线索的观点，另一方面又不同意梁启超、钱穆、章太炎等人有关湘学不事考据的具体论断，构建出湘学考证学知识谱系。当然，刘茂华所说的"考证学"与梁启超所说的考证学内涵不同，实质涵盖了考证学与今文经学两者。而具体人选的确立，刘茂华又征求了柳诒征、吴梅、胡小石、黄侃等省外国学家的意见。在叙述各人学术之时，复与李肖聃的相关论述存在着交织互动的情况。

第三节　近代主流学术思潮视野下的湘学知识谱系

通过考证学、理学、文学、政治学等领域的钩沉梳理，刘茂华不但较为完整地构建了一幅近代湘学知识谱系，呈现了湘人湘学的成就，而且将湘学内嵌于中国的民族、政治、学术的背景下，从而凸显了湘学在国家的重要性。

一　考证学谱系

湘学向来被认为不事考据，以至于杨树达因精通文字训诂而受到的外界表扬竟然是"不类湘学"，但刘茂华在《近代湘学概论》中首列考证学，并精选了王船山、王文清、邹汉勋、魏源、郭嵩焘、皮锡瑞、王先谦等7人作为代表。当然，刘茂华所说的考证学，既包括古文经学（也即传统意义上的汉学或考证学），也包括今文经学，以及史学、舆地、诸子、金石等。对于这些学者的具体评判，刘茂华既继承了前人特别是李肖聃的一些观点，又有所侧重。

（一）彰显船山的考证学成就，挖掘其具有现代意义的思想观点

王夫之是明清之际的大学者，学术成就极大。从道光年间邓显鹤刊刻《船山遗书》以来，王夫之的学行就不断得到湘人的表彰与记忆，成为湘学的形象代言人。王船山著述等身，治学领域广泛，而志节高远，终其生以明遗民自居。到底如何定位王船山，学者们各有不同见解。李元度《国朝先正事略》将其列入"名儒"类，唐鉴《国朝学案小识》列其于"翼道"类，李肖聃《湘学新志序论》则视王船山为湘学"守节"的典范。而刘茂华述王船山与众不同，且直接针对梁启超的观点

而发。

梁启超在《清代学术概论》中认为王夫之"生于南荒，学无所师承，且国变后遁迹深山，与一时士大夫不相接"，在学问上独有创获；而且王夫之"攻王学甚力""感于明学之极蔽生反动，欲挽明以返诸宋，而于张载《正蒙》特推尚焉"；并说王夫之之论著"皆不落习气，不守一先生之言"，欲自创一派哲学而未成。梁启超肯定王船山对陆王心学的纠偏，黜王返宋，其造诣在名理学上，近于现代的哲学。但梁启超没有评价王夫之的考证学成就。如果按照梁启超的从考证学到今文经学为清代学术思潮演进线索的观点，则湘人湘学处于这个主流之外。

刘茂华认为，无论是湘中前辈李元度、唐鉴、李肖聃还是国内名家梁启超，他们对王船山的定位都不准确。他认为，船山之学是对明末王学的反动，代表了清初学术思潮的主流，是学风上由空返实的典范，但王船山并非"好名理"，在考证上也并非仅能"掸绎名理"，而是一大经师。他说："实则先生之学，穷四十年之力以研讨群经，清代经学家后先生而起者，无虑百数十人，所言者皆有根柢，然有矜为创获，而不知为先生所已言者；《四库总目》《春秋稗疏》中言及此意。即理学旗帜较鲜明之唐镜楷先生，亦谓先生'通训诂名物象数辨核精详'，故先生实为晚明一大经师。梁氏仅举其'掸释名理'未免过薄，并谓其'自创一派哲学而未成'，抑又太苛。"① 较之梁启超表彰王船山"名理学"的创获，刘茂华更强调王夫之的考证学成就，从而突出了王夫之对清代学术的开启意义。

在总结王夫之的"义理"方面，刘茂华没有沿袭梁启超挖掘王夫之"哲学思想"的做法，而是通过对王夫之史学论著如《读通鉴论》《宋论》的分析，阐发其中所蕴含的民族观念、平民观念、理法观念以及治事观念等，认为这些都代表了船山的"民族学术观念"。"对于史学，就《通鉴》而发挥者，著重在治，而明所以在治之之道，则在'资'而已矣。"

刘茂华认为：船山之学的精髓在于"屈王学空疏于晚明，张民族正义于衡宇"，并引章太炎、戴季陶等人之言为证。故余杭章太炎曰："当清之季年，卓然能兴起顽懦而成光夏之绩者，独而农一家言而已矣。"戴季陶曰："自明之亡，爱民忧国之士，发愤为学，欲以继往开来之业，成继绝举废之功，船山先生其最著者也。"章氏又曰："曾氏壹志为胡清效死，晚犹刻而农书以悔过，其言之感人，岂有量耶。"在刘茂华看来，"言虽近谑，亦以见湘学之隐奥处，为常人所难道者，此余论所谓犹稽定评也。"②

又说："船山论史，其重心既如彼，尤有以一言见其微者：'所贵乎史者，述往

---

① 刘茂华：《近代湘学概论·考证学》，《南强旬刊》第一卷第 2 期，民国二十七年（1938 年）。
② 同上。

以为来者师也，为史者，记载徒繁，而经世之大略不著，后人欲得其得失之枢机，以效法之无由也，则恶用史为？'（《读通鉴论》卷六）此尤见史家之正法，事不师古无以知今，正是明学空疏之一大反动，亦为清学通经致用之序幕，宜为清学术其异帜。故太炎谓：'顾、王、黄，皆以遗献自树其学。太冲议论不甚系乎民族废兴，而农与太冲所见乃绝相反'。又确为先生之学，阐其指归。刘继庄之心折先生，盖不仅以'天理人欲'之辨精核已也。"①

刘茂华论王船山，一方面强调他的考证学成就对于清代学术的开先河之意义；另一方面又征引章太炎、戴季陶等人的观点，彰显船山史论背后的民族意识，可谓紧扣时代脉搏。

（二）主张魏源经世之学源出于经学之考证

王文清是清初学术造诣甚高的老儒，但由于遗书烬于劫火，后生寡识其姓名，在相当长一段时间里，湘人并没有予以特别的重视。唐鉴《国朝学案小识》将王文清列为"经学"，而略其辞；李元度《国朝先正事略》列入"文苑"类。民国时期，李肖聃多次表彰王文清。刘茂华将之列入考证篇的第二位。又因李略唐案记王文清学术事行过于简略，故刘茂华在《近代湘学概论》中全文附录李肖聃的《九溪遗书跋》。似乎刘茂华并没有看到王文清著述的第一手材料，故补充的内容不多。

考证学的第三人是魏源。刘茂华对魏源学术的阐发也颇为独特。

魏源是嘉道时期与龚自珍齐名的今文经学家兼社会批判家、思想家、改革家，一身而兼数任，在很多领域都有成就。晚清以来，魏源因其"开眼看世界"的先见之明越来越受到人们的关注。民国时期，李肖聃曾有意撰魏源年谱，因故未成；而在《最近湘学小史》中推尊魏源为经世之家的"功首"。刘茂华起初也准备列魏源于"政治学"领域中，后听从黄侃的意见，列魏源于"考证学"中，盖谓魏氏考证学成就当在于政治学成就之上，或说魏源的经世致用是源于考证学。

刘茂华认为：魏源学术的最大特征是以今文经学致用。"盖先生所著《诗古微》，始攻毛传及大、小序，并谓为晚出伪价，其言博辩。"正如梁启超所概括的，魏源对《诗经毛传》及大小序的攻击，其力度就好像阎若璩《古文尚书疏证》对古文《尚书》的攻击。《书古微》一书，自谓"不惟东晋晚出之古文尚书为伪也，东汉马郑之古文说，亦非孔安国之旧"。在刘茂华看来，魏源"严守今文家家法以抨击古文，开后来康梁皮廖述作之先声。盖今文学之健者也"。道咸之交，内忧外患，政教渐失。魏源与龚自珍等人不胜其忧，对于天下大计，"恒有深切规划，颇欲用之以别辟国土，而尤注意于边事。"龚自珍有《西域实行筹议》，魏源有《蒙古图志》《海国图志》《元史新编》等行于世，又有《圣武纪》一书，尤重实际政

---

① 刘茂华：《近代湘学概论·考证学》，《南强旬刊》第一卷第2期，民国二十七年（1938年）。

治。故龚魏二氏治经，同其旨趣矣。"湖南今文学家，接近政治，驯至通经以致用者，先生实为之前驱，继起者风起云从，一见于咸同间功业诸公，再见于光宣间草泽奇士，皆与先生之学关系至密。"[①] 换言之，魏源是开启湖南近代通经致用之风的先驱，咸同中兴湘军将领是继承了魏源的经世致用精神，而光宣间维新志士、辛亥革命先驱也是受魏源经世致用精神之熏陶。又说："其以经义治事，靡不洞见其本源，又熟于掌故，精于时务，明于河工。故咸丰五年黄河铜瓦庙之决，皆所先见。其著论质实，类多如此。"[②] 这些论断与李肖聃在《最近湘学小史》中以魏源为经世之家之"功首"相类似。只不过李著重在"经世"，而刘著强调经世之所从出，即经学考证。

（三）探索邹汉勋、郭嵩焘对近代学术的影响

考证学谱系的第四位人物是新化邹汉勋。新化邹氏作为晚清湖南一个著名的文化家族，曾经引起郭嵩焘、李元度、李肖聃等人的注意。光绪八年（1882年），郭嵩焘在日记中就曾考证过新化经学的源流，将新化经学追溯到欧阳埭、吴思树等人；欧阳埭"渊博为一时之冠，专治汉学，精于《三礼》"；吴思树为邹叔绩之外祖，是朱筠的门人，曾著有《通史》一千卷；"次吴国琅，字仲山，为邹咨山姑丈，专精汉学。次邹文苏，字望眉，叔绩之父，治算学、乐律，兼通《三礼》。"[③] 将诸人关系梳理得非常清楚。李元度撰《国朝先正事略》，列新化邹氏为"经学"，谓邹氏兄弟六人"以才称"，而以邹叔绩为最。李肖聃曾撰《新化诸邹著述考》。刘茂华将邹汉勋纳入"考证学"谱系下，并综合诸人所论，撰成《新化邹汉勋叔绩》一篇。

关于邹汉勋的学术渊源，刘茂华采纳了李肖聃的意见："邹氏自望之先生文苏，以笃学受知钱学使南园，建古经堂以教其子，有子六人，叔绩其三也。"其中钱学使指钱澧（1740—1795年），字东注，号南园，昆明人，乾隆辛卯进士，是著名书法家，曾视学湖南，留任六载，对湘学有一定影响。刘著还采纳李元度《国朝先正事略》中的相关介绍，重构了邹汉勋的生平大概；对邹汉勋的总体评价，也采自李元度《国朝先正事略》，谓："先生重名节，敦气谊，前后馆谷所入，悉作购书周急之用，家贫无立锥，晏如也。"[④] 就对邹汉勋的介绍而言，刘茂华的论著比李肖聃《新化诸邹著述考》要详细一些。

除邹叔绩之外，该篇还对邹氏兄弟学行有所介绍，其言在李肖聃《新化诸邹著述考》的基础上又有所延伸发挥。如李肖聃《新化诸邹著述考》谓邹汉纪长于小

---

① 刘茂华：《近代湘学概论》，《南强旬刊》第一卷第2期，1938年。
② 刘茂华：《近代湘学概论·考证学》，《南强旬刊》第一卷第2期，民国二十七年（1938年）。
③ 《郭嵩焘日记》第4卷，湖南人民出版社，1983年版，第303页。
④ 刘茂华：《近代湘学概论·考证学》，《南强旬刊》第一卷第2期，民国二十七年（1938年）。

学，所作《五音表》《典均》《二十二字母考》《幼稚字谱》《重言连语》诸书"世称精审"①。而刘茂华将"世称精审"改成了"近人注意字母之成，实动机于邹氏"②，把邹汉纪的音韵学与清季民国时期的注音字母运动联系起来考察，以见其影响之深远。

在论述邹氏其他兄弟学行时，刘茂华一方面照录李肖聃之说，另一方面有所补充。如李肖聃原文中介绍了老四邹汉嘉叔申，精于地理，老六邹汉池季深，精于天算、历法，但没有对邹氏兄弟老五的介绍。而刘著指明邹氏兄弟老四汉嘉叔申、老五汉章叔明、老六汉池季深"皆精舆地之学"，而叔申"早世"，叔明著书多种，似乎著作流传后世的是老五叔明。同时，刘著对叔明考察地理的活动也进行了描绘："其著地记，尝裹粮日走百里，亲历山川以求实证。故舆地之学，几为邹氏世守之业，至今勿替。近日坊间地志图表，多出邹氏后人所撰。其守家学如此。武昌亚新地学会，亦叔绩孙沅帆所设。季深尤精天算之学，有度里表。胡觊生修一统图，据之以定方位。又精研历法，为《西周正朔考》《两汉月表》等巨著。"补充了武昌亚新地学会等情况，突出了邹氏对现代地理学的影响与贡献。

在对邹汉勋后代的介绍中，刘著也较李著有所补充与拓展。刘茂华指出："邹氏一门之学各显于世，而伯申子世琦，叔绩子世繁，叔申子世青，皆学有渊源。"邹氏后代中伯申之孙改元、仲辰之孙介人、叔绩之孙沅帆，湖外号称"三邹"，各有专长。对此，李肖聃《新化诸邹著述考》中云：

改之校勘魏默深《元史新编》，补苴罅漏，见其学力。沅帆精舆地，随使欧洲，慕效西法，绘制地图，归设舆学会于武昌，其弟子多为大师。著《西征纪程》《湖北府县志》。价人博及群书，尤嗜为古文词，出游日本，讲学麓山。老始治易，未成书而卒。所著惟《宁冈县志》刊行，余稿均藏其女家。③

而刘茂华《近代湘学概论》则为：

改之校勘魏默深《元史新编》，多所补正。沅帆精舆地，随使欧洲，得西法印制之学，以有武昌舆学会之设，为史地研究补益至大。晚主京师大学讲席，弟子遍天下，且多为大师。又著《西征纪程》《湖北府县志》。价人博及群书，尤嗜古文词，老而学易，有《宁冈县志》，已刊行。余稿藏其女家，未刻。一生殚心学术，所收官文书，卒后家人检其遗箧，多未启封。桐城姚永朴记先贤遗事，为之太息；义宁陈伯严为挽诗，甚称其人。李肖聃先生《新化诸邹著述考》，特表而出之，并

---

① 李肖聃：《近数十年湘学叙录·新化诸邹著述考》，1935 年《大公报二十周年纪念特刊》。
② 刘茂华：《近代湘学概论·考证学》，《南强旬刊》第一卷第 2 期，民国二十七年（1938 年）。
③ 李肖聃：《近数十年湘学叙录·新化诸邹著述考》，1935 年《大公报二十周年纪念特刊》。

谓邹氏之学出自其先妣吴夫人之母教。夫人吴兰柴女，明经积学，尤精《禹贡》，其影响邹氏舆地之业，至深切矣。"①

对比上述两段文字，除措辞不同外，刘著还补充了一些事实。除述邹沅帆设舆地学会于武昌这一事实外，还强调其"为史地研究补益至大"，又增加了邹沅帆曾在京师大学堂主讲这一事实。对邹介人的介绍略去了"出游日本"这一环节，而补充了介人殚心学术、不乐仕进的内容；并援引桐城姚永朴为之太息、义宁陈伯严甚称其人等例评价介人，最后交代了李肖聃《新化诸邹著述考》对新化邹氏的表彰。

大体上看，李肖聃《新化诸邹著述考》重点"述古"，强调邹氏在保存旧学方面的成就；刘茂华《新化邹叔绩汉勋》一文"述古"兼"开新"，挖掘邹氏对现代地理学的贡献，从而将其纳入现代学术领域中。

刘茂华的这一做法同样延伸至他对郭嵩焘的叙述当中。

李肖聃在《近数十年湘学叙录》中有《湘阴诸郭著述考》一文，介绍郭嵩焘及其后代的著述。刘茂华将郭嵩焘列为考证学的第5位代表，其文《湘阴郭筠仙先生嵩焘》所论基本上不出李著之范围，甚至直接援引李肖聃原文。

李肖聃先生曰："侍郎以精洋务名于世，尝言中国士大夫自怗其私，以求遏抑天地之机，未有能胜之者。及其使英返湘，主思贤书舍，及城南书院，日与生徒讲礼经，尤好船山先生书，谓其精详踰朱子，岂与彼徇外媚时有悉弃吾国所有而惟夷之师哉？其学冠清中叶诸公，而不得藉手以济斯民，而左季高且訾其迂谬，曾涤生亦谓其不胜烦剧，竟令其文儒终身，兹中国之不幸也。"先生遭遇如此，读其文为之惋惜。②

可见，刘茂华是以李肖聃原文作为认识郭嵩焘的依据。

李肖聃原文除介绍郭嵩焘本人外，还涉及郭嵩焘兄弟、后学等人。刘著同样谈到郭氏后学的情况，如郭嵩焘幼子郭焯莹"才敏轶伦"，并补充郭焯莹所著有"《诸子通谊》《栖流略》《读骚大例》《楚词注》及诗文集若干卷"，还述及郭焯莹在治学时"意所未安，于先说亦不曲从"、对其父郭嵩焘不那么以为然等情形。湘中学者叶德辉论郭氏父子，曾言郭焯莹之学在其父之上。对此，李肖聃解释说，这是就考订章句之细而言的；至于在读书观理、洞烛几先等方面，郭嵩焘"超迈前人，无与抗手，焯莹虽贤，恐难趾美名父也"。在郭氏父子之间，李肖聃无疑更青睐于郭嵩焘。这一观点也几乎为刘茂华所全盘接收。

刘茂华对郭嵩焘兄弟郭意城昆焘、郭志城仑焘以及族子郭立山复初、昆焘之孙

① 刘茂华：《近代湘学概论·考证学》，《南强旬刊》第一卷第2期，民国二十七年（1938年）。
② 同上。

郭振镛涵斋等的介绍，也大多出自李肖聃之文，内容较李原文为简，但补充了一点郭立山复初的后学情况："其门人刘宗向寅仙，主岳麓高师，从游者皆三湘伟器。刘先生今主湖大讲席，萃然儒者。"[1] 更强调了郭氏学术在民国年间的影响力。

（四）揭示皮锡瑞的经学考证成就和对维新思潮的贡献

梁启超以考证学与今文经学为清代最具时代运动色彩之学术潮流。这一观点为刘茂华所接受并发展，后者在《近代湘学概论》序论中，阐发湘学与考证学、与今文经学的关系，以为梁启超不过如前敌一指挥，而湘学乃今文经学之大本营。而在考证学的第六篇《善化皮鹿门先生》中，浓墨重彩叙述晚清今文经学家、湘籍学者皮锡瑞的学行，推崇备至。开篇即谓：

光宣大师，海内称湘绮葵园，而先生名业与齐，治《尚书》郑学，精湛出季清诸家上。王葵园读其《五经论》，至云愧汗无地。杨树达遇夫，称先生为经师人师（二十一年冬余领城南校刊，杨君自清华撰文，有此语）。章太炎作《校经全篇》，谓为"抱一家之学，钩深致远"。梁任公概论清学，称其"《孝经郑注疏》，取精用宏"。李肖聃先生《善化诸儒学案》谓："先师皮先生，于西汉经今文学，为季清大家。"凡此已见治学之大。[2]

在该篇中，刘茂华重点介绍了皮锡瑞的《经学通论》，以为：

至其《经学通论》，则以六义为其中心："一为经乃孔子所定；二为汉初去古未远，孔子作经，说必有据；三为后汉古文说出，乃尊周公以抑孔子；四为晋宋以下，专信《古文尚书》《毛诗》《周官》《左传》，而大义微言不彰；五为宋元经学虽衰，而不信古文诸书，亦有特见；六为清朝经学复盛，乾嘉以后，治今文者，尤能窥见圣经微旨。执此六义以治诸经，……勉为汉时通经致用之才。"先生治经要旨，可谓尽此。故所主以经籍还孔门，以孔教救中国，严守西汉之专门，缵续东鲁之绝学。[3]

刘著充分肯定皮锡瑞通经致用的治学宗旨以及在今文经学方面的造诣，同时也承认，"惟其家法著明，不免门户争辩"，引起了外界的批评，如"章太炎先生，既龁其《孝经郑注疏》，又驳其《王制笺》等三书。周予同注《经学历史》，谓其孔教救国为荒谬。陈汉章自著《经学通论》，于附录亦指其小疵。"对于这些批评言论，刘茂华也进行了反驳："以二千余年历史之经学，纵之如汉之训诂，唐之注疏，宋之性理，清之考证，不有通论，何以见其师承？横之《诗》之如齐鲁韩毛，《易》之费高施孟，非有各论，何以知其龃龉？先生合历代经学而为史论，折衷为

---

① 刘茂华：《近代湘学概论·考证学》，《南强旬刊》第一卷第 3 期，民国二十七年（1938 年）。

② 同上。

③ 同上。

一家言，其功不可湮没。后此刘师培之《经学教科》，陈汉章之《经学通论》，皆不如先生之精。曹孟其谓先生之业，'固亦越王勾践者流，其霸业不能废'，非过誉者。”① 坚持认为皮锡瑞综论经学历史，功不可没，刘师培的《经学教科书》、陈汉章的《经学通论》皆不如皮著之精，并认同湘中另一学者曹典球的论断乃“非过誉者”。

刘茂华的这些议论是李肖聃的《师伏堂丛书叙》中所没有涉及的，但李肖聃在《师伏堂骈文跋》中也提到“枚叔著议，驳其三书；俳山论文，黜兹一老，则彼陈汉章之敢为狂论，陈大丘之横肆抨弹，奚足辩乎！”也是针对外界对皮锡瑞经学观点的批评而发。李肖聃后来在《湘学略·鹿门学略第二十一》中新增的部分则说：“皮先生之《经学通论》，已收入《四部丛刊》。章炳麟驳先生三书，特指其《经学历史》《春秋讲义》《王制笺》诸书，谓其不守今文师说耳。”但对《经学通论》本身并无过多的分析。

刘著除点评《经学通论》外，又转录曹典球所作《经学通论》跋，以见皮锡瑞在湘学史上的重要位置。在跋文中，曹典球将皮锡瑞揄为“吾湘近世治汉学大宗师也”，并挖掘皮氏经学与民族振兴之关系：

戊戌义宁陈中丞倡南学会，先生升讲筵，复鹅湖、鹿洞旧规，天下始知讲学足以励民志，广教化。政变以后，忌者群欲中先生以危法，先生不为危言核论，处之以和悦，得免。癸卯迄今，湘学复兴，先生任高等学堂、师范学堂讲经教科，有《经学通论》五卷，即讲义也。戊申六月初四日，先生无疾而卒，年五十九。典球以联诔之云：“郭林宗望之若仙，懿鸾鹤姿高，三楚清流钦有道；郑康成无疾而卒，痛龙蛇岁恶，一场春梦老通儒。”呜呼！悲怀逝者，延伫将来，是又不仅孔巽轩之感戴东原矣。②

在刘茂华看来，曹典球的这篇跋既道出了皮氏“治经、讲学、问政之概”，也说明了皮锡瑞为士林所推重的程度。

对皮锡瑞的文学成就，刘茂华也继承了李肖聃的有关论断，以为：“其在文学，华实俱茂。盖乾嘉汉师，文多芜杂。而先生究群经之玄意，兼都雅之高文，确又为湘州文学八代宗匠。考善化之能为骈文者，清代仅孙芝房先生八人（有《苍莨集》）。惜高才早逝，文亦未尽其才。此外惟凌玉垣荻舟、龚福寿枚长诸人而已。”并直接转录了李肖聃以前所作的《师伏堂骈文跋》一文，以见其详。

但刘茂华论皮锡瑞，并非仅仅简单地继承曹典球、李肖聃等人的观点、重复有关事实，而是另有发挥。例如，李肖聃、刘茂华都注意到皮锡瑞的南学会讲义，而

---

① 刘茂华：《近代湘学概论·考证学》，《南强旬刊》第一卷第 3 期，民国二十七年（1938 年）。
② 同上。

指向不同。李肖聃强调皮锡瑞的南学会讲义会通汉宋、贯穿古今、弭争泯患多精到之言，着眼的还是学术层面；而刘茂华则挖掘皮锡瑞"讲学化民"的作用，以及对晚清思潮的影响，指出：

> 先生经学文学，俱有独造。而影响种族思想，以成光宣政治思潮之迹者，南学会讲学之功为最多。盖自濂溪倡道，湘学所宗，朱张嗣兴，流风益衍。而衡阳王子，倡关学于湖南；湘乡罗山，振洛闽于清末。贺唐而后，风气一变，经今文学，弥漫全湘，湘绮师生，足迹遍天下。其学风于湘蜀间至今未替。先生与梁氏，以讲学化民为己任，湘中豪杰，风起云从，无不发迹于斯时，亦靡不受熏陶于学会。故船山言行，谭复生直受影响；长沙讲学，蔡松坡奋起民元。[①]

既将皮锡瑞的今文经学放在晚清湘学演变的历史脉络中考量，又放在全国的背景下评估。刘茂华从对国家政治的影响力出发，把皮锡瑞与王船山相提并论，以为皮锡瑞的南学会讲以"讲学化民"为己任，使湘中豪杰风起云从，甚至影响到辛亥志士诸人。故南学会讲虽是学术思潮，实为中国政治、民族、学术的一大转变。这个评价不可谓不高。

刘茂华在《序论》中曾提出："欲知今文学何以盛于清代，不可不知季清南学会讲学之精神，欲知梁启超何以为今文学运动之一员，更不可不知时务学堂'皮梁当道'之关系。"故在该篇中，还征引皮名振所著《皮锡瑞年谱》所载南学会内容，对南学会"皮梁当道"的情形进行了再现：

> 光绪二十四年戊戌，四十九岁。长沙创南学会，延公任学长，主讲学术，讲词有：今中国微弱，四夷交侵，时事岌岌可危，迥非乾嘉以前之比。所讲题目如：论讲学之益、述孔孟程朱陆王学说之大义与义利之辨、保种保教、尊孔宜明春秋秦王改制之义、变法、通达时务，以鼓勇志士，为革命思潮奠其基。先一年（丁酉），义宁陈中丞宝箴抚湘，以黄遵宪（公度）、熊希龄（秉三）之议，设时务学堂、湘报馆于长沙，延梁任公为主讲，唐才常等为助教。任公以公羊孟子课生徒，倡民权革命诸说，论学术则自荀卿以下凡汉唐宋明清学者，掊击无完肤。空气日变，（学生以李炳寰、林圭、蔡锷为著)，与先生所主南学会，及谭复生唐才常所主湘报馆，鼎足而三。故一时有"皮梁当道"之称。官吏旧儒，闻之大哗。革命之机，至是愈不可遏。先生民族观念，此可纪者。

刘茂华认为，皮锡瑞的演讲奠定了革命思潮的基础。同时，又以皮锡瑞《哭谭复生诗》见其志士情怀，以甲午中日战争时皮氏所作《哀平壤诗》见其"民族气概"与愤懑之气。

考证学的第七篇是《长沙王葵园先谦》。王先谦是晚清湘学史上的硕学通儒，

---

① 刘茂华：《近代湘学概论·考证学》，《南强旬刊》第一卷第 3 期，民国二十七年（1938 年）。

也是晚清全国有名的汉学家。李肖聃曾多次撰文总结王先谦的学术成就，以诏后学知所尊重，刘茂华以王先谦为近代湘学考证学的殿军，所论基本上不出李肖聃范围。其言曰："光宣大师，海内称湘绮、葵园二王先生，而湖湘之间，又有自称四王者，以船山重横渠而精《周易》，九溪信好古兼长礼经，湘绮风流才华，倾心公羊，而先生更以祭酒之尊，擅班范之业，致名满天下，群士承风。"接着全文转录了李肖聃的《葵园遗书跋》一文，以见其经史子学及其文学之梗概。在刘茂华看来，李肖聃的这篇跋已将王先谦之"学术，门徒，昆季，家况，乃至失怙備书"等事"尽悉于此"，又认为"至于显后劾奸，轸垣归隐，克全晚节，蔚为醇儒，又先生之实录也"。[1] 此外，刘文补充了一点事实。1936年，刘茂华就读金陵大学国学院时，曾在江苏省教育厅兼职，受省政府之命，视察江阴教育，"于旧学使署断碑中，获见先生永慕堂刻石"以及"湘阴郭侍郎所题《永慕堂诗》"，因而感慨："先生出掌文衡，版舆迎养，孝思肫笃，益此可见。后迎之子，其亦闻风兴起欤？"[2] 也是着眼于湘中前贤对现代的意义。

二　理学知识谱系

湖南曾有"理学之邦"的美誉。在人们的观念中，崇奉程朱理学是湘学的传统特色。曾左胡彭等湘军将领均以理学为指导，完成了勘定大乱的功业，故时常被视为理学名臣。但在刘茂华的理学谱系中，首列善化李恒斋，次列善化贺耦耕、贺蔗农二先生，再列善化唐镜海先生，共4人，而没有湘军将领的名字。

（一）善化李恒斋先生

唐鉴所著《国朝学案小识》，将李文炤安置于"守道"类；李元度的《国朝先正事略》中将李文炤列入"名儒"类，并附以唐鉴，以其守朱子言性理也。刘茂华则将李文炤与唐鉴并列于理学类。

李文炤早慧，以从小立志当圣人闻名于世。据记载，李文炤十岁时，游郡城。其父携之晋谒孔庙，循行殿庑，告以配享从祀之典。文炤随应曰："如此庶不枉一生。"这一轶事颇见其志向，故为言者所反复传颂。刘茂华将之写进了《近代湘学概论》中，以表明李文炤志向早立；并述李文炤与同里熊班若、邵陵车补㳺、沩山张石攻、邵阳王醒齐诸同志"共勉为濂洛关闽之学，博通坟典，穷究先圣玄意"，又述及李文炤治学之主张：

虽子史丛书，亦必批其根柢。其言曰："不察二氏之所以非，安知吾儒之醇乎其醇？不审秦汉以下之成败得失，安知三代以上帝德王猷之尽善尽美？"博极群书，

---

[1] 刘茂华：《近代湘学概论·考证学》，《南强旬刊》第一卷第3期，民国二十七年（1938年）。

[2] 同上。

自明道要，主讲岳麓书院数年，从游者众，亲炙者咸各有所得。……故先生之学，一以朱子为归，唐氏《学案小识》，几全录其所著书之自序，以见先生道统之源，而彰其弃辞章，诋训诂，宗濂洛关闽，诽苏王张陆，而一归于正之旨。善化诸儒之守程朱、倡性理者，要以李、唐二先生为最，他人不及也。①

刘茂华认为，善化守程朱之学者，当以李文炤与唐鉴造诣最深，其他人不及。

在该篇中，刘茂华通过分析李文炤的论著如《周易本义拾遗》等，充分证明李文炤"心宗朱子"的学术宗旨。李文炤又曾作《张子〈正蒙〉集解》一书。刘茂华指出：李文炤视《正蒙》为张载言道之书，"引语类称横渠之于二程，犹伊尹之于孔子，以采薇之歌、伊训之篇，而证《正蒙》之不可疑，而应与《通书》《易传》以并行也。"李文炤又有《近思录集解》，"谓陆议太极之非，林（栗）攻《西铭》之失，程（迥）诋主敬之误，陈（亮）疑道治天下之迂，朱子悯之，而为此录，著性命之蕴，俾天下言道者有所宗，使天下言学者有所准，以穷理居敬克己之方。"李文炤推崇《近思录》一书，认为它是"内圣外王之至道"，而痛诋役志词章、老死训诂者之为末流也。李氏《语类约编自序》云："秦火之后，濂洛为道统中兴，而不幸志合者有夷惠之偏，及门者鲜颜曾之匹，道术由是复裂。"刘茂华指出：李文炤痛诋其他各派，"因诋王学为流毒生民，谓其托三代以饰虐政，盅中于君心。苏学为灭质溺心，谓其尚纵横之诡习，扬稽阮之余波。指司马为蔑知言穷理，功多而过亦不少；永嘉陈氏，侈心制度之末，蔑知于文为之繁；吕氏浑厚通融，博而未约；尤恶张氏以禅悟为儒修，胡氏昧心性之大本，陆氏任性率意之肤陋；更指永康陈氏为王霸杂用，枉己直人"，举凡宋代学派，从王安石到苏轼，从陈亮到吕祖谦，从张栻到胡宏，从陆九渊到陈亮，李文炤皆视为非正道；"而一宗敬夫晦翁，至誉为日月经天，江河行地，为大成之再集也者"。刘茂华认为，李氏思想，"盖亦西京黜百家而尊儒业之旨趣矣。"② 至于黜百家尊儒业本身，刘茂华并未做出价值判断。

文末提出，李肖聃近拟纂恒斋、镜海二贺鹿门学案，"尚未成书"。则刘茂华著此文时，尚未看到李肖聃对诸人的论述。但李肖聃在《善化诸儒学案叙》中提出："吾县恒斋先生，于清康熙时，主讲岳麓，以朱子之学训迪多士。其所著书，终身依据朱子，守其统系。"以至李肖聃常与友人罗焌言，李文炤是"吾县之君子也"。③ 从该叙中也可看出，李肖聃拟纂善化诸儒学案，首列李文炤，以其守朱子之学，是湘学的楷模；此后在《湘学略》中，则专列《恒斋学略》一篇，表彰其

---

① 刘茂华：《近代湘学概论·理学》，《南强旬刊》第一卷第 5 期，民国二十七年（1938 年）。
② 同上。
③ 李肖聃：《桐园杂钞·善化诸儒学案》，《李肖聃集》，第 263 页。

"扶持世教"、信守朱子之学，再开湖湘讲诵洛闽之学之功。

（二）善化贺耦耕、贺蔗农二先生

刘茂华在此篇中，首引李肖聃《善化诸儒学案》序，揭示"道光时，二贺用正学督励士友"之功，并在文章中进一步阐发二贺对湘学的影响，指出：左宗棠开始修身制行（"进德"），是受到贺熙龄的教诲，因贺氏之指导进而阅读清儒陆陇其、陈宏谋之书，尤为心敬张履祥的学说。而曾国藩之"向道"，则始于追随唐鉴问学，以与倭仁、吴廷栋、何桂珍、窦垿诸公讲求义理之学所致。故刘茂华指出："故二贺、镜海，所倡经世之学，影响清代政治军事殊钜。"以为二贺影响了左宗棠，唐鉴影响了曾国藩。刘茂华还从贺氏为长沙故居自题"秘书承宪，经世垂文"中想到"兄弟抱负，概可想见"，又指出："耦耕先生道光时累擢贵州巡抚，在黔九年之久，以政绩升云贵总督，坐永昌回变落职，所著《耐菴文集》《孝经集注》《劝学纂言》皆行世，而《皇朝经世文编》，转移湘学风气极大，盖不仅湖湘豪俊崛起东南已也。"[1]

相对于前篇《善化李恒斋》着重阐述李氏之学术宗旨，二贺篇更强调二贺对湘学的影响。按刘茂华的归纳，二贺学术宗旨一在于宗朱，二在于经世，代表了湘学的正统（以正学督励士友）；而贺长龄、魏源所编《经世文编》不仅奠定了湖湘豪俊崛起东南的基础，而且"转移湘学风气极大"。刘茂华还特别留意《经世文编》中所收入的湘人著述，《经世文编》列顾炎武、黄宗羲以下四百有二家为专集，湘贤有长沙赵洞、桃源罗宝玉、湘潭陈鹏年、茶陵彭维新、常宁李继圣、宁乡王文清、祁阳陈大受、衡山聂继谟、长沙余廷燦、湘潭张九钺、湘阴周锡溥、安化陶必铨、湘乡谢振定、溆浦严如熤、善化唐仲冕十五人著述入选。当然《皇朝经世文编》所录并非仅为专集，还辑录清朝奏议，硃批奏疏，《钦定律吕正义后编》《切问斋文钞》《资治新书》《昭代治书》《治安文献》《荒政辑要》《八旗通志》《畿辅通志》，以及各省通志、各府州通志，乃至海塘志、淮盐法志，等等，取材广博，"极尽经明世务之大、读其书，始知左氏学所自出，业所由成，而其学风，所以盛于同光诸朝也"[2]。

在文章之末，刘茂华再度援引李肖聃"二贺承洛闽之绪，而立名业""清代程朱之学，得湘人而益显"等言，以为李论"信而有征"，并提出："盖非镜海不足以成湘乡之大，微先生不足以全文襄之志也。"唐鉴影响曾国藩，而二贺影响左文襄，没有唐、贺诸人，成全不了曾、左之志向。

---

[1] 刘茂华：《近代湘学概论·理学》，《南强旬刊》第一卷第 5 期，民国二十七年（1938 年）。

[2] 同上。

（三）善化唐镜海先生

刘茂华将唐鉴列为理学第三人。对于唐鉴，刘茂华既注意其事功，如任平乐府知府时，除陋规，不以一钱自污，直声振天下等；又注意到其论学旨趣，"辟阳明，崇朱子，不为调停两可之说"。而在该篇中，着重阐述的是唐著《国朝学案小识》的学术观点。

《国朝学案小识》既是对清代学术史的总结，更是唐鉴表达自己学术主张的一部著作。唐鉴认为，圣道不坠有赖于讲明学术，反之，世道日下，人心不古，与学术屡变、邪说横行有关。因此，必须辨明学术，衡定是非。什么才是正学？什么才是道？唐鉴以孔孟程朱之道为道，以孔孟程朱之学为学；而视阳明心学、乾嘉考据学等为异端邪说。他的《国朝学案小识》即是对清代学术的辨析。他以"道"为核心，建构了一套清代学术知识谱系。在这套知识谱系中，按照对道统传承的重要性，将所有学者分为传道、翼道、守道、经学、心宗五类，实际上也是五个等次；其中前三等为正学，是唐鉴刻意表彰者；后二等则为异端，是唐鉴批判的对象。刘茂华在该文中对这五个层次的构成进行介绍与评价。

《国朝学案小识》首列"传道"一类。唐鉴认为，传道者不仅能够述道、明道，而且要做到身体力行，同志服其真，才符合标准，故以陆陇其为首，"所谓由洛闽而上溯沂兖，一以贯之是也"；次列张履祥，"示其宗法考亭，穷理居敬之旨"；又次为陆世仪与张伯行，"乃一谨守程朱家法之劲军，所谓以格致诚正，修齐治平为程，以居敬穷理，省察克治为功夫者也"。唐鉴的这一做法曾经遭到后人非议，而刘茂华则叹其"旗帜鲜明""义例谨严"。又说，唐鉴平生服官著书，终身不出此理；在唐鉴的影响下名贤辈出，而唐鉴之"传道"篇仅列四人，可见"义例谨严"。

在道统传承过程中，除了要有传道者之外，更要有翼道者发扬光大。"翼道之篇，以传道者少，其道孤，翼之则不孤。道不孤，则乱道者不能夺其传，而统纪可一，法度可明，术正心端，化行俗美，天人之道并立也。"故次列"翼道学案"，述汤斌、顾炎武、张尔岐等十九人之学行，以为圣道之干城。唐鉴认为，诸人之于传道者，就如子思、孟子之于孔子，张栻、吕祖谦之于朱熹等。

第三等为"守道"。世道衰微，礼义廉耻遭到破坏，守道者出，可以辅世救时，挽此颓风。正因为有守道者，程朱之道才得以传衍。在《守道学案》中，唐鉴列举了于成龙、魏裔介、李光地等四十四人。刘茂华无疑很认同唐鉴的这一构架，但同时注意到："兹篇列清代名贤至四十四家，而乡先辈仅以陈鹏年沧洲、李文炤恒斋附焉"。[①] 一方面以此说明《国朝学案小识》的义例之谨严，另一方面也不无为湘

[①] 刘茂华：《近代湘学概论·理学》，《南强旬刊》第一卷第 5 期，民国二十七年（1938 年）。

人理学名贤较少遗憾之意。

上述三类是《国朝学案小识》表彰的重点，也是唐鉴眼中的正学之所在。至于《经学学案》《心宗学案》，则无异于树立反面教材。在《经学学案》中，唐鉴认为，朱子已经把经学问题解决了，至于清代考据学家训诂文字、考索典章，重名物不重心身，知猎取不知格致，远搜旁猎，穿凿附会，所研不过是"字里行间之经，非道德性命之经也"。故刘茂华将唐鉴思想概括为："叹章句训诂之曼衍无止，恶穿凿附会之争鸣天下，以孟氏之后，朱子为唯一存经之人，尤耻汉师之诋毁诸子，所收自黄梨洲以迄崔东壁百零四家，清朴学大师颇无遗漏者。"[①]在《经学学案》中，唐鉴将清代从黄宗羲、朱鹤龄、梅文鼎一直到崔东壁等一百零四家都纳入其中，意非表彰，而是作为针砭之对象。

至于"心宗学案"，也是唐鉴批判的对象。唐鉴认为，心学非学，而足以乱学。"无善无恶之说倡，天下有心而无性矣；有心无性，人非其人矣。世安得不乱哉！"心学乃造成天性绝路、明社成墟的罪魁祸首。对此，刘茂华也予以揭示。

唐鉴之《国朝学案小识》作为一部"卫道"之作，无论是在案主选择、发凡起例还是褒贬论断之间，都有很强的门户之见。是以书成之后，非议颇多。鲁一同就曾在与友人的书信中议论《国朝学案小识》，提出了"四不可"。除鲁一同之外，湘人李元度、浙人朱一新也都批评过唐鉴此书。民国年间，梁启超著《清代学术概论》，更是訾诋不已。而在该篇中，刘茂华把唐鉴看作辟阳明、宗朱子的代表人物，视《国朝学案小识》为唐鉴表达自己学术宗旨的体现。他承认唐著受到非议，"惟山阳鲁一同通父，尝深訾其义例，新会梁启超任公，亦病其浅陋。"但充分肯定唐鉴倡导道统对于湘学的影响，坚持认为唐学得曾国藩之弘扬而益显；唐鉴的学行对道咸诸名贤都产生了深远影响。

三 文学知识谱系

这一领域由长沙余卿雯先生、新化邓湘皋先生、湘潭王湘绮先生、汉寿易石甫先生构成，四篇之中，着墨最多者为晚清文豪王闿运。

（一）长沙余卿雯先生、新化邓湘皋先生

文学的第一篇为《长沙余卿雯先生》，即乾嘉年间的长沙余廷燦。对于余廷燦，湘人记载不多。唐鉴《国朝学案小识》列之为"待访"，间接说明余学行知名度并不高，而唐氏于余不甚了解，但唐文"又盛称先生以濂洛关闽为宗，傍及百家诸子律算之学"。对于这位乡贤，李元度《国朝先正事略》也着墨不多，于"文苑"类附余于王九溪文清之后，"亦称先生学有本原，于天文律历句股六书之学，俱能钩

---

① 刘茂华：《近代湘学概论·理学》，《南强旬刊》第一卷第 5 期，民国二十七年（1938 年）。

元提要，成一家言，与戴（东原）纪（晓岚）相切磋"。然而，无论唐、李，所载余氏著作都只有《存吾文集》一种。史料的稀缺限制了刘茂华对余存吾学行的再现，篇中仅有数言：

> 按：先生以乾隆进士官翰林检讨，参与三通馆之纂修，以母老告养归，家徒四壁，然取与不苟。母卒，啜粥寝苫，值暴雨，庐地沮如，家人藉以片板，麾之去。行谊卓然，乡人称仰。主讲书院，从游者皆知实学之足重，李次青称其所著诗古文尤醇茂，有《存吾文集》。王湘绮为余佐卿诔云"道光清泰，业显存吾"，言其实也。①

不知刘茂华列余氏于文学类依据何在，是否仅据李元度《国朝先正事略》所言"所著诗古文尤醇茂"之语。

第二篇为《新化邓湘皋先生》。相比余廷燦，邓显鹤在湘人中的知名度要高一些。如前所述，邓显鹤工诗能文，曾以诗获交海内名宿；但一生业绩并不局限于诗文领域，而是在搜讨乡邦文献、促成湘学复兴上。刘茂华列邓显鹤为近代湘学文学界的代表人物。而在该篇中，也表彰邓显鹤整理文献之功，其言曰："先生八岁能诗，举嘉庆乡试，屡试礼部不第，遂绝意仕进。博究群书，岿然称楚南文献者垂三十年。而搜讨掌故，不遗余力，且网罗志节奇士散佚之文，虽残缣断简，珍藏如拱璧。所纂《沅湘耆旧集》至千七百人，诗万五千六百八十首。各为小传，以诗存人。"② 所言大抵出自曾国藩《邓湘皋先生墓表》。刘著还述及邓显鹤的其他业绩，如整理《蔡忠烈遗集》《欧阳玄文集》《船山遗书》《周子全书》，增辑周圣楷《楚宝》，编纂《宝庆府志》等。又说，邓显鹤表彰先贤时"尤欲举贞臣烈士为邦人劝，以动忠义之心""一意表章先哲，时以比全谢山《鲒埼亭集》"。所谓"时以比全谢山《鲒埼亭集》"似源于梁启超之说。"其为诗，覃精竭虑。卒后郡人祀之邵州十先生祠。"并在该篇中详列邓显鹤所著书9种。

（二）湘潭王湘绮先生

王闿运不仅是晚清文豪，也是公羊学大师。李肖聃作《湘绮遗书跋》，尊之为"儒宗"。而刘茂华置王闿运于"文学类"第三人。推测其意，或许是因为王闿运文学声名盖过公羊学。本篇具体介绍王闿运学行时，并不局限于文学，而是先从王闿运与晚清今文经学的关系说起。

关于清代学术演变，梁启超曾有言："清学分裂之导火线，则经学今古文之争也。盖自乾嘉以来，家家许郑，人人贾马，东汉之学，灿然如日中天。惟道咸而

---

① 刘茂华：《近代湘学概论·文学》，《南强旬刊》第一卷第6期，民国二十七年（1938年）。
② 同上。

后，清政既渐陵夷，学风亦随转变。"① 视经今古文之争为清代学术裂变的契机。刘茂华认为，湘学对于这种学术裂变关系尤重。晚清湘学今文经学以魏源、王闿运与皮锡瑞为代表。刘茂华指出："（王闿运）其业既著，又值康梁游说三湘，倡三统三世、大同改制之说，一发而影响于实际政治。故清代论今文，此乃鼎盛时期；言湘学，此为承转关键，而此时期与关键，先生适居其中心焉。"② 言外之意，如果没有魏、王、皮等人的经学研究作为基础，康梁游说三湘、倡三统三世大同改制之说，是难以影响实际政治的，也难以使湖南成为晚清维新运动之先锋。魏、王、皮等人代表了今文经学鼎盛时期；也代表了近代湘学承上启下的关键时期。论清代今文经学与湘学，王闿运都是中心人物。

该篇首先阐述王闿运的经学成就。梁启超在《清代学术概论》中曾颂言攻诋，以为王氏故文人耳，在经学造诣上甚至不如孔广森。而刘茂华则为王氏辩解，以为王氏公羊学"能阐邵公之微"，南海康氏袭其绪论，尽弃其学而学王氏弟子廖平之学。刘著又说：

先生以公羊言礼制，宏庄、刘、凌、陈之绪。四川总督丁宝桢，延主成都尊经书院，语诸生曰："治经要道，于《易》必先知易字含数义，不当虚衍卦名，于《书》必先断句读，于《诗》必先知男女赠答之词不足以颁学官、传后世。一洗三陋，乃可言礼。礼明，然后治《春秋》。"又曰："说经以识字为贵，而非《说文解字》之为贵。"教诸生以读《十三经注疏》《二十四史》及《文选》之法，日记月课以外，习礼，若乡饮投壶之类，三年皆彬彬进乎礼乐。厥后廖平治《公羊》《谷梁春秋》《小戴记》，戴光治《书》，胡从简治《礼》，刘子雄岳森通诸经，皆有师法，不为阮氏《经解》所宥，号曰"蜀学"。返湘主衡州船山书院，及江西大学堂讲席，弟子数千人，于治经咸知所宗。③

在刘茂华看来，王闿运不仅发展了庄存与、刘逢禄、凌曙、陈乔枞等人的公羊学说，更重要的是将今文经学传播到四川，使川中"彬彬进乎礼乐"，形成不受阮元《皇清经解》局限的新的经学风气，号称"蜀学"。而王闿运后来在湖南、江西也培养弟子数千人，诸人于治经咸知所宗。可见王氏影响之大。

对比李肖聃《湘绮遗书跋》所言："其于公羊之学，尤阐邵公之微，并研衍其师传，南海袭其绪论，有清季世，巍然大师。虽天官妄肆讥评，而楚学实成宗派。……此其经学之湛深也。"刘著的阐发更为平实、具体。

遗憾的是，王闿运虽倡言公羊改制，却只固守于今文经学之领域，不能为革命

---

① 梁启超：《清代学术概论·二十三》，《梁启超史学四种》，岳麓书社，1985 年版，第 77 页。
② 刘茂华：《近代湘学概论·文学》，《南强旬刊》第一卷第 6 期，民国二十七年（1938 年）。
③ 同上。

家导其前茅。刘茂华援引钱基博之言："晚清学者，有言公羊改制而嫌革命者，王闿运是也，亦有斥言公羊改制，而革命非所嫌者，则章炳麟是也。"并承认钱氏之言"近是"。

刘茂华该篇直接援引李肖聃《湘绮遗书跋》一节论王闿运在诸子学方面的造诣，而论王闿运史学之长，则远较李文详细。王氏史学之长，首在《湘军志》一书。刘茂华谓《湘军志》十六篇，九万余字，"私论官书，均所兼采；鸿筹所及，虽未施行，间亦并收。意在叙治乱得失之由，而不以断级禽渠为功也。自信此志之成，庶乎轶承祚，睨蔚宗。自负如此。"[①] 又云：《湘军志》"凡文学经济，足备一朝掌故，于将才贤否，军谋得失，与夫始终艰难胜败之数，莫不言之亲切，无所忌讳。"[②]《湘军志》出版后，曾遭遇非议。刘茂华在该篇中也再现了其时情景，以为当时骄将，"惮其笔伐，造作蜚语，谓得暮夜金，所纂有乖故实，购毁其版，且欲得而甘心焉。先生愤甚，谓'他日阎王殿上，亦惟有俯伏认罪'及'直笔非私家所宜为，送刻板与郭丈筠仙属其销毁，以息众论'。其感喟如此！"[③] 颇替王氏不平。后人也有王闿运《湘军志》是否存在任情褒贬的疑惑。如钱基博《现代中国文学史》谓此书"虽表扬功绩，而言外有意，于国藩且有微辞"；而陈宝箴"盛推《湘军志》之美，然疑其仍有爱憎"。不过，撇开《湘军志》有爱憎不论，就史学撰述之才而论，王氏《湘军志》得到大家的首肯。钱基博《现代中国文学史》谓此志"文辞高健，为唐后良史第一"；而李肖聃谓"较朱（克敏）王（定安）所造，雅俗区分"。这些观点都为刘茂华所接受，以为"均笃论也"。

王氏史才，还体现在所撰桂阳、湘潭、东安、衡阳各县志中，"敛雄才于方纪，纳万变于小篇"，李肖聃谓"魏氏《圣武记》，郭氏《湘阴图》志，均所不逮"。至于王闿运所撰《王氏族谱》，刘茂华更是以为"自贾希镜及苏欧而下，以先生书，别具镕裁"。这些均可见王闿运之史才。

有意思的是，刘茂华在该篇中并非一味地揄扬。相反，对于负面评价，也予以收纳。该篇提到湘潭孙鼎宜"谓王氏《湘潭县志》文词斐烈，而记事多误，对疆域变迁，驳其粗误，而谓王志为穿曲凿空"。虽然刘茂华对孙氏之言没有评价，既无肯定也无辩解，但能将其写进该篇，足以说明态度之公允。

此外，刘茂华在此篇中还花费了较多的篇幅阐发王闿运对于时务的见解。庚子之乱时，王闿运适居京华，曾有书信致陈复心编修，叙变乱之由、和战之惑、处置之失，慨然不能自己。王氏耻刘坤一、李鸿章"言和保江之策"，愤"朝野尊己卑

---

①　刘茂华：《近代湘学概论·文学》，《南强旬刊》第一卷第 6 期，民国二十七年（1938 年）。

②　同上。

③　同上。

人"之谋，以示致败之由。又言"士大夫得权则为圣贤，失势比之犬彘"，以示不能自立之旨。刘茂华曾亲睹王氏书信原件，认为王氏不仅精通史学，且精通时事，所谓"先生湛深经术，蔚然儒宗，而治乱得失之机，外患国防之变，莫不究心权略，洞烛几先"，又说王闿运致陈复心之函，不能仅以史料视之。美中不足的是，王闿运不应出任袁世凯政府国史馆馆长。

王氏之史，从《湘军志》到各种县志，从对史事的见解，到对祺祥故事的回忆，无不洞见几微；至于史笔之精美，更是无与伦比。王氏自以为"记事追太史公"，而钱基博《中国现代文学史》也认为王氏祺祥故事"作于国变以后，婉而章，尽而不污"，且谓"与《湘军志》同为清朝大掌故文字"。

对于清代湘学文学领域的排行榜，刘茂华延续了李肖聃的说法，以为"王魏扬声，邓曾并美"，而王闿运则集诸人之长。刘茂华曰：

先生天才自高，工力交至，曾曰："文不取裁于古，则亡法；文而毕摹乎古，则亡意。"平湖张金镛督学湖南，科试录遗才，得先生卷，惊曰："此奇才也。他日必以文雄天下。"勉之曰："湖岳英灵，郁久必发，其在子乎！"壮年露头角如此！而醴陵诗人傅熊湘（文渠）谓"读王壬秋《唐诗选》，心好之而未睹其全集"。李肖聃先生亦谓"古人名篇，壬翁已甄录尽矣"。而先生所自负，尤在五古，宗尚庾鲍，上窥建安，华藻丽密，词气苍劲，且自诧不作唐以后诗，盖其沈酣汉魏六朝者甚深，杂之古人集中几莫能辨。诃之者曰："唯莫能辨，故不必自成。"湘绮之诗以尽古人之美，镕铸而出。[①]

在刘茂华看来，王闿运之文章之才，不仅领风骚于湖湘，而且在全国亦独树一帜，为湘学增光。他说：

乾嘉以来，重章句训诂之学，凡为文章，例法孔郑，有解释，略纪述，重考证，乏辩论，抱残守阙，不欲修辞。先生于南服，坚守今文，慨然曰："文者圣之所托，体之所寄，史赖之以信后世，人赖之以为言语，词不修则意不达，意不达则艺文废，俗且反乎混沌，况乎孳乳所积，皆仰观俯察之所得，字曰文言，其若在天之星象，在地之鸟兽蹄迹，必其灿著者也。今若此，文之道几乎息矣。"又谓文章之道，词不追古，则意必循今，率意以言，违经益远。故先生为文，悉本《诗》《礼》《春秋》，而上溯庄老，探贾董，旁涉释乘，发乎文章，萧散似魏晋间人，故李肖聃先生谓先生"生含秀质，天挺人英"，且盛称其圆明之诗，能"压元相之连昌"，秋醒词成，"且过东坡之赤壁"，以及状刚直彭公之行，为伯元叔绩之传，"文笔严清，华实并茂，足使文儒俯首，宿学倾心"。时贤称颂类如此。迨及晚年，

---

① 刘茂华：《近代湘学概论·文学》，《南强旬刊》第一卷第 6 期，民国二十七年（1938 年）。

笔稍颓丧，而气犹不稍衰。①

刘茂华注意到，不但同乡如此称颂王闿运，就是省外著名学者如章太炎、钱基博也都敛手叹服于王氏之文才。余杭章太炎论学与王闿运多分歧，曾有"三王不识字"之讥，"而于其文，则谓尽雅，盖未尝一有闲言"。钱基博著《现代中国文学史》，首述王闿运，视王氏为现代"魏晋文"之开山，而附章太炎、苏元瑛及黄侃于篇后。刘茂华还为王闿运"擅文章大名，湘军诸将，奉为上客，惟终不任以执事"而惋惜。

（三）汉寿易石甫先生

相对于王闿运而言，汉寿易佩绅之子易顺鼎只能算是后学晚辈，然而以诗才名震天下，被晚清大臣张之洞叹为"盖代英物"，潘祖荫誉易氏父子为"人才天才"。故刘茂华在所选不多的湘学文学领域代表中，给了易顺鼎一席之地，使其成为继王闿运之后的湘学文学领域四大代表之一。

该篇述易顺鼎生平大概、学问渊源、诗歌成就。

易顺鼎为清代湘籍大臣易佩绅之子。从师承来看，是长沙严家鄙柜香先生门人也。

柜香嗜宋五子书，以举人历任桃源华容教谕，才能济变，一解桃源粮案之围，一弭华容禹甸垸之乱，笃于内行，文亦质实。门人之著者，先生而外，如善化黄逢元有补《晋书艺文志》，夏丏尊采入《廿五史补篇》。浏阳孔昭绶办理教育，颇有声誉。新化谢玉芝，亦能光大师业。而先生独以诗才与曾广钧重伯名震天下，张香涛叹为盖代英物，潘尚书（祖荫）誉其父子为人才天才。②

易顺鼎为严家鄙之门人，而所学不止于严氏，还曾师事张之洞。易佩绅与张之洞为同年，易顺鼎以年家子身份与张之洞往来，以张为师。"香涛亲批其庐山诸诗，谓十年以后，当横绝一世，虑其偏好词章，忽略学术，乃令读高邮王氏之书。业大进。"就治学而言，张之洞注重经史考据，而易顺鼎虽然一度从事朴学，却未能坚持下来。

在易顺鼎生平大概中，刘茂华还提到易丁母忧，"庐居灭性，涕泪如膏，遂号'哭庵'"。而于易氏在甲午中日战争时的作为，尤多着墨。其言曰：

中日战起，墨经从戎，上万言书，略谓："不患不出于战，而患一战之后，终归于和。不患终归于和，而患失战与和之本。其要在先罚后赏，而先行之李鸿章，不能以姑息爱之，乃可以保全其声名而收厚效，故有战无和，战正所以速其和，先罚后赏，罚正所以速其赏。"时论题之。台湾割后，先生犹渡海思结刘永福军，举

---

① 刘茂华：《近代湘学概论·文学》，《南强旬刊》第一卷第 6 期，民国二十七年（1938 年）。

② 同上。

义兵自保，香涛恐其酿变，亟召之还。①

对于易顺鼎之诗歌创作，刘茂华以为，“其《四魂集》诸诗，精金美玉，不足比其质，名山大川，不足比其形。当代胜流，敛手推尚。父友王湘绮以下，莫不倾服。”

对于易顺鼎晚年之落魄，刘茂华亦不讳言。

及辛亥事起，先生出入百险以至沪渎，已精力少衰，与恩施樊增祥结社于海上，日夕唱和。增祥应袁世凯召，入为参政，先生亦偕往为印铸局参事。局长袁思亮伯夔，同事杨乘瓒瑟君，皆为后辈。先生以老人低首其间，意不自聊，乃日与增祥坐燕市观剧，文酒燕游，恣以为乐，庄言谐语，发为咏歌。杂登报章，以寄感慨。②

易顺鼎有文才，但成为文人本身并非初衷。刘茂华指出：“先生壮年，慨然有澄清海宇、抵抗外侮之志，而其忠孝之怀，卒郁不得舒。洎乎晚岁，升沈宦海，又值艰屯，未展其长。”湘人向来以建功立业、经邦济世为追求，易顺鼎也不例外。志向未实现，仅余文事。而就学问而言，易顺鼎其实本可有更深的造诣。“张香涛为清季显人，顾其所示先生者，为考证一途，未及性命之奥。致先生旷代天才，仅以诗文与樊山齐名，兹可慨矣。”③

该篇除述易顺鼎之外，稍带述及易子易家钺之对易顺鼎著作的搜集整理，以及自身的成就，谓其“诗文奔放，酷似乃翁，主湖南安徽讲席时，群士宗仰。近年畅游名山大川，而诗文益壮，以倡导民族文艺相号召。”

四　政治谱系

在政治领域中，刘茂华列出陈沧洲、陈可斋、罗典、严乐园、唐陶山、陶云汀、胡林翼、曾国藩等8人。诸人均学有本源，而又以“政绩”显。

（一）湘潭陈沧洲先生、祁阳陈可斋先生

政治学中，刘茂华首列湘潭陈沧洲先生。湘潭陈鹏年，字北溟，别号沧洲，康熙进士。李元度的《国朝先正事略》列陈于“名贤”篇；唐鉴《国朝学案小识》则列陈于“翼道”篇，认为陈鹏年本程朱之旨，并以其所撰新安余鸿业《四书宗朱新解》、汉上蒋松岩《思过处日记》及濂江顾濂宗《道学正宗》三书序文为证；又录陈鹏年为《三思堂年谱》所作之序，揭示陈鹏年“昌明正学”之意。两著所重，一在陈之为人，一在陈之为学。而刘茂华则综合李、唐二人的观点，列陈鹏年

---

① 刘茂华：《近代湘学概论·文学》，《南强旬刊》第一卷第6期，民国二十七年（1938年）。

② 同上。

③ 同上。

于"政治"。

该篇简述陈生平大节，赞其"刚正方直，伟然丈夫。一生服官，清廉自励"，并概述其任浙江西安县知县时"抚辑流亡，勘验民田，昭雪冤狱，严禁溺女，杜开矿议"等事，以及知山阳县、海州、江宁知府、苏州知府、江苏布政使、河道总督等情形，期间因反对增赋以及遭人忌恨，几次落职下狱，而最终事白免罪。"先生以河工为一生显绩。居官临事，见有不可，虽大府不能强其一诺。两次守大郡，即两遭陷害，几濒于死，而皆获免。马营口之决，出死入生，总督全河河道，以除害安良为己任，洵为循吏。所著《历仕政略》《河工条约》各一卷，为言治水者必读之书，又有《道荣堂文集》八卷，《诗集》五十四卷，《喝月词》一卷，子七人皆显。"①

第二人为祁阳陈可斋先生。祁阳陈大受，字占咸，一号可斋。雍正年间进士，乾隆年间授编修，出任一统志馆纂修。乾隆二年，擢侍读，三年迁詹事、内阁学士，兼礼部侍郎。此后又任过安徽巡抚、江苏巡抚，皆有作为。任安徽巡抚时，"以起家寒素，精心吏治，丰裕仓储，开垦荒地，严禁私占支河小港，沟渠塘堰，以重水利。凤庐颍亳等处，土瘠民贫，奸盗案炽。莅任三月，民得安居。"调任江苏巡抚后，"查勘海塘工程，赈恤淮海受灾贫民。其整饬官吏，于片纸只字之有关民隐者，必予重视。州县因本任事繁，每将词讼案件批发佐杂官审理，以致民间争讼，多赴佐杂衙门具控，日久成风，几不知有擅受之禁，贿求枉断，不一而足。先生历行禁绝，积习一变。苏扬俗尚奢靡，起居服食，毫无节制。因戒富民周恤寒贫，尤力矫穷奢极欲、流荡忘返之风。"②刘茂华还指出，陈大受治理苏太境内浏河，"按亩挑力，疏通潴泄"，这种做法还为后来陶澍治理运河提供了参考。"其后陶澍云汀治苏，对三江有所处治，虽其策划与工事大于先生，然亦远师其意扩而充之也。"③

而调任福建巡抚后，"禁健讼斗很之习，治通逃结党之徒，饬官常纪纲之废，复上竿塘岛之禁，皆其著绩。尤以整顿台湾平籴，加足四十万石之谷，以为常备仓储，并以此谷碾支兵粮，由征收供粟，归补仓储，出陈易新，一洗二十年来采买累民之积弊，台民德之。"任两广总督，则"缉奸惩暴，不遗余力。事涉夷务，必持大体"。④

对于陈大受，刘茂华誉之为"振拔独特之士"，以为："先生一生，治绩不在闽粤而在皖苏，其事不骛虚浮，而在实体。故江河水患，为治苏皖对症下药之方。

① 刘茂华：《近代湘学概论·政治》，《南强旬刊》第一卷第12期，民国二十七年（1938年）。
② 同上。
③ 同上。
④ 同上。

而先生出自田间，孑然孤立，学问无所师承，门闾无所倚仗。得内依禁近，外任封疆，不可谓非振拔独特之士。"在刘茂华看来，陈大受身上所体现出来的学无师承、标举正谊、力行其是正是湘人湘学的普遍特点，也是湘中后辈应当继承的精神遗产。

（二）湘潭罗慎斋先生、溆浦严乐园先生

政治学领域第三人湘潭罗慎斋先生。罗典，字徽五，一号慎斋，是乾隆十六年（1751 年）进士，以编修官鸿胪少卿，督四川学政。刘茂华对罗典的介绍较为简单，仅述及生平大概，如在四川学政任内"尽革陋规。以经学造士，文体为之一变"；并替为县令诬陷的诸生昭雪；"归主岳麓书院，二十有七年，造就人才甚众。"又云："性刚介，任工科时，值大工作。总役希冒销，赂以三千金。拒勿受，仍痛惩之，按款核销。"①

政治学领域的第四人为溆浦严乐园先生。严如煜，号乐园，一字炳文，乾隆年间举人，被时人誉为有经世才，足当大任。该篇中对严乐园的"经世才能"着墨颇多，以为："虽海内承平，先生独留心兵事。"② 严如煜曾入湖南巡抚姜晟幕，为处理黔苗之乱出谋划策，贡献不少。"在姜幕四载，嘉庆五年，以孝廉方正科赴廷试，会川湖陕教匪方炽，先生为言三省平定善后"，主张以屯田之法化盗为民，因此被"擢为第一"；"复条陈屯政方略十二事，以知县发陕西，下其疏于三省大帅督抚，令采行。"此后又相继补洵阳县令、汉中知府。当其任汉中知府时，正值"兵燹之后，民困兵骄，散勇逸匪，心面未革"。严如煜认为，"宜先之以教养之法"，于是"举工赈，修渠堰，完仓廪，以足民食；联营伍，治堡寨，团保甲，以固民卫；慎狱讼，培学校，禁邪说，以正民俗"，疏节阔目，与民休息，南山遂安。又"以其闲暇开谕悍回，缚献亡命，散军功之匪徒，擒圆顿之教首，推诚以待，人心大服"。在南山既久，"亭障要隘，村寨径涂，无不目营指划。故穷乡邃谷，老兵妇孺，皆识其姓名。辟汉台，选髦俊，躬亲讲授，十三年如一日。"最能显示严如煜节操的一件事是，有一年适逢晚收大歉，而请赈期限又已过，严如煜向巡抚请示，愿望弃官为民请命，巡抚董教增破例为之陈请，董去，代以朱勋。以是十年不得一调。于是"益恳伤吏，勤民事，名满三省间""卒，秦民巷哭，如失慈父母。"

严如煜的经世才干突出，"尝佐两广总督那彦成筹海寇，有《洋防备览》，佐湖南巡抚姜晟筹苗疆，有《防苗备览》；佐辰沅道傅鼐筹屯田，有《屯防书》，又有《三省边防备览》《汉中府志》《乐园诗文集》"。这些著述表明严乐园对清中叶政治的各个领域如筹海寇、筹苗疆、筹屯田、筹边防等都有钻研与创见。故刘茂华

---

① 刘茂华：《近代湘学概论·政治》，《南强旬刊》第一卷第 13 期，民国二十七年（1938 年）。

② 同上。

认为："先生之学，贯串天文、河渠、兵刑、星卜，乃至舆地险要，明古今理乱之大，故所规划，常在数十百年以外，如遇盘根错节，亦无不迎刃而解也。"①

（三）善化唐陶山先生、安化陶云汀先生

政治学领域第五人为唐仲冕。相对于陈鹏年、陈大受、罗典、严如熤等人，唐仲冕的知名度稍高。唐仲冕（1749—1827 年），字六枳，号陶山，善化人。乾隆五十八年（1793 年）进士，先后在江苏吴县、河北通州、江苏苏州等地任职，累官至陕西巡抚。相比对严如熤的生动叙述，刘茂华述唐仲冕之事较为简略，仅云："所至勤求民瘼，振兴士气，兴大利，除积弊，措理裕如，又以其暇修治古迹，接礼贤畯，意趣超然轩冕外。"② 却不及具体政绩。苏州吴门沧浪亭有五百名贤像石刻，所选为苏州历史上有名的贤人，"首吴泰伯，终唐陶山"。该篇据此表明唐仲冕为时论所推重。

第六人为陶澍。在不少人的认知中，安化陶澍是嘉道年间湖南人才群体兴起的标刊性人物、领袖式人物。晚清张佩纶曾言："论道光以来人才，当以陶文毅为第一。"③ 在《近代湘学概论》中，陶澍亦是刘茂华重点介绍的人物。"道光时，封疆大吏，能以学治事，勇敢不避嫌怨者，以先生为第一人。而其治绩尤在盐漕。"这个"第一"不仅是对湖南而言，也是在全国范围而言。

嘉道年间，陶澍在有关国计民生的大政如漕政、盐政等方面都倡导改革，提出救时之良策。刘茂华指出："盖有清中叶，盐漕两政，官民交困者历两百年，利不归上，亦不归下，而尽归中饱。人莫敢举。以是积弊丛生，成不可收拾之局。"陶澍的一大举措就是倡导海运。"道光五年，漕河大梗，诏江南大吏议海运。其时上海关侩挠于南，通仓胥吏阻于北，屯船丁役梗于中，不曰风涛，即曰盗寇，不曰霉变，即曰繁费。适先生由皖抚吴，首以六十万石由海运津，其费视河运竟省一倍，人始信海运之利，为东南拯弊良策。"④

而在两江总督任上，又改革盐政。

道光十年督两江，承醠政大坏之后，如淮南之富价，淮北之坝贡，两淮之岸费，皆浮糜数百万。当事者洞悉其弊而莫敢动。先生以不减价，不足以敌私，不轻本，不足以减价，不裁冗费，不足以轻本，乃不顾富商蠹吏之阻挠，一意行之。由是益课数十万，尽偿淮北之带残，且济淮南之悬引，虽不推广其法于淮南，然一时皆知票盐减价敌私，为正本清源之计，不复为纲法所缚持。当王尚书公鼎赴淮筹改盐法时，先生上章程十五则，遂裁盐政，归总督管理，以一事权，乃殚心力以厘积

---

① 刘茂华：《近代湘学概论·政治》，《南强旬刊》第一卷第 13 期，民国二十七年（1938 年）。

② 同上。

③ 张佩纶：《涧于日记》，台湾学生书局，1966 年版，第 126—127 页。

④ 刘茂华：《近代湘学概论·政治》，《南强旬刊》第一卷第 13 期，民国二十七年（1938 年）。

弊，虽群议沸腾，控牍盈尺，而仔肩不卸，劳怨不辞，终得宣宗之信任，而成就其大业，不可谓非幸也。①

刘茂华总结出陶澍改革盐政的四大举措："一曰裁浮费以轻本，一曰慎出纳以重库款，一曰禁粮私船私以清纲销，一曰革五垣十贡以清淮北。票盐之利，几为江南人世享之。"②

该篇还较详细地介绍了陶澍在治水领域的成就。"先生任安徽巡抚时，值水灾，亲勘筹赈，民不流亡。鉴于水之为灾，首在浚政，故凡湖圩堤坝，次第成工，其在江苏，以吴中连岁水灾，太湖入海之路不畅，吴淞、黄浦、浏河，即禹贡三江遗迹，自黄浦夺流，而吴淞中干日微，浏河则几全淤，于是水无所泄。先生就陈大受抚苏治水遗规扩而充之，并以治吴淞通海为最要，乃将海运节省之资，兴工修浚。工竣，海潮直过昆山而西，水深二丈，拦潮大坝内外，刮刷淤泥立尽。"③ 陶澍不但疏浚了吴淞河、浏河分支白茅，修建了堤坝，还疏通了运河。

刘茂华论陶澍，立足于陶澍在漕政、盐政、水利、赈灾等方面的建树，关注的是陶澍 "实行" 的一面。但也提出："先生功业，在江淮之间，而于文化，亦甚注重。建惜阴书舍于江宁，创震川书院于嘉定，修敦善书院于海州，嘉惠士林，奖掖后进者，其功足多。所著有《印心石屋文集》五十六卷，《奏议》七十六卷，《陶桓公年谱》四卷，《渊明集辑注》十卷，《靖节年谱考异》二卷，《蜀輶日记》四卷。"④ 其实，陶澍不但是嘉道年间实施大政改革的实干家，而且也是嘉道年间经世思潮的倡导者，对嘉道之际学风的转变影响颇大。刘茂华对陶澍学术思想的挖掘似嫌不足。

（四）益阳胡贶生先生

在湘学政治谱系中，刘茂华将位置之一给了益阳胡林翼。胡林翼是湘军将领之一，曾官至湖北巡抚。刘茂华在该篇中指出，胡林翼早年随父亲、太子詹事胡达源居住京师时，"其父授以先儒性理之书"，似乎为胡林翼后来的成就寻找学理依据。胡林翼在道光年间中进士，授编修，并在贵州、云南等省任地方官。当其署理安顺府之时，正值道光之季，"州县多故，岭峤以南，骆越滇黔诸山中，奸宄亡命，四出劫掠，营兵胥役，群相勾结，无敢捕治"。胡林翼 "延访士绅，寄以耳目。岁除，醵饮某所，亲率健捕驰至，获巨魁，尽歼其党。在安顺年余，灭巨盗三百有奇，全郡肃然。" 除了整顿治安之外，胡林翼更注重教化，"修义学，旌节孝，裁书吏规费"，使政治清明有人心风俗做根基。后调署镇远府，抚苗遥，"其地为盗薮，势甚

---

① 刘茂华：《近代湘学概论·政治》，《南强旬刊》第一卷第 13 期，民国二十七年（1938 年）。
② 同上。
③ 同上。
④ 同上。

横"，胡林翼用治理安顺的办法治理镇远，肃清盗匪，"清社仓之被侵蚀者，剿黄平夷山等处苗匪，平其寨，以功受赏"。咸丰初年，胡林翼调任云南思南府、黎平府。黎平也是奸盗丛生之地，社会秩序很不安定。胡林翼"令民相连为堡，择立乡正团长牌长，互相稽核，捕治诸不法者"。此外他又办团练，建碉卡，连屯相望，倡导"言战不如言守，用兵不如用民""力以自卫，不如先用地利以卫民"诸说。刘茂华认为，胡林翼在云南的这些做法，开后来团练之先声，而近世（指民国时期）的"壮丁调练"，也是胡林翼用过的"成法"。① 在黎平，胡林翼"又劝富民捐谷置仓，以备城守，故黎平迭遭攻扑，城卒未拔"。

相比胡林翼在贵州、云南的政绩，胡林翼更被人记住的是他作为湘军将领的功劳。该篇于此也颇有着墨，指出咸丰四年胡林翼增援长沙、平定安化土匪等功绩，调任湖北按察使后，配合曾国藩的军队收复武汉。武汉三镇几次沦陷，胡林翼认为，"不攻汉阳，荆襄梗塞；不复武昌，咸蒲崇通滋曼"，乃决意募兵，南北兼取，克汉口，屡挫屡起，饷绝，求助邻封，无应者，乃发家粟，济军食。"会罗泽南军破义宁州，促曾公援武汉。先生会罗军于蒲圻，击沉鲇鱼套太平军之舰，奠定鄂南。"② 罗泽南去世后，军失大帅，胡林翼与李续宾整饬军队，士气乃壮。当时赣鄂军事急迫，石达开自金陵溯江上，逼近武汉，酣战无宁日。胡林翼出入洪山、青山、九江、黄梅、广济、蕲州诸役，"一生战绩，以此时为最显"。

胡林翼对湘军的重要性，不仅体现在他亲自督兵战阵，更体现在他为军队筹饷筹粮上。"曾胡军事，既厄于衰颓之积习，复困于饷糈之绝源"。胡林翼"乃以钱粮盐课货税三事，为筹饷之命脉。值鄂漕久敝，官民交困。道光中叶以还，征收常不及半，先生乃厘定章程，尽革积弊。会湖南阻绝淮盐，改食川引，先生则分课宜昌、沙市，及武穴、老河口等处，税率过之，仿刘晏用士人法，设局各市镇，榷收厘税，以充军饷。"这对维系湘军起了关键性的作用，也有后遗症。刘茂华指出："惟饷源虽开，而厘金秕政自此而流毒百有余年矣。"

胡林翼丁母忧回籍之后，军队无调度，致有三河之败。胡林翼"乃急起径趋黄州，进营上巴，整饬部伍，南解湖南宝庆之围，以固后防，定会师皖江之策，以逼金陵。建潜桐舒霍之碉卡，以卫腹地。皆其预为之谋，无不一一生效。克安庆，曾公让功先生。"可见胡林翼对湘军的最后胜利功不可没。遗憾的是，"军事方利，以呕血卒于鄂，年五十。"

刘茂华概括胡林翼一生之功绩，指出：胡林翼始掌州政，"用保甲团练以谋自

---

① 刘茂华：《近代湘学概论·政治》，《南强旬刊》第一卷第 13 期，民国二十七年（1938 年）。
② 同上。

卫，厚社仓积谷以备灾荒，采严刑峻法以究奸宄"，这些做法都是"得治乱之要"。① 继而指挥军队，带兵打仗，"开饷源以裕军实，进人才以收治绩，发家粟以示大公，革陋规以益国库，综核名实，精力绝人，且于理财之中，仍寓察吏之法。"胡林翼治军"务明纪律，尤加意将才，谓'为统将必明大体，知进退缓急机宜，其次知阵法，临敌决胜，又其次勇敢'；又曰'兵之嚣者无不疲，将之贪者无不怯，观其将，知其兵，观其兵，知其将'"。在刘茂华看来，胡林翼的这些思想"皆治军精语也"②。又谓胡林翼"奖拔人才，千里招致，务尽其用，且谓才者无求于天下，天下当自求之，而惩贪污，任廉能，尤为封疆大吏之急务。先生皆得心应手，功在江汉之间。"③

该篇重在介绍胡林翼治理地方、治理军队之实迹，但也涉及胡氏学术。"所著有《读兵史略》《奏疏》《文集》各若干卷，詹事公著有《弟子箴言》十六卷"。对胡达源之《弟子箴言》尤为揄扬，谓其"始于奋志气，勤学问，终之以扩才识，裕经济，其名为小学之书，其实乃大人之事也"。又说，"今湖南长郡中学校长王君季范，广布其书于生徒，以示修己治人之要。"又引李肖聃《湘学新志序论》之语，谓"咸同用兵，尤重吏治，胡实施于湖北""修《读兵史略》，皆欲致之实用"。刘茂华认为，湖南学者所信通经致用之说，在湘军时代最为显著。又说，"蔡锷著《曾胡治兵语录》，推重先生，今委员长蒋公颁给诸将，为法守焉。"

对比一下刘茂华在《近代湘学概论》中对胡林翼生平政绩的介绍，李肖聃后来在《益阳学略》中着重介绍的是胡达源的《弟子箴言》，首引曾国藩《箴言书院记》，将胡林翼的育才之法归功于胡父的教诲；次转自己为王季范校刊《弟子箴言》所作的序，而于胡林翼的政绩所言不详。亦可谓各有侧重吧。

（五）湘乡曾涤生先生

政治学谱系中最后一个代表是曾国藩。李肖聃曾作《曾文正公言行录》一文训示生徒，将曾氏的特点概括为五个方面，即志圣、力行、学业、文章、育才，细述曾氏在这五个领域的贡献，提出"湖南二千年古文之美，盖未有及公者""公崇学右文之功，殆出纪河间阮仪征之上""扶中国五十年来之危局，开湖湘两千年来未有之风气。其功业止显于一时，而教泽尤施于无穷"④ 等观点。刘茂华认为此篇于曾国藩的学业事功"阐述颇详，尤能提示其大者"⑤，故全部转录到《近代湘学概论》曾国藩篇中，以代替对曾国藩学业事功的介绍。

---

① 刘茂华：《近代湘学概论·政治》，《南强旬刊》第一卷第 13 期，民国二十七年（1938 年）。
② 同上。
③ 同上。
④ 李肖聃：《曾文正公言行录》，《李肖聃集》，第 259—261 页。
⑤ 刘茂华：《近代湘学概论·政治》，《南强旬刊》第一卷第 14 期，民国二十七年（1938 年）。

此外，刘茂华还针对后人对曾国藩的褒贬进行了辨析。

刘茂华指出：自曾国藩去世后，60 余年间，著书言曾公轶事者，中外皆不乏人，"如王定安《年谱》《大事记》及《弟子记》，日本柴田崎三郎《东邦伟人》，美国解保耐《曾国藩传记》，蔡锷《曾胡用兵要略》，余如薛福成、吴汝纶、张裕钊、黎庶昌、范当世、姚永概辈，各著文纪先生事。梁任公且钞其嘉言，皆致向往之忱。"① 然而，另一方面，自清季排满革命思潮兴起，曾国藩受到各种非议，其形象由道德楷模一变而为保守顽固，论者甚至视其为帮助满人铲杀同胞的民族罪人。比如余杭章太炎就诋斥曾氏为"民贼"，在为《王船山遗书》作序时，称"曾氏一志，为胡清效死，晚犹刻而农书以悔过"；浙人夏振武灵峰，讲学家山，颂言攻曾。对此，刘茂华指出："咸同湘学，本于'通经致用'之义，深立'律己治人'之基，发为'忠孝节义'之事。"②

刘茂华认为，曾国藩是湘学通经致用的典范，以律己治人为根基，以忠孝节义为行事。诚然，正如李肖聃所言，"时代不同，事业各异"，曾国藩忠孝节义的事业在民国时期已经没有意义了，但其任事之精神依然是群才奋兴的原动力，是湘人湘学不能丢掉的遗产。

针对湘人将曾国藩与王夫之相比较、主张"曾公勋业，有其时代之性质；船山精神，则历千载而不磨"的观点，刘茂华又提出，从文臣建立功勋来看，曾国藩是自王阳明以后成就最大者，无人能与比肩。而这种成就是建立在对仁义的践履基础上。"士以义集，故由捍卫乡闾之举，卒成起衰救弊之功，皆其闳通之识、实践之行、拙修之勇有以致之。"③

对于曾国藩镇压太平天国、成就同治中兴之举，刘茂华也有辨析。他说：

考太平军初起时，纪律严明，平民争附。先生此时与家人书云："默察天时人事，此乱竟无能平之理。"其后湘军军制渐备，太平军纪日隳，韦杨内讧，石李外逃。先生又与人书："即使周孔复生于今，谓此乱不当平，吾不信也。"又言：咸丰初年，洪军皆朝气，官军皆暮气；及至同治初年，洪军皆暮气，而官军皆朝气。盖洪杨无成，固在异教，而军纪之弛，士气之疲，亦其致败之因。史家美太平战役比之宗教战争，而先生以命世之雄，出为卫道之师，论者以其不为汉族立殊业，而为清室效愚忠为可惜。惟洪杨自肇其败，先生卒底于成，学术已自分明，位业尚难论定。固无用肆其苛论也。④

换言之，太平天国并非曾氏湘军所败，而是自身纪律不严、士气不振有以致

①　刘茂华：《近代湘学概论·政治》，《南强旬刊》第一卷第 14 期，民国二十七年（1938 年）。
②　同上。
③　同上。
④　同上。

之。这也反证曾国藩并非绞杀同胞之罪人。刘茂华又沿袭清季湖南留日学生杨毓麟、杨度等人的观点，将湘军镇压太平天国的战争看成是宗教战争也即文化战争，曾国藩受其文化信念之指导，起而卫道，在那个时候也是理所当然的。

撇开这些大是大非问题，刘茂华还总结出曾国藩在师道、择友、知人善用、育人等方面的可贵之处："所可贵者，先生笃志学问，师事镜海，宗尚程朱，校刊唐氏所著书，发明其宗旨，其后铭幽请谥，俱见师道之隆。广结学人，北如倭、窦、何、吴，南如贺、罗、刘、左，以见择友之慎。生平立功，尤在知人善用。"并详述曾国藩的用人事例，指出："盖先生以节义砥砺僚属，一时将帅，患难相从，皆迫于友生之情谊，非动于人间之利禄。叔绩大儒，轻生殉友，亦由先生诚所感召。"① 至于陶铸人才，更属无微不至，如对李鸿章、曾国荃等，皆能有针对性地奖勉。

刘茂华推崇曾国藩"知人之明"，除奖掖、提携邹、李诸人外，"幕府人才，尤称鼎盛，一时有三圣七贤之目。州县年节贺禀，亦躬亲批阅，择其佳者，密加圈点，发还其人，以资鼓励，爱才好善，天性然也。"②

刘茂华还指出："气量宽宏，尤为先生成功之本。"并以曾国藩与左宗棠交往一事为例。

左季高初在湘幕，与人手扎，诋毁先生，无微不至。而先生不以介意，且疏称其刚明耐苦，晓畅戎机，乃奉襄办曾军之命。复疏称其才可独当一面，力保督办浙军。其后季高名位既显，遇事仍与先生为难。李次青徽州之败，曾已奏弹于先，左复严劾于后。洪福填流亡山泽，曾疏称其已死，左疏谓其尚存。左公志营西北，经略天山；曾公则主专治关内，暂弃关外。天津之案，忍辱息战，阴有争雄海上之心，于王壬秋致陈复心书中"天津之讼，曾侯失气东还江南"一语，可以证之。迨吕庭芷归自甘肃，述左体国之忠，律身之苦，誉为朝端无两，先生以手击案曰："此时西北边陲之重任，倘左君一旦舍去，无论我不能为之继，即起胡文忠于九原，恐亦不能为之继，君谓朝端无两，我谓天下第一。"先生宅心公正，终能予人以谅，故二公之嫌，乃君子之争，而非小人之忿。观左公挽先生之词："谋国之忠，知人之明，自愧不如元辅；攻金以砺，错玉以石，相期无负平生。"已见倾慕之忱。苟非先生器识宏深，容量过人，曷克致此。③

刘茂华的这些观点可视为对李肖聃概括的"志圣""力行""学业""文章"与"育人"等观点的补充。尽管世异时移，不少湘人都改变了对曾国藩的崇仰之情，

---

① 刘茂华：《近代湘学概论·政治》，《南强旬刊》第一卷第14期，民国二十七年（1938年）。
② 同上。
③ 同上。

而从李肖聃到刘茂华，依然把曾国藩看成是湘学最重要的人物之一，是近代湘学的代表，也是湘人不可遗忘、忽视的先贤资源。

第四节　刘茂华湘学观的特点及贡献

刘茂华述湘学与李肖聃论湘学，存在着交织互动的关系。刘茂华撰《近代湘学概论》时，李肖聃于湘学已有众多撰述，如《最近湘学小史》（1924 年）、《近数十年湘学叙录》（1934 年），另有若干篇有关湘学人物著述跋序或论述；但尚未整理《湘学略》。刘茂华既受到李肖聃有关湘学论述的影响（部分内容就是直接援引李肖聃的原文，至于采纳李肖聃观点的就更多了），但又有明显的不同。

（一）结构体例不同

从结构体例来看，《最近湘学小史》按传统学术标准，分类介绍晚清以来相关的湘人湘著，如《易》《诗》《书》《三礼》《春秋》、小学诸类；《近数十年湘学叙录》以人物为主，重点介绍晚清至民国时期的湘学代表人物及其著述，另以"湘人近著略目"的形式分经、史、子、集四类介绍湘学的最新研究成果与动态。而《近代湘学概论》则是按考证学、理学、文学、政治学四类分别叙述湘学中的代表人物及其学行业绩，其分类标准呈现出新旧杂糅的特色。在时间范围上，刘、李二人所述大体相当，都着眼于"近代"，而小有出入，刘著"起自晚明"，下及近代；而李著的"最近"与"近数十年"则起自晚清，下及民国。在所选择的代表人物方面，有些是刘、李二人共同关注的，如王文清、魏源、贺长龄、贺熙龄、邹汉勋、王先谦、郭嵩焘、王闿运、皮锡瑞等，都是刘、李二人重点表彰的对象，有些则互有错漏，如刘著所涉人物如王船山、李文炤、唐鉴、邓显鹤、易顺鼎、余廷燦、陈鹏年、陈大受、罗典、严如熤、唐仲冕、陶澍、胡林翼等，在李著中或略有述及，或一字不提。而李肖聃在后来的《湘学略》中，补充了部分人物，如李文炤、邓显鹤、胡林翼等，言辞颇有类似之处，说明二人相互之间有影响。另一方面，李著中的学术人物如叶德辉，在刘茂华论著中则无一席之地。

（二）视角不同

毋庸讳言，刘李二人叙述湘学，都包含对"吾湘"地域学术文化的认同感，所谓"致维桑之深敬，阐南学之灵光"是也，同时也包含着强烈的现实关怀。然而，二人的视角又有不同。李肖聃对民国学术新风气极为不满，视梁启超、胡适等民国新学人物为学术沦丧的祸首，告诫生徒勿受梁胡诸人影响。故其述湘学的出发点，是以湘学来矫正新学之弊，文化关怀的特色比较明显。而在具体叙述湘人湘学时，李肖聃更多着眼于湘学本身，较少将湘学与全国主流学术思潮的演变结合起来；着眼于学术本身，较少涉及诸人政绩或其他方面。而刘茂华述湘学，首先就是基于梁启超对清代学术思潮演变的概括，以梁氏所论为前提，着眼于湘学在全国的地位。

通过挖掘湘学在考证学、今文经学等领域的建树，力证湘学与清代学术思潮演变息息相关，从而揭示湘学与中国民族史、学术史、政治史等的关系。故所言虽只是湘学，而隐含的全国背景却无处不在，选择的是"凡有关国家文化、政治、军事之迹"者悉著于篇。换言之，刘茂华述湘人湘学，重点表彰的是那些具有全国影响的成分，以彰显湘学对"吾族民族文化"的贡献。

刘茂华述湘学同样有着强烈的现实关怀。这种关怀并非不满新学对传统文化的冲击，而是对现实政治、经济等问题的关注，希望通过总结湖南先贤的做法，为解决现实问题提供借鉴。这是刘茂华述湘学的出发点，也是刘茂华述湘学时的特色。

例如，刘茂华在考察了陈鹏年、陈大受、唐仲冕等人的施政举措之后，总结道："清代湘人官江南，前有陈鹏年沧洲，后有唐仲冕陶山，皆以整饬民俗，杜绝奢靡为入手，与先生（指陈大受——引者注）所见皆合。"并由此感慨："今世淫靡之风，浇薄之习日甚，而官方不为怪。"陈大受在江苏巡抚任上革除陋规，将大口漕斛改为小口漕斛，杜绝胥吏多收赋税之弊，减轻百姓负担。这个办法后来还通行各地。刘茂华又由此联想到："今之仓制，各地仍有用衡器以收取民谷者，每百斤折合一石，方之新制量器，竟溢出一斗有奇，视先贤视民如伤之意为何如？"陈大受整治水患，"清算官厅停浚八年之款二千金，悉数充用，不费人民一钱，而获治水益农之利。"可是民国现实又如何呢？"今之官恒与民争利，官欠于民，不予清算，甚而中饱。民欠于官，则必严追，尤加额外需索，以视先贤施政，能无愧色！"①

论及湘中治理苏浙诸先贤，刘茂华总结道："湘贤官苏，以治水为最有功。而抚苏亦以治水为要政，于江于河，历有显绩。先生而外，如陈沧洲之总督河工，陶云汀之疏浚三江，魏默深之击鼓保闸，及其预测铜瓦厢之决口，皆由精深水利之学，致福国利民之功。"刘茂华认为，水利是江苏等省最主要的公共事务，却被民国官员所忽略了，"入民国主苏政，知治水急务，而致全力于其事者，惟吴兴陈果夫之导淮工程焉。"②

又如，陶澍以嘉道年间改革盐漕大政成为一代名臣。刘茂华在述陶澍整顿盐政时的举措时，又联想到当前国民政府有关政策的缺失，"虽新行盐法，迄未实行，令人感喟"③。

（三）对具体的人物的评价不同

刘茂华在述湘学时，没有局限于学术本身，而是从政治、民族、学术等多方面

---

① 刘茂华：《近代湘学概论·政治》，《南强旬刊》第一卷第 12 期，民国二十七年（1938 年）。
② 同上。
③ 同上。

进行解读，广涉经邦济国的具体举措，并且对所述诸人都从近代视角做了不同程度的提升。这就使即便是同一个人，刘茂华、李肖聃的解读也有不同。如王文清，李肖聃强调他深于宋学，掌教岳麓书院时所订学规学约无一不是以宋学规范士子言行，而刘茂华则表彰他精于考据以及对清代学术的示范意义。又如胡林翼、刘茂华较为详细地描述了胡林翼在贵州、云南任职时如何用严刑竣法治理奸宄、如何用保甲团练维持治安、如何用社仓积谷应对灾荒，以及在湖北时如何治理军队、配合曾国藩攻打太平军、如何为军队筹饷筹粮等事迹，从而体现湘学通经致用的一面，而李肖聃在《湘学略·益阳学略》中着重阐述的是胡达源的《弟子箴言》一书对胡林翼的影响，较少涉及胡林翼业绩。又如二人都推崇皮锡瑞，李肖聃更多地是从学术层面分析皮锡瑞的湛深经术、学有本原，刘茂华则着重阐发皮锡瑞"讲学化民"对光宣政治思潮的影响，挖掘皮锡瑞的民族意识与进步思想。这样的例子不一而足。

（四）呈现出来的湘学整体形象有异

刘茂华按照考证学、理学、文学、政治学等领域来编织的湘学知识谱系，从选用代表人物的数量以及所占篇幅比重来看，重点放在了考证学与政治学，由此凸显了湘学的另一种面相。

从刘茂华总结的湘学考证学来看，无论是从事古文经学，还是今文经学，无论是文字训诂，还是义理阐发，还是舆地目录，大体上都可归入"汉学"范畴。汉学本非湘学所长。从晚清以来，曾国藩、郭嵩焘、罗汝怀、王先谦、叶德辉等人就有过"湘学不以考据为能"的论断，曾国藩解释为那是因为"前哲之倡导不宏，后世之欣慕亦寡"①。对于湘学的这种特色，诸人或引以为豪，或引以为憾。晚清王先谦等人以提倡经学、提升湘学的学术含量为己任，促使汉学之风在三湘大地兴盛开来。湘学风气从崇尚程朱理学、注重修身制行转移到关注艺文、非议宋儒。在李肖聃看来，这种嬗变是丢掉了湘学的传统，故他叙述湘学时，每每以朱子学剪裁湘人湘学，对崇尚朱学者予以褒奖，而对从事汉学者则挖掘其宋学倾向，将考证学先驱王文清解读成深于宋学者。相比之下，刘茂华则在"考证学是清代前期最具时代运动色彩的思潮"、考证学孕育出今文经学等观点的影响之下，注意挖掘湘学的考证学成分，不但对晚清湘人如邹汉勋、郭嵩焘、皮锡瑞、王先谦的考证学成绩予以高度评价，而且还追本溯源，表彰先驱，建构起一套从明清之际到清季民初的完整的湘学考证学知识谱系来。如明清之际的王船山，嘉道之际的魏源等人，都不是单纯从事考证的，但在刘茂华看来，考证是他们最主要的成就，而且考证影响到民族观念，影响到政治，故纳入考证学范围，"以见其大"。考证学领域中入选的人物共

---

① 曾国藩：《湖南文征序》，《曾国藩全集·诗文》，岳麓书社，1986年版，第333页。

7 人，比文学（4 人）、理学（4 人）都多，仅次于政治学（8 人），分量不可谓不重。这就在一定程度上改变了以往人们认为湘学不事考据的看法。更加重要的是，通过构建湘学考证学知识谱系，确立了湘学在全国主流学术思潮中的位置，从而凸显了湘学与中国政治、学术、民族的紧密关系。

在刘茂华之前，人们对清代湖南政治人才的认知，大多以嘉道年间湖湘经世人才群体兴起为起点、以陶澍为标杆，而很少追溯到嘉道之前的情形。刘茂华通过爬梳史料，根据时间线索，精选从康熙年间的陈鹏年、雍正乾隆年间的陈大受、乾隆年间的罗典、乾隆嘉庆年间的严如熤等人作为湘学政治学的代表人物，重建了诸人在施政方面的成就，使尘封历史的湖南人才浮出水面，再现光彩，也使湘学知识谱系更加完整。同时，刘茂华没有停留在单纯地、孤立地叙述诸人学行上，而是上升到湘人湘学之特点的高度，并时常由古及今，针砭时弊，表明其追述湘学的现实关怀。例如，在述陈大受"振拔独特"之性时，刘茂华进一步指出："近代湘人，自王姜斋已下，如曾左彭江、郭罗刘李，乃至于谭复生、宋渔父、黄克强、蔡松波一流人，莫不瑰意琦行，自成就其学业，自发挥其宏愿。标举正谊，力行其是，为湘人独有之风格，亦湘学可贵之本源。吾人应宝此异迹。"[①] 湘人湘学"瑰意琦行，自成就其学业，自发挥其宏愿"，这个观点可以说是对清末杨毓麟有关湘学具有独立根性的论点的进一步阐发；而"标举正谊，力行其是"是湘学崇尚理学、践履理学的表现。在刘茂华看来，这些都是湘学的优秀遗产，理当为后人所珍惜与继承。

总体上看，刘茂华力图在全国视野下述湘学，并且较为注重对省外学者意见的吸收或回应。梁启超的《清代学术概论》是刘茂华述湘学时的主要依据之一；至于发凡起例，则广征江苏仪征柳诒征、湖北蕲春黄侃、江苏吴县吴梅、浙江嘉兴胡光炜等名家的意见。在具体阐发湘人湘学之时，也注意或采纳或回应外界对湘人湘学的意见，如对章太炎、姚永朴、姚永概、钱基博诸人的论著，都有不同程度的征引。从这个角度看，刘茂华述湘学，在一定程度上超越了本邦人述本邦学的局限性。但"致维桑之深敬，阐湘学之灵光"的地域意识同样贯穿其中。在全国的背景下，刘茂华通过各种挖掘，再现了湘人湘学在考证学、文学、理学、政治学等领域的成就，充分揭示了湘学与民族、政治、学术等的关联性，从而使被一些人如梁启超的学术史叙述体系所遮蔽的湘学从边缘挤入中心，显示其重要性。

---

① 刘茂华：《近代湘学概论·政治》，《南强旬刊》第一卷第 12 期，民国二十七年（1938 年）。

第六章　不同视野：民国时期的几种湘学观（下）

如果说湘人论湘学代表了自身对本土学术文化的认同，不免有"不识庐山真面目，只缘身在此山中"的局限，那么，外省人论湘学则因其局外人的眼光而更能发现湘学之独特性。民国年间，除本省学者李肖聃、刘茂华等人著书立说表彰乡贤之外，更有江苏学者钱基博为湘学专著一书曰《近百年湖南学风》，为我们展示了外省人心目中的百年湘学形象。

第一节　挖掘百年湘学的独特性：钱基博湘学研究的旨趣

如本书第五章所述，晚清以来，湘学就以其独特的个性引起国内著名学者的关注与议论。梁启超、章太炎、钱穆等人都在其论著中有过对湘学人物或成就的阐发，并因此影响了湘人对湘学的看法。诸人中除梁启超曾短暂地出任过湖南时务学堂中文总教习之外，并不曾有在湖南执教、生活、为官之类的经历，对湘学的认识大多是间接的，也较为零散，不免想象和偏见。抗战爆发后，大批名人学者避寇来湘，亲身感受了湘学的独特风格。而在民族危机的紧急关头，湘学中有利于立懦廉顽的精神资源引起了人们的关注。是以外界的湘学观由零散的议论发展为系统的总结。

一　"在苏言苏，在湘言湘"

1937 年 7 月抗日战争爆发后，湖南一度成为抗日救亡运动的中心。随着平、津、沪、宁等各地教育文化机构内迁来湘，大批名人学者聚集湖南，给湖南的学术文化带来了巨大的影响。1938 年 10 月，经国民政府教育部批准，创建了国内第一所独立的国立师范学院，校址位于相对安全的湖南安化县蓝田镇（后西迁湖南溆浦县），首任校长为近代著名的教育家、前上海光华大学副校长廖世承。廖世承遍邀四方贤达来校任教，使国立师范学院很快成为一所名师荟萃、专家云集的高校，国内著名学者如钱基博、钱钟书、皮名举、孟宪承、陈传璋、高觉敷、储安平等人都曾在此任教。这一方面为湖南学术文化界带来了新的风气、增强了活力，另一方面则为诸人亲身感受湘学提供了契机。尤其是对那些较长时期"侨寄"湖南的学者而言，通过采访古迹、阅读文献，领略湖南先贤的风采，对湘人湘学也有了全新的看法。正是在这种背景下，有了钱基博的《近百年湖南学风》一书的问世。

钱基博（1887—1957 年），字子泉，别号潜庐，江苏无锡人，近代著名的国学家、教育家。民国时期，钱基博先后任无锡县立第一小学文史地教员、无锡县图书馆馆长、吴江丽则女子中学国文教员、江苏省立第三师范学校教务长。1923 年，钱基博应邀出任清华大学教授，次年因病南归，改任上海圣约翰大学国文教授。1925 年上海发生"五卅惨案"后，圣约翰大学师生在校内降半旗为中国死难者致哀，遭到校长卜舫济的威胁和阻止。为了抗议卜舫济，全校华籍师生纷纷自动离校，另创光华大学。钱基博是第一批离开圣约翰大学的中国教授之一，也是光华大学的创始人之一，任上海光华大学中国文学系主任及文学院院长。1927 年 9 月，因北伐军兴，沪锡交通受阻，钱基博受无锡国学专修学校校长唐文治之聘出任无锡国专教授兼教务处主任。沪锡交通恢复后，钱基博便在无锡国专与光华大学两校兼职。此后，钱基博又在浙江大学任教，并在抗战爆发后随浙江大学迁到江西泰和。1938 年，钱基博应邀到湖南安化蓝田镇，任国立师院国文系主任，在湘中度过了 8 年时光。期间曾于 1939 年应邀任国民党南岳抗日干部训练班教员，讲授《孙子兵法》。抗战胜利后，任武昌华中大学（后为华中师范学院）教授。1957 年因病去世。

钱基博一生致力于中国传统学术文化的研究与教育，学贯古今，文史兼治，著述等身，是一位名副其实的国学大师。除传统的经史子集等研究领域外，钱基博对地域学术文化现象也颇为关注，先后有《江苏学风》和《近百年湖南学风》等著作，其说影响颇大。特别是《近百年湖南学风》一书是有关近代湘学的名著，一再为人征引，成为后人叙述近代湖湘学风、湖湘文化的重要依据。

钱基博在苏言苏、在湘言湘。抗日战争前夕，钱基博应江苏教育厅之邀请，撰写《江苏学风》一书。在此著中，钱基博远溯顾炎武、陆世仪，近不遗华衡芳，并将江苏学风的特点归结为"实事求是，遗外声利"，以"景行前徽，匡饬时贤"。抗战爆发后，钱基博避寇入湘，先后在湖南生活了 8 年，借阅了许多湖南先贤的文集，"颇亦窥其要指，观其会通"①，领略湖南先贤的精神。文献之外，钱基博也与不少湘籍学者如马宗霍、骆绍宾、张舜徽等人交往密切，谈学论道，从诸人身上加深了对湘学风气的认识。如 1942 年张舜徽到蓝田国师任教，就经常与钱基博论学论国事论育人之法。据张舜徽《壮议轩日记》，1942 年 9 月 25 日，他与钱子泉先生"论阎北岳学术大略至二时许"，两人都推崇晚清湘籍学者阎镇珩，"钱翁撰近代文学史，未及录北岳。自去岁余赠以北岳遗书，读而好之，故能窥其微处。余谈次，又力劝其补入文学史，以表彰之也。"② 同年 11 月 24 日，"午后钱子泉先生来

---

① 钱基博：《近百年湖南学风·导言》，中国人民大学出版社，2004 年版，第 6 页。（以下所引版本相同，不另做说明）

② 张舜徽：《壮议轩日记》，国家图书版，2010 年影印本，第 6—7 页。

谈移时。余谓今日教士以读史为先。渠盛推余言之是。"① 张舜徽颇以湘学经世致用之精神自豪，自道："此间共事者多江浙士，亦时时为道及之，俾能明乎湖湘学术之大也。"②同时，诸人也对钱基博撰写《近百年湖南学风》有所建议。如张舜徽1943 年 5 月 3 日日记记载：

朝食后，诣钱子泉先生，谈时许。知其近欲撰百年来湖南之学风一书，就湘贤事迹叙述之，藉以作厉士气，所采自罗曾左郭江刘王李诸公外，益以汤海秋、魏默深、王壬秋、阎季蓉及今人章行严，共十五人。但从诸人困心衡虑时论议行事加以阐扬，以为后人处贫贱患难者之鉴。其属意可谓盛矣。惟余以为，既以学风名书，则王壮武特于治戎为长，不合入录，与不得已，附录罗之传末可也。章行严至今犹存，以著述义例言，不录见存之人，避标榜也。余举此二者告之，不知其果能听取否也。余旧有志纂湘贤学案，迄今不就，竟为此翁所先。喜其所见之同，服其著书之勇。如见容谀，当竭余所知与共商榷也。③

从中亦可看出，钱基博撰《近百年湖南学风》受到湘籍学人的关注，其述湘学"内圣外王，在湘言湘，岂徒为诏于来学，抑亦自振其衰朽"④ 的用意也受到赞扬。最终于1943 年冬在湖南蓝田镇李园撰成《近百年湖南学风》一书。

二 "张皇湖南，而不为湖南，为天下"

晚清以来，地域意识勃兴，无论湖南、江苏、浙江、湖北、四川、直隶、云南等省，均极言各省人杰地灵、物华天宝；而在地域意识的背后，都隐藏着一个全国的背景，是所谓地域意识与民族主义的交融。钱基博述地域学术文化，也不无此意。对于写作《近百年湖南学风》的原因，钱基博曾以自问自答的形式予以解释。

或又曰："子江苏人也，暂被兵侨寄于此，而不惮烦而张皇湖南以成书耶？"余则应之曰："余江苏人也，抑中国人也。江苏岂能外中国而独立？则吾何可限方隅以自围？吾中国而有若胡文忠、曾文正、左文襄诸公，宁学圣贤而未至，不可违道以干誉；宁以一夫之不被泽为己疾，不以宠利居成功；鞠躬尽瘁，死而后已。可以仪刑于百世，岂徒一方之豪杰也！……"⑤

可见，钱基博总结地域学术文化，并非为了揭地域文化旗帜本身，而是着眼其在中国的影响与意义，诚所谓"张皇湖南而不为湖南，为天下"是也。

此前钱基博述江苏学风时，也时时以国家、民族的需要来筛选表彰、纪念的人物。江苏自古以来就是人文渊薮，学人众多，成就突出。明代东林党人以苏人为主；清代江苏是朴学的发源地与中心之一。然而，钱基博更看重的是，哪些人物才

① 张舜徽：《壮议轩日记》，国家图书版，2010 年影印本，第 162 页。
② 同上，第 220 页。
③ 同上，第 421—422 页。
④ 钱基博：《近百年湖南学风·导言》，第 7 页。
⑤ 钱基博：《近百年湖南学风·余论》，第 113—114 页。

是具有当代启示的意义，因而应当表彰的？哪些才是江苏学风的代表？是以他述说江苏学术"称顾炎武、陆世仪，而不称钱大昕、阮元，以博闻强识，而动众徒以谀闻也"；讲无锡学术"称高攀龙而不称顾宪成，以门户声气，而东林所由托始也"，取舍标准颇不同于前人与时人。"世之谈学风者"多以"东林党人"之事向钱基博咨询，钱不为"置对"。"非不能对也"，而是有鉴于东林党人争立门户、党同伐异对国家民族的祸害。他指出："方明之衰，士大夫好议论，不顾情实。国家可毁，而门户不可毁，异己必除，而客气不可除。党同伐异以为把持，声气标榜以为结纳，而义理不以饬躬行，问学不以经世用。及其亡也，法纪荡然。武人跋扈，文人未尝不跋扈，而矜意见，张门户，以庠序为城社，以台谏为鹰犬。恩怨之私，及于疆场，不恤坏我长城以启戎心。国事愈坏，虚誉方隆。而东林讲学实阶之厉。始作俑者，顾宪成焉。余宁为王夫之之荒山敝榻，没世不称，而不为顾宪成之籍甚群彦，言满天下。没世不称，庶几自葆其在我；言满天下，几见不以学徇人？"[1] 顾宪成固然是乡邦历史上的名人，但其党同伐异、标榜声气、将门户置于国家之上的做法是明亡的原因之一。因而钱基博讲无锡学术不言顾宪成而言高攀龙。这类做法，就是超越狭隘的地域意识，是站在国家、民族利益的高度来反思、批评地域中曾经涌现过的人物与现象。是以张舜徽感慨道："钱翁不以乡曲之私阿其所好，可谓至公至平之论。"[2]

在苏言苏，在湘言湘。钱基博出任国立师院学院国文系教授，总结近百年湖南学风以诏后来，他希望的是："凡我共学，倘能恢张学风，绳此徽美，树规模，开风气，以无忝于前人，岂徒一校之私以为幸，国家景命，有利赖焉。"[3] 旨趣所向，不是从江苏人的立场出发来品评湖南学术，也不是为了帮助湖南人高自标榜，或者仅仅是为了国立师范学院一校之荣誉，而是"国家景命，有利赖焉"，是为了国家的利益。

三 "诵说先贤，而不为先贤，为今人"

钱基博一再强调，《近百年湖南学风》并非寻常的"方志"书，而是具有"别识心裁"寄意其间。这个"深意"就是"诵说先贤而不为先贤，为今人"，通过阐发湖南先贤的嘉言懿行，来"匡饬时贤"、立懦廉顽，激发人们赢得抗日战争的胜利。

与李肖聃一样，钱基博也以为当今乃"道丧文敝"之时。只不过李肖聃更多地

---

[1] 钱基博：《近百年湖南学风·余论》，中国人民大学出版社，2004 年版，第 115 页。
[2] 张舜徽：《壮议轩日记》，第 102 页。
[3] 钱基博：《近百年湖南学风·导言》，第 7 页。

是针对传统学术文化的沦丧而言，而钱基博则更多地针对传统文化精神的沦丧。他说："今日士风已偷，师道不立。……无事则聚徒合众，放言高论；闻警则掉心失图，逃死不遑。古人以忧患动心忍性，今人以忧患幸生丧志。平日侈谈之学问经济，文章道德，一旦大难临头，未有片语只字可以镇得心住，振得气壮。而丧乱孔多，以迄于今，寇深国危，土崩鱼烂，人民死亡奴虏以数千万。而庠序如林，师生如鲫，几见有明耻教战，引以己任，见危授命，视曰分内？多难古有兴邦，殷忧今未启圣。而闹学罢教，纷纭如故，玩日愒月，泄沓如故。既以讲学弋声利，又视旷课为寻常。行身以放浊为通而狭节信，受任以望空为高而笑勤恪。"① 回望历史，名儒辈出，各有千秋，唯有"顾炎武博学于文，行己有耻，可以窥汉儒之真；陆世仪义理悦心，兵农济世，可以匡宋学之偏。"他慨叹："安得顾陆其人生于今日，义理悦心，行己有耻，权之坊表以立懦廉顽！"② 在此背景下，地域学术文化研究就不单纯是为了总结前人的成就，而是通过述说先贤来警醒世人、补偏救敝，具有极强的针对性。

钱基博指出："处今日学风之极敝，而揭帜东林以为号，徒以长虚骄浮夸之气，而救于世枉。"③ 因而述江苏学风不言东林党人。入湘八载，披阅湘中先贤著作，钱基博为诸人"好学深思""辅世长民"的精神所吸引，以为其学足以救世，故著书立说，予以表彰，同时借以匡饬时贤。

近代湘人湘学头绪纷繁，钱基博不追求周全赅备，而是精选湘学中的杰出人物，为其立传，力图发掘先贤身上足以"立懦廉顽"的文化资源，激发人们见危授命、修己立人的精神气概。在选择湘学知识谱系的成员时，钱基博"人不拘于一格，大者经文纬武，次则茹古含今，略其是非功罪之著，而彰勔学暗修之懿"。对于湘人湘学而言，各人所处的具体时代背景不同，所成就的事业不同，世异时移，功罪难有定见。钱基博主张，撇开具体的是非功罪不论，诸人"好学深思，心知其意，用之则辅世长民，不用则致知穷理"，这些精神均具有超越时代的价值。钱基博还指出，当年罗泽南以一老诸生，假馆四方，穷年汲汲，与其生徒讲论濂洛关闽之学，而后其弟子如王鑫、李续宜、李续宾等都能成就事功。吾人厕身上庠，所凭借者什佰于罗氏师弟，则所成就者什佰于罗氏师弟才能符合国家培养之宗旨。他号召诸人景行行止，毋陨越以遗前人之羞。

四　探究"湘学之所以为湘学"

为天下、为今人是钱基博研究地域学术文化现象的基本出发点。而作为外省

---

① 钱基博：《近百年湖南学风·余论》，中国人民大学出版社，2004 年版，第 115 页。
② 同上。
③ 同上，第 114 页。

人，在考察湖南地域文化时，较多地注意到其特色之所在，并试图分析特色的成因、总结特色的内涵。

作为外省人，钱基博首先注意到的是湘学的独特性。湘学是湖南这个特定区域范围内的学术风尚、学术成就与学术派别。而孕育这种风尚的，首先就是特定的地理环境。在导言中，钱基博指出："湖南之为省，北阻大江，南薄五岭，西接黔蜀，群苗所萃，盖四塞之国。"类似的言说由来已久。曾国藩在《湖南文征序》中指出："湖南之为邦，北枕大江，南薄五岭，西接黔蜀，群苗所萃，盖亦山国荒僻之亚。"杨毓麟在《新湖南》中也说："湖南，山国也，交通绝不便利，自长江接洞庭而上溯，行浅水汽船者五百里，自秋末迄冬初，率阻浅不得上驶，南隔岭峤，接两粤，皆山险也。"钱基博的话显然是从曾国藩的叙述中脱胎而来。

湖南作为"四塞之国"，对学术文化产生了哪些影响？从曾国藩、杨毓麟到钱基博都做出了解读，而有所不同。曾国藩指出，湖南虽为四塞之国，却先后于周、宋出现了屈原与周敦颐这两位巨子，前者为后世言情韵之祖，后者为后世言义理之祖，影响极大，"上与《诗经》《周易》同风，下而百代逸才举莫越其范围"。曾国藩此言意在强调湖南在学术文化上与中原的一致性甚至领先性，不因交通不便而自弃于中原人文教化之外，相反，对中原人文教化贡献颇大。杨毓麟则承认，湖南由于交通不便，故一方面民风纯朴鄙陋，昧于外事，另一方面却保持了独立根性，奴性不如外省深固；这种独特的地理位置培育了独特的民风，独立根性造就成了学术上的"岸异自立"。

钱基博的论述既受曾、杨二人的影响，而观察视角又有所不同。他指出：

其地水少而山多，重山叠岭，滩河峻激，而舟车不易为交通。顽石赭土，地质刚坚，而民性多流于倔强。以故风气锢塞，常不为中原人文所沾被。抑亦风气自创，能别于中原人物以独立。人杰地灵，大儒迭起，前不见古人，后不见来者，宏识孤怀，含今茹古，罔不有独立自由之思想，有坚强不磨之志节。湛深古学而能自辟蹊径，不为古学所囿。义以淑群，行必厉己，以开一代之风气，盖地理使之然也。①

就对湖南地理、民性的概括而言，钱基博的观点与杨毓麟的观点并无二致。湖南由于交通不便、地质特殊，民性倔强，导致"风气锢塞，常不为中原人文所沾被"。言外之意，湖南几乎等同于化外之邦，可打入另册。然而，当"中原人文"失去了一贯的先进性、不再具有唯一的正面意义时期，这种"化外之邦"显示出其积极的意义，不能与中原人文同步进化被解读成"风气自创"，湖南也由边鄙之地一变而为"人杰地灵，大儒迭起"的人文渊薮，并且具有"独立自由之思想，坚

---

① 钱基博：《近百年湖南学风·导言》，中国人民大学出版社，2004 年版，第 3 页。

强不磨之志节"的个性。真可谓因祸得福！

近百年湖南学风并非横空出世，而是有着湖湘文化的长期郁积。在导言中，钱基博追溯湖湘文化历史，延续曾国藩的思想，将楚之屈原与宋之周敦颐作为湘学史上的两个巨子。

他指出："原著《离骚》，以香草美人为比兴，以长言咏叹变四言，铿锵鼓舞，于三百篇之外，自成风格，创楚辞以开汉京枚马之词赋。"① 屈原的《楚辞》以灵活的句式、大胆的想象、楚国的方言，在《诗经》之外，另创了一种新诗歌体裁——楚辞。楚辞被后世发扬光大，汉代文学家在楚辞的基础上又创造出半诗半文的综合体——赋，成为中国文学遗产中的宝贵财富。周敦颐"作《太极图说》《通书》，契性命之微于大易，接孔颜之学于一诚，而以太极人极发明天人之蕴，倡理学以开宋程朱之性理"。屈原与周敦颐，"一为文学之鼻祖，一为理学之开山，万流景仰，人伦楷模，风声所树，岂徒一乡一邑之光哉！"② 换言之，屈原与周敦颐的影响，早已越出湖南一省，而成为全国人民万世崇仰的角色。钱基博的这些观点，均可视为对曾国藩观点的进一步阐发。

但与曾国藩不同的是，钱基博还凸显王夫之的典范意义，以周敦颐与王夫之为湘学史上的两座山峰，指出："为生民立极，为天地立心，而辅世长民，一本修己者，莫如周敦颐之于宋，其次王夫之之于明。周敦颐以乐易恬性和，王夫之以艰贞拄世变；周敦颐探道原以辟理窟，王夫之维人极以安苦学。"二人虽有不同，皆能以自己的言行辅世长民。"闻夫之之风者，顽夫廉，懦夫有立志；闻敦颐之风者，鄙夫宽，薄夫敦也。"并说："湖南人而有此，匪仅以自豪乡曲，当思以绍休前人。"③

钱基博总结近百年湖南学风，而上溯周、王二先贤"以端其趣"。在他看来，周敦颐的学术贡献在于开创理学、树立人极，而王夫之"荒山敝榻，终岁孜孜，以求所谓育物之仁、经邦之礼，穷探极论，千变而不离其宗，旷百世不见知而无所悔，虽未为万世开太平以措施见诸行事，而蒙难艰贞以遁世无闷，固为生民立极"。④ 正是周敦颐、王夫之两贤奠定了近百年湖南学风的基调。故在导言中，详述周、王二人之学行，揭示其于百年湖南学风之影响。

晚清以来，世变益亟。湘人应对路径各有不同，"汤鹏尚变以自名一子，魏源通经而欲致之用，胡林翼、曾国藩、左宗棠扶危定倾以效节于清；郭嵩焘、谭嗣同、章士钊变法维新以迄于革命。"虽新旧相劘，问学殊途，"而要之有独立自由之

---

① 钱基博：《近百年湖南学风·导言》，第3页。
② 同上。
③ 同上。
④ 同上，第5页。

思想，有坚强不磨之志节""湛深古学，而能自辟蹊径，不为古学所囿"。[①] 不同之中而又有相同的旨趣，诸人均"志在于淑群，行不害违众，精神意趣，则无不同。"这也是近百年湖南学风最主要的特点。在新旧递嬗之际，湘学的独立自由之思想，湘人的坚强不磨之志节，使湘学能够别开生面，引领时代潮流，使湘人成为主宰时势的生力军。《近百年湖南学风》正是要对湘学的这种特色进行揭示，予以表彰。

第二节　外省人看湘学：独特的湘学知识谱系

钱基博的"近百年"与刘茂华的"近代"、李肖聃的"最近""近数十年"大抵相同，但由于各自看待湘学的角度不同，选择的湘学人物不同，由此构成了不同的湘学知识谱系。李肖聃对湘学的叙述侧重学术本身，凡在学术或教育上有所建树的人物均揽入其中。刘茂华紧扣清代学术思潮演变，精选各个领域的代表人物，挖掘湘学在考证学、理学、文学、政治等方面的成就，所言不局限于"学"，而囊括术、治等方面，为的是显示湘学与中国民族史、政治史、学术史的密切关系。钱基博没有分门别类地介绍湘学，而是将"独立自由之思想，坚强不磨之志节"作为湘学的特色，精选具有这种精神的政治、军事、经济、文化等领域的 17 个人物，将相似的人物合为一篇，按照时间顺序，通过 7 篇即 7 个学案，来展示近百年的湖南学风。

《近百年湖南学风》所载人物表

人物	时期	特　征
汤鹏 魏源	道光年间	文章经国，志气拔俗，发强刚毅足以有执，文理密察足以有别，发聋振聩，大声嫉呼。主张变革的豪杰之士
罗泽南 李续宾 王鑫	咸同之际	创湘勇，以书生而当大敌，蹈难不顾，智勇武功后先彪炳。文采不艳，然声教遗言，经世综物，足以匡世拂俗，而有补于当世。湘军的创始人，是躬行实践的醇儒
胡林翼 曾国藩 左宗棠	咸同光之际	知人善任，幕府画啸。身兼将相，爵至通侯。困心横虑，裕以问学，以忧患动心忍性，不以忧患丧气堕志。湘军将领中成就大事功者

---

① 钱基博：《近百年湖南学风·导言》，中国人民大学出版社，2004 年版，第 6 页。

人物	时期	特　征
刘蓉 郭嵩焘	咸同光之际	方振即蹶，中构谗慝。功未成而身退，不懈所学自励于家园。刘蓉以宋为学，以廉自诩。郭嵩焘对宋学、对士皆有批判，自厉勤苦。都曾经为湘军成功做出了贡献，而都未能如胡曾左一样位置通显
王闿运 阎镇珩	同光宣之际	老儒暗修，独抱遗经。学不仅占毕，志在于匡俗；通经欲以致用，文章蕲于经国
邹代钧 罗正钧	清季民初	浮沉仕宦，孜矻所学，上说下教，终身以之。辅世以长民，与王、阎等人殊途同归
谭嗣同 蔡锷 章士钊	清季民初	谭、章文章经国，蔡将略盖世。文武殊途，成败异变，而无不运会维新，志欲匡时。谭明于生死之故，蔡明择主之谊，章知用晦之道

一　开启道咸新风气的湘学人物

《近百年湖南学风》首先标举的湖湘人物为汤鹏与魏源。其导言曰：

清治至道光而极敝，清学至道光而始变。于时承平之日久，主溺晏安，大臣委蛇持禄，容说以为忠；士人汩没科举，诗书以干泽。即有魁异杰出之才，不安固陋，而声气标榜，呼朋啸侣，桐城文章以学古，休宁名物以张汉，文史雍容，姑以永日，而辅世长民，以为非分。倘有文章经国，志气拔俗，发强刚毅足以有执，文理密察足以有别，发聋振聩，大声疾呼者，不可谓之豪杰之士哉！吾得二人焉，曰汤鹏，曰魏源。[①]

这是一种别出心裁的编排，同时也是深具史识的编排。无论是李肖聃还是刘茂华，都注意到了魏源在湘学史乃至中国近代史上的重要性，而于汤鹏则语焉不详。李肖聃的《最近湘学小史》和《近数十年湘学叙录》都未提到汤鹏，《湘学略》也仅在《益阳学略》重点介绍胡达源、胡林翼父子时附带提到益阳其他先贤还有汤鹏，其言曰："汤海秋鹏才气奔放，为古近体诗及《四书》文，数月而得千篇，所著《浮邱子》九十篇，曾公虽致讥评，然祭汤诗文称'韩悍庄夸，荀卿之蕴，鏖义半文，百合愈奋'者，其才自不可及也。"[②] 着眼的还是汤鹏的文才。而在钱基博的《近百年湖南学风》中，汤鹏被放在醒目的位置上，与魏源相提并论，使人们对嘉道年间湖湘人物的认识由魏源一枝独秀变为汤魏并辉。同时，钱基博述汤鹏与

---

① 钱基博：《近百年湖南学风》，第8页。
② 李肖聃：《湘学略·益阳学略》，《李肖聃集》，第57页。

魏源，主要不是着眼于其文才，而是他们的"尚变""致用"之旨趣，不是着眼于湘学内部，而是在整个清代学术嬗变中的地位。当道光之朝政治盛极而衰、学术谋变之时，大多数人浑浑噩噩，沉溺于嬉晏之中；少数不安固陋之士，也只是从桐城文章、休宁名物中寻找出路，不敢去想经世济民之事，以为非已之分内事。在这种背景下，汤鹏与魏源横空出世，以振聋发聩之势大声嫉呼变革，文章经国，志气拔俗，不可谓非豪杰之士也！以此入手谈近百年湖南学风，超越了就湘学谈湘学的局限性，立意不可谓不高！

在本篇内，钱基博较为详细地介绍了汤鹏的学行及尚变思想。汤鹏早年科名之路顺畅，中道光三年（1823 年）癸未进士第，年甫二十，所为制艺就被人追捧揣摩。但汤鹏弃制艺而为诗歌。始官礼部主事，为文章下笔不能休，大臣以为才，选其入军机章京。后又为户部主事、擢山东道监察御史。汤氏"年始三十，意气踔厉，谓天下无不可为者，徒驰骋文墨以自标置，无当也。"① 并不满足于以文才自喜，而有意于经世。"于是勇言事，未逾月三上章，卒以得罪，罢御史，回户部员外郎，转四川司郎中。"汤鹏初出师即受挫，但并没有气馁。当是时，闭关锁国很久的清王朝遭遇来自英国的挑战。英国人求通市，扰海疆。已遭黜不得言事的汤鹏"犹上书大臣转奏善后条陈三十事"，却不见用，"报闻而已"。汤鹏抑郁不得志，以为"事之积之已久则弊，而守之以固则枯，坏之已甚则匮，而处之以聩则愚，振之以大声嫉呼则訾其激，而荒之以流心佚志则厚其羞；料之以深识早计则嫌其躁，而亟之以颓光倒景则郁其忧。是故君子不能毋尚变"②。对于天下之弊以及变通之法，汤鹏都有全盘的考虑。他将这些想法著为《浮邱子》一书，"立一意为干而分数支，支之中又有支焉，则支复为支，支干相演以递于无穷。大抵言军国利病、人事情伪、开张形势，根极道德，一篇数千言者，九十一篇，计四十余万言。"在钱基博看来，汤鹏的这些思想都"植之以学，索之于古"，凭借学术积累与古代的经验来为现实提供应对方案，所言颇多精华。钱基博在文章中多有摘录。比如，汤鹏提出："君子纳之于轨物，然后能裁之于义理；裁之于义理，然后能详之于体段；详之于体段，然后能鸿之于作用。……是故读经则思其意，读史则思其迹。思其意，则奥而衍，使人变动光明而济；思其迹，则炯而严，使人中正比宜而静。"又如："是故君子必读书则古，以握宰世服物之本。考之《诗》，然后知性情；知性情，然后能款万物。考之《书》，然后知政事，知政事，然后能著万物。考之《易》，然后知阴阳；知阴阳，然后能妙万物。考之《礼》，然后知典则；知典则，然后能衷万物。考之《乐》，然后知声音；知声音，然后能和万物。考之《论语》

---

① 钱基博：《近百年湖南学风》，中国人民大学出版社，2004 年版，第 8 页。
② 同上，第 9 页。

《孝经》，然后知言行；知言行，然后能体万物。考之《大学》《中庸》，然后知体用；知体用，然后能总万物。考之历代之史策，然后知成败之凡；知成败之凡，然后能操万物。"① 这些见解无不体现汤鹏经世致用的思想。

钱基博充分肯定汤鹏的志向，赞扬其尚变思想"植之以学，索之于古"，誉之为豪杰之士。然而，具体到学术层面，却不能无微词。汤鹏自许平生"学周公孔子之学、志周公孔子之志以文周公孔子之文"，而钱基博指出："然其学主王霸杂用，出入儒与名法，而不纯学周公孔子。其语杂糅孟轲韩非，引物连类，旁征史实，而归宿于称说《诗》《书》，则又似《荀子》书之引《诗》以卒篇。"② 言外之意，汤鹏之学并不如他自认为的那样纯粹。至于汤鹏的文风，钱基博指出："其行文，好为排比，体仍制艺，而自出变化，震荡凌厉，时而云垂海立，时而珠圆玉润，连犿旁魄，时恣纵而不倘，读之者目眩神夺，争之强，辩之疾矣。足以夺人之心，移人之志。"③ 钱基博甚至怀疑，后来的康有为、梁启超报章文体新民体是否模仿汤文而来？

除《浮邱子》外，钱基博还简要介绍了汤鹏的其他著作，如《明林》十六卷，"指陈前代得失"；如《七经补疏》，"阐发经义"，《止信笔初稿》，"杂记见闻"。而《止信笔初稿》是汤鹏自许为"石室之藏者"，自许为兼精文辞与义理，奄有唐陆宣公、宋朱子二人之长者。

通过这样的叙述，钱基博为我们展示了一个志气拔俗、文章经国的汤鹏形象，也使汤鹏的价值被后人所认识。

相比之下，魏源则是湘人早就推崇的先贤之一，而钱基博所述与李肖聃、刘茂华稍有不同。

李肖聃推尊魏源为湖南经世之家功首，认为魏源之学"博大精深"，虽践履笃实不及船山，"而规模之大，思力之雄，百年以来，殆无其匹"。④ 刘茂华强调魏源为湖南今文经学的先驱，是通经致用的代表，于后世影响极大。

钱基博在该篇中，述魏源生平大概。魏源早年乡试，试卷曾得到道光皇帝手批嘉赏，名声籍甚。第二年会试，典会试者必欲罗致之以邀上眷。得一卷，文章绝类魏源，及揭晓，作者是汤鹏，而魏源则落第了。后魏源纳赀为内阁中书，改知州，游江南。安化陶澍在两江总督任内兼管盐政，用魏源之议，创海运，改盐法，利民利国，成为一代名臣。钱基博认为，陶澍盐漕改革，魏源与有力焉。这是钱基博挖掘的魏源第一个亮点。

① 钱基博：《近百年湖南学风》，中国人民大学出版社，2004 年版，第 10 页。
② 同上。
③ 同上。
④ 李肖聃：《最近湘学小史》，《大公报十周年纪念特刊》，1924 年，第 99 页。

魏源于道光二十四年（1844 年）进士及第，发江苏，知高邮州。"前此治经而张今文者，则《春秋》而已，至源乃推而大之以及《诗》《书》，遍于群经。"① 魏源将今文经学的研究由《春秋》扩大到《诗》《书》，乃至遍于群经。这是钱基博挖掘的魏源的第二个亮点。这一点，在李、刘二人的著作中也得到重点介绍。魏源著《董子春秋发微》七卷、《诗古微》二十二卷，《书古微》十卷，而于《两汉经师今古文家法考》提出自己的经学宗旨："今日复古之要，由诂训音声以进于东京典章制度，此齐一变而至鲁也。由典章制度以进于西汉微言大义，贯经术政事文章于一，此鲁一变至道也。"钱基博评价魏源的经学研究是"宣究今文，抉经之心，而博综子史，高谈王霸，宏我汉声，通经致用"。② 该篇对魏源论述多有摘录，以揭示魏源的豪杰志向与学术思想。对于魏源的学问渊源及特色，钱基博指出："其学出于吾常州庄（存与）李（兆洛）二氏，经经纬史，而润泽之以文章。词笔奥衍，熟于元明以来掌故，纂录《元史新篇》若干卷、《明代食兵二政录》七十八卷、《圣武记》十四卷、《皇朝经世文编》百二十卷。旁搜博采，尤悉心河道水利，海防边防，上下古今而明究其得失，如聚米画沙，如烛照数计。自谓坐而言可起而行也。"③

《海国图志》是魏源平生重要著作之一，也是钱基博叙述的重点之一。道光年间，中英鸦片战争爆发，中国割地赔款，签订《南京条约》。魏源有感于时势，发愤而道："夷之水战与火战，强于倭。倭之绝夷不与通市者，防其贩烟与传教。而夷之畏倭，畏其岸上陆战也。……吾之水战火攻不如夷，犹可言也；守岸禁烟并不如倭，可乎？不可乎？不能以战为款，犹可言也，并不能以守为款，可乎？不可乎？令不行于海外之天骄，犹可言也；令并不行于海内贩烟吃烟之莠民，可乎？不可乎？夫财用不足，国非贫，人才不竞之谓贫。令不行于海外，国非羸，令不行于境内之谓羸。故先王不思财用而惟亟人才；不忧不逞志于四夷而忧不逞志于国境。……"于是搜采欧美各国国情地理以著中国攻守之宜，成《海国图志》一百卷。论及《海国图志》的意义，钱基博除肯定它"厥为国人谈瀛海故实者之开山"外，又总结其宗旨，归纳为"以守为攻""以守为款""以夷制夷""师夷之长技以制夷"等，并认为这些主张即使是在百年之后的今日来看，依然可视为"建诸天地而不悖，百世以俟天挺伟人而不惑者"。与李、刘强调魏源对本省本国人的影响不同，钱基博还进一步揭示魏源《海国图志》对日本的影响，指出："日本之平象山、吉田松阴、西乡隆盛辈，无不得《海国图志》读之而愤焉悱焉，攘臂而起，遂

---

① 钱基博：《近百年湖南学风》，第 11 页。
② 同上。
③ 同上，第 14 页。

成明治尊攘维新之大业，则源有以发其机也。"① 认为魏源对日本明治维新有促进作用。

道光时期，东南海疆告急，朝廷关注点在东南，而西北边备松弛，新疆协饷不继。魏源大声嫉呼，要求加强西北边防。后左宗棠经营西北，采用魏源之主张，改建新疆行省，左曰："新疆不固，则蒙古不安。匪特陕甘山西各边时虞侵轶，即直北关山亦无晏安之日。近以用兵新疆，益叹魏子当日所见之伟为不可及云。"钱基博著中揭示的这一点，也是刘、李诸人篇中所未言及者。

道光之际，兵败于海防，财匮于河决江淹。而河无岁不决口以淹地数千里，无岁不筹防以耗帑五六百万。又是魏源挺身而出，为治河之策。此后的黄河铜瓦庙之决，印证了魏源的先见之明。

总之，钱基博笔下的魏源，有经世之志向，有治世之能力，有学术之根柢，有开通之眼光，影响所及，不局限于湖南，甚至不局限于中国。真正是个文章经国、志气拔俗的豪杰之士。

通过汤鹏与魏源这两个典型人物的学行业绩，钱基博展示了道光之际湘人湘学的风采。

二　书生成就大任的湘军将领

湘军将领是湘学中的重要代表，是湘学风气的集中体现，而各人之性情、际遇又有不同，不同之中又有相同。钱基博通过三组人物，来揭示书生成就大任的湘军将领风采，去体会湘学精神。

（一）罗泽南，李续宾，王鑫

《近百年湖南学风》出场的第二组人物是罗泽南、李续宾、王鑫师徒。钱基博在该篇导言中这样比较汤鹏、魏源这组人物与罗泽南、李续宾、王鑫这组人物：

汤鹏、魏源，大言经世而行或不掩；罗泽南、李续宾、王鑫，笃实辉光而其德日新。汤鹏、魏源犹以华士腾口说；罗泽南、李续宾、王鑫则以醇儒笃躬行。而遭逢世屯，奋身捍乡里，练丁设防，遂创湘勇，而起书生以当大敌，蹈难不顾，师弟僇力，转战大江南北，师殂而弟子继之，智名勇功，后先彪炳，羞武夫之颜，关其口而夺其气，亦其素所蓄积然也。汤鹏、魏源，高文雄笔，沛然出之，声采炳琅，腾诵士大夫。而罗泽南、李续宾、王鑫，文采不艳，辞达而已。然其声教遗言，皆经事综物，公诚之心，形于文墨，尤足以匡世拂俗，而有补于当世。②

换言之，在钱基博看来，这组人物的特点不是以文采艳世，而是以笃行名世。

---

① 钱基博：《近百年湖南学风》，第15页。

② 同上，第19页。

汤魏大言经世,固然是命世之豪杰,而在个人修为方面尚有不足,他们的经世更多地体现在言说方面,以言辞打动人们,所谓"夺人之心,移人之志",显示的是"言传"的力量。而罗泽南师徒则是笃行实践,以书生当大敌,蹈难不顾,文采虽不艳,却以自己的行为为世人树立了榜样。这样的榜样,不唯在晚清之时可以起到匡世拂俗的作用,即便是在当世,也有裨于世道人心。

随着湘军的兴起与成功,一大批湘人的学行业绩受到世人的关注,成为湘学中的重要人物。但在刘茂华的《近代湘学概论》中,涉及的湘军人物并不多,与湘军有关系的只有胡林翼、郭嵩焘、曾国藩诸人,而且分别放于政治学与考证学领域,而理学领域则无湘军将领的一席之地。在李肖聃早期众多有关湘学的论说之中,也没有对罗泽南师徒予以特别关注;后来增补而成的《湘学略》则在《曾左学略》之后设有《罗山学略》一篇,述罗泽南师徒学行业绩。李肖聃也提出:"湖南之盛,始于湘军,湘军之将,多事罗山。大儒平乱之效,湘中讲学之风,皆自罗山而著。"又说:"儒门出将,书生知兵,较其功烈,近古未有也。"可谓对罗泽南的高度揄扬了。而钱基博将罗泽南师徒放在胡、曾、左等名气更大的湘军将领之前叙述,特别突出罗氏师徒在湘学中的位置。

钱基博对罗泽南的叙述一部分是取材于曾国藩的《罗忠节公神道碑》一文。如述罗泽南早年颇坎坷,家贫苦学,十年之中连遭至亲之丧,从父母、兄嫂到儿子都先后去世,以至妻子哭子丧明。"泽南益自刻厉,不忧门庭多故,而忧所学不能拔俗而入圣;不忧无术以资生,而忧无术以济天下。"三十三岁,乃补县学生。逾四十,乃以廪生举孝廉方正,"假馆四方,穷年汲汲。与其徒讲论濂洛关闽之绪,瘏口焦思,畅衍厥旨。"这类言说都脱胎于曾文。

然而,钱基博并没有停留在重复曾文内容上,而是多有发挥。众所周知,湘军是以理学思想武装起来的一支地方队伍,以忠义相号召,以保卫儒家伦理、抵制"异教"横行为己任,最终成就了湘军的功绩。那么,是谁营造了湘军集团中的这种理学氛围?钱基博意在罗泽南。钱著中除述罗泽南的典型业绩外,更揭橥罗泽南的讲学旨趣:"其大者,以为天地万物,本吾一体,量不周于六合,泽不被于匹夫,亏辱莫大焉。凛降衷之大原,思主静以研几,于是乎宗张载而著《西铭讲义》一卷,崇周敦颐而著《太极衍义》一卷。幼仪不慎,异说不辨,则趋向不端,于是乎宗朱熹而著《小学韵语》一卷,辟王守仁而著《姚江学辨》二卷。严义利之闲,于是乎有《读孟子札记》二卷。穷阴阳之变,于是乎有《周易本义衍言》若干卷。旁及州域形势,而有《皇舆要览》若干卷。百家述作,靡不研讨,而其本躬行以保四海,则交通旁推而不离其宗。"[1] 紧扣罗泽南的讲学、著述活动,从而为罗泽南

---

① 钱基博:《近百年湖南学风》,第20页。

的践行找到学理依据。这是曾文所没有的。钱基博还指出："其后太平军洪秀全、杨秀清起广西，乘胜远斗以蹂躏湖南，而里中书生多攘臂起，团民壮，捍寇患，死绥踵接而逐之湖外，则泽南之教也。"[1] 说明罗泽南讲学对于激发湖南书生起而抵御太平军的作用。

钱基博特别凸显罗泽南的理学思想及其对实践的指导作用，指出：

泽南以所部与太平军角逐，历湖南、江西、湖北三省，积功累擢官授浙江宁绍台道，加按察使衔、布政使衔。所部将弁，皆其乡党信从者，故所向有功。前后克城二十，大小二百余战，其临阵审固乃发，以坚忍胜。或问制敌之道，曰："无他，熟读《大学》'知止而后有定，定而后能静，静而后能安，安而后能虑，虑而后能得'数语，尽之矣。《左氏》'再衰三竭'，其注脚也。"亦本周敦颐主静察机之说。其治军以不扰民为本。而视东南安危，民生冤苦，如饥溺之在己，与其所注《西铭》之旨相符。军行所至，士民欢跃，或输敌情，或诉所欲，馈肉饷饭，如家人父子。得道多助，屡破大敌，而善以寡击众。乡人化之，荷戈从军，蔚成风气。[2]

在钱基博看来，罗泽南能够制敌，与他对理学思想的运用有关；而罗泽南治军不扰民、关注民生冤苦，与他对《西铭》的钻研有关。对比曾国藩《罗忠节公神道碑》所述，可见出钱、曾之差异。曾文曰："公在军四载，论数省安危，皆视为一家骨肉之事，与其所注《西铭》之指相符。其临阵审固乃发，亦本主静察几之说。而行军好相度山川脉络，又其讲求舆图之效。君子是以知公之功，所蓄积者夙也，非天幸也。"也是强调罗泽南的成功是根植于学问的。就此而言，钱著与曾文并无二致，但补充了细节，使罗泽南的形象更加生动；同时将罗泽南根植于学术的成功提升到"得道多助"的高度。

值得注意的是，钱著还辨析罗泽南与曾国藩谁对湘军贡献、影响更大。时论以为"无湘乡，不成军"，意谓没有曾国藩，就没有湘军。而钱基博则主张"无泽南，无湘军""惟泽南以宋儒之理学治兵，以兵卫民，皎然不欺其志。此湘军所以为天下雄，而国之人归颂焉。"正是罗泽南以宋儒之理学治兵，才使湘军称雄天下，也才使湘军得到国人的称颂。如果湘军只知道"驰马试剑，漫事从军以攫富贵，豪闾里"，而不能真正体会罗泽南"以宋儒理学治兵，以兵卫民之指，意气自雄"，则"泽南之志荒，而湘之所以为勇者亦耗矣"。失去了理学作为内在支撑，湘军之勇难以为继。对理学而言，罗泽南以自己的成就证明了理学的工具价值。以往言宋儒之理学者，往往小廉曲谨，充其量只能修一己之身，不能堪当大任。而罗泽南以理学教徒，以理学治军，"朝出鏖兵，暮归讲道"，使其军队在屡遭惨败的情况下能

---

① 钱基博：《近百年湖南学风》，第 20 页。

② 同上。

够"志不挠，气益壮"①，改变了人们对理学迂腐无用的印象。罗泽南对湘军、对理学的意义是双重的。

罗泽南弟子众多，钱著在该篇中选择李续宾与王鑫作为代表进行介绍。李续宾早年在里中追随罗泽南受学，后协助罗泽南练湘勇，指挥罗泽南二营之一，所部成为湘军中战斗力最强的一支部队。钱著重在揭示李续宾如何运用理学思想治兵，揭示其将兵"主静"的特色，以为："其用兵专以救败为务，疾击争先。其在军中，泽南挈持大纲，而战守机宜，胥续宾主之。湘军之兴，诸将多以勇烈自诩，慷慨陈辞；续宾则含弘渊默，稠人广坐，终日不发一言。……遇敌则以人当其脆，而己当其坚；粮仗则予人以利，而己取其窳；分军则留强者以予人，而留弱者以自隶。士卒归心，乐为之用。"② 最后在攻打安徽时，阵亡于三河集之役，所部六千余人无苟活者。

王鑫也少从罗泽南受业，日夜讲习明善复性、修己治人之道。早在道光年间土寇扰民之时，王鑫就在乡里组织同乡捍逐土寇，有任侠之名。太平军兴起后，湖南盗匪四起，王鑫倡导团练互伍之法。钱基博指出："邑人狃承平久，闻鑫议，莫不掩耳。而鑫不计成败利钝，不顾祸福生死，上说下教，将之以诚。"③ 钱基博认为，湘乡之办团练，实王鑫倡之。"疑难百端，曾不自馁中，积诚相孚，久而信赖。"湘勇也创自罗泽南师弟。"咸丰二年，太平军入湖南，破道州。鑫上书知县朱孙诒，请练民兵。于是以意创为营制号令，日夜与罗泽南束伍选士，亲教之步伐技击，摄衣登台，陈说大义，声容慷慨，而湘勇自此始。"④ 王鑫练兵，除练技能之外，更注重以仁义"训"兵，"在军中，尝教士卒习字读书，日课《四书》《孝经》，以义理反复训喻，而引论经史大义，譬晓谆切，听者至潸然泪下。迨夜，营门扃闭，习斗之声与讽诵声相闻也。"⑤ 太平军定都天京以后，曾国藩率罗泽南、李续宾师弟之部出境，转战江西、湖北。而王鑫独率其部，以防湖南。其时太平军在两广的余部试图北上与天京太平军会合，而湖南境内人心动摇，太平军至则蜂应。王鑫所部不过千余人，又苦乏饷，王鑫拊循教练，相孚以义，相励于勇，孤危百战，历经三四年，卒以扫除太平军余党，使其不能进入湖南境内，保证湘军尽力北征，而无反顾之虞。后王鑫又率老湘营，实施游击战，声东击西，纵横驰突，使太平军时受重创。曾国藩再起督师，正赖老湘营为骨干。

在述王鑫时，钱基博于王鑫治军之法着墨颇多，再三致意。此外，还花了不少

---

① 钱基博：《近百年湖南学风》，第 21 页。
② 同上，第 22 页。
③ 同上，第 24 页。
④ 同上。
⑤ 同上，第 26 页。

篇幅介绍王鑫与曾国藩之间交往及"过节"，于王鑫不无褒奖之意，而于曾国藩则不能无微辞。而这一点，在第三篇的导言中则明确言之。

（二）胡林翼，曾国藩，左宗棠

第三组人物为胡林翼、曾国藩与左宗棠。与罗泽南师徒相比，这一组人物名气更甚、爵位更高。而钱基博在导言中云：

> 罗泽南、李续宾、王鑫，三人者，披坚执锐以当太平军，身经百战，未享成功。而胡林翼、曾国藩、左宗棠三人，则知人善任使，指挥若定，幕府画啸，而坐享其成，身兼将相，爵至通侯。显晦不同，劳逸亦殊。然其困心横虑，裕以问学，以忧患动心忍性，而不以忧患丧气堕志，一也。如以勋名之崇庳，而定人品之高下，抑浅之乎为丈夫已。①

言外之意，没有罗泽南师徒等人的铺垫，也就不会有胡、曾、左等人的成功。就对湘军的贡献及湘军最后的成功而言，胡、曾、左等人只能算是坐享其成。但钱基博也指出，不能因为勋名之高下定人品之高下，尽管胡、曾、左的功名是建立在罗氏师徒等披尖执锐一马当先的基础上，但"困心横虑，裕以问学"是与罗氏师徒一致了，一样值得表彰。

介绍胡林翼时，钱基博重在揭示其"动心忍性，见于经世宰物之大者"以为后世法。道光之季，胡林翼以知府分发贵州，历署安顺、镇远等府。捕盗锄奸，平日训练壮勇，仿戚继光练兵法而变通之。著《保甲团练条约》《团练必要》诸篇，颁之属县，督以必行，以固民志、清盗源。行之有效。后任黎平知府。洪、杨兵起，环黎平诸县皆蜂起以应，胡林翼举保甲，办团练，修建碉堡，连屯相望，以谓："言战不如言守，用兵不如用民。用民力以自卫，不如先用地利以卫民。"自后黎平迭次为太平军及叛苗环扑，而屹不可拔，均由于胡林翼的治理。后胡林翼提拔为四川按察使，留湖南办理防剿。咸丰五年署理湖北巡抚。其时洪秀全已定都天京，派其精锐部队进攻长江中游，已占据武昌、汉阳、黄州、德安等地。胡林翼简练军队，以忠义相感发，军屡挫而气弥厉，最终收复武汉。又整顿吏治，禁应酬，严奔竞，崇朴实，黜浮华。湖北养兵六万，月费四十万，而民无怨谤，兵无乏饷，自是湖北军强天下。又南征九江，北取安庆。钱基博指出："有清一代，督抚之用兵出辖境，自林翼始。"② 其治军务明纪律，而选将尚志气，用兵贵审固。抚驭诸将，量能授事，体其隐衷而匡其不逮。咸丰十年，曾国藩为两江总督，用林翼之谋以围安庆，久不克。而林翼亦出兵英山，进驻太湖为声援，调兵筹饷，日不暇给，而委己于学，夜则延老儒姚桂轩会讲《论语》，未尝稍间。自言："读书有得，临政治

---

① 钱基博：《近百年湖南学风》，第31页。
② 同上，第33页。

军，与文武将吏叙论，无不尽其情伪，而心目涣然，指画秩然。"终日危坐，讲求兵事吏事之要，汲汲施行。

曾国藩自是湘军的标志性人物。钱基博认为："湘勇之战胜攻取，国藩资之以有成功，而威震天下。"①没有湘勇的战绩，也就没有曾国藩的威名。然而，湘勇并非一开始就有勇。起事之初，曾国藩曾指出，湘勇有二不佳，一是思归心切，不能长征久战；二是体脆多疾病，不耐劳苦。而湘勇最后转弱为强，则是"恃一二贤豪长者为之倡"，其中曾国藩的教育、训练与鼓舞之功尤大。初，曾国藩在京师时从太常寺卿唐鉴游，讲求为学之方，鉴以义理之学相勖。后曾国藩又与倭仁、吴廷栋、何桂珍、窦垿等讲求理学，实践修身之法。后练湘勇，一训打仗之法，一训做人之道。每逢月之三八日操演，集诸勇而申儆之，反复谆谆至千百语。成师以出，多次败北，"当死生存亡之交，持孤注以争命；值危疑震撼之际，尤百挫而不挠。盖其所志所学，不以死生常变易也。其在军也，终日凝然，奏牍书札，不无躬亲。危城之中，益诵书史。"②曾国藩自将则败，命将则胜，其用兵也，不善制胜，而善救败，折而不挠，神闲气定，常以因祸而为福，转败而为功，以是诸将久而服之。居官治军，粹然儒者，戎马仓皇不废文事。

至于学问文章方面，钱基博也认为，曾国藩虽然自为文章由桐城义法入手，但实际上自成一派。"大抵以定气为主，以影响为辅，力矫桐城懦缓之失。探源扬马，专宗韩愈。奇偶错综，而偶多于奇。复字单谊，杂侧相间，厚集其气，使声采炳焕而戛焉有声。异军突起，而自成湘乡。"③

由罗泽南改造宋学、曾国藩改造桐城派，钱基博进而探究湖南人之所以为湖南的特点："自来言宋儒程朱之学者，无不拘谨，而罗泽南必发之以大勇；为桐城方姚之文者，多失缓懦，而国藩矫之以神奇。然则湖南人之所以为湖南，而异军突起以适风土者，一言以蔽之曰强有力而已。"④ 在他看来，湘学特色之一即是"强有力"。

左宗棠不仅是湘军将领之一，于平定太平天国有功，而且以收复新疆、经营西北蜚声国内，并且爵致通侯。钱基博指出："历古以来，书生戎马，而兵锋所指，东极于海，西尽天山，纵横轶荡，未有如宗棠者。世之人徒震其功名冠时、才高意广，而不知忧勤惕厉，操心之危，虑患之深，固无不与胡林翼、曾国藩二公者同。胡林翼聪明绝世而纳之于平实，曾国藩谨慎持躬而发之为强毅，而宗棠则豪雄盖代

① 钱基博：《近百年湖南学风》，第35页。
② 同上，第37页。
③ 同上，第39页。
④ 同上。

而敛之以惕厉。"① 左宗棠的功名与其忧勤惕厉分不开，他与胡林翼、曾国藩一样都是湘学注重辅世长民的代表。钱基博述及，左氏自童时即知慕古人大节，稍长为壮语，视天下事无不可为。熟读《四书》，后又读《皇朝经世文编》，受知于贺长龄、贺熙龄兄弟，与罗泽南为友，砥砺学行。中试举人后，三试礼部不第，伏处田里，半耕半读，而隐然具公辅之望。及洪秀全以其徒徇湖南，巡抚张亮基、骆秉章先后延左氏佐军幕，与曾国藩募练勇丁。"国藩率师东征，而宗棠佐骆秉章以坐镇湖南。湖南之得以保境安民，湘勇之用能杀敌致果者，曾国藩倡之，骆秉章主之。而宗棠实力赞之。所用人才，皆国藩所不喜。"②曾国藩出师屡挫，而宗棠用兵必胜。岸异自负，署号"葛亮"。特诏以四品京堂帮办国藩江南军务。募五千人，自树一帜，号曰"楚军"。遂有平浙、平闽、平粤、平陕、平甘、平新疆等功，战胜攻取威殚旁达。大兵之后，赤地千里，而宗棠教将士种树艺蔬，辟田野而抚残黎，因地制宜，诏以山农泽农之法。其入甘度陇而平陕甘，首师行所至，辄以屯田为务。至则相度形势，于险要之口安营设卡，而垦平原为广田。这是对左宗棠事功的描述。

论及左宗棠之学识，钱基博以为："英风霜气，老当益壮，而出其余事为文章，亦复生气远出，磊落英多。胡林翼谦不敢言文事，而宗棠则仗气爱奇，殊不以唐宋八家自限，而欲驾出其上，大抵以汉京之典茂，救宋人之轻侠，略与曾国藩同。曾国藩力学而资禀拙，每有累句；宗棠则天分高而功夫浅，不免掘笔。然大方家数，不为描头画角，而出以灏气流转，拙处亦见姿致。顾不喜接文士，以谓华而不实，无补时艰。"③

左宗棠以事功勋业著称，而于文事不甚用心。同县郭嵩焘、巴陵吴敏树欲纂《楚军纪事本末》，贻书索奏稿书牍。左宗棠回信称，湖南近二十年的成功都是此前贫苦困乏蕴蓄积累所致，若真为桑梓计，就该去奢去泰，保持先世纯朴之风。但另一方面，左宗棠也注意以学修心，自言："余出山十余年，跃马横戈，气扬心粗，恐善源日涸，得暇即亲六籍。"这与胡林翼行军必讲《论语》、曾国藩临戎不废书史之旨趣同。钱基博认为："胡林翼以聪明成其虚怀，可谓善用其长；曾国藩以愚直成其忠诚，及宗棠以刚愎成其骛锐，则皆善用其短。而泽之以文章，养之以学问，以艰难自励其志气，以强毅自振于挫败，三公者，又不同而同。"④

总之，这一组人物虽然与罗泽南师徒显晦不同、劳逸殊异，但在以学历行方面是相同的，同样具有湖南人的艰难自励志气、强毅自振于挫败的精神品格。

---

① 钱基博：《近百年湖南学风》，中国人民大学出版社，2004 年版，第 40 页。
② 同上，第 42 页。
③ 同上，第 45—46 页。
④ 同上，第 46 页。

（三）刘蓉，郭嵩焘

第四组人物为刘蓉、郭嵩焘，是湘军将领中人生际遇又不同的一类人物。罗泽南师徒出师未捷身先死，未能等到最后的成功；胡林翼、曾国藩、左宗棠等人功成名显。他们是湘军将领中的两种类型。还有一类人，虽然熬过了战火的洗礼，却没有胡、曾、左等的际遇，而是备受挫折，未能登上显要位置。刘蓉与郭嵩焘便是这类人的代表。而在钱基博看来，尽管他们与功成名显者"交道离合，亦难言之"，但"处官以廉靖，委己于问学，位高者固以不懈于学善全其勋名，身退者亦以不懈所学自励于家园。德业尽异崇庳，而苦学则固同归"。① 故在第四篇中特述刘蓉与郭嵩焘学行业迹。

刘蓉以宋为学，以廉自诩，在当时曾遭到左宗棠的讥刺。后者以为，士不廉不足论，仅有廉又何足傲！而在钱基博看来，在当今这个世界像刘蓉那样真能以宋为学、以廉自诩的人已经罕见了。对于今人而言，刘蓉依然是一个值得效法的榜样。

在该篇中，钱基博对刘蓉与曾国藩交往及论学旨趣多有揭示。刘蓉为湖南湘乡人，少有志节，与曾国藩、郭嵩焘布衣订为兄弟。而国藩早贵，官京朝，蓉尚未补诸生也。曾国藩办团练，刘蓉出言献策，为曾国藩所采纳。而刘蓉从国藩数年，不支一钱，又婉谢国藩之举荐。在论学方面，刘、曾多有分歧。国藩谈经，好举汉学家言，蓉则以宋学为宗旨，批驳清代汉学家"援汉儒以自尊""贬宋儒以立名"，非师古，"师心而已"。刘蓉不仅批评清代汉学家，也批评清代宋学家丢掉了朱子的学术精神，"朱子于古今时务政治之宜，靡所不讲，而后之学朱子者，但守心性理气之辨，《太极》《西铭》之说，闭门独坐泥塑木雕。一涉仕途，便无措手，所植皆无可奈何之事，所应皆未之前闻之务。"对于刘蓉的这些言论，曾国藩亦无以难之。咸丰十年，左宗棠以佐骆秉章而专其政，受到总督官文弹劾，遂推荐刘蓉代替自己的位置。后骆秉章移督四川，携刘蓉而往。刘蓉平乱有功，遂授四川布政使，擒太平军翼王石达开。关中动荡，捻军兴起，刘蓉调任陕西巡抚，却遭到御史蔡寿祺的弹劾而罢官。左宗棠奉诏以陕甘总督督师剿贼，刘蓉为他提出六条计策，多为采纳。

刘蓉罢官归里后，营遂初园，杜门讲学者十年。"其论学一以宋儒程朱为归，力排汉学之穿凿，亦不取陆王之禅悟，而于学者之不能反躬、徒以矜私知而炫多闻，尤不惮深贬而痛绝之。"② 湘军将领功成名就之后，湘中风气渐变，"以利禄为易得，而争事繁华。变朴厚之旧风，而群趋嚣竞。"刘蓉引以为忧，多有警诫，劝告朋辈惕厉修省，懔持盈保泰之思，却遭到人们的讥笑。在钱基博看来，刘蓉持论

---

① 钱基博：《近百年湖南学风》，第47页。
② 同上，第51页。

"不徇风气，知制行不为诡随矣。论文不持宗派之说，而为文章条达疏畅，如己意之所欲出，其源盖出于苏轼云"①。

就仕途顺畅、功业显赫而言，郭嵩焘显然不如曾国藩顺利。钱基博对郭嵩焘叙述颇详。郭嵩焘早年游岳麓书院，因刘蓉之介绍，结识曾国藩，三人订昆弟交，以问学相切劘。国藩称引汉学，蓉褒大宋儒，而郭嵩焘以为，无论汉学宋学，皆有偏废，都是一时之风气，"宋明之语录，本朝之汉学，皆风气之为也。君子未尝不为之，而固非道之所存矣。自非深识特立之君子，介然无与于风气之会，乌足以论时务哉！"主张"不以风气所染为俊杰"，自厉勤苦。钱著于郭嵩焘论学之言，不惮长篇累牍进行征引，以见其独特的学术思想。于郭之行事，则述郭嵩焘劝说曾国藩起而举办团练；又为曾国藩提议设立厘捐、解决湘军经费支绌的问题；又提议创办水师，于湘军可谓功臣。左宗棠在湖南巡抚骆秉章幕中帮办团练，遭到湖广总督官文的弹劾。时人值南书房的郭嵩焘从中斡旋，使左宗棠解除了危机。后郭嵩焘出任广东巡抚，遭左宗棠弹劾而罢官。对此，钱基博没有归结为个人恩怨、分辨谁是谁非，而是对比左、郭二人行事风格的不同以及对时局看法的不同。郭嵩焘罢官后一隐几年，至光绪元年复起为福建按察使，不久调为总理各国事务衙门行走，又奉诏出使英法，补兵部左侍郎。当时湖南人官京朝者以为出使海外乃奇耻大辱，正言切论而劝郭嵩焘辞职，郭嵩焘则强调："苟利于国，不敢避就。身之不恤，何有于名？主忧臣辱，在此行也。"毅然出行。后受随员刘锡鸿构陷，归国后回家而不入朝。自海外归而里居者十三年，主讲城南书院，兼辟思贤讲舍，祀王夫之，与学者讲肄其中，尤善言礼，有《礼记质疑》。钱基博认为，该书"折衷群经，以见诸行事，其素所蓄积然也"。又说："及其发为文章，理足辞简，特寓拗折劲悍之意于条达疏畅之中，坦迤之中自有波峭。"

无论是刘蓉还是郭嵩焘，均在罢官归隐之后，杜门讲学，是"身退亦以不懈所学自励于家园"的典范。

三　湘学中的传统读书人形象

谈近百年湖南学风，湘军将领自是最引人注目的角色。但钱基博同样关注没有寸尺事功的儒生。在钱基博看来，与胡林翼、曾国藩、左宗棠、刘蓉、郭嵩焘等一代名臣"声施四海"的显赫相比，王闿运、阎镇珩属于"老儒暗修，独抱遗经"；两类人物"遭际不同，出处攸异""然学不仅占毕，志在匡俗；通经欲以致用，文章蕲于经国，则固不同而同"。②虽然王、阎没有功名，但以学匡俗、通经致用、

---

① 钱基博：《近百年湖南学风》，第52页。
② 同上，第60页。

文章经国等志向上，与湘军将领是一致。这也是湘学的特色之一。

在晚清史上，王闿运以其特立独行的风格闻名于世，"名满天下，谤亦随之"。钱基博认为，"目论者徒见其行己之通脱，与人之亡町畦。而莫知其振于孤童，鲁而愤悱，为学之不厌，诲人之不倦。"在该篇中，钱基博详述王氏之"夙夜强学以待问，启迪后生如不及，恢张学风，不知老之将至"的情形，描述了一个不同于李肖聃、刘茂华二人笔下的王闿运形象。

李肖聃述王闿运，主体是以《湘绮遗书跋》的形式出现的，重点阐发王闿运在经学、道术、史学、文学等方面的成就；刘茂华同样强调王闿运在今文经学方面的影响，尤其是文学造诣无与伦比，又介绍了王闿运对时务的见解。但总体上看，李、刘二人对王闿运的"行事"方面着墨不多。而钱基博对王闿运的苦学、志学、为人处世等"行为"颇多关注，重在揭示王闿运的"特色"。他述王闿运幼时鲁钝、刻苦学习之情形，"年十五，始明训诂。"十九岁补诸生，与武冈邓辅纶、邓绎，长沙李寿蓉，攸县龙汝霖结兰陵词社，"摈弃世所谓诗古文，而诗取潘、陆、谢、鲍，文则推源汉魏，号'湘中五子'。二十四而言礼，作《仪礼讲》十二篇。二十八达《春秋》。其治学初由礼始，考三代之制度，详品物之体用，然而通《春秋》微言。张公羊，申何休，今文家言于是大盛也。"①

王闿运的经学虽受到乡人的推崇，许之为"公羊学大师"，实质外界非议颇多。梁启超认为王氏乃文人耳，所造经术甚浅；而章太炎更是讥笑王闿运"不识字"。诸人论湘学、论王闿运不免有"居高临下"的味道。钱基博则对王闿运之经学颇有"理解之同情"。这种同情与钱基博自身的体会不无关系。在学术文化高度发达的江苏省，无锡是相对落后的，乡人难免有自卑情结。钱基博曾述一事：

囊者吾乡丁仲诂先生尝为余言："乡先辈治经，外行不入格。"余意殊不平，谓："君之所谓外行不入格者，特以吾锡先辈治经，不合休宁、高邮辙迹耳。然不依傍人户，异军突起，自有独到。如高攀龙之理学，绳以朱子之道问学，固为外道，而揆之阳明之致良知，亦未遽为入格也。然不入格而可以开宗。学亦多术矣：有外行而不害为名家通人者，如吾锡高攀龙之理学，不程朱、不陆王。顾栋高之治《春秋》，秦蕙田之于《礼》，非休宁、高邮，亦非苏州、常州。而顾祖禹之史学，不同当日之浙东，亦殊后来之嘉定，皆不害为博学通人也。有内行入格而只成曲学者，如俞樾诂经证子，毛举细故，自诩精识，以休宁、高邮张门户，其实以《经籍纂诂》一书作兔园册子而已。"②

"外行不入格，可以开宗"，这是相对处于学术边缘地带的人对学术中心、学术

---

① 钱基博：《近百年湖南学风》，第60页。
② 同上，第113页。

权威的挑战，夹杂着自卑与自信。因无锡乡先辈曾遭"外行不入格"之讥，钱基博"意殊不平"，故论同样颇遭物议的王闿运，自然生出一种"理解之同情"，以为王闿运"有其独到以成湘学"，虽然王氏"文章不为桐城，今文经亦非当行"，但"能开风气以自名家"①。

正因这种"同情之理解"，钱基博充分肯定王闿运通《春秋》微言，"张公羊，申何休，今文家言于是大盛也"，认为王闿运发展了清代今文经学。钱基博对王闿运的文辞评价更高，指出："于时，学者承乾嘉以来训诂名物之学，习注疏，为文章法郑玄、孔颖达，有解释，无纪述，重考证，略论辨，掇拾丛残，而不知修辞为何事。"② 在学术界主流不注重文辞的背景下，王闿运能独抒胸臆，强调"文者，圣之所托，礼之所寄，史赖之以信后世，人赖之以为语言。辞不修，则意不达；意不达，则艺文废"；并辑《八代文粹》，"广甄往籍，归之淳雅"③，成为一代文豪。

王闿运向来以"布衣傲王侯"的个性被人关注。钱基博也留意及此，并予以解释："（王闿运）自以起孤童，未冠即与缙绅长者接，恐不礼焉，则高自标置，放言高论。而成名之后，弥以无让，貌似萧散，意实矜持。"钱基博在该篇中述王闿运与肃顺、与曾国藩的交往，以见其风骨。王闿运初以文才受到肃顺赏识，而后肃顺在祺祥之变中被杀，王闿运犹抱故主之思，并恤其后人。王闿运与曾国藩交往，不称弟子，独为客卿，不受事，不受荐。因著《湘军志》而受到曾国荃的攻讦，致书版被毁。述此事，钱基博感叹道："呜呼！动而得谤，名亦随之，世情自古如斯，所以闿运不怒而笑也。"④ 在感慨王闿运遭际的同时，也展现了一个通脱不羁的王闿运形象。

钱基博对王闿运启迪后学、传播经学着墨颇多，曰："既以肃党摈，不用于时，大治群经以开教授。"王闿运受四川总督丁宝桢之聘，出掌四川尊经书院山长。"至之日，则进诸生而告之曰：'治经之法，于《易》，必先知'易'字含数义，不当虚衍卦；于《书》，必先断句读；于《诗》，必先知男女赠答之词，不足颁于学官，传后世。一洗三陋，乃可言《礼》。《礼》明，然后治《春秋》。"教诸生以读《十三经》《二十四史》及《文选》。"汉儒人专一经，诸生亦各治一书，毋贪多，毋不经意。日有记，月有课，<u>而闿运精勤校阅，将顺其美，而匡正其不及</u>。暇则习礼，若乡饮投壶之类，三年皆彬彬矣。厥后廖平治《公羊》《谷梁》《春秋》，戴光治《书》，胡从简治《礼》，刘子雄、岳森通诸经，能不为阮元《经解》所囿，号曰

① 钱基博：《近百年湖南学风》，第113页。
② 同上，第61页。
③ 同上。
④ 同上。

'蜀学'，则闿运之以也。"① 这些叙述与刘茂华《近代湘学概论》相类似。

所不同者，刘茂华强调"先生以公羊言礼制，宏庄、刘、凌、陈之绪"，强调王闿运的今文经学是对庄存与、刘逢禄、凌曙、陈乔枞等人公羊学说的发展，从而将湘学与清代主流学术思潮的嬗变结合起来。而钱著于王闿运学术渊源不措一辞，似有暗示强调王闿运无师自通、风气自创之意。又如，述王闿运在四川授学，钱著增加了"而闿运精勤校阅，将顺其美，而匡正其不及"等语，使王闿运启迪后生如恐不及的形象更加生动。在"号曰'蜀学'"之后，加了"则闿运之以也"，强调王闿运对蜀学的开创之功。

钱基博笔下的王闿运，笑傲王侯，而奖掖后生不遗余力，循循善诱。钱基博对王闿运与弟子杨钧谈诗论文的细节多有描述，从侧面表现王闿运治学的特点。同时也指出，王闿运平生并不以诗人自居，而是有政治志向的。弟子杨度所作挽联，谓"旷代圣人才，能以逍遥通世法；平生帝王学，只今颠沛愧师承"，也是以政治家视闿运。不过，在实际从事政治的人眼里，则闿运又仅是文人，而非擅长政治。同治之末，易佩绅因郭嵩焘之介绍而谒闿运，谈学论政极欢。郭嵩焘则以书告诫易佩绅，谓与王闿运，"但论文章，友之可也，师之可也""至于辨人才之优绌，语事理之是非"，则不能听信王闿运的。推崇闿运之文章，而于闿运之政治才能颇不以为然。

相对于王闿运的大名，阎镇珩只能算是汲汲无闻了。"方当王闿运誉满东南、文采焴映之日"，阎镇珩"暗然潜修，不骛声气"。但在钱基博看来，两人在苦学、独立方面是一致的，同样代表了湘学的风气与精神。钱基博指出："（阎镇珩）学本程朱，文为欧曾。因文欲以见道，经世必以明礼。途辙所自，推本曾国藩。而文章浩落，不事涂饰，同国藩之宽博，异国藩之苗轧，然亦不为桐城末流之虚声摇曳。直抒欲言，意尽则言止，其意确然，其辞沛然。一时耆旧杨彝珍、郭嵩焘之伦，折辈行与交。"②可知阎镇珩见重于时人。

阎镇珩的可贵体现在他"暗然潜修，不骛声气"上面，不与时俯仰，保持了自己独立的学术旨趣与个性。钱基博指出："是时汉学大盛，风流湘楚，人人骛通博以为名高，而耻言程朱。至于文章，则穷诡极妍，宗尚齐梁。"而镇珩每告于门人曰："学无古今，适于用之谓贤。章句烦碎之学，有用乎？无用乎？百余年来，人人嗜奇炫博以倡汉学，自谓度元明而轶宋唐。然彼遭时无事，幸而窃据上位，如纪昀、阮元之徒，果何补于国家乎？自君子论之，貌荣闻而苟富贵，虽谓不有其人，

---

① 钱基博：《近百年湖南学风》，第63页。
② 同上，第66页。

可也。学以穷理为先，其次莫如通识古今之务，诗文抑其末尔。"①阎镇珩对汉学的批评是否合理可另当别论，但足见其注重修身、注重致用的为学旨趣。

如果说钱基博描述王闿运时较多着眼于王氏之"行"，那么，于阎镇珩更为关注的是他的"学"。钱基博详引阎镇珩论学之文，以见其独特的学术旨趣；又多次将阎镇珩与曾国藩、王闿运等人比较，以见其为文、为诗的特色。"曾国藩探源汉之扬马以学韩愈，力造雄奇瑰伟之境，以矫桐城缓懦之失。而镇珩则取径宋之欧曾以学韩愈，务为坦荡浩落以出，一洗湘乡苦轧之语，涵蓄宏深，发挥盛大。"阎镇珩与王闿运"同时而不同格，同其散朗，异其弘润，标致不如，而意度过之。"阎氏之诗"亦肆意有作，务为优游宽博，盘硬而不入于生涩，疏宕而不落于浅俗，不为曾国藩之生晜排宕以学昌黎、山谷，亦不同王闿运之华藻丽密以追士衡康乐，只是学杜而得其跌宕昭彰尔。"②

于阎镇珩之为人，钱著也凸显其"性勤恪，一息不肯以自懈。而受人之托，必为尽心"的特点。钱基博在该篇述及一则轶事。光绪年间，湖南瞿鸿禨任浙江学政，重新修葺故学政阮元故亭定香亭，并为之作记。期时阎镇珩适在瞿幕校文，应邀绳削雅正瞿氏之记，提笔点窜，将瞿自比于阮元。阮元在清代中叶有"汉学护法"之称，曾先后任浙江、广东学政，所到之处设精舍、开学堂，提倡汉学，影响极大。对于这样的比附，瞿愧不敢当，阎则曰："文达非有丰功盛德可比迹古贤，徒以文采风流烜耀一时而已。公以自比，吾犹为公羞之，奈何反疑其僭乎？"③ 阎镇珩此言初闻十分唐突，细思正是湘学逻辑的表现。此则轶事，一则可见阎氏"受人之托，必为尽心"的个性，一则反映阎氏论人论学自有独特的评判标准，以见湘学"学不仅占毕，志在匡俗，通经欲以致用，文章薪以经国"的特色。以这个标准判断，徒以文采风流显赫一时而并无丰功盛德的阮元并非湘人心目中的榜样；而以湘人比于阮元，不但不算攀附僭越，反而是蒙羞自辱。

尽管阎镇珩反对汉学，但于考古亦有著作。晚年阎镇珩积十三年之功，发愤著《六典通考》。不过，阎镇珩的考古之作又非寻常汉学家的经学论著所可比拟。阎氏批评文墨俗生"掎摭汉儒章句，穿凿立异，谓之经学"，无当于国家设施。而《六典通考》则"于先王之大经大法，究悉原委，薪于匡补杜、马二《通》及秦蕙田《五礼通考》之书，而于世道之治乱兴废有补焉。"考古之作于世道治乱大有裨益。钱基博还推论，阎镇珩著《六典通考》是曾国藩之意。曾氏尝作《圣哲画像记》，言："先王之道，所以修己治人，经纬万汇者，曰礼而已。辨后世因革之要，而欲

① 钱基博：《近百年湖南学风》，第67页。
② 同上，第68页。
③ 同上，第69页。

周览世之大法，必自杜氏《通典》始。马端临《通考》，杜氏伯仲之间，莫不以礼为兢兢。而秦尚书蕙田遂纂《五礼通考》，举天下古今幽明万事，而一经之以礼。"阎镇珩考证古礼，正是从此意出发。从曾国藩到阎镇珩，均可见湘学通经致用的旨趣。

钱基博还比较王闿运、阎镇珩之异同，指出：

于时王闿运才高意广，欲自外于国藩以别开风气；而镇珩严气正性，则推本于国藩以模楷后生。闿运通而门户大，镇珩介不免固，然不得镇珩之固，无以救闿运之通。闿运啸傲公卿，跌宕文史，以经术为润泽，以文章弋羔雁，声气广通，宕而不反；而镇珩遗外声利，君子暗修，笃实辉光，足以日新其意矣。[①]

近代湘人论湘学，对阎镇珩本不甚措意。李肖聃与刘茂华的湘学史论著遗漏了阎镇珩。而钱基博在论著中再三致意，揭示阎镇珩论学的意义之所在。

四　旧学转新的湘人湘学

钱著选择的第六组人物是邹代钧与罗正钧两人。相对于王闿运、阎镇珩这样的较为纯粹的文人学人而言，邹、罗都是在宦海中浮沉的人物。但在钱基博看来，他们"孜矻所学，上说下教，锲而不舍，终身以之，则固辅世以长民，同归而殊途"；由邹、罗二人，想到的是"进退无恒，非离群也；君子进德修业，欲及时也"[②]。

新化邹氏是近代湖南文化世家，前后延续几代。这一现象早已引起了人们注意。李肖聃曾作《新化诸邹著作考》，又在《湘学略》中设《邹邓学略》予以介绍；刘茂华在《近代湘学概论》中列邹汉勋入"考证学"领域。李、刘二人均重点表彰邹汉勋，阐发其汉学成就，对汉勋后代也都有涉及。而钱基博在邹氏家族中表彰邹汉勋之孙邹代钧，以其作为近百年学风的又一代表人物，对邹代钧学以致用的事迹进行了生动的描述。

邹代钧濡染家学，精通舆地，并学以致用。年二十余，补县学生。其时左宗棠正经营西北。邹代钧带着祖父所著舆地书，走千里，进谒左宗棠于酒泉驻地，乞序而行之。光绪十一年（1885 年），因曾国荃的推荐，邹代钧任出使英吉利、俄罗斯的太常寺卿刘瑞芬之随员。当时随员二十人，邹代钧位居第十九，但不因卑官自囿，而是多有建言献策，并得到认可。期满回国，叙劳报知县。时清廷方开馆续修《会典》，代钧上书五千言，言测绘地图之要点，得到诸人认可。总裁大臣善其议，奏充会典馆纂修，湖广总督张之洞电调主修湖北全省地图，以兼会典馆差，得旨俞允。戊戌维新时期，诏开经济特科，邹代钧曾到多人推荐，坚谢不应。清末新政

---

① 钱基博：《近百年湖南学风》，第 70 页。
② 同上，第 72 页。

时，邹代钧充编书局总纂兼学务处提调官，《钦定书经图说》纂修兼校对官。学部成立后，补员外郎。光绪三十四年，殁于武昌舆地学会。

舆地学会为邹代钧所创办，也是邹代钧经世之学的产物。钱基博极言邹氏于此机构之用心，指出："（邹代钧）虽往来湘汉，于役四方，而图局常以自随，综绘中外舆图七百余幅，而译绘西人地图，原本比例，有用英法俄尺者，悉据中国舆地尺改归一律，无论何国何地，按图可得中国里数分率之准，五千年未有也。"① 在钱基博眼里，"邹代钧一生矻矻，而未尝蒙情禄仕。"② 虽然仕宦沉浮，却始终致力于以所学辅世长民。

除述邹代钧之外，钱基博还仿《史记》"孔子世家""老子列传"之例，"著代钧后学，以明家学。""（代钧）族子永煊、永良、永修，咸传其学。而舆地学会之开，则永煊、永良赞襄之力为多焉。首出亚洲样图，即永良手绘也。永良，字易卿，尝佐代钧从测绘湖北全省地图，纂有《测绘综要》四卷。……以光绪三十二年先代钧死。"邹代钧去世之后，舆地学会随之解散，所有地图之底本、制图之器械，被学部购去而不知所用。在此情况下，永煊"惧家学之渐以坠也"，又继起在武昌开设"亚新"地学社，此举得到永修的襄助与主持。及永煊死，其子兴巨继承父业，并通过随时调查，更正父亲永煊所出版的三十余种地图，"事为之表，省为之说也"。兴巨继承父亲永煊出版地图书籍的事业，"出版益多，以永修宗老，奉手请益，而永修发凡起例以为之序。"兴巨死后，其子新垓又能继承父业。这样，"祖父子孙，继继承承，邹氏舆地之学，于是过五世矣。"③ 邹氏的可贵不仅体现在能世传其学上，还体现在经世致用、与时俱进的品格上。钱著援引邹永修《河南道县图序》："夫闭关之世利于阻，开港之世利于通，地险不足凭，人险足以持。铁路可以凿空，电信可以调兵，故山川丘陵，能限人于汽机未发明以前，不能限人于既发明以后。"并感叹道："酌古斟今而不为墨守，信为发顾祖禹所未发。"④

相对于邹氏家族的文化影响力，本组人物的另一成员罗正钧其实并不以文才著称，也不以事功凸显，李肖聃、刘茂华均未在论著中涉及。而钱基博视其为湘学中"进德修业"的代表之一，与邹代钧列为一组，揭示其"以学辅世长民"的精神。

罗正钧为湖南湘潭人，少贫劬苦，读王夫之之书，慨然想慕其人，遂私淑船山，以发扬船山精神为己任。他补辑仪征刘毓崧之《船山年谱》二卷，又著《船山师友记》十七卷以表达对船山的景仰。年逾弱冠，负笈长沙之岳麓书院，师郭嵩焘而友湘乡杜俞，但与杜俞论学旨趣不同。杜俞在家乡东山读书时，与其同学组成

---

① 钱基博：《近百年湖南学风》，第 77 页。
② 同上，第 78 页。
③ 同上。
④ 同上。

所谓"东山十子",志意纵横而诗歌唱答。每有会也,篇什争出,互赞交诵,旁若无人。罗正钧不能诗,默坐以听,发论道:"往者湘乡如曾、罗、左、李诸公以忠义倡动乡里,遂平剧寇,其为学具有本末,而未尝喜言诗。言诗者,湘乡之衰也。"① 言外之意,诗文之学为末技,如今弃忠义言诗文,是湘学传统的衰退。

罗正钧于光绪十二年(1886年)乡试中举,受聘为左宗棠曾经主持过的醴陵渌口书院山长。左氏依朱子小学为学规八则,董课甚严;左氏离开后,无继踵左氏之志者,学规渐废。罗正钧出任书院山长后,"踵修坠绪,士习丕变。"

罗正钧三试礼部不第,而刻厉于学,景行乡贤,力求达到乡先辈的境界。为此搜读乡先辈遗书,为他们编撰年谱,阐发前贤之志向与行事。他推本刘毓崧著《船山年谱》之意,先后撰《王壮武公年谱》二卷、《左文襄公年谱》十卷,受到时人推重。在钱基博看来,罗正钧"景行乡贤以治年谱",正如邹代钧"驰心域外以究方舆"一样,皆"宏识孤怀,骈绝当代"②。

钱基博还挖掘罗正钧治理地方、促进近代教育的事迹。罗正钧因侍郎廖寿恒的推荐,出任直隶知县,在抚宁县试用。当时,"县瘠而民习为盗,士不知学。正钧之莅官也,则捐廉俸购书数千卷,置骊城书院,时诣讲课以劝学。而编保甲,捕斩大盗陈国魁、韩振铎等数人以靖盗。"③ 光绪二十八年(1902年),罗正钧被湖南巡抚俞廉三奏留本省兴学练兵,派赴日本考察学制。归国后,罗正钧请派学生赴日本习专科之学,"湖南之派留学生自此始"。光绪二十九年(1903年),直隶总督袁世凯奏立学校司,电调罗正钧办学,罗正钧上言:"教育贵普及,而以中小学堂为本,然必先造就师资,而后中小学能刻期举办。"对此,钱基博评价道:"中国之有师范学堂,自直隶始,而直隶之办师范学堂,其议发自正钧。"罗正钧以学校司提调派充师范学堂总办,招师范生六百人,分速成、完全两科,是为直隶创设师范学堂之始,其影响是巨大的。"自创设师范学堂,日就月将,四年而全省之中小学堂如期成立。风声所播,于是山东、河南两省人士,胥以直隶办学,知所先后,成效最速,可为法式,请选派俊秀,附学师范,以资观摩而开风气,则正钧之以也。"④ 罗正钧开创北学规模之功绩,可与王闿运开创蜀学相比拟。"王闿运以今文开蜀学,而正钧树北学之规模,君子因机立教,予将以斯道觉斯民也,泽之所及者广矣,何必以私于里子弟哉!"⑤ 其影响所在,不以本乡子弟为局限。

因在直隶办学有功,罗正钧受到袁世凯的推荐,得到破格任用,先后出任天津

---

① 钱基博:《近百年湖南学风》,第79页。
② 同上,第80页。
③ 同上。
④ 同上,第81页。
⑤ 同上。

府知府、保定府知府兼管全省学务、山东提学使，对山东教育的发展贡献颇多。"时山东全省，仅省垣有师范学堂、高等学堂各一，而图书缺，规制简。正钧即以施之直隶而有效者，首从整饬师范学堂入手，厘订课程，礼延良师，而严定州县办学考成，法令立行。越二年为宣统元年，而自省垣以及各府州县之中小学堂，次第成立，一如直隶。"①

新学堂兴起后，也产生了一些弊端。由于合科举于学校，不少人志在当官；而教师亦是速化而成，不知道问学与尊德性，学校愈推广，风气越窳败。这些现象引起了罗正钧的担心，以为学校如此发展都是"利禄之途使然"，违背了国家敬教劝学、化民成俗的用意。他认为要变化学生气质，惟有读书。于是广购图书，创办山东图书馆。为保护本国金石文物不外流，又创设山东金石保存所以附图书馆内。这些都是罗正钧"以斯道觉斯民"的体现。宣统二年（1910年）九月引疾归。

辛亥革命爆发后，袁世凯为临时大总统，起用罗正钧为经界局会办，罗正钧归隐不出，却搜采一时臣僚之殉清以死者，得百数十人，成《辛亥殉节录》六卷。

除叙述罗正钧之外，钱基博还意犹未尽，把眼光投向了罗正钧的师友群体。"正钧熟当朝掌故，尚气好谈兵，侃侃自将，多忤而少与。然所交契，如同县赵启霖芷荪，郭承鎏伯庚、黄笃恂涤君、长沙左调元长卿、黔阳黄忠浩泽生、义宁陈三立伯严，及湘乡杜俞之伦，皆志节磊落之士。"② 诸人之中，赵启霖为名御史，黄忠浩为名将，陈三立为名公子，杜俞为名监司；而郭承鎏、黄笃恂、左调元三人，"困诸生不得出，无乡曲之誉"。钱基博还特意揭示郭、黄、左三人的生平大概，以见诸人虽"屏迹闾巷，声光暗然"，但"砥名立节"，受到罗正钧尊敬。此种精神，正是王船山精神的延续。

五 毁誉迥异、立身同有本末的湘人代表

《近百年湖南学风》终篇为谭嗣同、蔡锷、章士钊。钱基博认为，谭嗣同、章士钊"文章经国"，蔡锷"将略盖世"，三人"文武殊途，成败异变，而无不运会维新，志欲匡时"，故列为一组，予以考察，以见百年湖南学风之特质。谭嗣同"明于生死之故，变法不成，而杀身以殉所信"。蔡锷"力张军国之策，所投非主，而反兵以声大义"；章士钊"欲权新旧之宜，与时相劘，而鹰诇以将没齿"。虽然毁誉不一，但均不失为君子之道。谭嗣同"处死之决"，蔡锷"明择主之谊"，章士钊"知用晦之道"③，对于匡饬时贤、立懦廉顽的作用都是巨大的。故钱基博予

---

① 钱基博：《近百年湖南学风》，第81页。
② 同上，第82页。
③ 同上，第85页。

以表彰；而对诸人的解读又与众不同。

谭嗣同作为戊戌六君子之一，是近代湖湘文化精神的象征，也是湘学的代表人物。梁启超于湘人中尤为推崇谭嗣同，誉其为晚清思想界的一颗“彗星”，推崇谭氏《仁学》“欲将科学、哲学、宗教冶为一炉，而更使适于人生之用，真可谓极大胆极辽远之一种计划”①。李肖聃也把谭嗣同看成是浏阳文化史上自元代欧阳玄之后的又一代表，以为其文采“已奋藻于才林”、其忠节“亦追迹于往烈”“真天下奇男子也”②；但《湘学略》对谭嗣同的介绍较简略。钱基博则对谭嗣同的奇行、奇学做了生动细致的描绘。如谭父继洵官甘肃巩秦阶道时，谭嗣同往甘肃省父，在隆冬朔月策马荒无人烟之处，载饥载渴，历练自己。又出玉门关，谒新疆巡抚刘锦棠，“于时方为驰骋不羁之文，讲南宋永康之学，抵掌而谈，奇策纷纭。自以究天之奥，握霸王之略也”；之后往来于直隶、河南、陕西、甘肃、湖南、湖北、江苏、安徽、浙江、台湾等，“咨风土，结豪杰”。后谭继洵官湖北巡抚，嗣同时以便道省视，因揽其山川形胜，对罗泽南洪山故垒尤为关注。

对于谭嗣同，钱基博重点挖掘的是其主动赴死的深层原因，特别是将其与湖南学风联系起来考察。其言曰：

先是，罗泽南率厉乡人以起湘勇，曾国藩、左宗棠因之，削平东南，威殚旁达，南至于海，西极天山。而湘中子弟睹父兄之成功，欲袭故迹以奋起功名。顾嗣同悄然叹曰：“湘军其衰矣。狃于积胜之势，士乃嚣然喜言兵事，人颇牧而家孙吴，其朴拙坚苦之概，习俗沾溉，且日以趋于薄。读圣人书而芜其本图，以杀人为学，是何不仁之甚者乎！”既而走京师，谒乡先辈刘人熙而问业焉。始识永康之浅中弱植，俶闻张载之深思果力，而发之以王夫之之精义，幡然改图。③

当湘中弟子还在以湘军为榜样而欲奋起功名之时，谭嗣同对于湘军已有所反思，别寻为“仁”之学，故而师从刘人熙，钻研宋儒张载、明儒王夫之之学说。后又千里拜谒康有为，适逢有为归广东，不得见，而见康有为弟子新会梁启超。梁氏为其述康有为所发明的学说，与谭嗣同“平日所诵习契机，而益闻所未闻”，是以谭嗣同“大感愤而欲措见诸行事”④。后又因父命就官知府，候补金陵，得从佛学家杨文会游，于佛法深造而有得。于是谭嗣同融会贯通儒佛之精义，辅之以康有为《春秋》三世之义、《礼运》大同之说，以成《仁学》一书，“而人我之阂以祛，死生之故以明，而任事之勇猛亦精进”。钱基博认为，“此所以舍命不渝，而能视死如

---

① 梁启超：《清代学术概论》，《梁启超史学论著四种》，岳麓书社，1985 年版，第 88 页。
② 李肖聃：《湘学略·浏阳学略》，《李肖聃集》，第 108 页。
③ 钱基博：《近百年湖南学风》，第 87 页。
④ 同上，第 88 页。

归也！"①"仁学"思想才是谭嗣同视死如归的内在根源。

因述谭嗣同，钱基博附带述及湖南维新运动中的官绅如陈宝箴、陈三立、黄遵宪、徐仁铸、蒋德钧、黄忠浩等人，称赞蒋德钧"硁硁自守，亦磊落奇士也"。但钱著亦有张冠李戴之处，如误记谭嗣同出任南学会会长，把南学会会长、湖南经学家皮锡瑞的演说安放在谭嗣同身上。于谭嗣同入京任章京、襄赞新政事宜，以及戊戌政变发生后拒绝逃生、从容赴死的情形尤有详述。钱基博特别强调，谭嗣同"致命遂志，养之有素，其立身自有本末"②，并非如俗论言乃受康有为之影响。

近代史上的蔡锷以举兵反袁而闻名于世。钱基博述蔡锷之事迹，着重揭示蔡锷反袁的真正原因。

蔡锷早年就读湖南时务学堂，是梁启超的弟子，而后东渡日本，也受到梁启超等维新党人的支持。钱基博则以为，不宜夸大梁启超对蔡锷的影响。蔡锷在时务学堂"奉手梁启超""然得启超之心传者少，而受杨度之熏染者为多。"③ 钱著对另一湘人杨度颇多介绍。杨度是王闿运之弟子，早年醉心于帝王术，后东渡日本，学习宪法，提倡君主立宪。蔡锷留学日本时，与杨度交往最密，论学最契，休假日，必饭于杨度寓所。蔡锷放言高论，谓"非军国主义不足以救积弱之中国"，与杨度之君宪救国论此唱彼和。当时清政既替，变法无成，海外三岛，志士云集，而抱负不同，各有揭帜。持君主立宪论如梁启超等保皇党，以为法制既修，政有常轨，君主不过虚器，何必汉人尸名？他们反对排满革命，并以《新民丛报》为其喉舌。持民主立宪论如孙中山者，则主张治人治法不可偏废，非我族类，其心必异，必须排满革命，以《民报》为舆论阵地。而杨度依违其间，主张君主立宪与梁启超同，而不主张保皇，于是异军突起，创办《中国新报》。钱基博认为，《中国新报》"亦能持之有故，言之有理。而吐属婉约，不激不随，以视《新民丛报》之铺张排比、好为无端厓之词者，意度温文，动人娓娓，一册风行。"④ 孙中山自南洋抵东京，曾造访杨度，欲引为同志，杨度不以为可，却介绍孙中山与黄兴结识。后杨度归国受到袁世凯举荐，任宪政编查馆提调。辛亥革命南北和议起，杨度受袁世凯命令南下，协助唐绍仪与南方革命党和谈，"度与黄兴雅故，为袁世凯疏通其意，而和议屡停，以有成言者，度与有力焉。"⑤ 蔡锷与杨度过从之日久，而习闻其言论，受杨度影响颇深。

蔡锷归国后，历主湖南、广西、云南总兵事，擢云南三十七协协统。当时英国

① 钱基博：《近百年湖南学风》，第89页。
② 同上，第92页。
③ 同上。
④ 同上，第93页。
⑤ 同上。

人窥视中国领土，蔡锷编辑《曾胡治兵语录》以申儆诸将，并通过别加"按语"的方式阐发攻守之势，提出："若与他邦以兵戎相见，与其孤注一掷以堕军，不如据险以守，节节为防，以全军而老敌师为主。俟其深入无继，乃一举而歼之。"钱基博认为，当时我国坚持抗战，所见略与蔡锷同；而蔡锷早在二十年前就烛照几先。但蔡锷的这种先见之明却不为后人所认识。钱基博指出："然抗日军兴，吾与语士大夫，罕有会其意者。吾自来湘，尝告人：中国对外战争，有两番伟论，皆出湘人，而可以俟诸百世不惑。左宗棠之经略新疆也，俄人责言以陈兵，朝议蓄缩，而宗棠则主先进兵攻俄，引多隆阿之言，以谓'俄越境入中国，所坏者中国地方；我越境入俄边，所坏者俄国地方。俄人须防后路，自不敢一意向前'。……蔡锷主以守为战，而宗棠则欲以攻为守，乃与自来德国兵家所倡防御须在敌国境内之说，如出一吻。当年左公之雄图大略，与锷此日之操心虑危，相反相映。"① 就国家对外战争的攻守策略而言，近代两个伟人皆出自湖南。左宗棠当年经营新疆的攻守之势与德国军事家所说的"防御须在敌国境内"如出一辙；而蔡锷当年针对英国人的攻势所主张的以守为攻是基于对敌我双方情况的了解，两种策略看似相反，实质均有其理。

武昌起义爆发后，蔡锷在云南起事响应，出任云南都督；并高瞻远瞩，迭电各省都督，力图摧破省界，促成统一，以建设强有力之中央政府。南北和议成后，袁世凯出任临时大总统。1913 年，黄兴发动第二次革命，江西都督李烈钧、安徽都督柏文蔚、湖南都督谭延闿、广东都督胡汉民，无不响应，而蔡锷按兵不动。二次革命失败后，孙中山遁荒在外，蔡锷电告袁世凯，请解兵权，之后入京，供职统帅办事处，与杨度相往来。杨度论政而蔡锷谈兵，意气如昔。帝制议起，袁世凯以高官厚禄羁縻蔡锷。"然锷志气殊常，非如诸公衮衮之徒以醹豢也，勋业为重，禄位为轻。恒欲得人而匡辅之，挟雷霆万钧之势，以振中国，转弱为强。其弃云南而入觐也，以为世凯之足与有为也。顾世凯帝制自为，未遑远略，不竞于外，而以咆哮于中国，专治一切，自便私图，此锷之所不能忍也。于是谒梁启超有所咨商，而微服出京，绕道回云南以谋声讨。"② 这就是世人尽知听蔡锷从北京潜回云南、举兵反袁、再造共和的业绩。

蔡锷举兵讨袁的真正原因是什么？是否如俗论所言受梁启超的指示？这是钱基博在该篇中反复致意者。他援引蔡锷的临终遗书，力证蔡锷出处进退均源于自己的信仰与政治主张："（蔡锷）欲持军国主义以外御其侮，而不欲拥兵割据，以地方抗中央。志在尊主庇民，整军经武，鹰扬虎视，别有伟抱，岂曰师命惟听，而奉梁

---

① 钱基博：《近百年湖南学风》，第 94 页。
② 同上，第 97 页。

启超之一言而称兵者哉？特以所投非主，而不能以义全始终，赍志以殁，识者哀之。"① 而蔡锷的思想主张与其说受到梁启超的影响，不如说受到湘人杨度的影响更多。

谭嗣同与蔡锷均为中国近代史上的名人，也是与粤人来往较多的湘人。对于二人行事之动机，钱基博都从湘学内部，特别是从其自身的素养、信仰等方面予以解释，指出："顾嗣同之致命遂志，养之有素，其立身自有本末，而谈者藉为康有为之盛德形容；蔡锷之举兵讨袁，操之有本，在英雄别有襟抱，而论者漫谓梁启超之发踪指示。皮相目论，恶足与语天下士也哉！"② 换言之，谭嗣同的以身殉信、蔡锷的兴兵讨袁，都是基于他们一贯的信仰，而非康有为、梁启超的指挥与影响。

相对于声誉甚隆的谭嗣同、蔡锷，在新旧之间权衡折衷的章士钊则可谓"丛诟以将没齿"。但钱基博的独特眼光在于，透过三人人生际遇迥异的表象，捕捉到他们实质的一致，即皆具有独立自由之思想。章士钊早年亦是一激进革命之少年，在上海从爱国学社诸人游，与章炳麟、张继、邹容等结为兄弟宣传革命、撰《孙逸仙》宣传国父孙中山，后回长沙随黄兴创华兴会、联络洪帮哥老会以举事，失败后亡命日本。章士钊逃亡日本后，"则顿悟党人不学无术而高谈革命，祸至无日，功罪必不相偿。渐谢兴不与交往，则发愤自力于学，而一刮磨少年喜事之心。自是欲以向学持世，而不肯以议论徇人。"③ 从此"一意孤行，积与世忤，蹶而不振"。章士钊拒绝加入同盟会，留学英伦，学习政治经济学。辛亥革命后，章士钊以明宪法、通政情受到革命党人礼遇，却一本平素所笃信而发论，强调政党政治之成功在于党德，从此大醭于国人而失欢于同盟会。袁世凯拉拢章士钊，欲章氏主持宪法；章在具悉袁氏帝制自为之意后，孑然宵遁，走上海，与黄兴图讨袁之事，国民党重认章为政友。二次革命失败后，章士钊遭名捕，逃走日本，创办《甲寅》杂志，倡言"政本论""政力向背论"等。袁世凯公开实行帝制后，蔡锷潜回云南起兵反袁，章士钊则辅佐两广司令岑春煊以反袁；因建议岑不复国会、别立政统引起世人讥刺。岑春煊失职后，章士钊复游伦敦，走访名士，相与考论代议制与民治，政治信念渐变。返国后，为段祺瑞执政起用为司法总长兼教育总长，改革大学教育制度，设立考试委员会、合并北京各大学等。"风声所播，诟谤乃丛，部试诸生、青年尤大不悦"。又对舍旧趋新、全盘西化等时代思潮多有驳论。"好恶拂人，多迕少可，人欲得而甘心，遂躁而毁厥居。"于是愤而辞职。段祺瑞失职后，章士钊移居天津，致力于《甲寅》。

钱基博指出，章士钊与蔡锷，均为"不徇风气"之人。蔡锷以为，共和制建立

① 钱基博：《近百年湖南学风》，第 98 页。
② 同上，第 92 页。
③ 同上，第 101 页。

后，“名义可以无君臣，而大业之建，事实不能无主佐”，故“不肯拥兵割据以徇一时风气”“然欲以尊重中央而无成功者，以所欲佐者袁世凯也”。章士钊之治学也，“亦不曲学阿世以徇一时风气，然欲以整齐议士、裁饬学风而无成功者，以始所佐者岑春煊，而后所佐者段祺瑞也”。章蔡二人均属于好学深思、坚持己见者，其思想本身是无可非议的；只不过选错了借以实现自己的主张所依赖的人。蔡锷以袁世凯“足与有为”，章士钊先佐岑春煊、后助段祺瑞，都属于所择非人。二者的不同在于，“蔡锷反兵以申大义，心迹分明；而章士钊拂时以负众诟，志事不白。”① 故在《近百年湖南学风》中，以章士钊殿后。

第三节　钱基博湘学观的特点

抗日战争的时代背景、外省人的独特眼光、在湖南的亲身经历等因素，使钱基博在述湘学时，既不同于湘中本土的人文学者，又不同于其他的外省学者。本着“在苏言苏、在湘言湘”“张皇湖南而不为湖南，为天下；诵说先贤而不为先贤，为今人”的立场，钱基博从鸦片战争以来的湘人中精选代表人物，构建出一幅独特的近代湘学知识谱系，塑造了具有“自由独立之思想、坚强不磨之志节”的百年湘学形象。

一　地域视角与国家视角的融合

无论是李肖聃、刘茂华，还是钱基博，都是借助“诵说先贤”的形式完成对湘学的叙述，李肖聃的叙述还涉及对湘中重要的、权威的学术机构如岳麓书院、城南书院、校经书院等在湘学演变中的作用与地位，刘、钱则基本上是通过对“人”和“学”的叙述来完成。李肖聃论湘学，着眼的是“湘中之学”，其人不限于湘人，而涵盖了流寓湘中的外省人如朱熹、张栻、胡宏等人物的学说，强调大师有“过化存神”之妙；着眼的是湘学本身的传统与价值，试图恢复湘学传统以应对社会乱象。相对而言，李肖聃的“全国”关怀较为薄弱，而“致维桑之深敬，阐南学之灵光”的意蕴则十分明显。刘茂华论湘学，涉及的主要是“湘人之学”，以梁启超有关清代学术演变的线索为参照，挖掘湘学在考证学、今文经学等方面的成就，强调湘学对全国主流学术思潮演变中的“引导”作用，揭示湘学与中国民族、政治、学术、文化的关系。所言虽是一地之学，却处处隐含着“全国”的背景。钱基博述近百年湖南学风，所选择的是“湘人”之学，揭示的是湖南这块地方所孕育的独特的学风。然而，“人限于湖南，而纵横九万里之纷纭，导演于若而人之手。其人为

---

① 钱基博：《近百年湖南学风》，第 99 页。

天下士，为事亦天下事。"其人虽为湖南人，关怀所及、影响所及，却是天下事，是所谓"天下士"为"天下事"。因此，钱基博述说湖南先贤事迹时，将诸人融入全国的背景下，揭示的是诸人的"全国"意义，而不是就湖南谈湘学。同时，钱基博也再三表明，他研究湖南学风不是为了揭地域文化之帜，而是以"中国人"的身份探讨其中有利于国家民族的精神品格，景行前徽，匡饬时贤，视阈所在，都是抗日战争背景下的中国。此诚"张皇湖南而不为湖南，为天下；诵说先贤而不为先贤，为今人"也。这就使钱基博对湘学的论述具有超越地域文化视角的特点。

例如，本书以汤鹏与魏源开篇，将湘人之学放在道光年间政治衰退、学术谋变的背景下叙述，揭示其意义。钱基博指出，当道光之朝政治盛极而衰、学术谋变之时，大多数人浑浑噩噩，沉溺于嬉晏之中；少数不安固陋之士，也只是从桐城文章、休宁名物中寻找出路，不敢去想经世济民之事，以为非己之分内事。在这种背景下，汤鹏与魏源横空出世，以振聋发聩之势大声嫉呼变革，文章经国，志气拔俗，不可谓非豪杰之士也！这就不是着眼于湘学内部来谈汤鹏与魏源，而是从整个清代学术嬗变的高度来分析其作用。以此入手谈近百年湖南学风，立意极高！从而超越了就湘学谈湘学的局限性。

另一方面，在述及湘人行事时，钱基博又倾向于从湘学内部尤其是个人生平信仰、个性等方面来揭示其动机。晚清以来，随着湖南对外交往的增多、湖南人才群体的兴起，湖南"风气锢塞""不与中原相交通"的情形已经得到极大的改变，湘学与其他地域学术文化的交流越来越频繁，成为一个开放的系统。但具体到湖南人物的行事风格，究竟在多大程度上是缘于"湖南人"的身份，又在多大程度上是受到外界的影响？对此往往众说纷纭、莫衷一是，而在各种观点的背后潜含的是对地域文化影响力的评估。最典型的莫过于有关谭嗣同、蔡锷等人的看法。戊戌政变发生后，粤人康有为、梁启超等逃亡以生，湘人谭嗣同从容赴死，试图以自己的流血牺牲唤醒国人对维新变法事业的支持。蔡锷在察觉袁世凯复辟帝制的用意之后，逃离京师，潜回云南，举兵反袁，成为再造共和的英雄人物。因谭、蔡二人同康有为、梁启超交往密切，论者往往从康、梁影响的角度解释其活动。钱基博在第七篇中，专门叙述谭嗣同、蔡锷和章士钊三人，于谭嗣同"得处死之决焉"；于蔡锷"明择主之谊焉"；于章士钊"知用晦之道焉"，重点剖析三人行事的内在依据。钱基博再三强调："顾嗣同之致命遂志，养之有素，其立身自有本末，而谈者藉为康有为之盛德形容；蔡锷之举兵讨袁，操之有本，在英雄别有襟抱，而论者漫谓梁启超之发踪指示。皮相目论，恶足与语天下士也哉！"[①] 在具体阐发蔡锷的思想主张时，钱基博指出：虽然蔡锷在时务学堂"奉手梁启超""然得启超之心传者少，而

① 钱基博：《近百年湖南学风》，第92页。

受杨度之熏染者为多。"故篇中附带对杨度的思想颇多介绍,对杨度与蔡锷的交往叙述甚详。正是受杨度君主立宪论的影响,蔡锷形成了军国主义的信仰,"志在尊主庇民,整军经开,鹰扬虎视,别有伟抱",其所言所行均是出于自己的信仰,"岂曰师命唯从,而奉梁启超之一言而称兵者哉?"①

总之,钱基博述近百年湖南学风,没有局限于就湖南论湘学,而是将湖南隐含于全国的背景下,同时又注意到从地域文化的视角予以解释,强调地域文化的作用,实现了地域视角与全国视角的融合。

二　独特的评判标准

李肖聃论湘学侧重学术本身,凡在学术或教育上有所建树的人物均揽入其中。尽管李肖聃认为"崇朱子"才是湘学的正统,但所建构的湘学知识谱系中,同样给了非正统派一席之地。刘茂华紧扣清代学术思潮演变,精选各个领域的代表人物,挖掘湘学在考证学、理学、文学、政治等方面的成就,所言不局限于"学",而囊括术、治等方面,为的是显示湘学与中国民族史、政治史、学术史的密切关系。钱基博没有分门别类地介绍湘学,而是选择了汤鹏、魏源以下的17个代表人物进行分类合传,同时附述若干相关人物,按照时间顺序,通过7篇即7个学案来展示近百年的湖南学风。该书所涉及的人物"有文人、学者、循吏、良相、名将,不一其人,而同归于好学深思";所涉及的领域则有"教育、政治、军谋、外交、欧化,不一其术,而莫非以辅世长民"。不管诸人是什么身份,均有"好学深思"的特色;不管涉及的是什么领域,均有"辅世长民"的志向。钱基博再三强调,此书并非方志书,不是对湘学的全盘总结,不追求赅备齐全,而是通过这些人物的所学所行所思所想来展示百年湘学的特色。而湘学的这类特色,恰恰是在抗日战争的背景下所亟须发扬光大的民族精神品格,具有立懦廉顽的作用。这就使钱基博在选择湘学代表人物时与李肖聃、刘茂华等人颇有出入,对人物的具体评价亦有不同,诚所谓"略人之所详,扬人之所抑"是也。

与李肖聃、刘茂华等人的湘学论著相比,钱著最明显的一个不同就是有意"遗漏"了王先谦。就晚清湖南学者而言,王先谦无论是学术成就还是学术声誉,都不亚于王闿运,而钱基博在论著中只述王闿运却不及王先谦。为此,钱基博还在"余论"中做出解释。他承认,王先谦"督江苏学政,提倡古学,整饬士习,有贤声",影响甚远,"流风余韵,令我低徊",然而,"文章方、姚,经学惠、戴,头没头出于当日风气,不过导扬皖吴之学,而非湘之所以为学也。"王先谦的学问虽好、造诣虽深,但是取径皖吴汉学,充其量是对皖吴之学的继承与发展,而不能显

---

① 钱基博:《近百年湖南学风》,第98页。

示湘学特色。相比之下，"王闿运之人之学，老辈颇多绳弹，然有其独到以成湘学。益吾先生，博涉多通，不曾过之，而无独到。"钱基博还借评价无锡前人"不入格可以开宗"之言，为王闿运辩护。"王闿运文章不为桐城，今文经亦非当行，然能开风气以自名家。益吾先生，文章桐城，训诂休宁，无不内行入格，然不能名家。"① 王先谦是一贤学政，可入江苏通志名宦传，却不必充当近百年湖南学风的代表人物。

这里，不仅涉及谁人可以代表湘学，更涉及究竟什么是湘学的界定问题。钱基博提出了"湘之所以为学"的命题。钱基博认为，"湘之所以为学"，就在于它的风气自创，别于中原以自立，而不是对中原文化的吸纳与传播。

当然，所谓"风气自创"，按照其他地域学术文化标准来看，在一定程度其实是"外行不入格"。尽管钱基博因为自身的经历，对"外行不入格"颇有"同情之理解"，并强调"不入格可以开宗"，却难免有将湘学打入另册的味道。作为外省人，钱基博述湘学首先关注到它的独特性，将能代表湘学特色的人物纳入湘学知识谱系之中，而将不能代表湘学特色的人物摒弃于外，有他的合理性。但就对湘学的叙述而言，这至少是不完整的，遮蔽了晚清以来湘学与其他地域学术文化交流互动的事实。

在"略人之所详"之外，钱基博还以其独到的眼光挖掘了一批"无乡曲之誉"却具备湘学精神、代表湘学特色的人物。学术史上的显晦殊异现象是钱基博、李肖聃等人再三致意的。李肖聃曾经提出一个命题："文章光气，显晦殊时，传与不传，亦命耳。"为那些见重于当时，却在后世湮没不彰的人物如张栻、王文清等人感到惋惜，并在论著中进行挖掘与表彰。钱基博同样关注人物的"显晦"，不过不是着眼于"传"与"不传"，而是"略其是非功罪之著，而彰勤学暗修之懿"。故而一些为湘人所忽视的人物如汤鹏、阎镇珩、罗正钧等都在该著中占据一席之地，成为近代湘学知识谱系中的一员。他表彰汤鹏文章经国、志气拔俗，阎镇珩暗然潜修、不骛声气；表彰罗正钧宏识孤怀，推广师范教育、树北学之规模，使诸人的价值重新被人们所认识。至于对一些人物的具体评价，钱基博也显示出与众不同的眼光。如表彰罗泽南师徒讲论濂洛关闽之学，以醇儒笃躬行，以书生当大任，声教遗言，皆经事综物，公诚之心，尤足以匡世拂俗，有补于当世；并谓"无泽南，无湘军"，没有罗泽南，就没有以理学武装起来的湘军。这样的创获不胜枚举。

钱基博的论断后来也得到湘籍学者的回应。比如，张舜徽亦为阎镇珩抱不平。张舜徽《清人文集别录》在为阎镇珩《北岳山房文集》做提要时，说阎"盖欲以著书终老，自抒所得，以传于来叶，亦犹顾炎武所云立言不为一时之旨也"，又论其"作《六典通考》，属稿十三年，成书二百卷，学者咸叹其浩博。一生心力，盖

---

① 钱基博：《近百年湖南学风》，第 113 页。

尤尽瘁于是书焉"。张舜徽还说,他早岁北游,曾听到前湖南学政柯绍忞品第湘学,"谓镇珩奋自僻邑,前无师承,论其学诣,宜在王闿运、王先谦之上"。张舜徽认为,以柯绍忞近世耆儒的身份,加上又曾经督学于湖南,对湖南士大夫较为熟悉,其品评湘学,应该是很真实的。"顾清末论湘学者,虑知尊二王,而不知有阎氏。良以二王发迹甚早,交通显贵,是以声名洋溢,见慕后来。镇珩声尘寂寞,终隐林泉,没后不数十年,多不能举其姓字。穷通显达,而轩轾以分,亦可慨矣。"① 尽管张舜徽可能还是从汉学的角度论《六礼通考》之学术价值,并因此比较王先谦与阎镇珩,用意与钱基博有所不同,但亦可反证阎镇珩作为一个被遗忘了的学者自有其价值,而钱基博的表扬发掘之功难能可贵。

三 适应时代需要的湘学新形象

叙述地域学术文化不可避免地要涉及对地域学术文化特色的总结与概括。李肖聃在《湘学新志序》中将湘学特质总结为守节、致用、远利、避名四个方面,所谓"守节"是指湘学崇奉程朱理学,学者以传道、守道为职志;所谓致用是指湘人论学以致用为期盼,追求所学必可行、凡行必求效;所谓远利是指湖南本农业省,不习商贾,学人严义利之辩,以求利谋财为耻;所谓避名是指学人不求闻达,粹然暗修。在《湘学略》中,李肖聃又通过梳理湘学源流演变,将"崇奉朱子"作为湘学的传统。这些概括,或涉及治学领域,或涉及论学旨趣,或涉及为学形态。李肖聃意在以恢复湘学传统矫正新文化发展以来所导致的社会乱象。相比之下,钱基博通过对百年湖南学风的梳理,将湘学特质概括为"独立自由之思想,坚强不磨之志节"。这里没有涉及具体的论学领域,也没有涉及具体的事功追求,而是侧重于湘人个性与精神品质。

湘学具有独立性的观点并不是钱基博的发明创造。晚清以来,随着西学东渐、中国文化正面价值的削减,国内各地域文化的传统地位与意义也发生了改变。晚清江苏留日学生曾经指出,江苏作为中原人士逃难星聚之地,是中国文献之都汇、中国文明的制造场,同时也是中国文明不适合于天演之弊害的制造场,是"支那之支那"②。浙江留日学生也指出,浙江本为文明的中心点,而在弱肉强食的国际竞争中,这种文明已流为"文弱"③。相比之下,僻在山荒之亚的湖南则因其文化上受中原影响较小而受到称赞,或誉之为崖岸自立,或誉之为具有新机。钱基博有关湘学"风气自创,能别于中原人物以独立"的论述可谓是对这些观点的继承,同时将湘学特色进一步扩展到"独立自由之思想,坚强不磨之志节"。在民族危机的关头,重新审视这些品质,就不仅是客观的陈述,而具有积极正面的价值。

---

① 张舜徽:《清人文集别录》,华中师范大学出版社,2004 年版,第 573 页。
② 《江苏发刊词》,《江苏》第一期,光绪癸卯四月。
③ 公猛:《浙江文明之概观》,《浙江潮》第一期,光绪癸卯正月。

　　在钱基博所表彰的 7 组人物中，遭际各异，显晦殊时，甚至每组人物也有不同。但钱基博在不同的人物中寻找共性，从中概括出湘学的特性。汤鹏与魏源，同为道光年间文章经国、志气拔俗之士，其高文雄笔有声于士大夫间；而罗泽南、李续宾、王鑫等人则是笃行实践的湘中儒生，文采不艳，辞达而已；然而"声教遗言，皆经事综物、公诚之心，形于文墨"。表现虽异，宗旨相同。罗泽南师徒披坚执锐以挡太平军，身经百战，却未享成功；而胡林翼、曾国藩、左宗棠则身兼将相、爵至通侯，两组人物"显晦不同，劳逸亦殊"，然而在"困心横虑，裕以问学，以忧患动心忍性，而不以忧患丧气堕志"上是一样的。与胡林翼、曾国藩、左宗棠等功成名显的人相比，刘蓉、郭嵩焘"方振即蹶"，遭际迥异。但是，"位高者固以不懈于学善全其勋名，身退者亦以不懈所学自励于家园"，在好学深思上诸人又是一样的。比起这些湘军名将领，王闿运与阎镇珩则是纯粹的读书人，并没有惊天动地的大功绩，"遭际不同，出处攸异"。然而，王、阎等人一样有好学深思、辅世长民的志向与旨趣。王闿运与阎镇珩之间，也有极大的差异，一者为名满天下、谤亦随之的闻人，一为无乡曲之誉、暗然潜修的老儒。而在钱基博眼里，同样是湘学"通经致用，志在匡俗"的代表。邹代钧、罗正钧"浮沉仕宦"，与王闿运、阎镇珩"肥遁邱园"、优游林下又不相同，但又殊途同归。而在谭嗣同、蔡锷、章士钊三个毁誉迥异的人身上，钱基博看到的是立身自有本末、不徇一世之风的精神。

　　湘学特色除体现在诸人不同之中的相同之外，还体现在对学术文化的创新上面，诚所谓"湛深古学而不为古学所囿"。例如，"自来言宋儒程朱之学者，无不拘谨，而罗泽南发之以大勇；为桐城方姚之文者，多失缓懦，而国藩矫之以神奇。然则湖南人之所以为湖南，而异军突起以适风土者，一言以蔽之曰强有力而已。"[①]经过湘人改造的程朱之学、桐城文章，焕发出新机。而这种"强有力"正是时代所呼唤的品格。

　　清季以来革命排满思潮的兴起，曾使湘军形象一由道德楷模而变为民族的罪人。而在钱基博看来，湘军将领依然具有正面的价值。他说："吾中国而有若胡文忠、曾文正、左文襄诸公，宁学圣贤而未至，不可违道以干誉，宁以一夫之不被泽为己疾，不以宠利居成功，鞠躬尽瘁，死而后已。可以仪刑于百世，岂徒一方之豪杰也！"[②]胡林翼、曾国藩、左宗棠等人以忧患动心忍性，而不以忧患丧气堕志，对于"以忧患幸生丧志"的"时贤"是一剂良药。而罗泽南师徒穷年汲汲、讲论濂洛关闽之学，最后"杀敌致果，卓有树立"，也为今人树立了榜样。

　　总之，钱基博所塑造的湘学形象既是对湘学实体的描摹，也倾注了他的理想，反映在民族危急关头对地域文化精神的呼唤。

---

① 钱基博：《近百年湖南学风·余论》，第 39 页。
② 同上，第 114 页。

结　论

　　本课题对近代有关湘学的叙述是如何形成的，又是如何演变的进行了较为系统的探讨，揭示了不同时期的湘学形象的成因及其具体内容，以及传统文化资源是如何在后人创造性的诠释下被激活的。

　　首先，近代湘学意识的萌发与湖南成为一个独立的行政区划有关。

　　如果湘学是指湖南这个特定区域的独特的学术风气、学术派别、学术成就的话，则诚可谓源远流长，然而对它的自觉意识与主动建构却以清代湖南建省为契机。自康熙年间湖南与湖北分治以来，湘人文化上的独立意识日益高涨，并以湖南为范围来总结地域文化成就，通过方志、诗征、文征等文献，构建了一套有关湖南历史文化的叙述体系，促使湖南由行政区划转化为一个文化单位。

　　地方志是地域文化意识的重要载体。湖南建省之前，在文化上基本上处于"失语"的状态，有关湖南历史文化的叙述是由《湖广通志》所"代办"的。湖南、湖北分治后，地方官绅在"有省必有志，有志乃成省"的理念指导下，将《湖南通志》从《湖广通志》中独立出来。此举一则改变了《湖广通志》"详北略南"的现状，补充了湖南的山川人物、民情风俗，为地方官治理提供必需的"舆情"资料，一则争取了对本省历史文化的诠释权。在乾隆年间修撰而成的首部《湖南通志》中，湖南力证自己的文化源远流长，非其他边省所可比拟，特别是在本朝设立布政使司以来，更是达到了"文物声名日新月异"的程度，一洗湖南"化外之邦"的面目。此后，从嘉庆朝再修《湖南通志》到光绪朝三修《湖南通志》，参与其事的湖南本省人士越来越多，文化修养、社会地位也越来越高（尤其是同光之际修《湖南通志》，参与其事的不少为湘军将领），湖南的历史文化资源得到越来越充分的开发，塑造了"忠义之邦，湘省为先"的形象。在这类叙述中，湖南不但不是"边省"，简直是人文渊薮，湘军的兴起及其成功都是湖湘文化长期郁积喷薄而出的结果。

　　编写地方志是形成地域文化认同必不可少的环节，它一方面通过全省各地文献的搜集整理，构建出一个有关湖南省历史地理的叙述体系，另一方面也促进了对地方文献的进一步关注，促进了对本省历史文化的认同。倘使湖南真的像它所说的"文物声名日新月异"，那么，最好的证明方式莫过于汇集湖南历史上的文化作品，向世人集体展示湖南人的文化成就。因此，挖掘、整理湖南的文化成果，就成为湖湘文化意识发展的题中应有之义。正是在这种背景下，才先后有了嘉道之际邓显鹤的《沅湘耆旧集》、同光之际罗汝怀的《湖南文征》的问世。

在后世的言说中，邓显鹤因搜讨地方文献不遗余力而被誉为"湘学复兴之导师"。返归历史现场，就会发现，"湘学复兴之导师"的出现是近代湘学意识逻辑演绎的必然结果。当湖南已经有了自己的省志之后，"诗征之刻，吾湘独阙"又引起了官绅的焦虑。是故邓显鹤编撰湖南诗征虽出自个人性情，实质契合了湘学意识发展的需要，承载了众多湘人的期待，而《沅湘耆旧集》一书的编撰、出版也得到了诸如陶澍、贺长龄、唐仲冕等湘籍大官的支持，以及其他湖南官绅的襄助。从这个意义上说，《沅湘耆旧集》在一定程度上也是一项"集体文化工程"。《沅湘耆旧集》收集了湖南自明至清的1699位诗人的15681首诗，诚可谓"蔚为大观"，充分证明了湖南作为"风骚故土，余风未歇"的文化生命力，呈现了一个"诗歌大省"的形象。而罗汝怀的《湖南文征》更是咸同之际湖南文化认同进一步发展的产物。它收录元明至清同治600余年间湖南"名臣魁儒，人才节士"之文4000余篇，也有力地证明了"大湖以南，作者林立"的盛况。

方志、诗征、文征等各类文献共同呈现了湖南的历史文化，也为后人阐发湘学提供了素材。而这些文献的编修，又发端于湖南立省。在时人的认知中，行政上的独立不是真正的独立，唯有文化上的独立才是"自为一省"的关键。这样，地域认同转化为文化认同。而湘学意识正是地域文化认同的深层体现。

其次，近代王夫之的发现与湘学意识的发展之间存在着互动关系。

湘学的建构离不开知识谱系的编排，更离不开典型的树立。正是在挖掘、整理湖湘文化遗产的过程中，一大批先贤得到表彰、为人纪念，王夫之就是其中的代表。王夫之在身后一个半世纪内，不为外界所知；而在湖南省征文考献的活动中，王夫之作为先贤典范"复活了"。诗、文的荦荦大观固然能证明湖南文风兴盛，但不能证明湖南一省的学术成就足以在全国占据一席之地。而明清之际著作等身、气节凛然的王夫之的发现，表明湘人不仅可以在一般意义上模山范水、吟诗作赋，更有直探经典、接续圣人的高远理想与皎洁志向，从而全面提升了湘学的水准。是以王夫之适时地成为湘学的形象代言人。晚清以来，湖南形成了"言湘学必谈王船山"的现象，"船山"成为一种文化符号，运用到有关机构、学校、团体上。刊刻船山著作、解读船山思想、表彰船山气节，是近代湘学发展史上的重要内容，也是近代湘学观的重要内容。围绕着王船山，人们对湘学进行了种种建构活动。"王船山"成为近代湘学史上取之不竭、用之不尽的思想宝藏。这些现象表明湘学认识与湘学实体之间的相辅相成。

再次,"湘学"是一个流动的概念,其内涵与外延都是不断变化的;不同时期人们塑造了不同的湘学形象。

如何定义"湘学"?如何总结湘学特色、找到湘学最具地域色彩的个性?这是今人争论不休的一个话题。其他地域文化研究中亦存在着类似的困惑。通过本课题的系统探讨,可以发现,"湘学"本身是一个流动的概念,其内涵与外延都在不断变化。如果固守一个特定湘学概念来剪裁历史上的湘学现象,反倒会削足适履。从近代湘学观的形成与嬗变的长时段历史来看,不同时期甚至同一时期的不同人群,塑造了不同的湘学形象。这些形象正是不同的湘学观的折射。

"湘学"意识是地域文化认同的产物。尽管"湘学"这一名词是在晚清湖南维新运动之际出现的,但对湘学内涵的探讨早就开始了,并且呈现出阶段性变化。大体说来,清中叶至嘉道之际,湘学意识的发展处于力证湖南有教化的阶段;道咸以后,湘学意识发展到试图形成湘学特色、总结湘学传统阶段,可归纳为"弘扬"阶段;至光宣之际,随着观察角度的变化与评判标准的转移,湘学意识又进一步发展到对湘学传统的反思与批判阶段,人们试图建构起新的湘学传统与特色。

邓显鹤在彰显湖南"风骚故土,余风未歇"的文化生命力的同时,注意到湘人不事表彰、暗然自修、不求闻达、风格独特、自成一家、忠义节气等特征,而《湖南文征》则一方面从量上证明"天下文章,莫大于楚""大湖以南,作者林立",一方面从质上显示了湘人为文善言理、善抒情、不事考据等特色。诸人虽然没有提出"湘学"这一概念,但对湖南学人、学风、学术成就等的评价成为后世湘学观的基础。

道咸以后对湘学特色的概括往往是在主流学术思潮的框架下进行。在清代汉宋之争的背景下,以曾国藩为代表的湘人不仅从学理上凸显湘学"重理学"的特色,而且以行动塑造着湖南"理学之邦"的形象。随着学术思潮由汉宋之争发展到汉宋调和,湘人不仅接纳了汉学,而且对"吾乡经学之陋,不免见笑于外人"有了自觉的反思。为此,人们一方面挖掘湘学史上的汉学成分,改绘湘学知识谱系,一方面以实际行动提升湘学中的经学水准,使湖南"理学之邦"一变而成"汉学重镇"。由此可见,湘学本身存在着多元化的趋向和多种形象,而究竟赋予湘学哪种品格,重点塑造哪种形象,则因时、因地、因人而异。但无论强调"理学之邦"还是"汉学重镇",都不出传统学术范畴。

正式揭"湘学"之帜是在湖南维新运动时期。在西潮东涌、新旧递嬗的背景下,人们重新审视湘学传统,改塑湘学形象。湖南学政江标首揭"湘学"一词,以《湘学新报》展示湘中学子新知的成就。而当康有为、梁启超学说在三湘大地蔓延开来时，以王先谦、叶德辉等人为首的保守官绅展开了对湘学传统的热烈讨论，以正本清源、维护湘学的纯洁性，不被岭南学说所污染。此后，无论是新派还是旧派，都频繁地运用"湘学"这一概念，而立旨各异。诸人或为维系忠义传统以使不坠，或试图展示湘学向新的精神；或抵制其他地域文化的"入侵"，或以其他地域文化为参照而找准特色；或立足地方关怀，或心系国家民族命脉。其情形之复杂，充分显示了地域学术文化观念在新旧冲突、古今交汇、中西碰撞之中的多重面相。至清季留学生东渡日本，以域外文明为参照重新评估湘学价值，其守旧的一面遭到批评，而处在边缘、风气自创等特征被赋予积极的意义。正是在一次次的反思过程中，湘学的内涵与特色逐渐丰富与完善起来。

此外，如果从地域与国家的关系的角度考察，还可以看出，早期湘学观致力于将湘学向国家主流文化靠拢，力证湘学与中原文化的一致性，甚至是"斯文之统"所出。至清季留学生则抛弃了这一模式，转而以"僻在边缘"为荣，强调湘学的独立根性与具有新机，非中原文化所可比拟。这种嬗变，一则反映了评判标准的变化，一则反映了湘人文化自信心的增强。

最后，民国时期的湘学观发展到对湘学知识谱系的建构、对湘学与全国主流学术关系的评估以及湘学品格的"活化"阶段，而本省人与外省人的视阈差别也造就了不同的湘学形象，显示了湘学绵长的生命力。

清季以前的湘学观是政治关怀与学术自觉、地域意识与国家视角的交互作用的产物，众声喧哗而各取所需，呈现出片断化的特色。这一情况在民国时期得到了全面的改善。民国年间，随着现代学堂的建立与学科的分设，知识界全面完成了新旧递嬗，作为传统学术范畴的"湘学"逐渐成为人们研究的对象，有关湘学史的叙述逐渐完备，出现了李肖聃的《湘学略》、刘茂华的《近代湘学概论》以及钱基博的《近百年湖南学风》等代表性著作。由于各人的思想旨趣不同、立场不同，所构建出来的湘学形象又有不同。

大体来说，李肖聃作为思想较为保守的学者，面对民国之后的价值失范、新学"猖狂"，试图恢复湘学传统以导引生徒，抵制梁启超、胡适等新学人物的影响，以"宗朱子"为标准构建出宋代以来的湘学知识谱系。刘茂华作为年辈较晚的学者，其思想既受到李肖聃的影响，复受梁启超的影响，其述湘学以梁启超有关清代学术思潮演变的叙述为线索，挖掘湘学在清代学术思潮演变中的"领导"作用，意在强调百年湘学与中国民族、学术、政治转变的关系重大，揭示湘学的重要性。钱基博作为抗战时期流寓湘省的外省学者，敏锐地观察到湘省学风的与众不同，以及这种特征对于激励国人争取抗战胜利的作用，故精选最具湘学特色的代表人物，构建百年湘学的知识谱系。钱基博的《近百年湖南学风》可谓新文化运动领袖陈独秀《欢迎湖南人底精神》一文的学术版。

　　李肖聃的叙述方式是包罗并举，带有全盘总结的味道，举凡湖南出现的学人、学风、机构都在叙述范围之内，所构建的湘学知识谱系较为完整。虽然李肖聃强调湘学以"宗朱子"为传统，但同样给了没有恪守这一传统的湘学另类以一席之地，并能客观评价其判断。"湘学四王"概念的提出充分说明了李肖聃叙述湘学时的开放态度。而"念楚才之日衰，思后生之任重"的现实关怀，"致维桑之深敬，阐南学之灵光"的情感，无不洋溢于论著之中。

　　如果说李肖聃叙述湘学包含着以湘学传统来拯救斯文的用意，那么，刘茂华述湘学则是针对外界各种有关近代学术思想史的观点而发，是为了争取湘学在全国主流学术界的地位。其发凡起例既受到省外学者的影响，而在行文过程中，处处隐含着一个全国的背景。通过对湖南考证学与政治学人物的叙述，使被梁启超等人的学术史叙述体系所遮蔽的湘学从边缘挤入中心，显示其重要性。

　　抗战时期京沪等地文化机构内迁，全国著名文人学者一度过境湖南，甚至停留在湖南长期生活。这使湘学获得了被外界更好地体会、认识的机会。钱基博避寇来湘，披阅湘中先贤著作，览其指要，观其会通，撰成《近百年湖南学风》，为我们展示了一个外省人或者说"中国人"眼中的湘学形象。与刘茂华将全国背景隐藏在湘学背后不同，钱基博是将湘学隐藏在全国之后，所谓"张皇湖南而不为湖南，为天下"既是近代湘人的行事风格，也是钱基博叙述湘学时的态度。钱基博沿袭了晚清以来有关湘人"风气固塞，不与中原相往来"的思维方式，但他将其解读成"风气自创，别于中原人物以自立"，并以外省人的敏锐眼光捕捉到这"自创"风气的可贵。通过对湘人治学行事的特色的分析，钱基博将湘学的内涵概括为"独立自由之思想，坚强不磨之志节"。这些概括没有涉及具体的学科门类与倾向，而是侧重于治学风格与精神旨趣。世异时移，知识界已经全面完成了新旧递嬗。湘中先贤所思所学不一定还有适用性，但治学风格与精神旨趣却具有超越时代的价值。钱基博通过述说湘贤，期待发挥立懦廉顽的作用，激发人们见危授命、赢得抗日战争的胜利。从某种程度上看，这是民国时期又一次对湖南学风的呼唤，是陈独秀《欢迎湖南人底精神》的学术版。这也反证地域学术文化传统在一定历史背景下的复活。

　　本课题虽然是有关湖南地域文化的个案研究，但期待的是举一反三，为考察地域学术文化与国家学术文化之间的互动关系、地域学术文化与地域学术文化之间的关系、地域学术文化形成特色与去除特色之间的关系等问题提供一些启发。事实上，地域学术文化观念的兴起、发展、盛行与嬗变是近代较具普遍意义的现象，但各自的演变轨迹是千差万别的。湖南借助于湘军的兴起打造出了"理学之邦"的文化形象，提升了本省的文化软实力，充分显示了地域文化的建构性。而其他地域文化形象的形成的特定情况，也值得分析总结。

由于时间与精力的关系，还有一些问题本课题未能充分讨论。湘学观更多的是一种"事后追认"，但这种追认到底在多大程度上是名实相符的？这或许不是仅仅用"横看成岭侧成峰"就能够解释的。本课题对此虽有涉及，但未能展开充分讨论。又如，湘学观虽然是"事后追认"，指向的是过去，但意在导引未来。湘学观与湘学本体发展之间有着内在的联系。对此本课题揭示不够。另外，湘学观不仅是本省人地域文化认同的深层体现，也是外省人用来区分自我与他者的一个概念，其影响也不可小觑。由于资料分散，本课题主要集中分析了钱基博的《近百年湖南学风》，而对其他外省人眼中的湘学形象分析不够。凡此种种，均有待于以后进一步拓展深化。

参考文献

（一）相关典籍与史料

［1］陈宏谋．湖南通志［M］．长沙：乾隆二十二年刻本．济南：齐鲁书社，1996，影印本．

［2］李瀚章．湖南通志［M］．长沙：岳麓书社，2009，影印本．

［3］刘献廷．广阳杂记［M］．北京：中华书局，1957.

［4］陶澍．陶澍集［C］．长沙：岳麓书社，1998.

［5］邓显鹤．沅湘耆旧集［G］．长沙：岳麓书社，2007.

［6］湖南省图书馆整理．湘雅摭残［C］．长沙：岳麓书社，1988.

［7］赵烈文．能静居日记［M］．台北：台湾学生书局，1964.

［8］张佩纶．涧于日记己卯下［M］．光绪刻本．

［9］胡玉缙．续四库提要三种［M］．上海：上海书店出版社，2002.

［10］湖南文献委员会编．湖南文献汇编（第一辑）［G］．长沙：湖南文献委员会，1948.

［11］张文虎．覆瓿集［C］.

［12］王夫之．船山全书（第1－16册）．长沙：岳麓书社，1996.

［13］张舜徽．清人文集别录［C］．武汉：华中师范大学出版社，2004.

［14］曾国藩．曾国藩全集14·诗文［C］．长沙：岳麓书社，1986.

［15］邓显鹤．南村草堂诗钞［C］．长沙：岳麓书社，2008.

［16］邓显鹤．南村草堂文钞［C］．长沙：岳麓书社，2008.

［17］周圣楷．楚宝［C］．长沙：岳麓书社，2008.

［18］罗汝怀．湖南文征［C］．长沙：岳麓书社，2008.

［19］罗汝怀．罗汝怀集［C］．长沙：岳麓书社，2013.

［20］顾廷龙．续修四库全书·史部传记类［M］．上海：上海古籍出版社，1996.

［21］郭嵩焘．郭嵩焘奏稿［G］．长沙：岳麓书社，1983.

［22］郭嵩焘：郭嵩焘日记（第1—2卷）［M］．长沙：湖南人民出版社，1981．

［23］郭嵩焘：郭嵩焘日记（第3卷）［M］．长沙：湖南人民出版社，1982．

［24］郭嵩焘：郭嵩焘日记（第4卷）［M］．长沙：湖南人民出版社，1983．

［25］郭嵩焘．郭嵩焘诗文集［C］．长沙：岳麓书社，1984．

［26］郭嵩焘．礼记质疑［M］．长沙：岳麓书社，1992．

［27］曾国荃．曾国荃集（六）［C］．长沙：岳麓书社，2008．

［28］王闿运．湘绮楼诗文集［M］．长沙：岳麓书社，1996．

［29］王闿运．湘绮楼日记［M］．长沙：岳麓书社，1996．

［30］魏源．魏源集［C］．北京：中华书局，1976．

［31］左宗棠．左文襄公全集第十三册［C］．长沙：岳麓书社，1987．

［32］朱克敬．儒林琐记［M］．长沙：岳麓书社，1983．

［33］彭玉麟．彭玉麟集［C］．长沙：岳麓书社，2008．

［34］钱基博．近百年湖南学风［M］．北京：中国人民大学出版社，2004．

［35］王先谦．葵园四种［G］．长沙：岳麓书社，1986．

［36］徐世昌．清儒学案［M］．北京：中国书店，1990．

［37］苏舆．翼教丛编［G］．上海：上海书店出版社，2002．

［38］余正焕，左辅，张亨嘉．校经书院志略［M］．长沙：岳麓书社，2012．

［39］杨毓麟．杨毓麟集［C］．长沙：岳麓书社，2001．

［40］杨度．杨度集［C］．长沙：湖南人民出版社，2008．

［41］蒋廷黼．蒋廷黼回忆录［M］．长沙：岳麓书社，2003．

［42］中国近代史资料丛刊·辛亥革命（二）［G］．上海：上海人民出版社，1981．

［43］张枬，王忍之．辛亥革命前十年间时论选集（第1卷）［G］．北京：三联书店，1960．

［44］李肖聃．李肖聃集［C］．长沙：岳麓书社，2008．

［45］李肖聃．近数十年湘学叙录［J］．大公报二十周年纪念特刊．1934．

［46］李肖聃．最近湘学小史［J］．大公报十周年纪念特刊，1924．

［47］张舜徽．旧学辑存［C］．济南：齐鲁书社，1988．

［48］梁启超．饮冰室合集·文集之四十一［C］．北京：中华书局，1989．

［49］梁启超．梁启超史学论著四种［G］．长沙：岳麓书社，1985．

［50］梁启超．中国近三百年学术史［M］．北京：北京市中国书店，1985．

［51］章太炎．国故论衡［M］．上海：上海古籍出版社，2003．

［52］支伟成．清代朴学大师列传［M］．长沙：岳麓书社，1998．

［53］杨树达．积微居回忆录［M］．上海：上海古籍出版社，1986．

［54］钱穆．中国近三百年学术史［M］．北京：中华书局，1984．

［55］纪昀．四库全书总目提要［M］．石家庄：河北人民出版社，2000．

［56］廖元度．楚风补校注［M］．武汉：湖北人民出版社，1998.

［57］郭伯恭．四库全书纂修考［M］．长沙：岳麓书社，2010.

［58］阮元．研经室集［C］．北京：中华书局，1993.

［59］唐才常．唐才常集［C］．北京：中华书局，1980.

［60］蔡锷．蔡锷集［C］．长沙：湖南人民出版社，1983.

［61］叶德辉．郋园读书志［M］．戊辰（1928年）初夏上海澹园刊．

［62］叶德辉．郋园六十自叙．长沙叶氏1923年刊．

［63］吴道行，赵宁修．岳麓书院志［M］．长沙：岳麓书社，2012.

［64］张舜徽．壮议轩日记［M］．北京：国家图书版，2010.

［65］刘茂华．近代湘学概论［J］．南强旬刊．1938（1）—1938（14）．长沙：南强旬刊社，1938.

（二）旧报纸杂志

［1］江标等．湘学报［J］．光绪二十三年——光绪二十四年（1897—1898）．

［2］唐才常等．湘报［N］．光绪二十四年（1898）．

［3］杨度等．游学译编［J］．光绪二十八年至光绪二十九年（1902—1903）．

［4］浙江同乡会．浙江潮［J］．光绪二十九年（1903）．

［5］江苏同乡会．江苏［J］．光绪二十九年（1903）．

［6］湖北同乡会．湖北学生界［J］．光绪二十九年（1903）．

［7］湖南留学生．洞庭波［J］．光绪二十九年（1903）．

［8］南强旬刊［J］．民国二十七年（1938年），1（1）—1（14）．

［9］大公报十周年纪念特刊［J］．民国十三年（1924）．

［10］大公报二十周年纪念特刊［J］．民国二十三年（1934）．

［11］世界旬刊［J］．1932（3）—1932（3）．

［12］万国公报［N］．光绪二十三年（1897）（101）．

［13］集成报（N）．光绪二十三年（1897）（7）．

［14］知新报（N）．光绪二十三年（1897）（1）．

［15］利济学堂报［J］．光绪二十三年（1897）（1）．

［16］竞业旬报［N］．光绪三十二年（1906）（2）．

（三）当代学者研究论著

著作

［1］程美宝．地域文化与国家认同：晚清以来"广东文化"观的形成［M］．北京：生活·读书·新知三联书店，2006.

［2］朱汉民．湖湘学派史论［M］．长沙：湖南大学出版社，2004.

［3］王继平．晚清湖南学术思想史稿［M］．长沙：湖南人民出版社，2004.

［4］王继平．晚清湖南学术与思想［M］．长沙：湖南师范大学出版社，2006.

［5］朱汉民．清代湘学研究［M］．长沙：湖南大学出版社，2005.

［6］方克立，陈代湘．湘学史［M］．长沙：湖南人民出版社，2008.

［7］张朋园．湖南现代化的早期进展［M］．长沙：岳麓书社，2002.

［8］孟森．明清史讲义［M］．北京：中华书局，1981.

［9］郭廷以．郭嵩焘先生年谱［M］．台北：中央研究院近代史研究所，1971.

［10］李赫亚．王闿运与晚清书院教育［M］．北京：光明日报出版社，2007.

［11］戚学民．阮元《儒林传稿》研究［M］．北京：生活·读书·新知三联书店，2011.

［12］谭崇恩．教育史略［M］．长沙：湖南人民出版社，2007.

［13］陈谷嘉，邓洪波．中国书院史资料［G］．杭州：浙江教育出版社，1998.

［14］王汎森．权力的毛细血管［M］．台北：联经出版公司，2013.

论文

［1］李学勤．弘扬国学的标志性事业［J］．西南民族大学学报，2005，（9）：1.

［2］王东杰．地方认同与学术自觉：清末民国的"蜀学"论［J］．四川大学学报（哲学社会科学版），2010，（6）：34—49.

［3］文鸣．楚志全《楚宝》及其作者周圣楷［J］．图书馆，2010，（5）：142—143.

［4］李中华．楚风补校注：楚文献整理的硕果［J］．江汉论坛，2005，（5）：92.

［5］涂玉书．湘学复兴的一代宗师——文献学者邓显鹤［J］．湖南档案，1986，（5）：32—33.

［6］户华为．船山崇祀与近代湖湘地方文化建构［J］．湖南大学学报（哲学社会科学版），2003，（6）：29—34.

［7］弘征．郭嵩焘眼里的邓湘皋［J］．书屋，1996，（12）：56.

［8］陈来．儒学正统的重建——王船山思想的特质与定位［J］．中国文化研究，2004，冬之卷：1—9.

［9］朱东安．清儒汉宋之争与曾国藩集团的思想基础［A］．明清论丛（第二辑）［C］．北京：紫禁城出版社，2001：319—327.

［10］牛秋实．仪征刘氏与船遗书［J］．船山学刊，2008，（4）：27—29.

［11］弘征．湘学复兴的导师［J］．书屋，1995，（1）：63—67

［12］田吉．黄本骥家世考［J］．图书馆，2011，（2）：137—138.

［13］朱汉民，刘觅知．湖湘知识群体的船山诠释与知识建构［J］．中国哲学史，2013，（3）：101—129.

［14］朱汉民．湘学的学术旨趣及近代转型［J］．湖南大学学报（社会科学版），2004，（1）：3—8.

［15］朱汉民．学术旨趣与地域学统［J］．文史哲，2014，（5）：37—46.

后 记

　　本书是我承担的教育部人文社会科学研究项目"近代湘学观的形成与嬗变研究"（编号11YJA770066）的最终研究成果。课题研究历时三年多，但对这个问题的兴趣却要追溯到十年前攻读博士学位之时。

　　2004年，我考入湖南大学岳麓书院攻读专门史博士学位，选择以晚清民国时期的文化名人叶德辉研究作为学位论文选题。叶德辉原籍江苏吴县，祖上于道咸年间始迁居湖南长沙。在研究的过程中，我发现一个有趣的现象，就是叶德辉身份认同上的迷离与文化认同上的摇摆。他自称为"半吴半楚之人"，对待湘人湘学的态度颇为微妙。在晚清湖南维新运动时期，叶德辉以保卫"吾湘"忠义传统为己任，摇唇鼓舌，抵制以康有为、梁启超为代表的岭南学在湘中的传播，俨然化身为湘学的形象代言人。他甚至表示，只要我一日在湘，就一日不能让康梁"邪说"传衍开来，"赴汤蹈火，在所不辞"。除《湘学新报》将"湘"与"学"连接起来使用外，叶德辉大约是第一个使用"湘学"概念，并对其注入内涵的人。为了不让三湘子弟受康梁之学的"蛊惑"，叶德辉正本清源，梳理湘学的发展脉络，反复强调湘学的特色是崇奉理学、经世致用等。但在具体的治学途径上，叶德辉又舍弃崇奉理学的湘学，而以接绪三吴汉学为荣。在与他人尤其是外省人如缪荃孙、叶昌炽等人述及"湘学"时，叶德辉往往以江苏人的身份批评、攻击"彼湘"如何不知考据、如何未识治学之正途、湘省人物如何不堪一击等，自外于湘学，言辞之中充满了外省人的傲慢。也正因为如此，湘省人物也有不接纳叶德辉者，如王闿运就称"湖湘学派无此村野童生派"。这些现象可堪玩味。因此，在撰写博士论文《叶德辉学术思想研究》之余，我还完成了一项湖南省社会科学基金项目《叶德辉与近代湘学》，并发表了几篇论文。

　　后来，我还发现，不仅叶德辉这么一个不那么正宗的湖南人对湘学多有非议，就是湖南本省的宿学通儒如王先谦、王闿运，也对湘学有议论与反思。王先谦有"吾乡经学之陋，未免见笑于外人"之忧，王闿运则一度打算写一部湘学史。而他们的看法又与曾国藩、郭嵩焘等人的观点迥异其趣。这些现象引发了我的进一步思考：谁能代表湘学？湘学知识谱系是怎样构建的？究竟有没有一脉相承的湘学传统？为什么某种对湘学传统的认定会成为主流的看法？而湘学的另一些成分却被人忽视了？如果硬要把湘学的特色定为"崇奉理学"，那么，如何看待湘学中的非理学成分？我感到，一旦纠结于"湘学"概念内涵与外延的确定，则近代史上的很多现象都无法解释，起码，有些人与事就必须从湘学中剔除出去，其结果必定是削足适履。渐渐地，我也认识到：湘学是个开放的概念，而其内涵也在不断变化；去捕捉这种概念变化的过程及其成因，可能比静态地去描述这个概念的内涵与外延更加重要。此间的种种思考就不一一赘述了。

要说明的是，在我寻思苦想不得其果、左冲右突难出其困的过程中，学术界的一些研究成果也给了我很大的启发，特别是程美宝有关广东文化观的形成的探讨、王东杰有关"蜀学"的论述，让我有茅塞顿开之感。虽然所论的地域不同、内容各异，但在研究范式上同给人一种另辟蹊径的感觉，可以绕开很多难题。我最后确定不再纠结于如何描述近代湘学，转而探讨近代人物是如何叙述湘学、其间发生了怎样的变化、为何会发生这样的变化。2010年，我以"近代湘学观的形成与嬗变"为题、以论文为预期成果形式，成功地申报了湖南省教育厅重点研究项目，分别对清代前期的湘学观、清末留日学生的湘学观等问题展开了讨论。

然而，关于湘学观的问题，远非几篇论文所能解决。若想作一系统探讨，则是一个庞大的工程，尚有诸多史料需要梳理、诸多不为后人所关注的环节需要厘清。因此，2011年，我在湖南省教育厅研究项目的基础上，又申报了教育部人文社会科学研究项目。对于能否申报成功，当时自己心里并没有多大把握，一则它是地域性的话题，二则虽然学术界已有类似的做法，但对于研究湘学而言，我的研究实在是一个"异类"。幸运的是，课题顺利通过。在这里，我要对各位匿名评审专家郑重地道一声"谢谢"！至今，我不知道你们是谁，但你们的认可让我有了对这一课题进行全面系统探讨的勇气，也让我对教育部课题申报的客观公正有了信心，并将这种信心传递给他人，增强学术界的正能量。

从2011年获得教育部的立项，到2013年年底撰成初稿，预设的研究计划基本完成。之后，又花费一年的时间，补充史料、调整结构，修正观点，尽可能地使自己的阐发更加完善、观点更加允洽。2014年，我以这部书稿申报湖南师范大学年度出版资助，获得了外审专家的充分肯定。我同样不知道这些评审专家姓甚名谁，在此对他们的辛勤劳动、严谨认真表示感谢！同时，感谢湖南师范大学中国史学科对我的支持。

从事学术研究意味着清贫、寂寞，于我本人，是件"痛并快乐着"的事，于我的家人则意味着付出与牺牲、支持与尊重。感谢我的母亲，她一生操劳、勤俭持家，年近九旬，依然能够种菜做饭、生活自理，减少了我的后顾之忧。回想我走上学术研究的道路，与母亲的支持是分不开的。母亲是一个文化程度不高的农妇，但却不顾乡亲的非议，坚持让她最小的女儿读书、读书、再读书，最终成为一名人文科学工作者。母亲并不懂得什么"知识改变命运"的大道理（如今看来，实际上也改变不了），她只是尊重我的兴趣爱好，让我做自己喜欢做的事。母亲不知道我从事的究竟是什么样的研究，但我要说，这部书稿也是对她的回报。感谢我的公公婆婆，年过七旬，依然不肯为儿女添一丝麻烦。最可贵的是，在当今这个物欲横流、拜金之风盛行的年代，二老从不曾要求我们弃文从商、发家致富。感谢外子朱发建先生，在家务、工作中替我分担，使我能够"游手好闲"地去思考一些问题。在我进行课题研究的这段时期内，女儿从高中生变成了大学生，我和女儿一同成长。

最后，感谢知识产权出版社的杨晓红女士，是她的热情推动着本书的面世！

张晶萍

2015.3.3 于长沙麓谷